Mary Pipher

Pubertätskrisen junger Mädchen

und wie Eltern helfen können

Aus dem Amerikanischen
von Bruni Röhm und
Almuth Carstens

Fischer Taschenbuch Verlag

Die Frau in der Gesellschaft
Herausgegeben von Ingeborg Mues

Veröffentlicht im Fischer Taschenbuch Verlag GmbH,
Frankfurt am Main, März 1999

Lizenzausgabe mit Genehmigung des
Wolfgang Krüger Verlags, Frankfurt am Main
Die amerikanische Originalausgabe erschien 1995 unter dem Titel
›Reviving Ophelia. Saving The Selves of Adolescent Girls‹
im Verlag Ballentine Books, New York
© Mary Pipher, Ph. D. 1994
Für die deutschsprachige Ausgabe:
© Wolfgang Krüger Verlag, Frankfurt am Main 1996
Druck und Bindung: Clausen & Bosse, Leck
Printed in Germany
ISBN 3-596-14236-9

Inhalt

Danksagung

Ich danke meiner Familie – Jim, Zeke und Sara und allen Brays, Pages und Piphers sowie meiner Arbeitsgruppe –, dem Nebraska-Wesleyan-Schreibseminar und Prairie Trout.

Ferner danke ich für ihre Unterstützung: Pam Barger, Claudia Bepko, Carol Bly, Emilie Buchwald, Paul Gruchow, Twyla Hansen, Carolyn Johnson, Jo-Anne Krestan, Margaret Nemoede, Marjorie Saiser, Leon Satterfield, Carol Spindel und Elizabeth Weber. Ich danke meinen Seminarleitern: Kent Haruf, Bill Kloefkorn und meinem ersten Lehrer, Charles Stubblefield.

Bei der Entstehung dieses Buches halfen mir: Nancy Bare, Randy Barger, Beatty Brasch, Ellen Brt, Laura Freeman, Sherri Hanigan, Anna Harms, Sally Jones, Karen Kelly, Brooke und Cathy Kindler, Mary Kenning, Dixie Lubin, Jane Masheter, Frank McPherson, Natalie Porter, Carrie Rodgerson, Jan und Amy Stenberg, Susan Whitmore und Jan Zegers.

Ich danke all meinen Klienten, die ich hier nicht namentlich erwähnen kann, für die vielen Erfahrungen, die sie mir schenkten.

Herzlichen Dank meiner Freundin und Herausgeberin, Jane Isay, und ihrer Assistentin, Rona Cohen, und nicht zuletzt meiner Agentin, Susan Lee Cohen.

Frank und Avis Bray gewidmet.

Vorwort

Als ich in den achtziger Jahren das Buch *Hunger Pains: The American Womens's Tragic Quest for Thinness* schrieb, suchte ich nach einer Erklärung für die Eßstörungen, die die Frauen in unserer Stadt epidemieartig befallen hatten. Ich fragte mich, warum gerade jetzt so viele Frauen daran litten? Eine ganze Reihe von Antworten auf diese Frage gab ein Blick auf unsere Gesellschaft und deren Botschaft an Frauen in puncto Idealfigur und Schönheit.

Im vorliegenden Buch habe ich versucht, meine therapeutischen Erfahrungen mit heranwachsenden Mädchen zu verarbeiten. Viele von ihnen kommen in die Therapie mit gravierenden, ja lebensbedrohlichen Problemen wie Magersucht oder dem Drang, sich selbst zu verstümmeln oder gar umzubringen. Andere leiden unter harmloseren, doch nicht weniger schwer erklärlichen Problemen wie Unterrichtsverweigerung, Leistungsschwäche, Launenhaftigkeit oder Dauerstreit mit den Eltern. Viele sind Opfer sexueller Gewalt.

Im Gespräch mit meinen Klientinnen stellte ich fest, wie wenig vertraut ich mit der Welt junger Mädchen von heute war. Meine eigenen Erfahrungen als Jugendliche in den sechziger Jahren halfen mir nur wenig. Die Mädchen lebten in einer völlig anderen Welt.

Als Therapeutin war ich oft bestürzt und frustriert, und ich fragte mich, warum in den neunziger Jahren so viele Mädchen eine Therapie machen. Warum gibt es unter ihnen so viel Selbstverstümmelung? Was bedeutet das Piercing von Lippen, Nase und Augenbrauen? Wie kann ich Dreizehnjährigen helfen, mit Herpes oder Warzen im Genitalbereich fertig zu werden? Warum spielen Drogen und Alkohol in den Berichten von Siebtkläßlerinnen eine so große Rolle? Warum hassen so viele Mädchen ihre Eltern?

Inzwischen war meine eigene Tochter in der Pubertät, und auch sie und ihre Freundinnen fuhren Achterbahn. Manchmal waren sie glücklich und munter und an allem interessiert, was sie betraf, dann wieder schienen sie am Boden zerstört. Sie setzten ihren Familien mächtig zu, ebenso sich selbst. Besonders die 12- bis 14jährigen in der Mittelstufe (die ersten drei Jahre der High-School) schienen für sie ein Fegefeuer zu sein. Viele ehedem selbstbewußte, unkomplizierte Mädchen wurden zu tiefbetrübten oder aufsässigen Wesen.

Nicht wenige meiner Freundinnen hatten ebenfalls heranwachsende Töchter. Wenn wir uns über sie unterhielten, waren wir oft verwirrt, verärgert und unsicher, wie wir uns ihnen gegenüber verhalten sollten. Manchmal hatten wir das Gefühl, daß wir von unseren Töchtern, die schon beim geringsten Anlaß eingeschnappt waren, drangsaliert wurden. Hatten wir sie nicht zu lebensbejahenden, selbstbewußten Menschen erzogen? Und nun waren sie voller Unsicherheit und besorgt um ihre Weiblichkeit. Ein Dilemma beschäftigte uns immer wieder: Wie konnten wir unsere Töchter zu Unabhängigkeit und Eigenständigkeit ermutigen und gleichzeitig Gefahren von ihnen fernhalten? Wie konnten wir sie ermuntern, die Welt zu bejahen, wenn es darin Kidnapper gab und Männer, die sich nur mit einem Mädchen verabredeten, um es zu vergewaltigen? Selbst in unserer Kleinstadt, wo die Bevölkerungsmehrheit der Mittelschicht angehört, erleiden Mädchen oft Traumatisierungen. Wie konnten wir ihnen helfen, diese zu verarbeiten bzw. zu verhindern?

Ein Jahr lang habe ich mich bemüht, Erklärungen dafür zu finden, warum Mädchen heute größere Schwierigkeiten haben als meine Freundinnen und ich im entsprechenden Alter. Auch für viele von uns waren diese Jahre des Heranwachsens ein Greuel, doch in der Regel dachten wir weder an Selbstmord, Selbstverstümmelung noch daran, von zu Hause auszureißen. Auch kannten wir keine Eßstörungen.

Dabei sollte man meinen, daß es junge Mädchen heute besser-haben. Schließlich gibt es eine Frauenbewegung. Hat diese nicht vieles verändert? Die Antwort lautet wohl ja und nein. Viele meiner Freundinnen mittleren Alters, die wie ich zur Mittelschicht zählen, genießen heute Rechte wie keine Frauengeneration zuvor. Wir tun heute Dinge, von denen un-sere Mütter nicht einmal zu träumen wagten.

Dennoch unterliegen Mädchen heute viel stärkeren Zwängen. Sie wachsen in einer gefahrvolleren Welt auf, in der Sex und Medien allgegenwärtig sind. Sie stehen ständig unter einem immensen Druck, schön und »in« sein zu müssen, was für Schülerinnen in der Mittelstufe bedeutet, daß sie Drogen neh-men und sich sexy geben.

Als ich mir genauer ansah, in welches kulturelle Umfeld junge Mädchen heute hineinwachsen, konnte ich kaum glauben, wie mädchenvergiftend es war. Je mehr ich mich umsah, mich mit der aktuellen Popmusik, mit Fernsehen, Film und sexistischer Werbung beschäftigte, um so überzeugter wurde ich, daß wir mit unseren Töchtern auf dem falschen Weg waren. Dieses Umfeld verhindert, daß junge Mädchen ihre volle Persönlich-keit entwickeln können, und traumatisiert viele.

Mit diesem Buch wende ich mich an Eltern, Erzieherinnen und Erzieher, im Gesundheitsbereich Tätige und Politiker, kurzum an alle, die mit Mädchen beruflich oder anderweitig zu tun haben, um mit ihnen meine Überlegungen zu teilen. Ich wende mich nicht zuletzt auch an die jungen Mädchen selbst. In den sechziger Jahren schrieb Betty Friedan über »das Problem ohne Namen«. Sie meinte damit, daß viele Frauen todunglücklich waren, ohne sagen zu können, warum. Ähn-lich stehen heranwachsende Mädchen vor einem Problem ohne Namen. Sie wissen genau, daß mit ihnen etwas grund-falsch läuft, suchen allerdings die Ursachen meist bei sich oder ihren Familien und erkennen nicht, daß es sich um Probleme des gesellschaftlichen Umfelds handelt. Ich möchte ihnen hel-fen, ihr Leben im Kontext größerer kultureller Kräfte zu sehen.

Ich glaube, daß die meisten Eltern meine Sorge um unsere Töchter teilen. Ich hoffe, es gelingt mir in diesem Buch, einen besonders sensiblen Zeitpunkt im Leben junger Mädchen zu beleuchten. Mit der Pubertät landen Mädchen urplötzlich in einer Schund- und Kitschkultur. Eine Erklärung für die Leiden und Krankheiten der Adoleszenz könnte also darin liegen, daß die meisten Mädchen in diesem Entwicklungsstadium mit dieser Kultur einfach überfordert sind. Sie bricht über sie herein, und sie entwickeln die entsprechenden Symptome.

Wie aber können wir den jungen Mädchen helfen? Wir können sie stärken, so daß sie auf alles gefaßt sind. Wir können ihnen beibringen, sich nicht von ihren Gefühlen überwältigen zu lassen und sich zu schützen. Wir können ihnen beistehen und sie leiten. Doch am allerwichtigsten: Wir können unsere Gesellschaft verändern. Wir können gemeinsam eine Kultur schaffen, die weniger kompliziert und abträglich ist, in der weniger Gewalt und Sex herrschen und die die Entwicklung junger Menschen vorantreibt. Unsere Töchter verdienen eine Gesellschaft, in der all ihre Begabungen gefördert und anerkannt werden. Ich hoffe, dieses Buch treibt die Debatte, wie wir eine solche Gesellschaft aufbauen können, weiter voran.

1. Junge Bäume im Sturm

Meine Kusine Polly war als kleines Mädchen ein richtiger Wirbelwind. Sie tanzte, konnte radschlagen und Spagat, spielte mit den Nachbarjungen Fußball, Basketball und Baseball, maß sich im Ringkampf mit meinen Brüdern, fuhr Rad, kletterte auf Bäume, betrieb Pferdesport. Polly war ein richtiges Energiebündel. Auch ihr Mundwerk stand selten still. Sie gab ständig lautstark Anweisungen und Ratschläge, über eine gewonnene Wette oder einen guten Witz kreischte sie vor Vergnügen; wenn sie lachte, dann aus vollem Halse; sie stritt sich gern, sei es mit Kindern oder Erwachsenen, und wenn sie ihre Widersacher beleidigte, dann klang sie wie ein Bauarbeiter.

Wir gründeten die Räuberbande, einen Geheimbund, der sich immer bei ihr zu Hause über der Garage traf. Polly war der Tom Sawyer unseres Bundes. Sie ersann die Initiationsriten, führte die Spähtrupps und Fußmärsche zu Spukhäusern an. Sie weihte uns in die Rituale der »Blutsbrüderschaft« ein, lehrte uns Kartentricks und brachte uns das Rauchen bei.

Dann hatte Polly ihre erste Periode und kam auf die High-School. Sie versuchte, sich weiterhin treu zu bleiben, doch man nannte sie eine Göre und rügte sie, weil sie sich nicht wie eine junge Dame benahm. Ihre alten Kumpels mieden sie nun, ebenso ihre Freundinnen, die sich zunehmend für Make-up und Liebesgeschichten interessierten.

Das alles verwirrte und verunsicherte Polly. Sie bekam Wutanfälle und zog sich sowohl aus den Jungen- als auch den Mädchengruppen zurück. Nach einiger Zeit fing sie sich zwar wieder und erschien erneut auf der Bildfläche, diesmal aber als die Becky Thatcher aus *Die Abenteuer Tom Sawyers*. Sie trug schicke Kleider und beobachtete aus der Distanz, was die Jungen machten und sagten. Ihr Ansehen und ihre Beliebtheit stiegen wieder. Sie fügte sich problemlos in die Gesellschaft unserer Kleinstadt ein. Niemand verlor ein Wort über ihre Verwandlung oder war traurig über den Verlust unserer dynamischsten Einwohnerin. Ich war die einzige, die bemerkte, daß sich eine Tragödie zugetragen hatte.

In dem von Sigmund Freud als Latenzperiode bezeichneten Alter, etwa ab dem sechsten oder siebten Lebensjahr bis zur Pubertät, sind Mädchen alles andere als latent. Ich brauche nur an meine Tochter in diesem Alter zu denken – sie machte chemische Experimente und vollführte Zaubertricks, spielte Geige, führte ihre eigenen Theaterstücke auf, pflegte verletzte Tiere und sauste auf ihrem Fahrrad kreuz und quer durch die Stadt. Oder nehmen wir ihre Freundin Tamara, die im Sommer ihres sechsten Schuljahres einen Dreihundert-Seiten-Roman schrieb. Ich selbst verschlang in diesem Alter jedes Kinderbuch, das in unserer Stadtbibliothek stand. In der einen Woche wollte ich, nach dem Vorbild Albert Schweitzers, eine große Ärztin werden, in der nächsten schreiben können wie Louisa May Alcott oder in Paris als Tänzerin auftreten wie Isadora Duncan. Nie wieder in meinem Leben habe ich so viel Selbstvertrauen oder Ehrgeiz besessen.

Viele Mädchen sind vor der Pubertät großartige Gefährtinnen, weil sie sich einfach für alles interessieren – Sport, Natur, Menschen, Musik und Bücher. Fast alle Heldinnen der Mädchenliteratur zählen zu dieser Altersgruppe – wie Heidi, Pipi Langstrumpf und Alice im Wunderland. Mädchen in diesem Alter backen Kuchen, betätigen sich als Detektivinnen oder begeben sich auf Schatzsuche. Sie können schon gut auf sich aufpassen und müssen sich noch nicht um andere kümmern. Sie erleben eine kurze Verschnaufpause, bevor die Frauenrolle sie einholt, und dürfen sich wie Lausebengel benehmen, also wagemutig, stark und frech sein.

In diesem Alter dürfen Mädchen noch androgyn sein, was ihnen die Fähigkeit gibt, sich jeder Situation anzupassen, ohne

Rücksicht auf die Zwänge der Geschlechterrolle. Eine androgyne Person kann ein weinendes Baby beruhigen oder einen Autoreifen wechseln, Essen kochen oder eine Versammlung leiten. Untersuchungen haben gezeigt, daß androgyne Erwachsene sich am adäquatesten verhalten, da sie sich nicht um weibliche oder männliche Verhaltensregeln kümmern müssen.

Mädchen zwischen sieben und elf Jahren kommen selten zur Therapie. Sie brauchen keine. Meine Klientinnen dieser Altersgruppe lassen sich an einer Hand abzählen: Coreen, die körperlich mißhandelt worden war, Anna, ein Kind geschiedener Eltern, und Brenda, deren Vater sich umgebracht hatte. Diese Mädchen waren tapfer und robust. Brenda sagte: »Wenn mein Vater nicht mehr leben wollte, hat er selbst schuld.« Coreen und Anna waren wütend, nicht auf sich, sondern auf die Erwachsenen, die ihrer Meinung nach die Fehler machten. Es ist verblüffend, wie wenig Hilfe die beiden Mädchen brauchten, um wieder ins Lot zu kommen.

Eine befreundete Gartenbauexpertin erzählte mir einmal eine aufschlußreiche Geschichte. Sie führte eine Mädchengruppe aus der Mittelstufe durch eine Ausstellung, wo sie ihnen Moskito- und Präriegras, Hanf und verschiedene Bäume wie Judasbaum, Ahorn, Walnuß und Weide erklärte. Die jüngeren Mädchen fragten alle durcheinander und stürzten immer gleich nach vorn, um alles genau sehen, berühren und riechen zu können. Ganz anders die Mädchen aus den höheren Klassen: Sie trödelten hinterher, faßten weder Pflanzen an, noch stellten sie Fragen. Sie standen artig daneben und betrachteten gelangweilt, wenn nicht gar angewidert ihre begeisterten jüngeren Mitschülerinnen. Meine Freundin fragte sich, was mit diesen Mädchen los war. Was war da schiefgelaufen? Am liebsten hätte sie sie geschüttelt und gerufen: »Hallo, aufwachen. Wo um alles in der Welt seid ihr denn mit euren Gedanken?«

Kürzlich saß ich vor meinem Lieblingseissalon auf einer Bank in der Sonne. Eine Mutter und ihre Tochter im Teenageralter blieben direkt vor mir stehen und warteten, bis die Ampel grün wurde. Da hörte ich die Mutter sagen: »Hör endlich auf, Vater und mich ständig zu erpressen. Jedesmal, wenn es nicht nach deinem Kopf geht, drohst du uns, abzuhauen oder dich umzubringen. Was ist bloß los mit dir? Früher hast du es doch auch verkraftet, wenn du nicht immer deinen Willen bekamst.«

Die Tochter starrte nur geradeaus, hörte kaum, was die Mutter sagte. Die Ampel wurde grün. Ich aß weiter mein Eis. Da näherte sich eine andere Mutter mit einer Tochter im Kindesalter. Sie hielten sich an der Hand. Die Tochter sagte zu der Mutter: »Das macht Spaß. Laß uns das heute den ganzen Nachmittag machen.«

Wenn Mädchen in die Pubertät kommen, passiert etwas ganz Einschneidendes. So wie Flugzeuge und Schiffe auf mysteriöse Weise im Bermudadreieck verschwinden, kommt Mädchen in diesem Alter scharenweise ihr Selbst abhanden. Sie stürzen sozusagen in ein soziales und lebensgeschichtliches Bermudadreieck. In der frühen Adoleszenz, so zeigen Untersuchungen, sackt der Intelligenzquotient von Mädchen dramatisch ab, ebenso lassen ihre Leistungen in Mathematik und Naturwissenschaften nach. Sie verlieren ihren Schwung und ihren Optimismus, Neugier und Risikobereitschaft schwinden. Ihre lebensfrohe, stürmische »Lausbuben«persönlichkeit kommt ihnen abhanden, sie werden artiger, selbstkritischer, depressiver. Sie berichten häufig, daß sie todunglücklich über ihr Aussehen sind.

Die Psychologie dokumentiert solche Abstürze, erklärt sie aber nicht. Mädchen, die früher alles Neue geradezu gierig in sich aufsogen, sitzen nun still in der Ecke. Schriftstellerinnen wie Sylvia Plath, Margaret Atwood und Olive Schreiner haben diese dramatischen Veränderungen beschrieben. In einem Brief an seine junge Freundin Sophie Volland faßte Diderot seine Beobachtungen in die harten Worte: »Ihr sterbt alle mit fünfzehn.«

Märchen haben den Kern dieses Phänomens erfaßt. Junge

Frauen essen vergiftete Äpfel oder stechen sich mit giftigen Nadeln in den Finger und fallen dann in einen hundertjährigen Schlaf. Sie laufen von zu Hause fort, geraten in große Gefahr, werden von einem Prinzen gerettet, nur um sich dann in passive, unterwürfige Geschöpfe zu verwandeln.

Die Geschichte der Ophelia in Shakespeares *Hamlet* veranschaulicht die zerstörerischen Kräfte, denen junge Frauen ausgesetzt sind. Als kleines Mädchen fühlt sich Ophelia glücklich und frei, doch mit der Adoleszenz verliert sie ihr Selbstgefühl. Als sie sich in Hamlet verliebt, lebt sie nur noch für ihn. Sie wird innerlich orientierungslos, setzt alles daran, den Erwartungen Hamlets und ihres Vaters gerecht zu werden. Ihr Selbstwertgefühl ist vollkommen abhängig von deren Anerkennung. Ophelia reibt sich auf in ihren Bemühungen zu gefallen. Als Hamlet sie abweist, weil sie sich als unterwürfige Tochter entpuppt, wird sie vor lauter Kummer verrückt. Bekleidet mit vornehmen, schweren Gewändern, die sie nach unten ziehen, ertrinkt sie in einem Fluß voller Blumen.

Die Mädchen wissen, daß sie ihr Selbst verlieren. Ein Mädchen drückte es einmal so aus: »Alles Gute in mir ist in der Mittelstufe flötengegangen.« Die Einheit der Person wird durch das Chaos der Adoleszenz zerstört. Mädchen fühlen sich bruchstückhaft und in merkwürdige Gegensätze gespalten. Sie werden empfindsam und weichherzig, können gemein und neiderfüllt, oberflächlich und idealistisch sein. Morgens sind sie himmelhoch jauchzend, abends zu Tode betrübt. Sie können voll überschäumender Energie sein und kurz darauf in Lethargie versinken. Sie proben jede Woche eine neue Rolle – in der einen die brave Schülerin, in der nächsten die Schurkin, in der dritten die Künstlerin. Und von ihren Familienangehörigen erwarten sie, daß diese bei ihrem blitzartigen Rollentausch immer mithalten.

Meine Klientinnen, die am Beginn der Adoleszenz stehen, sind schwer zu fassen und schenken Erwachsenen nicht leicht ihr Vertrauen. Ein Blick, ein Räuspern, ein Zögern oder ein falsches Wort genügt, und sie sind beleidigt. Ihre Stimmen klingen, als kämen sie aus dem Untergrund – sie sprechen eher schleppend und unklar. Sie unterliegen starken Stimmungsschwankungen. In der einen Woche begegnen sie ihrer Umgebung und ihren Angehörigen mit Zuneigung, in der nächsten kritisieren sie an allem und jedem herum. Ihr Verhalten ist oft unverständlich. Ihre Probleme sind kompliziert und verschlüsselt – Eßstörungen, Schulängste und Selbstverstümmelungen. Immer wieder und auf vielerlei Art muß ich fragen: »Was willst du mir sagen?«

Nehmen wir Michelle, eine hübsche, intelligente Siebzehnjährige. Ihre Mutter brachte sie zu mir, nachdem sie bereits das dritte Mal innerhalb von drei Jahren schwanger geworden war. Ich versuchte herauszufinden, warum das passierte. Auf alle meine Fragen sagte sie mit dem schönsten Mona-Lisa-Lächeln: »Nein, ich mache mir nicht so viel aus Sex.« »Nein, das war nicht geplant. Es passierte einfach.« Nach jeder Sitzung mit Michelle hatte ich das Gefühl, mit jemandem weit entfernten in der falschen Sprache geredet zu haben.

Auch Holly war mir ein Rätsel. Sie war schüchtern, sprach leise und hatte langsame Bewegungen, unter ihrem ganzen Make-up und dem toupierten roten Haar war sie eigentlich ganz hübsch. Sie war ein Fan von Prince und trug nur lilafarbene Sachen. Ihr Vater brachte sie zu mir, nachdem sie einen Selbstmordversuch unternommen hatte. Sie hatte weder Lust zu lernen noch im Haushalt zu helfen, sie nahm an keinerlei Schulaktivitäten teil und suchte sich auch keinen Job. Holly gab nur einsilbige Antworten, war aber stets geduldig und höflich. Etwas mitteilsamer wurde sie nur, wenn wir auf Prince zu sprechen kamen. Ein paar Wochen lang drehten sich unsere Gespräche nur um ihn. Sie spielte mir Kassetten von ihm vor. Prince sprach quasi für sie und zu ihr.

Gail hatte sich Verbrennungen und Schnittwunden zugefügt, als sie unglücklich war. Ganz in Schwarz, dünn wie eine Bohnenstange, saß sie mir schweigend gegenüber, ihre Haare waren ein wildes Durcheinander, Ohren, Lippen und Nase von Ringen durchbohrt. Sie sprach über Bosnien und das Ozonloch und fragte mich, ob mir Rave-Musik gefalle. Als ich sie fragte, wie sie lebte, spielte sie nur an ihren Ohrringen herum und schwieg.

Meine Klientinnen unterscheiden sich kaum von Mädchen, die nicht zur Therapie gehen. Ich unterrichte an einem kleinen geisteswissenschaftlichen College, und die jungen Frauen in meinen Klassen erleben ungefähr die gleichen Dinge wie meine Therapiepatientinnen. Eine Studentin sorgte sich um ihre beste Freundin, die sexuell belästigt worden war. Eine andere blieb dem Unterricht fern, nachdem ihr Freund sie geschlagen hatte. Eine dritte fragte, was sie gegen die Anrufe eines Mannes machen sollte, der ihr drohte, sie zu vergewaltigen. Eine meiner Studentinnen bohrte sich, wenn sie unter Streß stand, mit einer Büroklammer in die Hand, bis Blut floß. Viele Studentinnen fragen um Rat wegen ihrer Eßstörungen.

Nach meinen Vorträgen an Schulen kommen oft Mädchen mit den unterschiedlichsten Geschichten zu mir: Sie wurden vergewaltigt, sie wollen von zu Hause ausreißen, oder sie haben eine Freundin, die magersüchtig oder alkoholabhängig ist. Am Anfang war ich verblüfft über so viele Traumatisierungen. Heute erwarte ich sie geradezu.

In der Psychologie sind Mädchen diesen Alters lange Zeit überhaupt nicht zur Kenntnis genommen worden. Bis vor kurzem gab es keinerlei wissenschaftliche Studien über sie. Für Therapeutinnen und Therapeuten waren sie ein Rätsel. Weil sie Erwachsenen gegenüber verschlossen und voller Widersprüche sind, lassen sie sich nur schwer erfassen. Vieles geht in ihrem Innern vor, was nicht an die Oberfläche dringt.

Simone de Beauvoir war der Ansicht, daß für Mädchen die Adoleszenz einsetzt, wenn sie erkennen, daß Männer die Macht haben und sie selbst an der Macht einzig dadurch teilhaben können, daß sie sich zu unterwürfigen, angebeteten

Objekten machen lassen. Sie leiden nicht, wie Freud behauptete, unter Penisneid, sondern unter Machtneid.

Das Bermudadreieck beschrieb de Beauvoir folgendermaßen: Mädchen, die zuvor Subjekte ihres eigenen Lebens waren, werden zu Objekten im Leben anderer. »Junge Mädchen begraben allmählich ihre Kindheit, legen ihr unabhängiges, resolutes Selbst ab und begeben sich in ergebener Haltung in die Erwachsenenexistenz.« Heranwachsende Mädchen stecken in einem Konflikt zwischen ihrem autonomen Selbst und der Notwendigkeit, feminin zu sein, zwischen ihrem Status als menschlichem Wesen und ihrer Berufung als Frau. De Beauvoir sagt: »Mädchen hören auf zu sein und fangen an zu scheinen.« Lebenssprühende, selbstbewußte Mädchen werden zu schüchternen, unsicheren jungen Frauen. Sie fragen sich nicht mehr: »Wer bin ich? Was will ich?« Sondern nur noch: »Was muß ich tun, um anderen zu gefallen?«

Diese Kluft zwischen ihrem wahren Selbst und den gesellschaftlichen Geboten für korrektes weibliches Verhalten führt zu enormen Problemen. Frei nach einem Gedicht von Stevie Smith über das Schwimmen im Meer, ließe sich über diesen Zustand sagen: »Sie winken nicht, sie ertrinken.« Und gerade wenn sie am dringendsten Hilfe brauchen, sind sie unfähig, die elterliche Hand zu ergreifen.

Olive Schreiner beschrieb ihre Erfahrungen als junges Mädchen in ihrer *Geschichte einer afrikanischen Farm*: »Die Welt sagt uns, was wir sein sollen, und formt uns nach den uns zugedachten Zwecken. Den Männern sagt sie, tut. Uns sagt sie, tut als ob. Je weniger eine Frau im Kopf hat, desto leichter läßt sie sich tragen.« Die höhere Töchterschule, die sie besuchte, beschreibt sie so: »Es war eine Maschine zum Kondensieren der Seele auf die kleinstmögliche Ausdehnung. Ich habe Seelen gesehen, die so komprimiert waren, daß sie in einen Fingerhut gepaßt hätten.«

Für Margaret Mead war eine Gesellschaft dann ideal, wenn in ihr jede menschliche Fähigkeit ihren Platz fand. Nach ihren Maßstäben ist unsere westliche Gesellschaft für Frauen alles andere als ideal. Unzählige Fähigkeiten liegen brach und bleiben unbeachtet. Zahllose Stimmen werden zum Schweigen gebracht. Stendhal schrieb: »Alle Genies, die als Frauen geboren werden, sind fürs öffentliche Wohl verloren.«

Alice Miller hat den Druck beschrieben, unter dem manche Kinder ihr wahres Selbst verleugnen, um ihren Eltern zu gefallen. Ich vertrete die These, daß bei heranwachsenden Mädchen ein entsprechender Druck das Selbst in ein wahres und ein falsches spaltet, nur geht hier der Druck nicht von den Eltern aus, sondern von den herrschenden gesellschaftlichen Strukturen. Die Adoleszenz setzt ein, wenn Mädchen unter dem sozialen Druck ihr authentisches Selbst ablegen und nur einen kleinen Teil ihrer Fähigkeiten entfalten.

Dies verwirrt und bedrückt die meisten Mädchen. Sie merken, daß man sie zu etwas machen will, was sie nicht sind. Sie wehren sich, doch sie kämpfen gegen ein »Problem ohne Namen«. Ein Mädchen drückte es einmal so aus: »Ich bin eine prima Karotte, die alle in eine Rose verwandeln wollen. Als Karotte habe ich genau die richtige Farbe und oben ein hübsches Blätterbüschel. Wenn sie mich zu einer Rose zurechtschneiden, werde ich braun und welk.«

Heranwachsende Mädchen sind wie junge, zarte Bäumchen, in die der Wind mit Sturmstärke hineinbläst. Drei Faktoren setzen die jungen Frauen wehrlos dem Sturm aus. Der erste ist das Entwicklungsstadium, in dem sie sich befinden. Alles verändert sich – Körperform, Hormonhaushalt, Haut und Haare. Die Unbekümmertheit weicht Ängstlichkeit. Ihre Denkweise ändert sich. Weit unter der Oberfläche ringen sie um die grundsätzlichsten aller Fragen: Wo ist mein Platz im Universum, welche Bedeutung habe ich?

Zweitens hat die Gesellschaft Mädchen zu Beginn der Adoleszenz schon immer vor den Kopf gestoßen. Es ist genau der Zeitpunkt, an dem sie in den größeren Kulturzusammenhang eintreten, der voller mädchenverachtender »Ismen« ist, wie Sexismus, Kapitalismus und ›lookism‹, d. h. die Beurteilung einer Person einzig nach ihrem Äußeren.

Drittens wird von Mädchen erwartet, daß sie sich genau zu dem Zeitpunkt von ihren Eltern lösen, wenn sie deren Unterstützung am meisten brauchen. Während sie versuchen, mit zahllosen neuen Anforderungen zurechtzukommen, müssen sie auf den Halt und die Nähe verzichten, die ihnen die Familie während ihrer Kindheit gewährte. Sie suchen nun Halt bei gleichaltrigen, häufig wechselnden Freundinnen und Freunden.

Eltern wissen nur zu gut, daß mit ihren Töchtern etwas Einschneidendes passiert. Zuvor friedfertige, aufmerksame Töchter benehmen sich plötzlich launenhaft, fordernd und distanziert. Mädchen, die gern redeten, werden mürrisch und verstockt, solche, die vorher nicht mit Umarmungen sparten, sträuben sich nun gegen jede Berührung. Mütter beklagen sich, daß sie in den Augen ihrer Töchter nichts mehr richtig machen können, engagierte Väter, daß sie aus dem Leben ihrer Töchter verbannt wurden. Doch nur wenige Eltern sind sich bewußt, wie gang und gäbe ihre Erfahrungen sind. Ihre Töchter sind dabei, Neuland zu betreten, einen Ort voller Gefahren, den sie als Eltern schwerlich begreifen können. Gerade wenn sie den Heimathafen dringend nötig haben, stechen die Töchter ganz ohne Funkverbindung in See.

Die meisten Eltern wollen ihre Töchter beschützen, während diese heranwachsen und die Welt erkunden. Das ist auch ihre Aufgabe. Die Aufgabe der Töchter ist es, alles zu erforschen. Diese beiden unterschiedlichen Bestimmungen haben schon immer zu Spannungen zwischen den beiden Generationen geführt, die heute allerdings größer sind denn je. Eltern wollen vor allem, daß ihre Töchter mit dem Leben zurechtkommen. Sie sehen ihre Töchter auch nicht als Sexualobjekte oder Konsumentinnen, sondern als Menschen an sich, mit Begabungen und Interessen. Töchter gehen jedoch auf Distanz zu den Eltern, während sie besagtes Neuland betreten. Sie suchen sich nun Gleichaltrige als Bezugsgruppe, die ihre Mitbewohner in jenem fremden Land sind und mit denen sie Sprache und Verhaltensweisen gemein haben. Nur allzuoft machen sie sich die fragwürdigen Wertvorstellungen der Massenkultur zu eigen.

Diese Abkehr von den Eltern geschieht teilweise aus Gründen der Persönlichkeitsentwicklung. Der Beginn der Adoleszenz ist eine Zeit der physischen und psychischen Veränderungen, der Beschäftigung mit sich selbst, in der die Anerkennung durch Gleichaltrige wichtig ist und sich die Identität herausbildet. In dieser Zeit sind die Mädchen nach innen gekehrt und nehmen die faszinierenden Veränderungen dort konzentriert wahr.

Doch es gibt auch gesellschaftliche Faktoren. Wir können das Erwachsenwerden als eine Abkehr von der Familie und eine Hinwendung zur Gesamtkultur definieren. Die Familienbande werden durchtrennt, Jugendliche wollen auf eigenen Beinen stehen. Heranwachsende fordern zuweilen völlige Unabhängigkeit von den Eltern, doch sie registrieren bei ihnen selbst die kleinste Abweichung von der Norm und schämen sich ihretwegen. Sie wollen nicht mit ihnen gesehen werden, regen sich über ihre Fehler und Schwächen auf. Die Frisur der Mutter oder ein Witz des Vaters können ihnen den Tag verderben. Teenager werden wütend, wenn ihre Eltern etwas Falsches sagen oder nicht die richtige Antwort wissen. Sie behaupten zwar, daß sie ihren Eltern nicht zuhörten, aber mit ihren Freundinnen und Freunden diskutieren sie endlos über deren Einstellungen. Mit erstaunlicher Genauigkeit nehmen sie jede Nuance und jeden Zweifel, jede Mehrdeutigkeit, Ungereimtheit und Heuchelei wahr.

Heranwachsende besitzen noch etwas von dem magischen Denken der Kindheit und glauben, daß Eltern die Macht haben, sie vor allem Unheil zu bewahren und glücklich und zufrieden zu machen. Sie machen ihre Eltern für ihre Nöte verantwortlich, sind aber dennoch darauf bedacht, ihnen von ihren Gedanken und Gefühlen nichts mitzuteilen; sie behalten vieles für sich, was zu widersinnigen Situationen führen kann. So gibt es Mädchen, die vergewaltigt wurden und den Eltern nichts davon erzählten. Statt dessen werden sie feindselig und aufsässig. Zorniges und unbeherrschtes Benehmen ist dann oft der Grund für Eltern, ihre Töchter zu einer Therapie zu bringen. Immer wenn ich von solchen unerklärlichen Zornesausbrüchen höre, frage ich nach, ob nicht ein Mißbrauch vorliegt. Paradoxerweise sind die Mädchen oft wütender auf ihre Eltern als auf die Vergewaltiger. Sie meinen, die Eltern hätten um die Gefahr wissen und besser auf sie aufpassen müssen, und auch danach hätten sie ihren Schmerz spüren und ihnen helfen sollen.

Die meisten Eltern fühlen sich während dieser Zeit als Versager, fühlen sich ausgeschlossen, unfähig und falsch verstanden. So schieben sie die Schuld an den Schwierigkeiten auf ihre Töchter oder ihre eigene Unfähigkeit. Sie erkennen nicht, daß diese Probleme mit dem aktuellen Entwicklungsstadium ihrer Töchter sowie mit den kulturellen Einflüssen und der Zeit zu tun haben, in der wir leben.

Eltern empfinden ein starkes Verlustgefühl, wenn ihre Töchter besagtes Neuland betreten. Sie vermissen nun ihr Singen in der Küche, ihr Vorlesen von Schulaufsätzen, sie fehlen ihnen als Begleiterinnen für Fahrradtouren und Schwimmbadbesuche. Sie sehnen sich zurück nach ihren Töchtern, die gerne Plätzchen backen, Mensch-ärgere-dich-nicht spielen und einen Gutenachtkuß wollen. Statt der lebhaften, liebenden Töchter haben sie nun Mädchen, die sie kaum wiedererkennen in ihrer Traurigkeit, Wut und Kompliziertheit. Eine schmerzliche Zeit für alle Beteiligten.

Glücklicherweise hat diese Zeit des Heranwachsens irgendwann ein Ende. Gegen Ende der Schulzeit sind die meisten Mädchen wieder gefestigter. Die schlimmsten Probleme – Cliquenwesen, totale Fixierung aufs Aussehen, Streitereien mit den Eltern – lassen nach. Allerdings kann die Art, wie Mädchen mit ihren Pubertätsproblemen umgehen, sehr wohl Auswirkungen auf ihr späteres Leben als Erwachsene haben. Ohne eine gewisse Hilfestellung kann der Verlust der Ganzheit der Person, von Selbstvertrauen und Selbstbestimmung bis weit ins Erwachsenenalter anhalten. Viele meiner erwachsenen Klientinnen haben noch immer dieselben Probleme wie als junge Mädchen. Dreißigjährige Buchhalterinnen und Immobilienmaklerinnen, vierzigjährige Hausfrauen und Ärztinnen, fünfunddreißigjährige Krankenschwestern und Lehrerinnen stellen dieselben Fragen, ringen mit denselben Schwierigkeiten wie ihre heranwachsenden Töchter.

Noch trauriger steht es um Frauen, die aufgehört haben zu kämpfen, die vergaßen, daß ihr Selbst es wert ist, verteidigt zu werden. Sie haben die schmerzhafte Zeit der Pubertät, den Verrat an sich selbst verdrängt, um andere zufriedenzustellen. Sie kommen in die Therapie mit dem Ziel, anderen noch besser gerecht zu werden. Sie wollen abnehmen, ihre Ehe retten oder ihren Kindern wieder auf die rechte Bahn helfen. Nach ihren eigenen Bedürfnissen gefragt, reagieren sie verständnislos.

Die meisten Frauen fanden sich allein gelassen mit dem Trauma der Adoleszenz, und ihre damaligen Erlebnisse blieben über Jahrzehnte ihres Erwachsenendaseins unberührt. Die gelernten Lektionen sind vergessen, ihre Erinnerungen an die Schmerzen verblaßt. Sie kommen zur Therapie, weil sie Eheprobleme haben, ihre Arbeit hassen oder ihre Tochter sie in Rage bringt, oder weil die Pubertät der Tochter ihren eigenen Schmerz wieder aufflammen läßt. Manche sind depressiv, drogenabhängig oder leiden an streßbedingten Krankheiten wie Magengeschwüren, Darmentzündung, Migräne oder Schuppenflechte. Nicht wenige haben versucht, perfekt zu sein, und dabei versagt. Obwohl sie sich an die Regeln hielten und taten, was man von ihnen verlangte, ernteten sie keinen Dank. Sie sind verärgert, fühlen sich betrogen und elend. Alles, was sie tun, wird als selbstverständlich erachtet, sie fühlen sich mehr benutzt als geliebt.

Frauen wissen meist, wie die einzelnen Mitglieder ihrer Familie denken und fühlen, ausgenommen sie selbst. Sie sind großartig, wenn es gilt, die Bedürfnisse von Kolleginnen und Kollegen, Ehemännern, Kindern und Freunden zu erfüllen, doch sie vergessen dabei sich selbst. Sie schlagen sich noch immer mit ungelösten Adoleszenzproblemen herum: Wie wichtig sind Aussehen und Beliebtheit? Wie komme ich auf meine Kosten, ohne egoistisch zu sein? Wie kann ich aufrichtig sein und doch geliebt werden? Wie kann ich etwas erreichen, ohne für andere eine Bedrohung darzustellen? Wie kann ich sexy und dennoch kein Sexualobjekt sein? Wie kann ich Verständnis zeigen für andere, ohne mich gleich für sie verantwortlich zu fühlen?

Während unseres Gesprächs in der Therapie drehen wir die Zeit zurück. Wir sind wieder in der Schule mit ihren Cliquen, der Schamhaftigkeit, den Hemmungen wegen unseres Aussehens, dem Wunsch nach Anerkennung und den Zweifeln an unseren Fähigkeiten. So viele erwachsene Frauen halten sich für dumm und häßlich, fühlen sich schuldig, wenn sie Zeit für sich selbst beanspruchen, zeigen niemals Wut, bitten nie um Hilfe.

Wir sprechen über die Kindheit – wie die Frau mit zehn oder fünfzehn Jahren war, setzen das Bild ihrer vergangenen Jugend zusammen, blicken zurück auf ihre ganz persönliche Geschichte, Erinnerungen brechen auf, oft kommt es zu Tränen, Wutausbrüchen, Trauer über das Verlorene. Viel zuviel Zeit hat sie damit vertan, vorzugeben so zu sein, wie andere es von ihr erwarteten. Doch es entsteht auch neue Kraft, wenn Zusammenhänge hergestellt werden, die Klientin sich der Dinge bewußt wird statt sie zu verdrängen und Verschwiegenes ausspricht.

Wir sind also bei unserer Arbeit quasi zwanzig Jahre im Verzug. Jede Frau erscheint wieder neu als Subjekt ihres eigenen Lebens statt als Objekt im Leben anderer. Wir beantworten Freuds gönnerhafte Frage »Was will das Weib?« Jede Frau will etwas anderes, Besonderes und dennoch dasselbe – die sein, die sie wirklich ist, das werden, was sie werden kann.

Viele Frauen gewinnen in der Menopause ihre Authentizität zurück, die ihnen vor der Adoleszenz eigen war. Weil sie nun keine schönen Objekte mehr sein müssen, die in erster Linie für andere da sind, können sie wieder zum Subjekt ihres eigenen Lebens werden. Sie werden selbstbewußter, selbstbestimmter und tatkräftiger. Margaret Mead hat dieses Phänomen weltweit angetroffen und nannte es die »postklimakterische Lebenslust«. Sie stellte fest, daß diese älteren Frauen in einigen Kulturen verehrt werden, während man sie in anderen auf dem Scheiterhaufen verbrennt.

Vor meinem Psychologiestudium habe ich Kulturanthropologie studiert. Schon immer habe ich mich für jene Schnittstelle interessiert, wo Kultur und Individualpsychologie zusammentreffen. Ganz besonders ging ich der Frage nach, warum bestimmte Kulturen nur ganz bestimmte Persönlichkeiten hervorbringen und warum sie einige Fähigkeiten ihrer Mitglieder begünstigen, gewisse Begabungen nutzen, während sie andere vernachlässigen und verkümmern lassen. Mich interessiert, welche Rolle die Gesellschaft bei der Entstehung von individuellen Krankheiten spielt.

Wer sich mit Kultur und Persönlichkeitsentwicklung beschäftigt, für den ist die Adoleszenz ein faszinierendes Thema. Es handelt sich um eine ganz besondere Phase, in der individuelle, gesellschaftliche und lebensgeschichtliche Faktoren zusammenwirken, um ein erwachsenes Individuum zu formen. Es ist eine Zeit bedeutsamer innerer Entwicklung und massiver kultureller Beeinflussung.

In diesem Buch will ich versuchen, anhand von Fallbeispielen die Lebens- und Krankengeschichte verschiedener Mädchen in einen größeren gesellschaftlichen Kontext zu stellen, um so die Schnittstelle zwischen dem Privaten und dem Öffentlichen zu untersuchen. Es ist ein undurchsichtiger Ort; beide Momente sind in unserem Leben miteinander verwoben. Unser Denken wird geprägt durch die Gesellschaft, in der wir leben, es kann uns auch unterjochen. Allerdings kann es auch analysieren und dazu beitragen, kulturelle Veränderungen herbeizuführen.

Eine Analyse der Gesellschaft darf die individuellen Unterschiede zwischen Frauen nicht außer acht lassen. Manche

Frauen entwickeln und entfalten sich unter den ungünstigsten Bedingungen, während andere schon der leiseste Windhauch umbläst. Dennoch lassen sich, was unsere speziellen Probleme angeht, mehr Gemeinsamkeiten als Unterschiede feststellen. Die entscheidende Frage lautet: Wie sehen die Bedingungen aus, unter denen die meisten jungen Frauen »gedeihen« können?

Es ist faszinierend zu sehen, wie meine erwachsenen Klientinnen es schaffen, schließlich doch mit ihren Problemen zurechtzukommen. Dieses Buch hätte ich jedoch kaum geschrieben, wenn in den letzten Jahren nicht immer mehr junge Mädchen in meine Praxis gekommen wären – Mädchen mit Eßstörungen, Alkoholproblemen, posttraumatischen Streßreaktionen nach sexuellen oder gewaltsamen Übergriffen, Geschlechtskrankheiten, nach Selbstverstümmelungen und mit den eigenartigsten Phobien; auch Mädchen, die versucht haben, sich umzubringen oder von zu Hause auszureißen. Nach einer Untersuchung tragen sich in meiner Heimatstadt 40 Prozent aller Mädchen einmal mit Selbstmordabsichten. Die Selbstmordrate der 10- bis 14jährigen ist in den letzten 15 Jahren um 75 Prozent gestiegen.

Zuerst war ich überrascht, daß Mädchen heute mehr Schwierigkeiten haben, schließlich gibt es seit den sechziger Jahren eine Frauenbewegung, die einiges an Bewußtseinsbildung geleistet hat. Frauen arbeiten heute in traditionellen Männerberufen und gehen nach Feierabend zum Sport. Es gibt Männer, die im Haushalt mithelfen und Kinder betreuen. Solche Veränderungen müßten doch etwas bewirken. Das tun sie natürlich auch, und trotzdem: der Begriff Feminismus hat für viele eine negative Bedeutung; obwohl einige Frauen einflußreiche Positionen besetzen, muß die Mehrheit für wenig Geld viel arbeiten und verrichtet den größten Teil der »niederen« Arbeiten. Das Lippenbekenntnis zur Gleichberechtigung läßt die reale Diskriminierung um so verwirrender erscheinen.

Viele Schwierigkeiten, unter denen Mädchen schon immer litten, sind in den neunziger Jahren schlimmer geworden. Das hat vielerlei Gründe: immer mehr Scheidungsfamilien, Drogenabhängigkeit, leichtfertiger Umgang mit Sex, Gewalt gegen Frauen. Dank der Medien leben Mädchen heute quasi alle in einer einzigen großen Stadt, einer verkommenen, beängstigenden Kitschwelt, wo es überall Alkoholika zu kaufen gibt und nur noch wenige geschützte Räume existieren. Frauen werden zunehmend sexualisiert und als Objekte gesehen, das Marketing bedient sich ihrer Körper, um Autos und Zahnpasta zu verkaufen. Pornographie ist frei zugänglich. Noch nie gab es so viele sexuelle und körperliche Vergehen an Mädchen. Mädchen sind heute verletzlicher und ängstlicher, und die Wahrscheinlichkeit, daß ihnen etwas Traumatisches zustößt, ist höher, ihre Freiheit, allein etwas zu unternehmen, begrenzter. Diese Kombination aus alten und neuen Streßfaktoren ist Gift für unsere jungen Frauen. Doch auch für Eltern ist die Belastung heute größer denn je. Schon seit 50 Jahren ängstigen Eltern sich um ihre autofahrenden halbwüchsigen Töchter, doch seit es Verbrechen gibt, wo Menschen in ihren Autos überfallen werden, ist es kein Wunder, wenn Eltern in Panik geraten. Über das Sexualverhalten ihrer Töchter haben sich Eltern schon immer Sorgen gemacht. Doch in einer Zeit, wo Männer sich mit Frauen verabreden, um sie zu vergewaltigen, und Geschlechtskrankheiten und Aids drohen, können Eltern schon panische Ängste entwickeln, denn die Wahrscheinlichkeit, daß die halbwüchsigen Töchter etwas Lebensgefährliches tun, ist heute weitaus größer.

Dieses Buch ist ein Bericht von der vordersten Front. Ich beschränke mich auf die Situation junger Mädchen, weil ich über sie am meisten weiß. Ich selbst war einmal ein Mädchen, ich erlebe sie in der Therapie, ich habe eine halbwüchsige Tochter, und ich unterrichte überwiegend junge Frauen. Ich schreibe nicht über Jungen, weil ich über sie nicht genug weiß. Ich sage nicht, daß Mädchen und Jungen völlig verschieden sind, ich behaupte nur, daß ihre Erfahrungen verschieden sind.

Ich behaupte weiter, daß Mädchen heutzutage mehr durchmachen als vor 30 Jahren, als ich ein junges Mädchen war, mehr auch als noch vor zehn Jahren. Etwas ist passiert. Erwachsen zu werden war nie leicht, doch die gesellschaftlichen Veränderungen der letzten zehn Jahre machen es noch schwerer. Der geschützte Bereich, den wir einst Kindheit nannten, ist räumlich und zeitlich enger geworden. Ein afrikanisches Sprichwort lautet: »Es braucht ein ganzes Dorf, um ein Kind großzuziehen.« Für die meisten Mädchen gibt es kein Dorf mehr.

Eltern, Lehrer, Schulpsychologen und Kindermädchen sehen zwar, daß junge Mädchen leiden, doch es ist ihnen nicht bewußt, wie weit verbreitet und gravierend dieses Leiden ist. Mit diesem Buch möchte ich andere an meinen Erfahrungen teilhaben lassen. Es soll eine Sturmwarnung sein, eine Botschaft an unsere Gesellschaft, daß im Moment etwas Einschneidendes passiert. Dieses Buch ist ein Wetterbericht aus dem Zentrum des Sturms.

2. Theoretische Probleme – »Es ist doch nur zu deinem Besten«

Cayenne (15)

Wie man auf einem alten Video von einem Fußballspiel sehen kann, war Cayenne mit zehn Jahren ein drahtiges, kämpferisches Mädchen, deren 30 Kilogramm Körpergewicht ganz auf den Ball konzentriert waren, als sie über das Spielfeld lief. Ihr roter Pferdeschwanz wippte, auf ihrem Gesicht glänzte der Schweiß, als sie sich, ohne im Laufen innezuhalten, blitzschnell duckte oder den andern Spielerinnen auswich. Wenn sie ein Tor schoß, riß sie in einer triumphierenden Geste die Arme in die Höhe. Sie warf ihren Eltern ein stolzes Lächeln zu und nahm dann wieder Aufstellung zum Weiterspielen.

Ihren Eltern gefiel es, daß sie sich offenbar das ganze Universum zu eigen machen wollte. Am einen Tag verkleidete sie sich als Bauchtänzerin, am nächsten als Astronautin. Sie mochte Erwachsene und Babys, Jungen und Mädchen, Hunde und Vögel gleichermaßen. Ganz Demokratin, behandelte Cayenne alle mit Achtung, und sie erwartete dasselbe von anderen.

Wenn sie empört war, nahm sie es mit jedem auf. Sie holte sich ein blaues Auge, als sie einen Jungen angriff, der behauptete, Mädchen könnten nicht Fußball spielen. Einmal tauchte sie einem wesentlich älteren Jungen den Kopf unter Wasser, weil er mit Steinen nach einer jungen Schildkröte geworfen hatte. Sie drohte Kindern Prügel an, die sich rassistisch verhielten. Weil sie sich so gut verteidigen konnte und sich immerzu für Gerechtigkeit einsetzte, prophezeiten ihr die Lehrer eine Juristenlaufbahn.

In der Grundschule machte sich Cayenne wenig Gedanken über ihr Aussehen. Einmal im Jahr ließ sie sich beim Schularzt wiegen und freute sich, wenn sie schwerer und größer geworden war. Sie trug Jeans und T-Shirts, nur gezwungenermaßen machte sie sich fein. Ihre Mutter mußte sie richtig anflehen, damit sie zum Einkaufen mitkam, oder sie daran erinnern, sich zu kämmen.

Sie ging jeden Tag zusammen mit ihrer besten Freundin Chelsea zu Fuß zur Schule. Die beiden fuhren auch zusammen Fahrrad, sahen gemeinsam fern, spielten in denselben Mannschaften und halfen sich gegenseitig bei den Hausarbeiten. Sie besprachen alles miteinander – Eltern, Schule, Sport, Hobbys. Sie erzählten sich von ihren Wunschträumen. Chelsea wollte Pilotin werden, Cayenne Ärztin. Sie dachten sich in allen Einzelheiten Geschichten aus, in denen Chelsea Cayenne in ein entlegenes Dorf in Alaska flog, wo sie ein Baby zur Welt bringen half oder das Bein eines Fischers amputierte.

Cayenne ging gern zur Schule. Sie hatte gute Noten, und von naturwissenschaftlichen Fächern war sie besonders angetan. Die meisten Kinder in ihrer Klasse kannte sie bereits aus dem Kindergarten. Sie spielte Ball mit ihnen und ging zu ihren Geburtstagsparties.

Cayenne verstand sich gut mit ihren Eltern. Marla, ihre ältere Schwester, war das launischere, ungehorsamere Kind. Als Halbwüchsige stahl sich Marla aus dem Haus, um mit ihren Freunden Alkohol zu trinken. Cayenne hatte Mitleid mit ihren Eltern, wenn Marla herumschrie oder ihnen anderweitig Sorgen machte. Sie gelobte, sich niemals so zu benehmen.

Nicht daß Cayenne fehlerlos war. Sie machte nur ungern ihr Zimmer sauber, und in der Kirche konnte sie nie stillsitzen. Auch aß sie lieber Hamburger als Obst und Gemüse. Etwa zweimal im Jahr war Cayenne einen Tag lang komisch oder mürrisch, die übrige Zeit war sie sehr umgänglich. Ein schlechter Tag war bei ihr so selten, daß dies fast eine kleine Sensation war. Ihre Eltern verließen sich inzwischen auf Cayenne als emotionale Balancehalterin, und sie nannten sie scherzhaft »Old Faithful«, in Anspielung auf den Geysir im

Yellowstone Park, der ganz zuverlässig alle 65 Minuten eine Wasserfontäne ausstößt.

Mit zwölf hatte Cayenne ihre erste Periode. Da sie schnell wuchs, wurden ihre Bewegungen unbeholfen und unberechenbar. Sie nahm zu, besonders um die Hüften, und bekam Akne. Cayenne wechselte auf eine andere Schule mit 2000 Schülern. Am ersten Tag war sie sehr nervös, weil sie gehört hatte, daß man dort den Neuen den Kopf in die Toilette steckte und die Jungen den Mädchen die Bluse herunterrissen. Glücklicherweise kam es nicht dazu. Dennoch war sie ganz verstört, als sie nach Hause kam, weil ein paar Jungen sie gehänselt hatten und die Mädchen Make-up und teure Kleider trugen. Sie wurde angepöbelt wegen ihrer billigen Jeans, und sogar Chelsea bat sie, nicht mehr zum Fußballtraining zu gehen und statt dessen ihre Samstage im Einkaufszentrum zu verbringen.

Cayenne wurde stiller und immer weniger unternehmungslustig. Man mußte sie zum ersten Mal dazu überreden, sich an Familienunternehmungen zu beteiligen. Sie mochte es nicht mehr, wenn ihre Eltern sie in den Arm nahmen, und wurde ganz abweisend, wenn sie es versuchten. Sie lachte kaum noch und redete nicht mehr mit ihnen.

Ihre Eltern waren teilweise darauf gefaßt. Als Cayenne Hemmungen bekam wegen ihres Aussehens, machte sie das zwar traurig, aber sie wußten, daß dies »normal« war. Weit beunruhigter waren sie, als sie aufhörte, Fußball zu spielen, und ihre Noten schlechter wurden, sogar in den naturwissenschaftlichen Fächern, die Cayenne nun schwierig und langweilig fand.

Chelseas Eltern hatten sich in der Zwischenzeit scheiden lassen, und Chelsea geriet in eine ziemlich wilde Truppe von Jugendlichen. Sie wollte, daß auch Cayenne sich ihnen anschloß, und nannte sie Zimperliese, weil sie zögerte. Schließlich machte sie mit. Cayennes Eltern hatten den Verdacht, daß diese Jugendlichen Alkohol oder Drogen konsumierten. Sie redeten ihr zu, mehr mit anderen Mädchen zu unternehmen, doch sie mochte deren Cliquenwirtschaft nicht. Ihre Eltern versuchten, sie mehr für Sport und Schulaktivitäten zu interessieren, aber sie fand, das sei nur etwas für Strebertypen.

Ich lernte Cayenne in dem Winter kennen, als sie die neunte Klasse besuchte. Der Hausarzt der Familie hatte sie zu mir geschickt, nachdem er bei ihr Herpes festgestellt hatte. Er glaubte, sie und ihre Angehörigen bräuchten Hilfe, um mit dieser ansteckenden Krankheit fertig zu werden.

Bei unserem ersten Treffen saß sie zusammengekauert zwischen ihren Eltern und trug ein T-Shirt mit der Aufschrift: »Wer keine laute Musik mag, ist ein Grufti.« Ihre Körperhaltung signalisierte: »Meine Eltern können mich zwar hierherbringen, aber zum Reden bringt mich keiner.« Als ich ihr ein Sodawasser anbot, verdrehte sie die Augen und sagte: »Wow, wie aufregend.«

Ihre Mutter klagte, Cayenne benehme sich, als sei sie allergisch gegen ihre Eltern. Sie könnten ihr nichts mehr recht machen.

Ihr Vater ließ sich über ihre Noten aus, ihren Freundeskreis, ihren Herpes und ihre Depressionen, aber am meisten bedauerte er, daß es das enge Verhältnis zwischen ihnen nicht mehr gab. Cayenne war ihnen früher sehr nahe und hatte ihnen viel Freude gemacht. Nun konnte keine Rede mehr sein von »Old Faithful« – ihre schlechten Tage überwogen ihre guten bei weitem. Dagegen war nun selbst Marla einfach – zumindest hatte sie sich keine Geschlechtskrankheit eingehandelt. Nachdem er dies alles ausgesprochen hatte, fragte er: »Meinen Sie, daß Cayenne ins Krankenhaus muß, oder ist dies alles ganz normal für eine Fünfzehnjährige?«

Gute Frage, dachte ich bei mir. Später traf ich mich mit Cayenne allein. Ihre blauen Augen wirkten eiskalt unter ihrem krausen roten Schopf. Sie sah mich trotzig an, fast als wollte sie sagen: »Versuch doch, mich zum Reden zu bringen.« Ich hatte das Gefühl, daß sich hinter ihrer Wut und Widerborstigkeit eine tiefe Verletzung verbarg.

Schließlich fragte Cayenne: »Analysieren Therapeuten auch Träume?«

»Hast du denn welche?«

Cayenne erzählte mir einen immer wiederkehrenden Traum. Sie lag in ihrem Zimmer im Bett und hörte Schritte auf der Treppe. Sie wußte genau, wer kommen würde. Sie lauschte, zu Tode erschrocken, auf die lauter werdenden Schritte. Da betrat ein alter Mann, der eine Ziege an der Hand führte, ihr Zimmer. Er hatte ein langes, scharfes Messer dabei. Cayenne lag da, unfähig sich zu bewegen, während er anfing, an ihren Zehen herumzuschneiden. Er schnitt Stücke von ihr ab und verfütterte sie an die Ziege. Normalerweise wachte sie auf, wenn er bei ihren Knien angelangt war. Sie war schweißgebadet, das Herz klopfte ihr bis zum Hals. Danach wollte sie nicht mehr einschlafen, aus Angst, der Mann könnte zurückkommen.

Als sie geendet hatte, fragte ich sie, ob sie eine Idee hätte, was der Traum bedeuten könnte. Sie sagte: »Er bedeutet, daß ich Angst habe, zerstückelt und bei lebendigem Leib aufgefressen zu werden.«

In den folgenden Monaten redete Cayenne nur in Bruchstücken, fast wie in einer Code-Sprache. Manchmal sprach sie so leise, daß ich sie nicht verstehen konnte. Cayenne war unglücklich in der neuen Schule und sehnte sich nach der alten zurück. Sie vermißte ihre Schwester Marla, die nun auswärts studierte. Obwohl sie überzeugt war, daß ihre Eltern sich verändert hatten und nicht sie, trauerte sie dem engen Verhältnis nach, das sie einst hatten.

Cayenne verhielt sich abwartend und redete nur stockend, aber sie erschien brav zu den Sitzungen. Sie haßte ihr Aussehen. Ihr Haar fand sie zu auffällig, ihre Hüften und Schenkel zu schlaff. Ihr Versuch abzunehmen schlug fehl. Sie färbte sich die Haare, die prompt scheußlich lila und trocken wurden. Ihrer Meinung nach waren fast alle anderen Mädchen hübscher als sie. Sie sagte: »Es läßt sich nicht leugnen, ich sehe aus wie eine Vogelscheuche.«

Cayenne fühlte sich in ihrem alten Freundeskreis nicht mehr wohl. Wir sprachen über die Mädchen in ihrer Klasse, die sie wegen ihrer Kleidung aufzogen, und über die Jungen, die ihr das Leben schwermachten. Sie hatte mit fast allen Freundinnen Probleme. Sie wußte nie, woran sie war. Die eine Woche fühlte sie sich einigermaßen wohl in ihrer Haut und wurde auch von den anderen akzeptiert, in der nächsten fühlte sie sich wie eine Ausgestoßene. Wenn sie ihren Freundinnen ein Geheimnis anvertraute, machte es sofort in der Schule die Runde. An einem Tag wurde sie von einer Clique aufgenommen, und am nächsten war sie schon wieder draußen. Jungen, die sie gestern Schlampe nannten, flirteten heute mit ihr.

Sie spürte den Druck, Drogen und Alkohol zu konsumieren. Sie sagte: »In der Grundschule war ich der reinste Engel. Ich dachte damals, ich würde niemals Zigaretten und Alkohol anrühren, doch mit einem Mal gab es überall Alkohol. Selbst der Vorsitzende des Sag-nein-zu-Drogen-Clubs ließ sich ständig vollaufen.«

Die Schule, früher ein Spaß, war nun eine Qual für sie. In Mathematik und naturwissenschaftlichen Fächern war sie schlecht, und alles andere langweilte sie. Sie sagte einmal zu mir: »Die Regierung hat die Schule eigens als Babysitter für Kids in meinem Alter erfunden.«

Wir sprachen über die Vorschriften, die ihre Eltern ihr machten, und daß diese seit ihrer Erkrankung viel strenger geworden waren. Ihre Proteste dagegen fielen aber erstaunlich schwach aus. Cayennes Gefühle gegenüber ihren Eltern waren zwiespältig – einerseits hatte sie Schuldgefühle, weil sie immer Streit anfing mit ihnen, andererseits warf sie ihnen vor, daß sie ihre Notlage nicht erkannten und nicht besser auf sie aufpaßten.

Ich schlug ihr vor, täglich drei Dinge aufzuschreiben, auf die sie stolz war, und bat um einen Brief, in dem sie mir ihre guten Eigenschaften mitteilte. Sie schrieb, daß sie stolz sei, den Rasen gemäht, den Abwasch gemacht und ihre Großmutter zur Kirche begleitet zu haben. Was ihre guten Eigenschaften anging, gefielen ihr ihr Nabel und ihre Füße. Als ich von ihr wissen wollte, was ihr an ihrer Persönlichkeit gefiel, nannte sie ihren Mut und ihre Offenheit. Zumindest konnte sie sich also noch daran erinnern, wie sie einmal gewesen war.

Einmal saß mir Cayenne im Jogginganzug und mit einer vom Schnupfen roten Nase gegenüber und erzählte, daß Chelsea Angst hätte, schwanger zu sein. Ihre Periode war ausgeblieben, und der Streifen des Schwangerschaftstests zeigte »positiv« an. Wir sprachen ganz allgemein über Mädchen, die plötzlich schwanger werden, über Teenager-Mütter, Abtreibung und empfängnisverhütende Mittel. Cayenne war zwar froh, über das Sexualverhalten ihrer Freundinnen reden zu können, über ihr eigenes erzählte sie allerdings von sich aus nichts.

In der nächsten Sitzung berichtete sie, daß Chelsea doch nicht schwanger sei und nun beschlossen hatte, bis sechzehn nichts mehr mit Sex zu tun haben zu wollen. Sie waren zur Feier des Tages zusammen ins Kino gegangen. Wir sprachen über den Film *Meerjungfrauen küssen besser*, den sie sich angeschaut hatten, in dem drastisch geschildert wird, wie ein junges Mädchen mit einem ihr fast unbekannten Mann Sex hat. Auf meine Frage, wie sie das fand, sagte sie: »Der Film zeigt genau, wie es ist.«

Ich hatte gerade den Film *Medicine Man* gesehen, die Geschichte eines Wissenschaftlers, der im Regenwald nach einem Heilmittel gegen Krebs sucht. Sean Connery bekommt dort Besuch von einer vierzig Jahre jüngeren Wissenschaftlerin, die kurze Shorts und ein enges, ausgeschnittenes Oberteil trägt. Er ist schockiert, als er erfährt, daß eine Frau sich mit Wissenschaft beschäftigt, und lehnt es ab, mit ihr zusammenzuarbeiten. Sie ist ziemlich arrogant und fürchtet sich vor Schlangen. Als sie einen Unfall hat, wird Sean zu ihrem Retter, und sie sinkt ihm weinend in die Arme. Als hilfloses Häufchen Elend wirkt die Wissenschaftlerin plötzlich weiblicher und liebenswerter. Sie weicht Sean von nun an nicht mehr von der Seite, und er dankt es ihr mit seinem Lächeln und Zärtlichkeiten. Schließlich gibt sie ihre Karriere auf und hilft ihm, das Mittel gegen Krebs zu finden.

Ich fand den Film sexistisch und erklärte Cayenne, warum. »Der Film sagt aus, daß Frauen so lange Wissenschaftlerinnen sein dürfen, wie sie jung, schön und verführerisch sind. Doch Sie müssen sich dann schon von einem Mann retten lassen und, um ihm dienen zu können, ihre Karriere an den Nagel hängen.«

Ich dachte laut darüber nach, wie sich ein solcher Film auf die Noten von Mädchen in naturwissenschaftlichen Fächern auswirken könnte, und erzählte Cayenne dann von den Videoclips, die ich einmal auf MTV gesehen hatte. Die sexualisierten Texte und Szenen hatten mich schockiert. Im ersten Video tanzten und wanden sich Frauen mit offenem Mund heftig stöhnend um einen Sänger. Im zweiten verrenkten sich vier Frauen mit leerem Blick, tief ausgeschnittenen Kleidern und hohen schwarzen Stiefeln. Ihre Busen und Hintern wurden öfter gezeigt als ihre Gesichter. Meine Empörung darüber kommentierte Cayenne mit: »Das ist doch gar nichts gegen die *Guns-'n'-Roses*-Videos.«

Dann kamen wir auf den Film *Das Schweigen der Lämmer* zu sprechen. Zu meinem Entsetzen hörte sie nicht auf, Bilder von gehäuteten Frauen und bluttriefenden Leichenteilen zu beschreiben. Mir wurde dabei klar, wie verschieden wir doch waren. Während mich Gewalt und Gelegenheitssex abstießen, ließ sie das alles kalt. Cayenne war sogar stolz darauf, daß es ihr nichts ausmachte, grausame und sexuell eindeutige Szenen anzuschauen, für sie war dies ein Beweis, daß sie kein Feigling war. Trotz unserer unterschiedlichen Reaktionen auf diese Filme brachte uns das Gespräch darüber auf so wichtige Themen wie Aussehen, Sexismus, kulturelle Stereotypen von Männern und Frauen und die Bedeutung von Sex und Gewalt im Film.

Cayenne sprach schließlich, zunächst zögernd, dann immer freier, über ihre eigenen sexuellen Erfahrungen. Sie machte sich lustig über die Schulfilme mit ihren Embryos und Trick-film-Spermien, die wie Kaulquappen aussahen. Sie sagte, ihre Eltern hätten ihr geraten, mit dem Sex bis nach dem Schulab-schluß zu warten und bis sie jemand kennenlernte, den sie liebte.

Ich fragte sie: »Wie vertragen sich deine Erfahrungen denn mit den Ansichten deiner Eltern?«

Cayenne schaute mich mit großen Augen an. »Meine Eltern haben doch keine Ahnung von Sex!«

Sie strich ihre krausen Ponyhaare aus dem Gesicht. »In der siebten Klasse waren alle ganz sexwütig. Irgendwelche Kids fragten mich ständig, ob ich's tun würde, ob ich gebumst werden wolle und so weiter. Jungen grabschten mich in der Schule auf dem Gang an. Ich war empört, habe mir aber nichts anmerken lassen. Später habe ich mich daran ge-wöhnt.«

Als sie in der achten Klasse war, wollte Cayenne mit einem Jungen schlafen. Ihre Freundinnen sagten, es würde Spaß ma-chen, und zogen sie auf, weil sie noch Jungfrau war. Doch sie hatte Angst – würde es weh tun, würde sie Aids bekommen oder schwanger werden, oder würde der Junge sie nachher verachten?

In dem Sommer, bevor sie in die neunte Klasse kam, ging Cayenne mit Chelsea zu einer Party, bei der kein Erwachsener aufpaßte. Da war auch ein Junge, den sie von ihrer alten Schule her kannte. Tim war damals ein unerfahrener, adrett aussehender Junge gewesen. Nun war er ein College-Student mit langen Haaren, einem Pferdeschwanz und sarkastischem Humor.

Tims Freund hatte zehn Mädchen und neun Jungen eingela-den. Er öffnete die Hausbar seiner Eltern und goß den Mäd-chen Crème de Menthe und den Jungen Scotch ein. Cayenne mochte den Hustensaftgeschmack des Likörs nicht, doch aus lauter Nervosität trank sie ihn. Da kam Tim und setzte sich neben sie. Er bewunderte ihr Hemd und machte sich lustig über die anderen Typen auf der Party. Er goß nach. Tims

Freund legte eine Madonna-Kassette ein und machte alle Lichter aus.

Cayenne war furchtbar aufgeregt. Tim legte den Arm um sie und küßte sie auf die Stirn. Sie flüsterten noch eine Weile miteinander und fingen dann an zu schmusen. Alle andern machten das auch oder sogar noch mehr. Einige zogen sich in andere Zimmer zurück.

Cayenne erzählte: »Ich wußte, daß es in dieser Nacht passieren würde. Ich hatte Angst, war aber bereit. Danach war ich ganz platt, wie schnell alles ging. Die Party war gerade einmal eine Stunde im Gange, und schon war's geschehen.«

Nach dieser Nacht telefonierten Cayenne und Tim etwa einen Monat lang immer wieder miteinander und redeten über Schule, Musik und Filme – Sex war tabu. Sie wohnten zu weit auseinander und schafften es nicht, sich zu treffen. Zwei sorgfältig geplante Anläufe schlugen fehl. Nach einiger Zeit verliebten sich beide in jemanden aus der eigenen Schule, und sie verloren den Kontakt zueinander.

Auf meine Frage, was sie heute noch für Tim empfinde, rieb sich Cayenne die Stirn und sagte: »Es hätte romantischer sein können.«

Cayenne entsprach der typischen Therapie-Klientin. Sie hatte eine leidlich glückliche Kindheit, mit den Veränderungen und Herausforderungen in der Pubertät wurde sie aber, zumindest zeitweise, nicht mehr fertig. Ihre Noten wurden schlechter, sie machte keinen Sport mehr, und ihr Traum, später Ärztin zu werden, verflog. Als sie aus dem relativ geschützten Raum der Grundschule in die komplexere Welt der Mittelstufe kam, ging es in ihren zwischenmenschlichen Beziehungen mit einem Mal drunter und drüber. Auch mußte sie sich entscheiden, wie sie es mit Erwachsenenproblemen wie Alkohol und Sex halten wollte. Während sie noch damit beschäftigt war, sich über viele Dinge Klarheit zu verschaffen, steckte sie sich mit Herpes an.

Als ich anfing, mit Mädchen wie Cayenne zu arbeiten, fühlte ich mich ziemlich hilflos. Ich hatte meine Ausbildung in den siebziger Jahren von männlichen Psychologen erhalten. Mit Ausnahme von Carol Gilligans Arbeit, stammten alle Theorien über Teenager von Männern, etwa die von Lawrence Kohlberg und E. H. Erikson, die hauptsächlich Untersuchungen über Jungen gemacht hatten.

Ich fand, daß die Mädchen geradezu besessen waren von komplizierten und intensiven Beziehungen. Denselben Personen gegenüber waren sie zugleich pflichtbewußt und voller Vorwürfe, empfanden Zuneigung und Wut, Nähe und Distanz. Was Sexualität, Verliebtheit und Intimität betrafen, ging es bei ihnen wild durcheinander, und vieles bedurfte der Klärung. Ihre Symptome schienen altersbedingt zu sein und mit ihren gemeinsamen Erfahrungen zusammenzuhängen. Bestimmte Themen wie Figurprobleme, Angst vor Ablehnung und Wunsch nach Perfektion dürften allerdings mit den gesellschaftlichen Erwartungen an Frauen im allgemeinen zusammenhängen und weniger mit dem »Krankheitsbild« der einzelnen Mädchen. Die Mädchen mußten mit widersprüchlichen Botschaften zurechtkommen: Sei schön, doch worauf es ankommt, ist innere Schönheit. Sei sexy, aber Hände weg vom Sex. Sei ehrlich, aber nicht verletzend. Sei selbstbewußt, aber entgegenkommend. Sei klug, aber nicht so klug, daß du Jungen verunsicherst.

Heranwachsende Mädchen stellten mich vor alle möglichen Probleme, zu deren Lösung meine Ausbildung und Erfahrung nur wenig beitragen konnten. Jeder Versuch, mich streng an traditionelle psychotherapeutische Methoden zu halten, schlug fehl. Die Mädchen brachen die Therapie ab, oder schlimmer noch, sie kamen brav zu den Sitzungen, plauderten höflich, ohne daß etwas dabei für sie herauskam. Weil sie meine schwierigsten Fälle waren, dachte ich viel über meine jugendlichen Klientinnen nach. Wie ließen sich ihre Probleme begrifflich fassen, daß man dagegen angehen konnte, und in welchem Zusammenhang stand ihr Verhalten nach außen mit ihren inneren Kämpfen? Ich fand Hilfe bei Alice Miller.

Alice Miller war Expertin, wenn es um den Verlust des Selbst ging. In ihrem Buch *Das Drama des begabten Kindes* beschreibt sie, wie einigen ihrer Analysanden in der frühen Kindheit ihr wahres Selbst abhanden kam. Sie war der Meinung, daß ihre Patienten als kleine Kinder vor einer schwierigen Entscheidung standen: Sie konnten entweder authentisch und ehrlich bleiben oder geliebt werden. Wenn sie sich für ersteres entschieden, wurden sie von ihren Eltern aufgegeben. Wenn sie sich für das Geliebtwerden entschieden, gaben sie ihr wahres Selbst auf.

Aufgrund eigener Kindheitserfahrungen betrachteten die Eltern dieser Analysanden bestimmte Teile der Persönlichkeit ihrer Kinder als inakzeptabel. Sie machten ihren Kindern klar, daß nur eine kleine Bandbreite von Gedanken, Gefühlen und Verhaltensregeln toleriert würde. Die Kinder lehnten folglich alles ab, was nicht toleriert wurde. Wenn Wut oder sexuelle Bedürfnisse nicht akzeptabel waren, taten sie so, als hätten sie keine.

Millers Analysanden entschieden sich als Kinder für die elterliche Anerkennung und erfuhren den Verlust ihres eigenen wahren Selbst. Unerlaubte Gefühle wurden unterdrückt, inakzeptables Verhalten zumindest in Anwesenheit von Erwachsenen vermieden. Sie behielten unerlaubte Gedanken von nun an für sich und unterdrückten den nicht tragbaren Teil ihres Selbst, der schließlich aus Vernachlässigung verkümmerte. Oder sie projizierten ihren inakzeptablen Teil auf andere.

Miller glaubte, daß in dem Maße, wie das wahre Selbst unterdrückt wurde, sich ein falsches Selbst Geltung verschaffte. Dieses fühlte sich durch die Anerkennung durch andere bestätigt, und die Person war zeitweise glücklich. Daher suchte sie einzig Bestätigung von außen. Bekam das falsche Selbst keine Anerkennung, war die Person todunglücklich.

Dieser Verlust des wahren Selbst war so traumatisch, daß ihre Patienten diesen verdrängten. Sie hatten nur eine schwache Erinnerung an das, was verlorengegangen war, empfanden aber ein Gefühl der Leere und Verlassenheit. Sie fühlten sich verwundbar und richtungslos – glücklich, wenn sie gelobt, niedergeschlagen, wenn sie nicht beachtet oder kritisiert wurden. Sie waren wie Segelboote ohne Kiel. Ihr Selbstwertgefühl wechselte mit der Windrichtung.

Alice Miller verglich Erwachsene mit einem falschen Selbst mit authentischen Erwachsenen, die alle Gefühle kannten, einschließlich Schmerz. Letztere konnten sich selbst annehmen, ohne auf die Anerkennung durch andere angewiesen zu sein. Diesen Zustand psychischer Gesundheit nannte Miller Lebendigkeit.

Millers Waffe gegen psychische Krankheiten war das Entdecken und Akzeptieren der Wahrheit in jedem Individuum. Sie ermutigte ihre Analysanden, das, was ihnen als Kind widerfahren war, anzunehmen. Nur dann könnten sie zu authentischen Menschen werden.

Miller schrieb über diesen Prozeß, als handele es sich um ein Entweder-Oder-Phänomen. Doch tatsächlich kann er von der eigentlichen Sozialisation bis zum Mißbrauch reichen. Er findet sich in allen Familien: Alle Eltern billigen bestimmte Verhaltensweisen ihrer Kinder und lehnen andere ab, alle bringen ihren Kindern bei, einen Teil ihres Selbst der sozialen Akzeptanz zu opfern. Allerdings schaffen es normalerweise auch die autoritärsten Eltern nicht, das Wesen ihrer Kinder völlig zu zerstören.

Ein analoger Prozeß, wie der von Miller beschriebene, findet sich, so meine These, bei Mädchen in der frühen Adoleszenz. Doch während Miller die Eltern für den Spaltungsvorgang in der frühen Kindheit verantwortlich macht, sehe ich die Schuld bei der Gesellschaft. Sie ist es, die Mädchen dazu bringt, ihr wahres Selbst aufzugeben und ein falsches anzunehmen.

Eltern kämpfen oft sehr darum, das wahre Selbst ihrer Töchter zu bewahren. Sie halten ihre Töchter an, ihre Interessen aus der Kindheit weiterzuverfolgen, und häufig kommt es zu Auseinandersetzungen über Dinge wie zu frühe sexuelle Kontakte, Make-up, Schlankheitskuren und Verabredungen mit

Jungen. Die Eltern drängen darauf, daß sich ihre Töchter Fächern wie Sport, Mathematik und Naturwissenschaften zuwenden. Sie lehnen die durch die Medien geprägten Werte ab und wehren sich dagegen, daß ihre Töchter zu Konsum- oder Sexualobjekten gemacht werden. Sie wollen nicht, daß ihre Töchter ihre Seelen verkaufen, um beliebt zu sein, und kämpfen dafür, daß sie ihre Persönlichkeit bewahren.

In dieser Entwicklungsphase haben Eltern nur noch begrenzten Einfluß auf ihre Töchter. Cayenne beispielsweise sprach kaum noch mit ihren Eltern. In dem Maße, wie sich junge Mädchen hinaus in die Welt orientieren, hören sie nur noch auf ihre Freundinnen und Freunde, nicht mehr auf ihre Eltern. Sie richten sich nach Medienstars, nicht nach elterlichen Idealen.

Mit der Pubertät geraten Mädchen unter enormen Druck. Ausgeübt wird dieser Druck von der Schule, von Zeitschriften, Musik, Fernsehen, Werbung, Filmen und nicht zuletzt von Gleichaltrigen. Mädchen können entweder sich selbst treu bleiben und das Risiko in Kauf nehmen, von ihrer gleichaltrigen Bezugsgruppe abgelehnt zu werden, oder sie verleugnen sich und werden sozial akzeptiert. Die meisten Mädchen ziehen letzteres vor und lassen es zur Spaltung in ein authentisches und ein gesellschaftlich gewünschtes Selbst kommen. Für die Öffentlichkeit werden sie zu der Person, die diese von ihnen erwartet.

Authentizität bedeutet, im Besitz all seiner Erfahrungen zu sein, einschließlich der Gefühle und Gedanken, die sozial nicht akzeptabel sind. Da die Selbstachtung davon abhängig ist, ob jemand alle seine Gedanken und Gefühle als seine eigenen akzeptiert, verlieren junge Mädchen ihr Selbstvertrauen, wenn sie ihr wahres Selbst verleugnen. Sie erleiden also einen großen Verlust, wenn sie bestimmte Gedanken und Gefühle unterdrücken.

Cayenne ist ein Musterbeispiel für eine solche Verleugnung. Im Verlauf der Pubertät wandelte sie sich von der authentischen Person, die sie vorher war, zu einer verwässerten, unglücklichen Version ihrer selbst. Ihr Traum, in dem sie zerstückelt und an eine Ziege verfüttert wurde, spiegelt ganz deutlich den Verlust ihrer Ganzheit. Viele Mädchen berichten von ähnlichen Träumen. Sie träumen zu ertrinken, gelähmt zu sein oder im Treibsand steckenzubleiben, häufig auch, überfallen zu werden und nicht schreien oder sich wehren zu können. Die Angreifer mögen dabei variieren – Männer, Mitschüler, Insekten oder Schlangen. Die wichtigen Elemente des Traums sind der Überfall, das Gelähmtsein und die bevorstehende Zerstörung des Selbst.

Mit der Adoleszenz beginnt Cayenne auf der Basis eines falschen Selbst zu agieren. Wenn sie sagt: »Es läßt sich nicht leugnen, ich sehe aus wie eine Vogelscheuche«, akzeptiert sie das Recht der Gesellschaft, sie einzig und allein nach ihrem Äußeren zu bestimmen. Sie definiert sich sogar selbst so. Früher hat sie sich für Dinge wie eine verletzte Schildkröte eingesetzt oder ein Ideal verteidigt, jetzt, wo sie daran gewöhnt ist, »angegrabscht« zu werden, protestiert sie nicht einmal mehr, wenn ihre körperliche Unversehrtheit bedroht ist.

Indem sie ein falsches Selbst annimmt, büßt Cayenne ihr Selbstbewußtsein und ihren Seelenfrieden ein. Sie gibt ihre klare, direkte Sprachfähigkeit auf, geht auf Distanz zu ihren Eltern, die sie dazu anhalten, doch sich selbst treu zu bleiben. Ihr äußeres Verhalten und ihre inneren Gefühle sind nicht im Einklang. Ihr Verhalten richtet sich nicht mehr nach ihren eigentlichen Bedürfnissen.

Ihre Entscheidungen trifft sie nicht mehr überlegt und bewußt, sondern sie reagiert auf den Druck ihrer gleichaltrigen Bezugsgruppe. Diese verleitet sie zu Drogen und Sex. Cayenne ist aus dem Lot geraten und ohne Richtung. Ihr langfristiges Ziel, einmal Ärztin zu werden, hat sie aufgegeben.

Cayenne macht etwas durch, was alle Mädchen in der frühen Adoleszenz durchleben – eine rigorose Einübung in die weibliche Rolle. In diesem Alter sollen Mädchen jene Teile ihrer

Person, die in unserer Kultur als männlich gelten, auf dem Altar der sozialen Akzeptanz opfern und ihre Seelen zu einer Winzigkeit zusammenschrumpfen lassen. Claudia Bepko und Jo-Ann Krestan nannten dies »die Indoktrination durch den ´Code des Guten«, von dem sie behaupten, daß er sich seit den fünfziger Jahren nicht geändert hat. Die Regeln lauten noch immer: Sei schön, sei eine Dame, sei selbstlos und mache dich nützlich, bemühe dich um harmonische Beziehungen, sei tüchtig, ohne dich zu beklagen.

Das ist der Zeitpunkt, wenn Mädchen lernen, lieber nett als ehrlich zu sein. Cayenne sagte: »Die schlimmste Strafe ist, Zicke genannt zu werden. Damit stopfen sie jeder das Maul.« Sie fügte hinzu: »Als Mädchen sollst du immer lächeln. Wenn ich einen schlechten Tag habe, sagen immer alle, ›lächle doch ein bißchen‹. Ich habe nie gehört, daß das jemand zu einem Jungen gesagt hätte.«

Heranwachsende Mädchen müssen feststellen, daß es unmöglich ist, zugleich weiblich und erwachsen zu sein. Die bereits klassische psychologische Studie I. K. Brovermans liefert dafür den Beweis. Männliche und weibliche Probanden mußten Adjektive ankreuzen, die jeweils gesunde Männer, gesunde Frauen bzw. gesunde Erwachsene charakterisieren. Die Ergebnisse zeigten, daß die Probanden Männer und Erwachsene mit denselben Eigenschaften assoziierten, Frauen dagegen völlig anders als Erwachsene. So wurden Frauen als passiv, unselbständig und unlogisch eingestuft, während Erwachsene als aktiv, selbständig und logisch galten. Es war demnach völlig ausgeschlossen, zugleich als gesunde Erwachsene und gesunde Frau betrachtet zu werden.

Die Spielregeln für Mädchen sind verwirrend und die Karten gezinkt, doch Mädchen begreifen schon früh, daß es für sie kein anderes Spiel gibt. Eine Freundin erinnerte sich, daß sie in der siebten Klasse gerne jemanden gehabt hätte, der ihr die Spielregeln erklärte. Sie sagte: »Es war so schwierig, richtig zu spielen, ohne die Regeln zu kennen.«

Zwar sind die Regeln für richtiges weibliches Verhalten nicht eindeutig festgelegt, doch die Strafen für deren Verletzung sind hart. Mädchen, die kein Blatt vor den Mund nehmen, gelten als zickig. Unattraktive Mädchen werden verhöhnt. Untermauert werden diese Regeln durch die Bilder von Softpornos und harter Pornographie, durch Song-Texte, Bonmots, Kritik, Spott und Witze. Wenn eine Hillary Rodham Clinton als »Zicke« tituliert wird, einfach weil sie eine kompetente, erwachsene Person ist, festigt das diese Regeln.

Viele meiner Studentinnen an der Universität erinnern sich noch an Situationen, in denen sie bewußte Entscheidungen trafen – in der Klasse lieber den Mund zu halten, um nicht als Streberin zu gelten, eine Diät einzuhalten, statt zu essen, wenn sie Hunger hatten, sich mit der »richtigen« Clique zu treffen, statt mit Jugendlichen, mit denen sie sich wohl fühlten, höflich zu sein statt ehrlich, sich hübsch zu machen, statt Spaß zu haben. »Schönheit muß eben leiden«, formulierte es eine Studentin. Allerdings sind Mädchen zu dem Zeitpunkt, an dem sie das Trauma erleben, normalerweise nicht in der Lage, dieses zu artikulieren. Die Probleme, mit denen heranwachsende Mädchen zu kämpfen haben, werden in unserer Kultur auch kaum diskutiert. Selbst sprachlich lassen sich ihre Erfahrungen nur ungenügend erfassen. Protest wird als Straftat, Frustration als Zickigkeit, Rückzug als Depression und Verzweiflung als hormonales Problem gedeutet. So werden viele Schlachten um das Selbst verloren oder gewonnen ohne einen Bericht von der Front.

Es gibt die unterschiedlichsten Erlebnisse, die junge Mädchen ihr wahres Selbst aufgeben lassen. Zu Beginn der Adoleszenz lernen Mädchen, wie wichtig Aussehen ist, wenn es um soziale Anerkennung geht. Für Mädchen gilt Attraktivität sowohl als notwendige wie als ausreichende Voraussetzung, um erfolgreich zu sein. Das ist eine uralte Geschichte. Die tausend Schiffe stachen bestimmt nicht in See, weil die schöne Helena besonders fleißig war, und Romeo liebte Julia wohl kaum, weil sie so gut rechnen konnte.

Ein Gesundheitsratgeber aus dem Jahr 1888 betont bereits,

daß Jungen im Winter wollene Hosen, Jacken und Pullover tragen, während Mädchen in Seide und Spitzen gehen, die ihnen zwar anmutig über die Schultern fallen, aber ihre Arme bloß lassen. Der Ratgeber beklagt auch den Tod zahlreicher Mädchen, die an Diphterie und Lungenentzündung starben.

Jugendzeitschriften sind ein gutes Beispiel dafür, wie Mädchen auf richtiges Aussehen getrimmt werden. Als meine Tochter einmal krank war und ich ihr etwas Leichtes zum Lesen kaufen wollte, blätterte ich in dem Buchladen die Zeitschriften durch. Die Models schienen alle 1,80 Meter groß und magersüchtig zu sein. Die Themen drehten sich um Make-up, Mode und Figur. Mädchen wurden animiert, Geld auszugeben, Schlankheitskuren und Fitneßtraining zu machen, und alles nur, um den Jungen zu gefallen. Das schien der einzige Lebenszweck, denn es fand sich nichts über Beruf, Hobbys, Politik oder schulische Belange. Ich fand keine Zeitschrift, die nicht die Botschaft verkündete: »Es kommt nicht darauf an, wie gut du dich fühlst oder wie gut du bist, es kommt darauf an, wie gut du aussiehst.«

Mädchen werden in eine frauenfeindlichen Kultur groß, in der Männer den Großteil der politischen und wirtschaftlichen Macht innehaben. Sie lesen eine Geschichte der westlichen Zivilisation, die hauptsächlich über das Leben von Männern berichtet. »Die Leistungen von Frauen werden unter der Rubrik ›Fundsachen‹ verbucht«, sagte Dale Spender einmal. Mädchen, die sich mit der westlichen Zivilisation befassen, wird schnell bewußt, daß die Geschichte eine Männergeschichte ist.

Ich selbst machte diese Entdeckung, als ich H. G. Wells' *Die Geschichte unserer Welt* und Winston Churchills *Die Geschichte der westlichen Welt* las. In beiden Werken geht es vor allem um Krieg und Besitzverteilung. Das Leben von Frauen kommt nicht vor, es sei denn als Einflußfaktor im Lebenslauf eines Mannes. Ich kann mich noch erinnern, wie ich mich damals darüber wunderte, wo während all dieser Ereignisse die

Frauen waren. Meiner Tochter erging es mit ihrem Geschichtsbuch ähnlich: »Es ist so langweilig, nichts als ein Haufen Könige und Generäle, die sich bekriegen. Was haben eigentlich die Frauen damals gemacht?«

In der Mittelstufe spüren Mädchen ihren Mangel an Macht, können dies aber nur selten artikulieren. Sie sehen, daß die meisten Politiker, Schulleiter, Manager und leitenden Angestellten Männer sind, ebenso wie berühmte Schriftsteller, Musiker und Künstler. Doch sie sehen darin nichts Politisches – ihre Beschwerden sind rein persönlich.

Die Aussagen von Mädchen zu Fragen von Geschlecht und Macht hängen von der Art ab, wie die Frage gestellt wird. Wenn ich heranwachsende Mädchen frage, ob sie Feministinnen seien, sagen die meisten nein. Für sie ist Feminismus ein negativer Begriff wie Kommunismus oder Faschismus. Frage ich dagegen, ob Männer und Frauen gleiche Rechte haben sollen, sagen sie ja. Wenn ich frage, ob ihre Schule sexistisch sei, verneinen sie das meist, frage ich aber, ob sie in ihrer Schule schon sexuell belästigt wurden, sagen sie ja und erzählen mir alle möglichen Geschichten. Wenn ich sie frage, wer die meisten Schulbücher verfaßt hat, wer die meisten Schulleiter stellt und wer die meiste Macht hat, sagen sie »Männer«.

Ich fordere Mädchen auf, über diese Fragen nachzudenken und mir Beispiele für Diskriminierungen zu nennen. So beschweren sie sich, daß sie mehr im Haushalt machen müssen als ihre Brüder und daß sie fürs Babysitting weniger Geld bekommen als diese fürs Rasenmähen. Daß ihre Eltern die Leistungen ihrer Brüder mehr loben als ihre. Eine Sportlerin beklagte sich, daß ihr Leichtathletiktrainer den Jungen mehr Zeit widmete als ihr, eine Turnerin, daß nur Frauen vor dem Training auf die Waage müssen. Eine Volleyballspielerin kritisierte, daß die Sportberichterstattung über Wettkämpfe von Männern umfangreicher ausfällt als über die von Frauen. Eine Musikerin merkte an, daß die meisten Rockstars männlich sind.

Ich war als junges Mädchen eine eifrige Leserin und erinnere mich noch gut an die Schwierigkeiten, die ich mit frauenfeindlichen Schriftstellern hatte. Ich liebte Tolstoi, aber mir brach das Herz, als ich bei der Lektüre der *Kreutzersonate* erkennen mußte, daß er Frauen verachtete. Dieselbe Erfahrung machte ich später mit Schopenhauer, Henry Miller und Norman Mailer. Sara, meine Tochter, nahm im Philosophieunterricht Aristoteles durch. Eines Abends las sie mir ein Stück daraus vor und bemerkte dazu: »Dieser Kerl hat keine Achtung vor Frauen.« Was mag es wohl für sie bedeuten, daß einer der klügsten Männer aller Zeiten ein Frauenfeind war?

Es ist wichtig, daß junge Mädchen mehr mit Schriftstellerinnen vertraut gemacht werden, doch genau so wichtig ist es, daß sich das Frauenbild in den Medien ändert. Denn nur wenige Mädchen lesen heute Tolstoi, doch nahezu alle sehen fern. Auf dem Bildschirm begegnen ihnen halbnackte, dümmliche Frauen, die nicht selten der Rettung durch einen gewieften und natürlich bekleideten Mann harren. Ich halte Mädchen an, darauf zu achten, wie Frauen im Fernsehen dargestellt werden. Wir reden dann über ihre Beobachtungen, und ich stelle die Frage: »Was sagt das aus über die Rolle der Frau?«

Cayenne fiel auf, daß im Fernsehen fast nie alte, dicke oder unattraktive Frauen gezeigt werden und daß selbst Ärztinnen oder Wissenschaftlerinnen aussehen wie Fotomodels. Ein anderes Mädchen bemerkte, daß Frauen häufig als Opfer von Gewalttaten dargestellt, d. h. von Männern vergewaltigt, geschlagen, verfolgt oder terrorisiert werden. Ihr fiel auch auf, daß manche Sexszenen von unheilverkündender und Gewaltszenen von sexuell anregender Musik begleitet werden, wodurch Sex und Gewalt einander gleichgestellt werden. Sie beobachtete, daß in der Werbung Männerstimmen mehr Fachkompetenz transportieren. Männer sind Ärzte und Wissenschaftler, die Produkte beurteilen, während Frauenkörper für Produkte werben, die unmittelbar mit Frauen gar nichts zu tun haben – wie Reifen, Autos oder Alkoholika.

Eine andere Klientin haßte die Reklame für einen sehr teuren Sportwagen. Sie meinte: »Frauen werden als teure Spielzeuge dargestellt, als das höchste an Freizeitvergnügen.« Sie brachte Parfüm-Anzeigen mit. In einer küßt eine halbnackte Frau einen Mann, und der Werbespruch lautete: »Die wildesten Dinge passieren häufig unter Deck.« Sie zeigte mir auch eine Alkohol-Werbung, wo eine Frau im kurzen engen Rock auf dem Schoß eines Mannes sitzt und diesen leidenschaftlich umarmt. Sie bemerkte dazu: »Es sieht so aus, als würde er Sex mit ihr haben können, wenn er dieses Produkt kauft.«

Zu meiner Beschämung brachte mir eine Klientin ein Beispiel aus meinem eigenen Wartezimmer. Es war eine Uni-Zeitschrift für ehemalige Studierende mit Beiträgen über Kunst und Wissenschaft. Das 35 Seiten starke Hochglanzblatt enthielt 45 Fotos, wovon 44 Männer zeigten. Das einzige Foto einer Frau fand sich auf der letzten Seite und gehörte zu einem Artikel über Ballettunterricht. Es zeigte einen Tanzlehrer, der mit einem jungen Mädchen im Ballettröckchen posierte.

Meine Psychologiestudentinnen wissen, daß ihr Fachgebiet männerdominiert ist. Zwar sind 90 Prozent der Studierenden Frauen, doch fast alle Theoretiker und bekannten Therapeuten sind Männer. Bücher von Frauen über Psychotherapie oder Filme von weiblichen Therapeutinnen lassen sich kaum finden.

Ironischerweise sind es gerade die intelligenten und sensiblen Mädchen, die am anfälligsten sind für Probleme. Sie erkennen am ehesten die Folgen der allgegenwärtigen Mediendarstellungen und werden dadurch alarmiert. Sie sind intellektuell in der Lage, die Ambivalenz unserer Gesellschaft gegenüber Frauen zu erkennen, haben aber nicht die kognitiven, emotionalen und sozialen Fähigkeiten, mit diesen Erkenntnissen umzugehen. Sie lassen sich lähmen von den komplizierten und widersprüchlichen Informationen, die sie nicht einordnen können. Sie bemühen sich, das Unlösbare zu lösen und im Absurden einen Sinn zu sehen. Es ist eben dieses Bemühen, ihre Erfahrungen als Heranwachsende zu begreifen, das die

Intelligenten überfordert. Später mögen sie interessanter, flexibler und authentischer sein, doch in der frühen Adoleszenz wirken sie einfach verstört.

Weniger wache Mädchen merken möglicherweise überhaupt nichts von den sexistischen Inhalten in Werbung, Musik und Fernsehshows. Sie neigen dazu, Probleme zu leugnen oder zu vereinfachen. Sie versuchen erst gar nicht, sich einen Reim auf ihre widersprüchlichen Erfahrungen zu machen oder die »Leerstellen« zwischen kulturellen Sachverhalten und ihrem eigenen Leben zu füllen. Statt ihre Erfahrungen zu verarbeiten, schotten sie sich in ihrer Verwirrung völlig ab.

Mädchen haben grundsätzlich vier Möglichkeiten, auf den Druck zu reagieren, der sie ihr wahres Selbst aufgeben läßt. Sie können sich fügen, sich zurückziehen, depressiv oder aggressiv werden. Ob sie mit Depression oder Aggression reagieren, hängt davon ab, ob sie sich selbst die Schuld an ihrer Misere geben oder anderen, normalerweise ihren Eltern.

Natürlich handelt es sich in der Regel um eine Kombination der vier möglichen Reaktionsweisen. Akzeptiert ein Mädchen die Vorstellung von Weiblichkeit voll und ganz und gibt dem Druck nach, tötet sie ihr wahres Selbst. Aus solchen Mädchen werden dann die »Dummchen« und »Barbiepuppen«, die immer lächeln und hübsch frisiert, doch innerlich erschreckend leblos sind. Solche Mädchen würde ich am liebsten anschreien: »Gib nicht auf, schlag zurück.« Mädchen, die sich dem Druck fügen, schießen häufig übers Ziel hinaus; ein Beispiel sind Magersüchtige in ihrem verzweifelten Bemühen, schlank, weiblich und perfekt zu sein. Sie sind wie zarte, schmucke Verpackungen, von außen schön anzuschauen, innen total durcheinander.

Es ist nichts Neues, daß Mädchen in hohem Maße auf Kosten ihres Menschseins zur Weiblichkeit erzogen werden; auch nicht, daß bei ihrer Bewertung in erster Linie das Aussehen zählt und daß sie in einer Unmenge von Widersprüchen gefangen sind: Sei tüchtig, aber nicht zu sehr; sei höflich, aber bleib dir treu; sei weiblich und zugleich erwachsen; achte unser kulturelles Erbe, aber laß das Gerede über Sexismus. Diese Erziehung zur Weiblichkeit ließe sich auch als Einübung in das falsche Selbst bezeichnen. Mädchen werden getrimmt, weniger zu sein, als sie wirklich sind, und sich nach den Vorstellungen unserer Gesellschaft, nicht nach ihren eigenen zu entwickeln.

Alice Miller schrieb: »Was uns krank macht, ist das Undurchschaubare.« Es ist wichtig, daß es Mädchen bewußt ist, welche Auswirkungen das Umfeld auf ihr Wachstum und ihre Entwicklung hat. Sie profitieren alle von einem erhöhten Bewußtsein. Wissen Mädchen erst über die Auswirkungen der Gesellschaft auf ihr Leben Bescheid, können sie damit umgehen. Sie erkennen, daß sie bewußt Entscheidungen treffen können, für die sie letztlich auch die Verantwortung tragen. Intelligenter Widerstand dient der Erhaltung des wahren Selbst.

3. Entwicklungsprobleme – »Ich winke nicht, ich ertrinke«

Charlotte (15)

Der Regen trommelte gegen das Praxisfenster und lief am Rahmen herunter, während Rob und Sue, die beide abgespannt wirkten, über ihre Tochter sprachen. Charlotte war fünfzehn, sah mit ihrem dicken Make-up und ihrem enganliegenden Kleid allerdings viel älter aus. Ihr harter Gesichtsausdruck hätte mir bei jedem mißfallen, erschreckte mich aber besonders bei einem so jungen Mädchen.

Sue glaubte, daß Charlottes Probleme damit zu tun hätten, daß sie sich scheiden ließ, als Charlotte drei war. Das Kind vermißte zwar ihren Vater nicht, der ein notorischer Trinker war, doch sie vermißte Sue, die gleich nach der Scheidung anfing, ganztags in einem Einkaufskiosk zu arbeiten. Sue schaute auf ihre nikotingelben Finger und sagte: »Nach der Scheidung war alles knapp – Zeit, Geld, Geduld. Das war schmerzlich für Charlotte.«

Während Sue redete, saß Charlotte stocksteif mit zusammengekniffenem Mund da.

Rob wechselte das Thema. »Sue und ich, wir lernten uns bei einer Single-Party kennen und gingen dann zehn Monate lang miteinander. Wir heirateten, als Charlotte acht war. Sie war unser Blumenkind. Ein richtig süßes Gör.«

»Bis zur Mittelstufe war Charlotte normal, doch danach fing alles an schiefzulaufen«, sagte Sue. »Sie wurde aufsässig, fing an zu rauchen und sich wie ein Flittchen anzuziehen. Sie verließ heimlich das Haus, um sich mit älteren Jugendlichen zu treffen und Alkohol zu trinken.«

»Sie ist nicht die einzige, die Probleme hat«, sagte Rob. »Drei von ihren Freundinnen haben Babys. In unserer Stadt gibt es tausend Einwohner und drei Getränkemärkte. Für Jugendliche gibt es nichts. Kein Wunder, daß sie auf dumme Gedanken kommen.«

Sue fügte hinzu: »Wir haben nicht gerade gut auf sie aufgepaßt. Rob arbeitet auswärts als Leiter eines Supermarkts, und ich mache den Kiosk am Ort.«

Charlotte hatte jede Unart, die ein junges Mädchen haben konnte. Sie würde wahrscheinlich die neunte Klasse nicht schaffen. Sie trank Whiskey und rauchte Zigaretten und Marihuana. Sie hatte sich mit einem älteren Jungen eingelassen, sprach kaum noch mit ihren Eltern und bekam einen Wutanfall, als diese versuchten, sie von ihren Lastern abzubringen. Vor einem Monat, als sie darauf bestanden, daß sie sich wegen ihres Drogen- und Alkoholkonsums untersuchen ließ, riß sie von zu Hause aus.

Drei Wochen lang bangten Rob und Sue, ob sie vielleicht gekidnappt oder ermordet worden sei. Sue sagte: »Nur wer eine Tochter hat, die per Anhalter kreuz und quer durchs Land fährt, weiß, was Angst ist.« Charlotte rief schließlich an und sagte, daß sie nach Hause kommen wolle. Sie klang verängstigt und versprach, alles zu tun, was ihre Eltern wollten. Da baten sie mich um einen Termin.

Ich fragte Charlotte, ob sie bereit sei, eine Weile zu mir in die Therapie zu kommen. Sie zuckte ein paarmal mit den Achseln und verzog das Gesicht. Dennoch konnten wir in den folgenden Monaten gemeinsam ein paar Dinge klären. In der Grundschule war mit ihr, wie es schien, wirklich noch alles in Ordnung. Sie spielte jeden Sommer Handball, bis die Stadt die Versicherung nicht mehr übernahm und die Nachwuchsmannschaft aufgelöst wurde. Sie hielt sich gern im Kiosk auf, wo sie Limonade trank und in den Zeitschriften las. Als Rob ihr Vater wurde, war sie ganz glücklich. Sie gingen zusammen zelten, und er kaufte ihr ein neues Fahrrad. Auch brachte er ihre Mutter zum Lachen.

Doch mit Beginn der Adoleszenz änderte sich alles. Zunächst war es nur das Übliche: Streitigkeiten mit Mädchen und die

Hänseleien von Jungen. Sie bekam schon früh einen Busen, und die Jungen stießen sie absichtlich, faßten sie von hinten an und riefen ihr Schimpfnamen hinterher. Zudem war sie dikker als ihre Mitschülerinnen und machte sich Sorgen wegen ihrer Figur. Sie kaufte sich Abmagerungspillen und nahm auch rasch ab. Charlotte mochte das leichte, schwebende Gefühl, das ihr die Pillen verschafften. Um schneller abzunehmen, fing sie auch mit dem Rauchen an. Ihre Zigaretten stahl sie im Kiosk.

Rob und Sue mißfiel, daß sie rauchte, da sie aber selbst Raucher waren, konnten sie ihr in diesem Punkt schlecht mit Moral kommen. Sue und Rob gefielen auch ihre Freundinnen und Freunde nicht, ebensowenig ihre ständigen Abmagerungskuren, ihre Musik, ihre schlechter werdenden Noten, ihre freche Art. Gemeinsame Gespräche endeten immer in Mißstimmung und Wut. Charlotte hielt sich meist in ihrem Zimmer auf und ging, so oft sie konnte, weg.

In dem Sommer, als sie in der achten Klasse war, fing sie an, auf Parties zu gehen, was ein milder Ausdruck war für Sich-mit-Freunden-vollaufen-Lassen. Die Jugendlichen trafen sich in einer Sandgrube im Süden der Stadt und tranken, ums Lagerfeuer sitzend, bis zum frühen Morgen Bier und billigen Wein. Sie gestand mir: »Der Alk hat mich total im Griff.«

Als Rob sie dort einmal wegholen wollte, versteckte sie sich hinter einem Baum, und ihre Freunde wimmelten ihn mit einer Lüge ab. Ein paarmal baten Rob und Sue die Polizei bei ihrer Suche um Hilfe. Als sie Charlotte Ausgehverbot verpaßten, stieg sie einfach aus dem Fenster ihres Zimmers. Schließlich kam es bei Rob und Sue zu einer, wie Charlotte es ausdrückte, »emotionalen Kernschmelze«. Sie gaben auf und ließen sie machen, was sie wollte.

Allerdings nur bis sie anfing, sich mit Mel zu treffen. Mel war zweiundzwanzig Jahre alt und arbeitete in einer Einkaufsgenossenschaft, was ihm gerade so viel Geld einbrachte, daß er sich Bier und Lotterielose kaufen konnte. Er war gutaussehend, aber verwahrlost, und Rob und Sue verboten ihrer Tochter strikt, sich mit ihm zu treffen.

Zu ihrem Leidwesen hörte Charlotte nun überhaupt nicht mehr auf sie. Sie trug aufreizende Kleider, färbte sich das Haar so blond wie Madonna und tat nur noch, was sie wollte. Gegenüber Jungen war sie schüchtern und fügsam, immer bemüht, es ihnen recht zu machen – genau die Freundin, die Mel sich gewünscht hatte. Je unnachgiebiger Rob und Sue wurden, desto reizvoller wurde für Charlotte das Verbotene, bis ihre Eltern schließlich auch in diesem Kampf den kürzeren zogen.

Als Charlotte über Mel sprach, erstaunte mich ihr realistischer Blick. Sie wußte, daß er ein Versager war, und es mißfiel ihr, daß er so viel trank und sein Geld verspielte. Sie gestand sogar, daß er sie manchmal langweilte. Denn alles, was sie machten, war, bei ihm im Zimmer Videofilme anzuschauen und Alkohol zu trinken. Nur ab und zu gingen sie zum Fischen. Doch Charlotte meinte: »Diese Ausflüge waren nur ein Vorwand, um die ganze Nacht wegzubleiben und uns zu betrinken.«

Mel wollte nicht einmal besonders häufig mit ihr schlafen. Doch Charlotte hielt eisern zu ihm, denn er war der erste Junge, den sie kennengelert hatte, der eine richtige Beziehung zu ihr haben wollte. »Mit ihm war's nicht nur für eine Nacht und Schluß.«

Mel erzählte ihr von seinen schwierigen Familienverhältnissen. Sein Vater galt als der größte Säufer der Stadt. Als Mel einmal aus der Schule nach Hause kam, mußte er feststellen, daß alle Möbel versetzt worden waren, um Schnaps zu kaufen. Er erinnerte sich an die Weihnachtsfeste ohne Geschenke, die Lebensmittelpakete von der Kirche, die Mitschüler vorbeibrachten, auch daran, daß anständige Kinder nicht mit ihm spielen durften.

Charlotte bekam einen sanften Blick, wenn sie von Mel sprach. Es war ihre Mission, ihn zu retten und glücklicher zu machen, als er je war. Sie meinte zwar, daß Mel im Moment nicht gerade glücklich wirkte, irgendwann würde es aber schon gut werden mit ihnen.

Mel war der einzige Mensch, dem sie vertraute – sie haßte die Jungen aus der Schule, »die nur eins wollen«. Die meisten Mitschülerinnen waren arrogant. Ihre Freundinnen mit den Babys waren in Ordnung, hatten aber ihre eigenen Probleme und waren nicht mehr für sie da. Rob und Sue stritten sich viel, gingen also »keineswegs so zuckersüß miteinander um wie in der Therapie«.

Eine besondere Abneigung hatte Charlotte gegen die Schule und ihre Lehrer. Ihr Mathematiklehrer demütigte sie ganz bewußt. Ihr Spanischlehrer schaute ihr andauernd auf den Busen. In keinem Fach hatte der Unterricht etwas mit dem wirklichen Leben zu tun. Die Schüler, die vor den Lehrern krochen, bekamen die guten Noten. Das Schulessen war ein »Fraß«. Auf meine Frage, ob es irgend etwas gab, was ihr an der Schule gefiel, überlegte Charlotte eine Weile und sagte dann: »Der Nähunterricht könnte ganz nett sein, wenn die Lehrerin nicht so ein Drachen wäre.«

Eines Tages brachte Charlotte das Thema Sex zur Sprache. »Bevor ich Mel kannte, mußte ich mich betrinken, um Sex zu machen. Sonst hätte ich an die Sachen von früher denken müssen. Wenn ich vollgedröhnt war, war das nicht der Fall.«

»Bist du denn vergewaltigt worden?« fragte ich behutsam.

Charlotte strich sich das braune Haar aus dem Gesicht und sagte mit leiser Stimme: »Sie können sich nicht vorstellen, was ich durchgemacht habe.«

Die Worte standen im Raum, wir schwiegen, und sie wirkte plötzlich jünger und verletzlicher. Ich bedrängte sie nicht mit weiteren Fragen. Sie würde in späteren Sitzungen schon von sich aus mehr erzählen. Mir fiel William Faulkners Zeile ein: »Die Vergangenheit ist nicht tot. Sie ist nicht einmal vergangen.«

Obwohl Charlotte aus einer verschlafenen Kleinstadt stammte, lassen sich an ihr die Probleme von jungen Mädchen in den neunziger Jahren beispielhaft beobachten. Sie hatte einen notorischen Alkoholiker zum Vater, von dem ihre Mutter sich scheiden ließ, als Charlotte noch klein war. Ihre Familie war jahrelang arm und problembeladen. Als Teenager macht sie alle möglichen Dummheiten – sie trinkt Alkohol, raucht Marihuana und Zigaretten, macht Schlankheitskuren und fällt in der Schule durch. Sie reißt von zu Hause aus und wird vergewaltigt. Zu ihren Eltern hat sie nur wenig Kontakt, und abgesehen von ihrem drogenabhängigen Freund ist sie allein. Besonders gegenüber Männern ist ihr Verhalten unterwürfig und fremdbestimmt. Ihr ganzes Handeln ist darauf gerichtet, soviel Anerkennung wie möglich zu bekommen.

Charlotte hat häufig Entscheidungen getroffen, die ihr wahres Selbst unterdrückten und ihr falsches Selbst begünstigten. Die Folgen sieht man in ihrem Gesicht. Ihr Verhalten hat etwas Lebloses, was auf mangelnde Authentizität und auf Selbstaufgabe zurückzuführen ist. Charlotte ist ein lebender Beweis für eine verlorene Kindheit. Was an deren Stelle trat, mag glänzen, ist aber alles andere als Gold. Ich hoffe, die Therapie kann ihr helfen, sich selbst wiederzufinden. Es handelt sich um Restaurationsarbeit.

Lori (12) – Auf dem Scheitelpunkt

Lori, die ich seit ihrer Geburt kenne, besucht seit letztem Monat die Mittelstufe einer großen Schule, die für ihre strebsamen Schüler aus wohlhabendem Elternhaus bekannt ist. Ich besuchte sie zu Hause, um zu hören, wie es ihr in der neuen Schule gefiele. Ich fand sie in ihrem neu eingerichteten Zimmer. Stolz zeigte sie mir ihre Elvis-Poster, ihren Elvis-Bettüberwurf, ihre Elvis-Vorhänge. Sie hatte einen weißen Schreibtisch, auf dem, fein säuberlich angeordnet, Papier, Stifte und ein Wörterbuch lagen, zum Sitzen gab es rosarote Sitzkissen, und sie besaß noch einen großen Glaskäfig für ihre Springmaus Molasses, kurz Mo genannt.

Ich war überrascht, wie fröhlich und munter sie war. Sie hatte einen grünen Jogginganzug an, ihr kurzes braunes Haar war gelockt, und an ihren Ohren glitzerten silberne Sterne. Sie hüpfte im Zimmer herum, zeigte mir hier ein Lieblingsbuch, da ihre Schwimmtrophäen und ließ Mo Kunststückchen vorführen. Ich fühlte mich örtlich und zeitlich zurückversetzt in die fünfziger Jahre, in ein wohlhabendes Zuhause, mit glücklich verheirateten Eltern und Kindern, die weder Angst noch Streß kannten. Meine zynische Ader ließ mich fragen: ›Wo ist hier die Leiche versteckt?‹ Hätte ich die Familie nicht seit zwanzig Jahren gekannt, wäre mir so viel Glück unheimlich vorgekommen.

Lori ist hoch begabt. Sie hatte sich auch bereits in der Grundschule wohl gefühlt, am Schluß allerdings, meinte sie, sei sie herausgewachsen gewesen. Die neue Schule fand sie aufregend, die Flure wimmelten von jungen Leuten, sie hatte neun verschiedene Lehrer, und im Sportzentrum gab es ein Schwimmbad.

Sie war ständig aktiv, innerhalb und außerhalb der Schule. Mehrere Abende in der Woche waren mit Schwimmen und Tanzunterricht ausgefüllt, auch zum Singen und Theaterspielen ergriff sie jede Gelegenheit. In diesem Jahr hatte sie einen Stimmbildungskurs belegt. Ihre Mutter war nicht berufstätig und konnte sie folglich zu all ihren Kursen, Proben und Schwimmwettbewerben fahren. Als Rechtsanwalt konnte ihr Vater die ganzen Aktivitäten seiner Tochter bezahlen. Er kam auch regelmäßig zu ihren Schwimmwettkämpfen und sonstigen Auftritten.

Lisa, ihre jüngere Schwester, war auch Schwimmerin und Tänzerin, doch besonders begabt war sie fürs Klavierspielen. Lori war gesellig und quirlig, Lisa eher ruhig und zurückhaltend. Während Lisa sich mit einem Buch auf dem Sofa einrollte oder im Wohnzimmer Klavier spielte, hing Lori stundenlang am Telefon.

Lori hatte weiterhin Kontakt mit ihren alten Schulfreundinnen, lernte aber auch viele neue kennen. Sie sagte: »Ich habe Freundinnen und bin nicht gerade unbeliebt. Um aber richtig beliebt zu sein, muß man schon aussehen wie ein Model und teure Kleider tragen.« Ihre besten Freundinnen seien ähnlich wie sie – gute Schülerinnen, immer vergnügt und unternehmungslustig.

Lori sagte, sie sei als selbständig und witzig bekannt. »Ich weiß, wer ich bin, und ich denke manchmal anders als die andern«, verkündete sie. Ungewöhnlich an ihr war auch, daß sie sich wenig Gedanken um ihr Aussehen machte. Sie stand nicht, wie die meisten ihrer Freundinnen, früh auf, um sich für die Schule zurechtzumachen, sondern sprang erst zehn Minuten bevor sie aus dem Haus mußte aus dem Bett und zog an, was sie gerade finden konnte. Auch aß sie, anders als viele ihrer Freundinnen, alles, worauf sie Lust hatte, und machte sich keine Sorgen um ihre Figur. Sie meinte: »Viele meiner Freundinnen würden das mit dem Aussehen auch gern so lokker nehmen wie ich.«

Ich fragte, wie es bei ihr mit Alkohol und Drogen stehe.

»Find ich blöd. Nie würde ich so was nehmen.«

»Und wenn du auf einer Party dazu gedrängt wirst?«

»Dann würde ich sagen: ›Mach du, was du willst, ich mach, was ich will.‹« Sie lachte. »Und dann geh ich einfach nach Hause.«

Einige Jugendliche, die sie kannte, tranken Alkohol, doch keine ihrer engeren Freundinnen. Ich wollte wissen, wie es mit sexuellen Belästigungen aussehe. »Ein paar meiner Freundinnen wurden schon belästigt, aber mir ist das noch nicht passiert. Ich weiß, um wen ich einen Bogen machen muß. Und ich geh auch nie diesen einen Flur lang.«

Wir redeten auch über Verabredungen mit Jungen, ein Thema, über das Lori reiflich nachgedacht hatte. Damit würde sie warten, bis sie 15 war, und auch dann wollte sie nichts Ernstes. Sie glaubte, daß Sex mit Heiraten einhergehen müsse. Auf meine Frage, was sie von Musik und Filmen hielt, wo Teenager einfach so mit jemandem ins Bett gehen, antwortete sie: »So was schalte ich einfach aus. Ich habe sowieso keine Zeit zum Fernsehen. Bei Musik höre ich nicht auf den Text.«

Ich sagte: »Das klingt so, als ob du alles Unangenehme einfach ausblendest.«

Lori gab mir teilweise recht. »Nicht alles, nur das Unangenehme, was ich nicht ändern kann.«

Loris Augen leuchteten, als wir auf Tanz zu sprechen kamen. Sie war stolz darauf, daß ihre Lehrerin sie kürzlich in einen Fortgeschrittenenkurs versetzt hatte. Auch Schwimmen machte ihr Spaß, und überhaupt war sie der Meinung, daß Bewegung ihr half, mit Streß fertig zu werden. »Ich trainiere fast jeden Tag.«

Lori liebte ihre Eltern, gestand aber, daß sie sich manchmal vor anderen ihretwegen schämte. Sie fand ihren Vater zu mager, und ihre Mutter benahm sich oft übertrieben freundlich. In letzter Zeit gehe ihr ihre Mutter immer mehr auf die Nerven, sagte sie. Sie wollte jetzt mehr allein gelassen werden. Trotzdem genoß sie die Sonntagabende, wenn die Familie bei Cola, Äpfeln und Chips Karten spielte oder einen Film ansah.

Ich wollte wissen, was sie einmal werden wolle. Tanzen machte ihr Spaß, doch sie nahm an, daß das keine realistische Perspektive sei. Lori war stolz auf ihre Schreibversuche und meinte, daß Journalistin ihr gefallen könne. In der Schülerzeitung war bereits ein Artikel von ihr erschienen, auch hatte sie für ein Klassenprojekt einmal einen Reporter interviewt.

Lori brachte mich zur Tür, ihre Ohrringe glitzerten. Lisa übte am neuen Flügel. Ihre Mutter saß neben ihr und blätterte die Seiten der Clementi-Sonatine um. Ihr Vater saß dabei und las die Zeitung.

Auf der Heimfahrt dachte ich über Lori nach. Sie schien auf wunderbare Weise an ihrem wahren Selbst festzuhalten. Sie war kontaktfreudig, doch nicht besonders bemüht, sich beliebt zu machen. All ihren vorpubertären Interessen war sie treu geblieben: Singen, Tanzen, Schwimmen, Schauspielerei. Über ihr Aussehen machte sie sich keine großen Gedanken, und sie hatte keine Probleme mit ihrer Figur. Auch wenn sie sich ihrer Eltern manchmal schämte, liebte sie sie und war gern mit ihnen zusammen.

Lori war eigenständig und witzig. Sie entschied sich bewußt gegen Sex, Drogen und Alkohol. Überhaupt fällte sie ihre Entscheidungen sehr bewußt. Sie horchte nach innen, wenn sie Rat und Antworten suchte. Sie unterschied zwischen Dingen, die sie beeinflussen konnte, und solchen, die außerhalb ihrer Kontrolle lagen, und sie konnte letztere gut ausblenden. Lori hatte ein ausgeprägtes Selbstgefühl, und sie machte sich Gedanken über ihre Zukunft. Auch wenn es nichts werden sollte mit dem Journalismus, zeigt die Tatsache, daß sie ein Ziel vor Augen hat, daß sie nicht nur in den Tag hinein lebt.

Lori war eine so stimmige und psychisch gesunde Person, daß ich mich fragte, woher das kam. Sie hatte außerordentliches Glück, eine heitere, tatkräftige Natur mitbekommen zu haben, war dazu hübsch, klug, musikalisch und sportlich. Ihre Eltern waren liebevoll und fürsorglich, ließen ihr aber auch ihre Freiheit und überforderten sie nicht. Sie wohnte in einer relativ sicheren, wohlhabenden Gegend der Stadt, wo rundum stabile Familienverhältnisse herrschten. Auch hat sie keine tätlichen Übergriffe oder Traumatisierungen erlebt.

Die nächsten paar Jahre mögen für sie vielleicht problematischer werden, als sie heute denkt. Die soziale Situation wird sich verschärfen, ihr Gefühlsleben turbulenter werden, und vielleicht wird sie eines Tages die Abende in der Familie langweilig finden. Die schwierige Jungmädchenzeit hat bei ihr gerade erst begonnen. Trotzdem glaube ich, daß sie eher als die meisten anderen Mädchen ihr wahres Selbst bewahren und ihren starken inneren Halt und ihr Selbstvertrauen behalten wird. Dennoch hätte ich ihr am liebsten einen schützenden Zaubermantel umgelegt, der sie vor allem Übel bewahrt. Mir fiel eine Zeile aus dem Gedicht einer Mutter ein, das ihrem Kind gewidmet war: »Ich schleudere dich ins Universum und bete.«

Von einer befreundeten Gartenbauexpertin weiß ich, daß der natürliche Lebensraum in Grenzgebieten, z. B. zwischen Wald und Ackerland oder Wüste und Bergen, am reichhaltigsten und vielfältigsten ist. Auch die Adoleszenz ist ein Grenzgebiet zwischen der Kindheit und dem Erwachsensein, das so reich und vielfältig ist wie keine andere Lebensphase. Es ist eigentlich unmöglich, die Komplexität und Intensität heranwachsender Mädchen wiederzugeben. Ich denke beispielsweise an eine zwölfjährige Klientin, die entweder Model oder Syndikus einer großen Firma werden will – je nachdem, wo sie mehr Geld verdient. Oder an ein Flüchtlingsmädchen aus Vietnam, das mir schüchtern eröffnete, Medizin studieren zu wollen. Ich denke an meine Tochter Sara, die Lieder aus dem Musical *Guys and Dolls* zum besten gibt, während ich sie zur Schule fahre. Mir fallen die unbeholfenen Bewegungen und die unsicheren Blicke eines Mädchens ein, das im Delikatessengeschäft ihrer Eltern arbeitet, oder die selbstsichere Art eines Mädchens aus der Nachbarschaft, das den Tennisplatz verließ, nachdem es ein As gegen ihren Trainer geschlagen hatte.

Heranwachsende sind Reisende, fern von zu Hause, ohne Heimatland, weder Kinder noch Erwachsene. Es sind Jet-setter, die mit enormer Geschwindigkeit von einem Land zum andern fliegen. Im einen Moment sind sie vier Jahre alt, eine Stunde später fünfundzwanzig. Sie passen nirgends hin. Sie sehnen sich nach einem Platz, suchen nach festem Grund.

Die Adoleszenz ist eine Zeit intensiver Beschäftigung mit dem Selbst, das täglich wächst und wechselt. Alles erscheint neu. Ich erinnere mich, daß ich eines Morgens, als meine Mutter mich weckte, weil ich zur Schule mußte, das Bedürfnis verspürte, sie zu ohrfeigen. Noch während ich diese Wut in mir fühlte, packte mich das Entsetzen ob solcher Schlechtigkeit. Auch weiß ich noch gut, daß ich weiche Knie bekam, wenn ich bestimmten Jungen auf dem Gang begegnete. In diesen Augenblicken stockte mir der Atem, und ich wußte nicht, was mit mir los war. Meine Reaktionen überraschten mich, als wären sie die einer Fremden.

Als Sara zwölf war, mußte man sie daran erinnern, sich die

Zähne zu putzen, und dennoch wollte sie Erwachsenen-Videos ausleihen und sich einen Job suchen. Sie war sehr sprunghaft. Im einen Moment konnte sie mit mir und ihrem Vater über Politik debattieren, im nächsten wünschte sie sich ein Stofftier. Sie wollte nicht mit uns in der Öffentlichkeit gesehen werden, doch sie war beleidigt, wenn wir nicht zu ihren Schulaufführungen kamen. Wir durften sie nicht mehr umarmen oder küssen. In dieser Zeit der ständigen Unabhängigkeitserklärungen weckte mich Sara eines Nachts. Sie hatte Fieber und bat mich, ihr einen kalten Umschlag zu machen und mich zu ihr zu setzen. Ich freute mich über diese zeitweilige Aussetzung des Berührungsverbots.

Mit der Adoleszenz gehen vielerlei Entwicklungen einher – physische, emotionale, intellektuelle, schulische, soziale, seelische –, wenn auch nicht alle gleichzeitig. Große, körperlich weit entwickelte Mädchen können das Gefühlsleben eines Kindes haben, Mädchen mit der Fähigkeit, abstrakt zu denken, das Sozialverhalten von Erstkläßlerinnen. Diese unterschiedlichen Entwicklungsstadien in ein und demselben jungen Mädchen sind für Erwachsene verwirrend, da sie nicht wissen, ob sie sich nun an die Fünfzehnjährige oder die Vierjährige richten sollen.

Ganz allgemein wird Pubertät als ein biologischer Prozeß definiert, während die Adoleszenz als die soziale und persönliche Erfahrung dieses Prozesses gilt. Doch selbst die Pubertät ist kulturell beeinflußt. Mädchen menstruieren heute viel früher als vor zweihundert Jahren, selbst früher als in den fünfziger Jahren. Es gibt viele Theorien hierzu – Wandel in der Ernährungsweise (Mädchen wachsen heute schneller, weil sie besser ernährt sind), Hormone im Fleisch von Rindern und Hühnern (man weiß, daß Wachstumshormone zu einer verfrühten Pubertät führen können), Elektrizität (der Körper ist so programmiert, daß die Pubertät erst einsetzt, wenn er einer bestimmten Menge Licht ausgesetzt war, die natürlich im Elektrizitätszeitalter schneller erreicht wird). Manche Mädchen menstruieren bereits mit neun Jahren.

Eine frühzeitige Pubertät verlangsamt in vielerlei Hinsicht die Entwicklung von Mädchen. Diese Tatsache und das fragwürdigere Umfeld der neunziger Jahre führen zu verstärktem Streß bei Heranwachsenden. Mädchen, die eben noch lernten, wie man Plätzchen backt und einen Kopfsprung macht, sind überfordert, wenn sie mit Dingen wie Schlankheitspillen konfrontiert werden. Mädchen, die sich mit Pippi Langstrumpf befassen, werden nur schwer mit den sexuellen Belästigungen fertig, denen sie in der Schule ausgesetzt sind. Mädchen, die gern Klavier spielen und ihre Großmutter besuchen, reagieren betroffen, wenn sie von ihrer Clique geschnitten werden. Auch werden Mädchen heute zu früh mit einschneidenden Veränderungen konfrontiert, wenn man sie ermutigt, sich von den Eltern zu lösen und bei Freunden Orientierung zu suchen. Kein Wunder, daß sie leiden und so viele Fehler machen.

Die Adoleszenz dauert heutzutage länger. In den fünfziger und sechziger Jahren verließen die meisten Teenager gleich nach der Schule ihr Elternhaus, und zwar für immer. In den achtziger und neunziger Jahren kommt es immer häufiger vor, daß junge Erwachsene bei den Eltern wohnen bleiben oder aber zeitweilig ausziehen und später, wenn sie über zwanzig sind, wieder zurückkehren. Dies hat zum Teil ökonomische Gründe, teilweise empfinden diese jungen Leute aber auch das Zuhause als sicheren Hafen in einer zunehmend bedrohlicher werdenden Welt. Die Adoleszenz beginnt heute ungefähr im Alter von zehn Jahren und kann bis etwa zweiundzwanzig dauern. Es kann also gut und gerne zwölf Jahre dauern, bis die Feuerprobe bestanden ist.

Es besteht eine enorme Diskrepanz zwischen der Oberflächenstruktur des Verhaltens und der Tiefenstruktur der Bedeutung. Die Oberfläche ist das, was man mit dem bloßen Auge sehen kann – Unbeholfenheit, Energie, Wut, Launenhaftigkeit, Ruhelosigkeit. Die Tiefenstruktur ist der innere Vorgang – der Kampf um Selbstfindung, der Versuch, Vergangenheit und Gegenwart zusammenzubringen und einen

Platz im größeren kulturellen Kontext zu finden. Das Verhalten besagt nur wenig über den inneren Kampf, dient oft sogar dazu, diesen zu verdecken.

Es liegt in der Natur der Sache, daß die eigentlichen Probleme gegenüber Erwachsenen nicht deutlich artikuliert werden, vielmehr das Verhalten so kodiert ist, daß es für bedeutsamere Probleme steht. »Darf ich mir die Haare violett färben?« kann heißen: »Laßt ihr zu, daß ich mich zu einem kreativen Menschen entwickle?« »Darf ich Filme für Erwachsene gucken?« kann bedeuten: »Bin ich wohl in der Lage, mit sexuellen Erfahrungen fertig zu werden?« »Darf ich in eine andere Kirche gehen als ihr?« kann heißen: »Laßt ihr mir die Freiheit, meine eigene Spiritualität zu erkunden?«

Die eigentlichen Probleme werden ausgiebig mit Freundinnen aufgearbeitet. Mädchen diskutieren endlos über die kleinsten Einzelheiten von Gesprächen und Ereignissen – wer hat was angehabt, wer hat was gesagt, hat er sie angelächelt, hat sie sich geärgert, als ich das machte? Die Oberfläche wird nach Mitteilungen aus der Tiefe abgegrast.

Diese Spaltung in Tiefen- und Oberflächenstruktur ist ein Grund, warum Mädchen in Beziehungen so häufig scheitern. Die Kommunikation ist konfus und verwirrend. Beziehungen zwischen Freundinnen und Freunden sind so verklausuliert, daß es zu tausend Mißverständnissen kommt. Eltern, die nur der äußeren Struktur Beachtung schenken, kommen oft zu falschen Einschätzungen.

Weil das Geschehen in der Tiefe eine so ernste Sache ist, dient das Verhalten oft der Entladung von Spannung, wodurch die interne Energie, die irgendein Ventil braucht, abgegeben wird. Diese deutlichen Unterschiede der beiden Verhaltensebenen lassen mich an meine ersten Jahre als Therapeutin denken. Ich verbrachte meine langen Arbeitstage in völligem Ernst mit der Diskussion von Problemen und der Analyse von Situationen. Nach der Arbeit wollte ich dann nur noch mit meinen Kindern herumalbern, blöde Witze erzählen und seichte Filme angucken. Je härter mein Tag war, desto mehr war mir nach leichter Unterhaltung. Teenager machen praktisch den ganzen Tag lang Therapie, wenn auch nur in ihrem eigenen Kopf. Und davon müssen sie sich erholen, wann immer sie können.

Wenn ich mit heranwachsenden Mädchen arbeite, versuche ich herauszufinden, was mir ihr Verhalten über ihre Probleme sagen will. Ich versuche zu ergründen, wann ihr Verhalten mit ihrem wahren Selbst zu tun hat und wann es mit Druck zusammenhängt, der auf ein falsches Selbst zielt. Welche Einstellungen soll ich gutheißen und fördern? Welche in Frage stellen?

Körperlichkeit

Der Körper verändert sich, was Größe, Form und Hormonstruktur anbelangt. Ähnlich wie sich schwangere Frauen auf ihren Körper konzentrieren, beschäftigen sich Mädchen in der Adoleszenz intensiv mit körperlichen Veränderungen. Sie fühlen anders, sehen anders aus, bewegen sich anders. Das alles muß verarbeitet werden, der neue Körper muß Teil des Selbst werden.

Die intensive Beschäftigung mit dem Körper in diesem Alter kann man gar nicht überschätzen. Der Körper ist ein unwiderstehliches Mysterium, er fordert die ständige Aufmerksamkeit. Mit dreizehn habe ich mehr über meine Akne nachgedacht als über Gott oder den Weltfrieden. In diesem Alter verbringen viele Mädchen mehr Zeit vor dem Spiegel als mit ihren Schularbeiten. Schon kleine Mängel werden zur fixen Idee. Wenn das Haar nicht liegt, kann das den Tag ruinieren. Ein abgebrochener Fingernagel wird zur Tragödie.

Im allgemeinen haben Mädchen zu Beginn der Pubertät einen drahtigen Körper. Doch nach und nach bekommen sie weichere, rundere Formen, was in unserer Gesellschaft oft als dick gilt. Genau dann bekommen Mädchen immer wieder gesagt, daß es schön, ja unerläßlich ist, schlank zu sein. Mädchen hassen den obligatorischen Sportunterricht, wo ständig über zu kräftige Oberschenkel und zu dicke Taillen gesprochen wird. Ein Mädchen erzählte mir, wie sie in der Dusche neben einer Tanzschülerin stand, die nur etwas über vierzig Kilo wog und nach einer radikalen Diät lebte. Zum ersten Mal in ihrem Leben schaute sie ihren Körper an und war unzufrieden. Eine andere Klientin sagte, sie würde am liebsten die Speckrolle um ihren Bauch wegschneiden. Eine dritte fand sich von hinten »affenscheußlich«.

Geena war eine pummelige Klarinettenschülerin, die auch gerne las und Schach spielte. Sie interessierte sich mehr für Computer als für Make-up, mehr für Kuscheltiere als für Designer-Kleidung. Zum ersten Schultag in der Mittelstufe kam sie mit gespitzten Bleistiften und adrett beschrifteten Schulheften. Sie wollte Spanisch und Algebra lernen und beim Schulorchester vorspielen, um aufgenommen zu werden. Als sie nach Hause kam, war sie bedrückt und verstört. Der Junge, der den Spind neben ihr hatte, stieß sie mit der Schranktür an und sagte: »Weg mit deinem dicken Hintern.«

Am Abend sagte sie zu ihrer Mutter: »Ich sehe schrecklich aus. Ich muß unbedingt abnehmen.«

Die Mutter dachte, ist das einzige, was dieser Junge an meiner musikalischen, idealistischen Geena sah, ihr Hintern?

Mädchen stehen unter einem enormen Druck, schön zu sein, und sie sind sich bewußt, daß ihr Äußeres ständig taxiert wird. Auf einer Kunstausstellung zum Thema Frauen und Aussehen formulierte es Wendy Bantam folgendermaßen: »Jeder Tag im Leben einer Frau ist ein Auftritt bei einer Miss-Wahl.« Leider haben dabei sowohl die zu unscheinbaren als auch die zu hübschen Mädchen das Nachsehen. Unsere Stereotypen von schönen Frauen gehen davon aus, daß Schönheit und Verstand sich ausschließen – man denke nur an die Blondinen-Witze. Sind Mädchen sehr attraktiv, werden sie in erster Linie als Sexualobjekte betrachtet. Ihre Identität wird vorwiegend von ihrem Erscheinungsbild bestimmt. Sie wissen, daß sich Jungen gerne mit ihnen zeigen, befürchten aber, daß sie einzig wegen ihrer Hülle gemocht werden. Schönsein kann ein Pyrrhussieg sein. Der Kampf um Aufmerksamkeit wird gewonnen, doch der um Anerkennung der ganzen Person verloren.

An unscheinbaren Mädchen geht das gesellschaftliche Leben vorbei, und sie verpassen die für diese Lebensphase so wichtigen Erfahrungen. Sie verinnerlichen den Hohn und Spott, den unsere Gesellschaft für Schlichtheit übrig hat.

Am besten dran sind Mädchen, die weder zu unscheinbar noch zu schön sind. Irgendwann werden sie einen Freund finden, und die Wahrscheinlichkeit ist groß, daß es einer ist, der sie wirklich liebt. Ihr Selbstbewußtsein wird auf anderen Faktoren basieren, wie etwa Sinn für Humor, Intelligenz oder Charakterstärke. Allerdings werden sie in der Schule kaum glücklich werden. Eine Studentin sagte einmal: »In der Mittelstufe wollte ich mich umbringen, weil ich zu groß war. Ich konnte mir nicht vorstellen, mit dieser Größe je glücklich zu werden.« Eine andere erzählte, wie sie in der achten Klasse beobachtete, daß eine hübsche Blondine mit Jungen flirtete.

»Dieselben Jungs, die sich fast überschlugen, der Blondine die Tür aufzuhalten, schauten weg, wenn ich daherkam.«

Als ich die Schule besuchte, war Aussehen auch wichtig, doch keineswegs so sehr wie heute. In einer Kleinstadt wurde ein Mädchen auch eher als ganze Person gesehen – es zählten ihr Charakter, ihre Herkunft, ihr Verhalten und ihre Begabung. Heute, wo immer mehr Mädchen in großen Städten leben, wo sich die Leute fremd sind, geht es nur noch nach dem Aussehen. Tatsächlich kennen Teenager von den andern oft nicht mehr als die Haarfarbe.

Gutes Aussehen hat schon immer eine Rolle gespielt, doch heute ist der Aufwand dafür wesentlich größer. Durch Designer-Kleidung, Lederjacken, Markenturnschuhe und teures Make-up scheiden mehr Mädchen von vornherein aus dem

Rennen aus. Auch sind die Schönheitsnormen heute strenger. Miss World ist über die Jahre größer und schlanker geworden. Noch 1951 war Miss Schweden 1,68 Meter groß und wog 70 kg. 1983 war sie 1,78 Meter groß und wog 49 kg. Während die schönen Frauen heutzutage schlanker sind, wiegen die Durchschnittsfrauen mehr als in den fünfziger Jahren. Die Diskrepanz zwischen Realität und Ideal ist also größer. Das hat uns die Geißel der Eßstörungen beschert.

Das kulturell akzeptierte Schönheitsideal kommt nur mittels vieler Tricks zustande – retuschierte Fotos, raffinierte Kameraperspektiven, Fotomontagen sind nötig, um die allgegenwärtigen Bilder von schönen Frauen herbeizuzaubern. Selbst Stars können unserem Ideal nur unter großen Mühen gerecht werden. Dolly Parton hungerte so lange, bis sie ganz krank aussah. Jamie Lee Curtis, die monatelang abmagerte, um für den Film *Perfect* die richtige Figur zu haben, fand sich schließlich für die Rolle immer noch zu dick. Jane Fonda und Prinzessin Di litten beide an Eßstörungen.

Immer wenn ich an einer Schule oder einer Universität einen Vortrag halte, wird mir schmerzlich bewußt, wie gravierend und schädigend diese Problematik ist. Wenn ich frage: »Wer von euch kennt jemanden mit Eßstörungen?«, heben normalerweise alle die Hand. Nach dem Vortrag bitten mich die Mädchen um Rat, sei es für ihre Freundinnen oder Schwestern, sei es für sich selbst. Sie haben alle Horrorgeschichten über Mädchen auf Lager, deren ganzes Elend darin liegt, daß sie unserem kulturellen Schönheitsideal nicht entsprechen.

Zu Beginn der Adoleszenz verlieren Mädchen ihre Unbekümmertheit gegenüber ihrem Körper und überhäufen sich selbst mit Kritik. Genau dann, wenn ihre Hüften runder werden und sie Fettzellen ansetzen, müssen sie aus Zeitschriften, Filmen oder Bemerkungen Gleichaltriger erfahren, daß sie eigentlich völlig falsch gebaut sind. Viele Mädchen verachten daraufhin ihren Körper und streben nach einem anderen. Sie lassen sich vorschreiben, wie sie sein sollen. Sie hungern, übertreiben ihr Fitneßtraining, benutzen Make-up und tragen teure Kleider. Für Charlotte war ihr Körper etwas, das von anderen begutachtet wurde. Was für sie zählte, war, wie ihr Körper andern gefiel, nicht, wie sie sich selbst darin fühlte.

Ein Mädchen, das sich selbst treu bleibt, wird ihren Körper als etwas zu ihr Gehöriges akzeptieren und den Versuchen anderer, sie nach ihrem Aussehen zu beurteilen und zu definieren, entgegentreten. Sie wird ihren Körper eher nach seiner Funktion als nach seiner Form beurteilen. Was macht ihr Körper für sie? Lori zum Beispiel war stolz, daß sie damit tanzen und schwimmen konnte. Ihre Selbstachtung war nicht auf ihr äußeres Erscheinungsbild angewiesen. Sie pfiff auf Schlankheitskuren und schaute kaum in den Spiegel. Interessanterweise beneideten sie ihre Freundinnen um ihre Lässigkeit in diesem Punkt, obwohl sie selbst sich herausputzten und hungerten. Lori ging es mehr um Sein als um Schein. Sie konnte von Glück reden, denn, wie sagte Simone de Beauvoir bereits: »Wer das Vertrauen zu seinem Körper verliert, verliert sein Selbstvertrauen.«

Emotionen

Um Teenager zu verstehen, meinte eine Freundin einmal, stellt man sich am besten vor, sie nähmen ständig LSD. Das war ein guter Rat. Leute im LSD-Rausch sind gefühlsbetont, wechselhaft, nach innen gekehrt, oft auch heimlichtuerisch oder unkommunikativ, und natürlich leben sie in einer anderen Realität. All das trifft auch auf heranwachsende Mädchen zu.

Das Gefühlsleben ist in der frühen Adoleszenz noch unfertig. Gefühle unterliegen extremen Schwankungen. Kleine Ereignisse können gewaltige Reaktionen auslösen. Eine negative Äußerung über ihr Aussehen oder eine schlechte Note in einer Klassenarbeit kann einen Teenager in Verzweiflung stürzen. Nicht nur bei den Gefühlen geht es drunter und drüber, die

Mädchen verlieren auch jegliches Maß für die Dinge. Mädchen haben Selbstmordversuche gemacht, weil sie am Wochenende Ausgehverbot hatten oder kein Junge sie zum Tanzen einlud.

Am schwersten fällt es Mädchen, mit den Empfindungen Verzweiflung und Wut umzugehen, doch auch andere Gefühle machen ihnen nicht wenig Schwierigkeiten. Trauer ist so unkontrollierbar wie Freude. Ein Schneesturm oder ein neues Kleid können Glückseligkeit bedeuten. Die kindliche Fähigkeit, sich hinreißen zu lassen, ist in dem Alter immer noch vorhanden. Ein Mädchen erzählte mir, wie sie Gedichte lesend im Wald spazierenging und sich dabei mit dem innersten Kern des Universums verbunden fühlte. Die im Sonnenschein schimmernden Blätter versetzten sie in Hochstimmung, genau wie der Geruch wilder Pflaumenblüten, das Blau des Himmels und das Trillern der Lerchen. Es zählt nur noch das momentane Gefühl.

Ich bringe Mädchen bei, ihren Streß einzustufen, um ihre Gefühle besser regulieren zu können. Ich sage zum Beispiel: »Wenn Eins ein gerissener Schnürsenkel ist und Zehn ein unheilbarer Gehirntumor, wo auf dieser Skala stufst du das ein, was dich gerade bedrückt?« Dann frage ich weiter: »Wo stufst du deinen heutigen Streit mit deinem Freund ein?« Und das Mädchen antwortet: »Bei fünfzehn.«

Die Instabilität der Gefühle führt bei Heranwachsenden zu unberechenbarem Verhalten. Ein energiestrotzender Teenager kann im einen Moment begeistert sein und im nächsten lethargisch. Ein Satz oder Blick von Mutter oder Vater kann einen Weinkrampf oder den Dritten Weltkrieg auslösen. Ein Mädchen, das unglaublich konzentriert ist, wenn es gilt, eine Parodie für eine Aufführung zu proben, kann völlig desorganisiert sein, wenn es um eine Hausarbeit in Geschichte geht, die am selben Tag abgegeben werden muß.

Für Erwachsene ist es nicht leicht, die wechselhaften Gefühlsregungen Heranwachsender nachzuvollziehen. Als Sara in der Mittelstufe war, rief ich sie nach der Schule von der Praxis aus immer an. An manchen Tagen bestand sie nur aus Lachen und Zuversicht (»Die Schule ist super«). An anderen Tagen mußte ich übers Telefon Krisenhilfe leisten (»Ich finde mich ätzend«).

Ihre unreifen Gefühle machen es den Mädchen schwer, an ihrem wahren Selbst festzuhalten, besonders unter dem unglaublichen Druck, dem sie ausgesetzt sind. Sie werden hin und her gerissen und in die Irre geleitet. Auf einer Entwicklungsstufe, wo junge Mädchen schon durch kleinste Vorfälle die Fassung verlieren, sind Ereignisse wie eine Vergewaltigung oder der positive HIV-Test einer Freundin der absolute Weltuntergang.

Mädchen gehen mit intensiven Gefühlen auf eine Weise um, die, gemessen an ihrem Selbst, entweder wahr oder falsch ist. Agiert ein Mädchen von ihrem falschen Selbst aus, wird sie von ihren Gefühlsregungen überwältigt und deshalb alles mögliche tun, diese schmerzlichen Gefühle zu unterbinden. Erreichen tut sie dies, indem sie ihre Gefühle verleugnet oder auf andere projiziert, Charlotte z. B., indem sie von zu Hause ausriß, Alkohol trank, Drogen nahm und sich in einer Beziehung verlor, in der sie nur noch an die Gefühle ihres Freundes dachte. Wenn es Mädchen nicht gelingt, sich zu ihren eigenen Gefühlen zu bekennen, begünstigen sie die Entwicklung eines falschen Selbst. Nur wenn sie mit ihren Gefühlen verbunden bleiben und sich langsam durch die pubertären Turbulenzen hindurchsteuern, können sie aus der Adoleszenz als starke und gesunde junge Frauen hervorgehen.

Das Denken

Die meisten Heranwachsenden sind nicht in der Lage, abstrakt zu denken. Nur bei den Intelligentesten beginnt sich in diesem Alter der operationale Verstand zu entwickeln, d.h. die Fähigkeit zu abstraktem, flexiblem Denken. Diese Unreife macht es so schwierig, mit Teenagern vernünftig zu reden. Sie sehen hinter jeder Bemerkung eine tiefere Bedeutung, überbewerten jeden Blick.

Das konkrete Denken junger Mädchen offenbart sich in ihrem Bedürfnis, andere zu kategorisieren. Menschen werden in Gruppen wie Langweiler, Streber und Sportler eingeteilt. Ein Mädchen benutzte sogar die Kategorie »Ach, wie bin ich doch tiefsinnig«, eine abwertende Bezeichnung für die Künstlernaturen an ihrer Schule. Ein anderes Mädchen unterschied in Christen und Nichtchristen, ein weiteres in alternativ, nichtalternativ und möchtegernalternativ.

Junge Mädchen sind Extremistinnen, die die Welt nur schwarzweiß sehen, ohne jegliche Grautöne. Das Leben ist entweder herrlich oder nicht lebenswert, die Schule die reinste Tortur oder ganz prima. Andere Menschen sind entweder großartig oder ätzend, sie selbst ganz toll oder erbärmliche Versagerinnen. Ein Mädchen kann sich heute als eine von allen verehrte Göttin sehen und morgen als Oberlangweilerin.

Diese Schwankungen im Selbstgefühl würden bei einem Erwachsenen auf eine ernsthafte Störung hindeuten, bei einem Teenager sind sie normal. Bestimmte psychologische Tests brauchen für weibliche Heranwachsende andere Normen. Ihre Gedanken sind chaotisch und wirr. Verglichen mit stabilen Erwachsenen scheinen sie alle verrückt.

Mädchen neigen in ihrem Denken zu groben Verallgemeinerungen und schließen aus einem Fall auf alle anderen. Ein einziger Affront kann bedeuten »Ich habe überhaupt keine Freunde«, eine einzige gute Note »Ich bin in der Schule unschlagbar«. Harmlose Bemerkungen können als Prophezeiung, Anklage oder Diagnose aufgefaßt werden. Eine Klientin entschloß sich, Krankenschwester zu werden, weil ihr Onkel meinte, das könne sie gut. Als ich in der achten Klasse war, gab mir mein Lehrer mein erstes Gedicht mit dem Wort »banal« quer übers Blatt geschrieben zurück. Meine Pläne, Schriftstellerin zu werden, habe ich danach fast zwanzig Jahre lang auf Eis gelegt.

Die starke Tendenz zu Verallgemeinerungen macht es so schwierig, mit heranwachsenden Mädchen vernünftig zu sprechen. Weil sie einen Fall kennen, wo es so ist, behaupten sie: »Alle anderen dürfen bis zwei Uhr nachts wegbleiben.« Oder: »Alle, die ich kenne, bekommen zum achtzehnten Geburtstag ein Auto.« Sie glauben, weil die Nachbarin zur Schule gefahren wird, würden alle Mädchen auf der ganzen Welt zur Schule gefahren. Es ist nicht unbedingt so, daß sie uns Eltern manipulieren wollen, sondern sie glauben wirklich ernsthaft, dieser eine Fall sei repräsentativ.

Junge Mädchen leiden an etwas, das ein Psychologe das »Eingebildete-Publikum-Syndrom« nannte. Sie denken, daß die andern sie ständig beobachten und sich auch noch für jede Kleinigkeit in ihrem Leben interessieren. Meine Nichte war beispielsweise einmal völlig aufgebracht, weil ihre Mutter zu einem Fußballspiel, bei dem sie mitspielte, ein Fernglas mitnehmen wollte. Sie sagte zu ihrer Mutter: »Alle werden sehen, daß du jede meiner Bewegungen beobachtest.« Eine Freundin von mir erzählte, daß ihre Tochter ganz ärgerlich wurde, weil sie in Jeans und Sweatshirt zum Elternabend ging. Eine Zwölfjährige erzählte, wie peinlich es ihr sei, mit ihrer Mutter zu Veranstaltungen zu gehen, weil sie immer mit den Händen in der Luft klatschte. Und manchmal, wenn der Mutter etwas besonders gefiele, würde sie Bravo rufen. Sie sagte: »Es ist mir schleierhaft, warum sie das macht, alle denken doch, sie sei völlig beknackt.«

Junge Mädchen urteilen leicht nach dem Gefühl, d. h. sie glauben, wenn sie etwas als wahr empfinden, müsse dies auch tatsächlich wahr sein. Wenn ein Mädchen sich als Schwachkopf fühlt, dann ist es einer. Wenn es seine Eltern als ungerecht empfindet, dann sind sie es auch. Ihre Fähigkeit, Tatsachen und Gefühle auseinanderzuhalten, ist begrenzt. Ihr Denken ist noch immer magisch, weil sie glauben, wenn sie etwas denken, sei es auch tatsächlich so.

Junge Mädchen sind egozentrisch in ihrem Denken. Sie sind unfähig, sich auf andere als ihre eigenen Erfahrungen zu beziehen. Eltern halten diesen Egozentrismus häufig für Eigennutz. Doch hier handelt es sich nicht um einen Charakterfehler, sondern nur um eine bestimmte Entwicklungsstufe. Eltern klagen, daß ihre Töchter nach einem bißchen Hilfe im Haushalt gleich behaupten: »Ich mache hier die ganze Arbeit.« Eine Mutter berichtete, daß ihre Tochter von ihr erwartete, stundenlang gefahren zu werden, nur um nicht ein paar Minuten zu Fuß gehen zu müssen.

Früher hätte ich behauptet, daß junge Mädchen sich für unverwundbar halten. Ich hätte dafür viele Beispiele nennen können: Mädchen, die sich weigerten, den Sicherheitsgurt anzulegen oder sich mit der Möglichkeit einer Schwangerschaft auseinanderzusetzen. Manchmal begegnet mir auch heute noch eine Spur dieses Gefühls der Unverwundbarkeit. So hatte ich einmal eine Klientin, die in einem Rehabilitationszentrum als freiwillige Helferin arbeitete und von Patienten mit Kopfverletzungen erzählte. Einmal, nach einem besonders traurigen Bericht über einen Jungen in ihrem Alter, platzte es aus mir heraus: »Zumindest wirst du jetzt den Sicherheitsgurt anlegen.« Sie sah mich erstaunt an und sagte: »Wieso? Ich werde nicht verunglücken.«

Auf dieses Gefühl, unverwundbar zu sein, stoße ich heute aber viel seltener. Es wird durch traumatische Erlebnisse zerstört, seien es nun die eigenen oder die der Freundinnen. Die meisten Zwölfjährigen wissen heute, daß ihnen jederzeit etwas Schlimmes zustoßen kann. Schließlich lesen sie Zeitung und sehen fern. Mädchen reden heute häufiger über den Tod, haben brutalere Träume, schaurigere Phantasien und mehr Angst vor der Zukunft. Eine Klientin drückte es so aus: »Bei diesen ganzen Schießereien werden schließlich alle Menschen irgendwann weg sein.«

Man darf allerdings dieses Thema nicht zu sehr verallgemeinern. Es gibt Kinder mit einem größeren Sicherheitsgefühl als andere. Lori etwa, in ihrer angenehmen Wohngegend und mit ihrer stabilen Familie, fühlt sich wesentlich sicherer als Charlotte mit ihrer traumatischen Vergangenheit. Doch auch traumatisierte Kinder vergessen manchmal die Angst, während behütete Kinder Alpträume haben können, in denen jemand auf sie schießt. Meist ist allerdings die eigene Erfahrung entscheidend, ob ein Mädchen sich verwundbar fühlt oder nicht. Das Bewußtsein, daß die Welt gefährlich ist, entwickelt sich manchmal über Nacht, manchmal ganz allmählich. Bei ein und demselben Mädchen lassen sich zuweilen auch beide Zustände finden. In der einen Woche verriegelt sie die Türen und sagt unverhohlen, daß sie Angst hat, in der nächsten glaubt sie, jeden Angreifer abwehren zu können. Doch im allgemeinen fühlen sich Heranwachsende nicht mehr so unverwundbar wie in meiner Kindheit oder auch noch vor zehn Jahren.

Mädchen gehen mit schmerzlichen Gedanken, widersprüchlichen Informationen und verwirrenden Erkenntnissen so um, daß sie für sie selbst entweder wahr oder falsch sind. Dabei geraten sie leicht in Versuchung, nichts an sich heranzulassen oder grob zu vereinfachen, weil sie die Mühe scheuen, das Erlebte kritisch zu betrachten und zu verarbeiten. Ist ihr falsches Selbst am Zuge, reduzieren Mädchen die Welt auf einen überschaubareren Ort, indem sie die Wirklichkeit verfälschen. Manche Mädchen treten Kultgemeinschaften bei, in denen andere für sie denken. Andere werden magersüchtig und reduzieren die Komplexität des Lebens auf ein Thema – das Körpergewicht.

Mädchen wie Charlotte setzen alles daran, nicht über ihr Leben nachdenken zu müssen. Sie laufen vor jeder Möglichkeit der Problemverarbeitung weg und suchen sich Freunde, die sich ebenso verhalten. Eltern, die sie anhalten wollen, über ihr Verhalten nachzudenken, gehen sie aus dem Weg.

Auch Mädchen, die mit ihrem wahren Selbst verbunden bleiben, sind verwirrt und werden zuweilen sogar aus der Bahn geworfen. Doch sie haben sich in gewisser Weise vorgenommen, ihr Leben zu begreifen. Sie denken über ihre Erfahrungen nach und bemühen sich immer wieder, Widersprüche aufzuklären und die Dinge im Zusammenhang zu sehen.

Wenn sie Hilfe brauchen, wenden sie sich an ihre Eltern, einen Lehrer oder eine Therapeutin. Sie führen möglicherweise Tagebuch und lesen dort immer wieder nach. Auch sie machen manche Fehler und interpretieren die Wirklichkeit häufig falsch, doch sie sind willens, ihre Erfahrungen zu verarbeiten und zu begreifen.

Lori beispielsweise verstand es besonders gut, auf ihr Inneres zu hören, wenn es etwas zu entscheiden galt. Sie durchdachte alles gründlich und entschied dann, was am besten für sie sei. Dies machte sie relativ immun gegen Beeinflussungen durch gleichaltrige Freundinnen und Freunde. Lori ließ sich nicht treiben, sondern hielt das Steuer fest in der Hand, entschlossen, sich so zu verhalten, wie es ihr sinnvoll erschien.

Die Schule

In der Schule wurden Mädchen und Jungen schon immer unterschiedlich behandelt. Neu in unserer Zeit ist, daß dieses Phänomen besser dokumentiert ist. Das Bewußtsein der Öffentlichkeit gegenüber Diskriminierung nimmt zu.

Jungen werden in der Klasse doppelt so häufig als Rollenträger gesehen wie Mädchen, sie bekommen die Aufmerksamkeit des Lehrers fünfmal öfter und melden sich im Unterricht zwölfmal häufiger zu Wort. Nur ein Siebtel aller Kinderdarstellungen in Schulbüchern zeigt Mädchen. Lehrer entscheiden sich wesentlich öfter für Unterrichtsaktivitäten, die eher Jungen ansprechen als Mädchen. Mädchen werden Geschichten vorgesetzt, in denen fast dreimal so häufig Jungen vorkommen. In der Regel werden Jungen als klug, mutig, kreativ und einfallsreich dargestellt, Mädchen dagegen als liebenswürdig, unselbständig und artig, Mädchen lesen sechsmal so viele Autobiographien von Männern als von Frauen. Selbst in Tiergeschichten kommen doppelt so viele männliche Tiere vor wie weibliche. (Ich kenne eine Lehrerin, die beim

Geschichtenvorlesen im Unterricht grundsätzlich das Geschlecht der Charaktere ändert, um den Mädchen stärkere Rollenmodelle anzubieten.)

Die Analyse von Videoaufnahmen vom Schulunterricht hat gezeigt, daß Jungen mehr Aufmerksamkeit und detailliertere Anweisungen erhalten als Mädchen. Sie werden öfter aufgerufen und mehr mit abstrakten, komplexen, nicht eindeutig zu beantwortenden Fragen konfrontiert. Jungen werden eher für ihre wissenschaftliche und intellektuelle Leistung gelobt, Mädchen mehr für adrette Kleidung, gutes Benehmen und die Einhaltung der Regeln. Bei Jungen wird eher das Benehmen kritisiert, bei Mädchen intellektuelle Mängel. Die Botschaft an Jungen lautet: »Du bist klug, du brauchst dich nur noch auf den Hosenboden zu setzen und zu lernen.« Für Mädchen lautet die Botschaft oft: »Vielleicht liegt hier einfach nicht deine Stärke. Du hast dir zwar Mühe gegeben, doch ohne viel Erfolg.«

Weil bei Jungen Mißerfolge externen Faktoren und Erfolge ihrem Können zugeschrieben werden, verlieren sie selbst dann nicht ihr Selbstvertrauen, wenn sie versagen. Bei Mädchen ist es genau umgekehrt. Weil bei ihnen Erfolge auf Glück oder harte Arbeit zurückgeführt werden und Mißerfolge auf mangelnde Begabung, wird das Selbstbewußtsein eines Mädchens mit jedem Fehlschlag weiter ausgehöhlt. All das bewirkt auf subtile Weise, daß Mädchen gar nicht auf die Idee kommen, Astronautinnen oder Gehirnchirurginnen werden zu wollen. Mädchen können nicht einmal sagen, warum sie ihre Träume fallenlassen, sie verlieren einfach auf »mysteriöse« Weise das Interesse.

Es gibt Mädchen, die gut in Mathematik sind und bei denen das auch so bleibt, es gibt aber auch viele, die früher gut waren in diesem Fach und nun bedauern, daß sie dafür zu dumm sind. Immer wieder höre ich von Mädchen: »Ich bin nicht gut in Mathe.« Nach meinen Beobachtungen ist das aber nur deshalb so, weil in diesem Fach genau jene Fähigkeiten gebraucht werden, an denen es vielen Mädchen in der Mittelstufe mangelt – Selbstvertrauen, Urteilsfähigkeit und die Kraft, Enttäuschungen ertragen zu können. Ängstlichkeit ist ein Hemmnis, wenn es gilt, Mathematikaufgaben zu lösen. Dadurch entsteht ein Teufelskreis – Mädchen bekommen Angst, dies beeinträchtigt ihre Fähigkeit, eine Aufgabe zu lösen, also versagen sie und sind beim nächsten Mal noch ängstlicher und werden von noch mehr Selbstzweifeln gequält.

Wenn ein Junge Probleme mit einer Mathematikaufgabe hat, schreibt er dies deren Schwierigkeitsgrad zu, gibt aber nicht auf. Mädchen dagegen denken, es liege an ihrer Unfähigkeit und geben auf. Diese unterschiedliche Schuldzuweisung erklärt, warum sich Mathematikleistungen von Mädchen rapide verschlechtern. Es gilt also, Mädchen zu ermutigen, eine schwierige Aufgabe mit Gelassenheit und Zuversicht in Angriff zu nehmen. Man muß ihnen Zeit lassen, und sie müssen erst einmal Fehler machen dürfen, bevor sie die Aufgabe lösen. Sie müssen sich entspannen lernen, um mit der weitverbreiteten Angst vor dem Fach fertig zu werden.

Jungen werden im Laufe der Schulzeit besser und fühlen sich besser. Bei Mädchen verringert sich dagegen die Selbstachtung und die Meinung über das eigene Geschlecht, und sie schneiden im Vergleich zunehmend schlechter ab. Von Mädchen hört man eher als von Jungen, daß sie glauben, ihrem Traumberuf nicht gewachsen zu sein. Sie gehen also aus der Adoleszenz mit einem schwächeren Selbstwertgefühl hervor.

Besonders begabte Mädchen leiden während der Adoleszenz stärker. Lois Murphy fand heraus, daß der Intelligenzquotient von Mädchen mit zunehmender »Verweiblichung« sinkt. Der Psychologe Louis Terman machte in den zwanziger Jahren eine Untersuchung über begabte Kinder in Kalifornien. Unter denjenigen, die am besten schreiben konnten, waren die sieben Besten Mädchen, ebenso verhielt es sich in der Kunst. Im Erwachsenenalter waren dann alle herausragenden Künstler und Schriftsteller Männer.

In der Mittelstufe beginnen Mädchen in ihren Leistungen

nachzulassen. Dies liegt zum Teil an den Schulen selbst, die immer größer und unpersönlicher werden. Mädchen, die in kooperativen Lernsituationen mit einer bestimmten Bezugsgruppe gut abschneiden, sind der Situation auf einer höheren Schule häufig nicht gewachsen. Schuld daran ist teilweise die nachlassende Leistungsorientierung bei Mädchen in diesem Alter, für die nun Gruppenzugehörigkeit wichtiger wird. In der Mittelstufe stehen Mädchen unter enormem Druck, sich beliebt zu machen. Sie müssen auch erfahren, daß gute Noten der Beliebtheit eher schaden. Lori hat sich deshalb angewöhnt, nicht mehr über ihre Noten zu reden. Sie meinte: »Ich verliere in jedem Fall. Wenn ich eine gute Note habe, sind sie sauer, wenn ich eine schlechte habe, erzählen sie überall herum, daß ich auch Mist bauen kann.« Ein anderes Mädchen sagte: »Als ich in die Mittelstufe kam, habe ich sofort kapiert, daß ich mehr Freunde gewinne, wenn ich mich auf Sport konzentriere. Kluge Mädchen gelten als Langweilerinnen.« Ein Mädchen, das fast die siebte Klasse nicht schaffte, meinte: »Für mich zählen einzig meine Freunde. Noten sind mir egal.«

Eine Klientin aus einer siebten Klasse, die in allen Fächern schlechte Noten hatte, erklärte: »Meine Freundinnen und ich haben beschlossen, daß es nicht cool ist, gute Noten zu haben.« Ihre Geschichte hat allerdings ein Happy-End, nicht etwa durch mein Zutun, sondern weil sie und ihre Freundinnen sich in der achten Klasse wieder zusammensetzten und beschlossen, daß es von nun an »cool« ist, gute Noten zu bekommen. Die schulischen Leistungen dieser Klientin verbesserten sich von da an enorm.

Daß Mädchen ihre schulischen Leistungen verheimlichen, ist nicht neu. Ich erinnere mich, wie ich es bei einem Rendezvous mit meinem Freund Denny einmal besonders weit trieb mit der Selbstverleugnung. Wir fuhren in ein Restaurant, und er fragte mich, was ich haben wolle. Obwohl ich am Verhungern war, bestellte ich nur eine kleine Cola. (Denn, wohlgemerkt, nette Mädchen hielten sich mit dem Essen zurück.)

Dann fragte er mich nach meinen letzten Noten. Ich hatte lauter Einsen, log ihn aber an, ich hätte zwei Dreien und deshalb Angst, meine Eltern könnten sauer sein. Ich sehe ihn noch vor mir, wie ihm ein Stein vom Herzen fiel.

Als sich Charlotte in der Mittelstufe nicht zurechtfand, gingen ihre Noten nach unten. Teils lag es daran, daß sie nicht lernte, teils, daß sie nicht das Selbstvertrauen hatte, das eine Schülerin braucht, um mit dem zunehmend schwierigeren Stoff fertig zu werden. Sie hatte damit gerechnet zu versagen und gab beim ersten Anzeichen von Frustration auf. Lori dagegen liebte Herausforderungen. Sie hatte festgestellt, daß, wenn sie ihren Glauben an sich selbst behielt und ordentlich lernte, sie alles schaffen konnte. Sie war sich bewußt, daß ihre guten Noten ihr keine soziale Anerkennung einbrachten, doch sie war nicht gewillt, ihre Schullaufbahn für das kurzfristige Ziel zu opfern, von ihren Mitschülerinnen anerkannt zu werden, die sich davon bedroht fühlten.

Die Familie

Die Zeit der Adoleszenz ist das psychologische Äquivalent zum Kleinkindalter. So wie sich das Kleinkind physisch von den Eltern wegbewegt, so distanzieren sich Heranwachsende gefühlsmäßig von ihnen. Zwischen Eltern und Kindern wird ständig über diese Distanz verhandelt. Kinder wollen umherschweifen, und Eltern wollen sie vor Unheil beschützen. Sowohl Kleinkinder als auch Heranwachsende reagieren erbost, wenn ihre Eltern andere Vorstellungen über die richtige Ausgewogenheit zwischen der Freiheit und der Sicherheit ihrer Kinder haben als sie.

Natürlich hat sich das Bild der Familie seit den fünfziger Jahren verändert. Ehescheidungen, in meiner Kindheit noch eine Seltenheit, sind in den neunziger Jahren fast an der Tagesordnung. Jede dritte Ehe endet mit der Scheidung, und in vielen

Familien stammen die Kinder aus verschiedenen Ehen. Viele Kinder verbringen einen Teil ihrer Jugend nur mit einem Elternteil. In vielen Familien sind die Eltern nicht in der Lage, sich um die Kinder zu kümmern. Erwachsenen, die mit eigenen Problemen wie Depressionen, Drogen- oder Alkoholabhängigkeit oder auch extremer Armut zu tun haben, fehlt oft die Kraft, für ihre Kinder zu sorgen. In anderen Familien mißhandeln Eltern ihre Kinder oder lassen sie verkommen. Einige Kinder haben gar kein Zuhause, leben bei Pflegeeltern oder in Heimen. Dennoch ist die Mehrzahl aller Eltern gewillt, ihr Äußerstes für ihre Kinder zu tun.

Die Adoleszenz verläuft gegenwärtig nach einem Schema, in das Konflikte zwischen Teenagern und ihren Eltern eingebaut sind. Zum Konflikt kommt es, wenn Eltern ihre Töchter vor Unheil bewahren möchten, während die Töchter ein Maß an Unabhängigkeit beanspruchen, das für sie gefährlich werden kann. Teenager stehen unter großem sozialen Druck, sich von ihren Familien zu lösen, um von den Gleichaltrigen akzeptiert zu werden und als autonome Individuen zu gelten.

Mädchen in diesem Alter wollen nicht mehr, daß die Eltern sie anfassen. Sie verziehen das Gesicht und weichen unwirsch zurück, wenn die Eltern ihnen zu nahe kommen. Teilweise ist dies eine Reaktion auf das neue Körperbewußtsein, teilweise wollen sie damit zeigen, daß sie nun erwachsen sind. Doch mehr noch wollen sie damit auch sagen: »Ich brauche Raum, um eine eigenständige Person zu sein. «

Gleichzeitig wollen Mädchen ihren Eltern aber auch nahe bleiben. Manchmal fangen sie sogar einen Streit an, nur um die Verbindung aufrechtzuerhalten, denn Streit kann ein Mittel sein, zugleich Nähe und Distanz zu wahren. Ratlose Eltern, besonders Mütter, berichten von der Streitlust ihrer Töchter: »Wir streiten uns sogar, ob der Himmel blau ist. «

Abgrenzung und Abwehrhaltung sind nicht persönlich gemeint. Auch wenn das Wissen um das Verhalten ihrer Töchter es den Eltern nicht unbedingt leichter macht. Es ist hart, wenn die lieben Töchter sich nicht mehr mit den Eltern in der Öffentlichkeit zeigen wollen. Es ist hart, wenn eine Tochter auf die Frage »Wie war's heute?« einfach wegrennt. Es tut Eltern weh, wenn ihre Tochter sich daran stört, wie sie gähnen oder Kartoffeln schälen.

Aus der Tatsache, daß Eltern oft nicht wissen, wie sehr sich die Lebensverhältnisse für ihre Kinder verändert haben, ergeben sich weitere Mißverständnisse. Sie gehen fälschlicherweise davon aus, daß ihre Töchter in einer ähnlichen Welt leben wie sie selbst als Heranwachsende. Doch da irren sie sich gewaltig. Ihre Töchter leben in einer medienbestimmten Welt voller zweifelhafter Wertvorstellungen. Wenn sich Mädchen von ihren Eltern abwenden, suchen sie in dieser Welt ihre Orientierung für ihr Dasein als Erwachsene. Sie klammern sich an des Neue und lehnen das Alte ab.

Musik ist für die meisten Mädchen in diesem Alter sehr wichtig. Sie trägt sie aus der Welt ihrer Familie heraus und in die Welt Gleichaltriger hinein. Musik drückt die Intensität ihrer Gefühle besser aus, als Worte es können. In der Musik ist Liebe eine Angelegenheit von Leben oder Tod, in ihr werden kleine Ereignisse dramatisiert und glorifiziert, und damit entspricht sie den Erfahrungen junger Mädchen viel eher als die Sprache der Erwachsenen. Doch leider geht es in der Musik, die die Teenager heutzutage hören, meist um Sex und Gewalt. Frauen werden meist als Sexmaschinen dargestellt.

Eine Freundin erzählte mir, wie sie mit ihrer elfjährigen Tochter über Sex sprach. Der Freundin war das Thema zwar unangenehm, doch sie wollte, daß ihre Tochter besser aufgeklärt würde als sie selbst. Sie bemühte sich redlich zu erklären, wie der Geschlechtsakt funktionierte, und erläuterte ihr, wie sie sich eine gesunde Beziehung vorstellte. Sie gestand ihrer Tochter auch, daß sie bereits vor ihrer Heirat mit einem Mann geschlafen hatte. Die Tochter hörte sich die Vorstellungen ihrer Mutter über Liebe und Sex ruhig an.

Eine Stunde später kam meine Freundin ins Zimmer ihrer Tochter. Auf MTV wurde gerade gezeigt, wie eine sexy aussehende junge Frau im Lederbikini einem muskulösen jungen Mann am Hals hing. Der Songtext beschrieb die sexuelle Begegnung der beiden in der letzten Nacht. Der junge Mann war zu betrunken gewesen, um sich noch daran zu erinnern, deshalb half sie seiner Erinnerung mit delikaten Details auf die Sprünge. Meine Freundin gestand: »Da wurde mir klar, daß wir in verschiedenen Welten mit unterschiedlichen Sprachen lebten. Meine Tochter konnte meine Scham über meine vorehelichen Beziehungen genausowenig verstehen wie ich dieses Mädchen im Lederbikini. Das war eine brutale Entdeckung.«

Immer wieder höre ich von Mädchen, wie radikal sich mit der Pubertät ihr Verhältnis zu den Eltern ändert. Sie sagen, daß es mit den »braven kleinen Mädchen«, die sie einmal waren, in der Pubertät endgültig vorbei sei. Denn von da an logen sie, trieben sich herum, tranken Alkohol, rauchten, schrien, gehorchten nicht mehr. Diese Mädchen wußten zwar, daß das, was sie taten, selbstzerstörerisch war, aber sie befanden sich in einer schlimmen Zwickmühle. Sie meinten, nur Langweilerinnen würden das innige Verhältnis zu den Eltern aufrechterhalten.

Mädchen wie Charlotte, die ohne eigenes Selbstwertgefühl sind, passiert es leicht, daß sie sich emotional von ihren Eltern lossagen. Sie erliegen eher dem Druck Gleichaltriger, allen elterlichen Rat in den Wind zu schlagen. Auch tun sie oft Dinge, die ihre Familie in große Konflikte bringen. Es gelingt ihnen nicht, die Beeinflussungen durch Gleichaltrige richtig einzuordnen. Sie brechen die für sie so wichtigen Beziehungen ab, die sie vor schlechten Erfahrungen bewahren würden.

Mädchen mit authentischem Selbst werden das Verhältnis zu ihren Familien vermutlich aufrechterhalten. Zwar mögen sie sich vom einen oder anderen Familienmitglied zurückziehen, doch ganz brechen werden sie mit ihren Familien kaum. Lori liebt ihre Eltern und vertraut ihnen noch immer, trotz typischer Teenager-Reaktionen, wie ihrem Wunsch, mehr Zeit ohne Eltern zu verbringen, oder der Tatsache, daß ihr die kleinsten Fehler der Eltern peinlich sind.

Die Elternrolle hat sich in den neunziger Jahren grundlegend verändert. Früher bemühten sich Eltern, ihren Kindern zu helfen, in die Gesellschaft hineinzuwachsen, sie waren quasi Vermittler der Kultur. Heute kämpfen viele Eltern gegen bestimmte kulturelle Einflüsse, von denen sie wissen, daß sie ihren Töchtern schaden. Dies trifft sowohl auf Loris als auch auf Charlottes Eltern zu. Beide hatten den Wunsch, daß ihre Tochter mehr Zeit bliebe, um fern von Sex, Drogen, Alkohol und Traumatisierungen aufzuwachsen und sich zu entwikkeln. Sie kämpften darum, die Androgynität und Ganzheit ihrer Töchter zu bewahren, trotz eines mädchenzerstörerischen Umfelds.

Gleichaltrige

Wenn sich Mädchen von ihren Eltern lösen, bedeuten ihnen Freundinnen und andere Gleichaltrige alles. Teenager, die mit den Eltern kaum noch ein Wort reden, unterhalten sich den ganzen Abend mit Freundinnen. Gleichaltrige bestätigen sie in ihren Entscheidungen und unterstützen ihr neues, unabhängiges Selbst. Dies ist eine Zeit der eingehenden Suche nach dem Selbst in Beziehungen zu andern. Es ist ein ständiges Experimentieren – Wie werden die anderen reagieren? Indem sie mit Gleichaltrigen reden, suchen sie die Antwort auf die wichtige Frage – Werde ich akzeptiert? Ihre Unterhaltungen dauern endlos, wie alle Eltern bestätigen können, die nur einen Telefonanschluß im Haushalt haben. Teenager von ihren Freundinnen und Freunden zu trennen ist eine harte Strafe. Ein Mädchen erklärte es so: »Teenager unter Hausarrest werden verrückt.«

Umgang mit Gleichaltrigen kann vorteilhaft sein und die Entwicklung fördern, er kann sie aber auch beeinträchtigen, besonders zu Beginn der Adoleszenz. Viele Mädchen kennen das Phänomen, sich gegenseitig zum Sündenbock zu machen. Manche Mädchen entwickeln dabei einen richtigen Haß auf die Unangepaßten, auf jene, die sich nicht den gängigen Vorstellungen von Weiblichkeit fügen.

Wie häufig dei Neubekehrten einer Ideologie, laufen diese Mädchen Gefahr, zu den vehementesten Verfechterinnen und Bekehrerinnen ihrer Kultur zu werden. Sie bestrafen dabei andere Mädchen, die, genau wie sie selbst, die unerreichbaren Ziele dieser Kultur verfehlen. Sie sind schnell dabei, Normen zu setzen, um zu verhindern, daß ihnen die Normen anderer auferlegt werden. Die Norminhalte variieren – Designerjeans oder Lederjacken, Zigaretten rauchen oder sich schwere Lidschatten schminken. Das Entscheidende ist die Botschaft, daß es sozialer Selbstmord ist, anderen nicht gefallen zu wollen.

Sich gegenseitig zum Sündenbock zu machen ist die höchste Form der sozialen Kontrolle über Mädchen, die sich dem sozialen Druck nicht genügend fügen. Sie werden gemieden, gehänselt und auf vielfältige Weise gequält und schikaniert. Prädestiniert für diese Rolle sind die Gescheiten, Aufgeschlossenen, Zuversichtlichen, es sind auch Mädchen, die entweder sehr hübsch oder nicht hübsch genug sind.

Mädchen lernen nicht, ihre Wut direkt auszudrücken. Anders als Jungen dürfen sie sich mit ihren Feinden nicht körperlich auseinandersetzen. Ihre Wut drückt sich in Bosheit und Spott aus. Wenn ein Mädchen einer anderen übelwill, ruft sie sie beispielsweise an und erzählt ihr, daß es eine Party gibt, zu der sie nicht eingeladen ist. Oder sagt ihr etwas Beleidigendes über ihr Kleid oder ihre Figur. Mädchen drücken ihre Mißgunst auch in Spitz- oder Schimpfnamen aus. Meist suchen sie dabei ein bestimmtes Mädchen heraus, gewöhnlich eine, die relativ glücklich ist, und machen ihr das Leben zur Hölle.

Dieses Ausgegrenztwerden fordert seinen Tribut. Der Schmerz darüber treibt Heranwachsende oft zur Verzweiflung. Ein Mädchen formulierte es so: »Wenn du eine Weile so fertiggemacht wirst, fängst du irgendwann an zu glauben, sie hätten recht.«

Ich war in der Mittelstufe ein großes, unbeholfenes Mädchen mit struppigem, flachsblondem Haar. Einmal kam ein Mädchen auf mich zu und sagte betont freundlich: »Versprichst du, daß du nicht böse bist, wenn ich dich etwas frage?« Das hätte mich natürlich stutzig machen sollen, aber ich war damals erst zwölf. Ich versprach es, und sie sagte: »Kämmst du dich eigentlich nie?«

Meine Schulfreundin Patty war dick und schwerfällig. Sie litt unglaublich. Ihr Spitzname war »Mammut«, einige redeten sie auch direkt so an. Alles, was sie tat, wurde verspottet. Zur Faschingsfeier in der Schule brachte ihre Mutter einmal appetitliche kleine Kuchen mit. Niemand aß davon, obwohl uns vom Hingucken schon das Wasser im Munde zusammenlief. Alle hatten Angst, sich einen Bazillus einzufangen, wenn sie Kuchen von »Mammuts Mutter« aßen.

An meiner Schule diente die Bazillus-Methode dazu, jemanden auszugrenzen. Wenn ein Mädchen unbeliebt war, galt sie als ansteckend, und wer sie berührte, würde infiziert werden, es sei denn, man reichte den Bazillus sofort an ein anderes Mädchen weiter. Ein Großteil der Pausenzeit ging damit drauf, die Bazillen loszuwerden, die sich die Mädchen durch Berührung Infizierter eingefangen hatten. Gott sei Dank habe ich an solchen Spielchen nie teilgenommen, doch ich haßte die Tage, an denen sie mich zur Infizierten erklärten. Heute weiß ich, daß dieses Spiel weit verbreitet war und selbst heute noch gespielt wird.

Die meisten Mädchen kommen spätestens in der siebten Klasse mit Drogen in Berührung. Es gibt kein Rockkonzert, keine Spätvorstellung im Kino, wo nicht Marihuana-Wolken durch den Raum ziehen. Rauschgift und Crack werden auch in den Vororten verkauft.

Viele Mädchen beklagen sich über sexuelle Belästigungen in der Schule. Jungen haben Mädchen schon immer Anzüglichkeiten hinterhergerufen, doch heute sind sie von einem anderen Kaliber. Mädchen werden mit allem aufgezogen, angefangen von oralem Sex bis zu ihren Schamhaaren, von ihrer Periode bis zu Phantasievorstellungen über ihre Geschlechtsorgane. Die Belästigungen haben sich massiv verändert. Anzügliche Bemerkungen sind drastischer und gemeiner geworden. Obwohl es inhaltlich um Sex geht, steckt dahinter Aggression, die beleidigen und beherrschen will. Unterrichtsräume und Schulflure sind die häufigsten Orte für sexuelle Belästigungen. Viele Mädchen melden die Vorfälle nicht, aus Angst vor noch schlimmeren Belästigungen.

Oft bleibt es nicht bei anzüglichen Bemerkungen, und es kommt zu sexuellen Übergriffen. Meist gehen die Belästigungen von Mitschülern aus, doch es gibt auch Fälle, in denen Lehrer im Spiel waren. Mir begegnen immer mehr Mädchen, die die Schule boykottieren. Sie sagen, daß sie es einfach nicht mehr ertragen, was ihnen dort widerfährt. Charlotte wollte nicht mehr zur Schule gehen, weil ihr jemand auf dem Flur »Nutte« nachgerufen hatte. Eine andere Klientin beklagte sich, daß sie auf dem Weg zu ihrem Klassenzimmer von Jungen an Gesäß und Busen angefaßt worden war. Ein Mädchen wollte nicht mehr mit dem Schulbus fahren, weil Jungen sie mit Sprüchen über oralen Sex gehänselt hatten.

Was erst noch sexuelle Belästigungen sind, kann später leicht zu Tätlichkeiten werden. Am alarmierendsten ist dabei, wie viele Erwachsene und Schüler auf die Angriffe reagieren. Die Täter sind sich oft keiner Schuld bewußt. Ein der Vergewaltigung beschuldigter Junge meinte nur: »Es ist doch nicht verboten, Nutten aufzureißen.«

Auch die Eltern des Jungen waren zwar bestürzt, zum Teil aber auch stolz. Der Vater befand, sein Sohn sei eben ein »ganzer Mann«, und fügte hinzu: »Die Gefängnisse im Land würden nicht ausreichen, wenn alle eingesperrt würden, die das machen, was mein Sohn gemacht hat.«

Durch Musik, Fernsehen, Filme und Pornographie werden Mädchen brutalen und gefühllosen Sexualvorstellungen ausgesetzt. Sie sind gefangen im Kreuzfeuer der verwirrenden sexuellen Botschaften unserer Zeit. Sex ist demnach zugleich ein heiliger Akt zwischen zwei Menschen, die Gott vereinigt hat, und die beste Art und Weise, ein Sonnenöl zu verkaufen.

Mädchen, die ihr authentisches Selbst bewahren, widerstehen dem Druck Gleichaltriger, sich nur auf eine bestimmte Art und Weise zu verhalten. Lori etwa war sich sicher, daß sie weder Alkohol trinken noch rauchen würde, nur weil sie auf Partys von andern dazu gedrängt würde. Sie hatte ihre eigene Meinung, was Sexualität betraf, und würde sich nicht dazu nötigen lassen. Zwar wollte sie schon ganz gerne beliebt sein, doch zu den Zugeständnissen, die nötig waren, um außerordentlich beliebt zu sein, war sie nicht bereit. Sie sah ganz klar, daß sie zu viel von sich aufgeben müßte, wenn sie von allen akzeptiert werden wollte.

Charlotte dagegen machte große Anstrengungen, die Anerkennung Gleichaltriger zu gewinnen. Sie hatte sexuelle Kontakte mit Jungen ihrer Schule. Ihr Bestreben, sich bei Jungen beliebt zu machen, schadete ihr schließlich nur. Sie tat Dinge, die nicht ihren wahren Bedürfnissen entsprachen, sondern von denen sie glaubte, daß andere, besonders ihr Freund Mel, sie von ihr erwarteten. Weil sie von der Anerkennung durch ihre Freunde so abhängig war, geriet sie in viele Schwierigkeiten und hatte ihr Selbst völlig eingebüßt, als ich sie kennenlernte.

Religiosität

Wie wir aus der Geschichte wissen, waren viele bekannte Idealistinnen wie Anne Frank oder Johanna von Orleans in der Adoleszenz. Dies ist eine Lebensphase, in der Mädchen bewußt nach einem Sinn und einer Ordnung im Universum suchen. Es ist auch häufig eine Zeit persönlicher religiöser Krisen und der Beschäftigung mit Grundfragen des Lebens wie etwa der, was nach dem Tod passiert oder was der Sinn von Leiden ist. Manche Mädchen werden in diesem Alter tief religiös und bringen jedes Opfer für ihren Glauben. Andere geraten in eine Glaubenskrise.

Ich war mit dreizehn eine gläubige Christin, bis ich Mark Twains Geschichte *Captain Stormfields Besuch im Himmel* las, in der er sich über den Himmel lustig macht, wo die Leute nur herumsitzen und den ganzen Tag lang Harfe spielen. Diese Geschichte brachte mich unversehens dazu, mich mit meinem Glauben auseinanderzusetzen. Mit fünfzehn las ich Ayn Rands *Der ewige Quell* und Bertrand Russells *Warum ich kein Christ bin* und diskutierte mit meinem Pfarrer und im Freundeskreis über die Existenz Gottes.

Eine Klientin sah mit dreizehn Jahren in Christus ihren persönlichen Retter. Sie verpflichtete sich, ein christliches Leben zu führen, und befand täglich über ihr eigenes Verhalten. Sie glaubte, daß ihre wichtigste Beziehung die zu Gott war und ihre wichtigste Zeit die, die sie im Gebet verbrachte. Sie wurde zur spirituellen Führerin ihrer Familie und tadelte ihre Eltern, wenn sie sich unchristlich verhielten. Mit ihren jüngeren Geschwistern machte sie jeden Tag eine Bibellesung.

Die Adoleszenz ist eine sehr idealistische Phase – viele Mädchen werden Umweltschützerinnen oder setzen sich für Arme und Kranke ein. Eine Klientin und Schülerin organisierte das Recycling in ihrem Viertel. Eine Freundin von Sara kaufte für einen Teil ihres Taschengelds Nahrungsmittel für Obdachlose. Sie brachte ihnen das Essen an die Straßenecke und plauderte mit ihnen über ihr Leben, während sie aßen. Sie kannte schon bald die meisten Obdachlosen der Stadt beim Namen. Eine andere Freundin kontrollierte Thunfisch in Dosen, um festzustellen, ob er auch delphinfreundlich gefangen wurde, und sie protestierte gegen den Verkauf von Pelzen vor Geschäften in der Innenstadt.

Viele Mädchen werden Vegetarierinnen. Sie lieben Tiere und setzen sich aktiv für deren Rechte ein. Ich glaube, daß dieses Anliegen bei Mädchen deshalb so groß ist, weil sie sich so leicht mit der Sprach- und Machtlosigkeit von Tieren identifizieren können. Ich kannte ein Mädchen, das einen Button trug, auf dem stand: »Wenn Tiere reden sollen, müssen wir ihre Stimmen sein.« Mädchen identifizieren sich also mit sanften, wehrlosen Kreaturen und setzen sich mit großem Idealismus und viel Kraft für ihre Rettung ein.

In der heutigen Zeit ist es nicht immer einfach, idealistisch und optimistisch zu sein. Mädchen, die sich selbst treu bleiben, gelingt es, auch ihren spirituellen Anteilen irgendwie gerecht zu werden. Sie tun etwas, um die Welt zu verbessern. Mädchen, die von einem falschen Selbst aus agieren, werden oft zynisch, wenn es darum geht, in der Welt etwas zu verbessern. Sie haben die Hoffnung aufgegeben. Nur mit einem gesunden Selbst werden sie die Kraft finden, es mit den gesellschaftlichen Strukturen aufzunehmen und sich auf den Kampf zur Rettung des Planeten einzulassen.

4. Die Familie

Franchesca (14)

Betty und Lloyd kamen in meine Praxis, um mit mir über ihre Tochter zu sprechen, die als Lakota Sioux in einem Indianerreservat geboren wurde. Sie hatten Franchesca im Alter von drei Monaten adoptiert. Betty zeigte mir ein Bild von Franchesca in einer Babyschaukel. »Wir liebten sie vom ersten Augenblick an. Sie hatte glänzendes Haar und Augen von der Farbe schwarzer Oliven.«

Lloyd und Betty erzählten, Franchesca hätte eine typische Kindheit gehabt. Lloyd war Apotheker mit eigenem Geschäft. Betty blieb zunächst zu Hause, bis Franchesca in die Schule kam, dann arbeitete sie stundenweise bei Lloyd im Geschäft. Als Franchesca in der zweiten Klasse war, fiel sie vom Fahrrad und brach sich ein Bein. Franchesca hatte einen leichten Sprachfehler, der in der dritten Klasse durch eine Sprachtherapie korrigiert wurde. Sie wohnten in einem ruhigen Viertel mit sehr vielen Kindern. Franchesca veranstaltete Geburtstagspartys, fuhr in die Sommerferien, spielte Minigolf und nahm Unterricht im Töpfern.

Lloyd fügte hinzu: »In der Grundschule hatte sie gute Noten und war bei ihren Mitschülern beliebt. Sie hatte eine freundliche Art und lächelte immer.«

Betty stimmte ihm zu. »Wir haben sie nie anders behandelt, weil sie ein Adoptivkind oder eine Sioux war. Damals hatten wir das Gefühl, daß dies das beste war. Heute frage ich mich, ob wir nicht Dinge unter den Teppich gekehrt haben, die besser besprochen worden wären. Francie wurde in der Schule gehänselt, weil sie eine dunkle Hautfarbe hatte. Als wir davon erfuhren, haben wir zwar etwas dagegen unternommen, aber wir dürften es kaum jedesmal erfahren haben. Wir sagten ihr, daß es keinen Unterschied mache, ob jemand adoptiert war oder nicht, und daß wir eine Familie wie jede andere seien. Aber eigentlich stimmte das nicht. Sie war dunkelhäutig und wir waren weiß.«

Besonders Teenager, die ohnehin Identitätsprobleme haben, tun sich schwer mit der Frage, was die Adoption für ihr Leben bedeutet. Oft behalten sie ihren inneren Konflikt für sich, weil sie nicht undankbar erscheinen möchten. Wenn bei einer Adoption verschiedene Rassen im Spiel sind, werden die Probleme noch gravierender.

Betty fuhr fort: »In der siebten Klasse bekam Francie ihre Periode, und sie war ständig schlecht gelaunt. Ich dachte, das läge an den Hormonen. Vorher hatte sie uns immer alles erzählt, doch nun verkroch sie sich in ihrem Zimmer. Ich sprach mit meiner Schwester darüber, und wir kamen zu dem Schluß, daß Teenager eben solche Phasen durchmachten. Auch ihre Mädchen trieben sie beinahe zum Wahnsinn. Also zerbrachen wir uns nicht länger den Kopf darüber.

Dann wurden Francies Noten deutlich schlechter, was uns sehr beunruhigte. Wir wandten uns an die Lehrerin, die uns bestätigte, daß viele Kinder in diesem Alter Probleme haben. Wir brachten Francie dazu, jeden Abend zwei Stunden lang zu lernen, wodurch sich ihre Noten wieder etwas verbesserten. Sie traf sich nicht mehr mit ihren alten Freundinnen, doch auch darüber machten wir uns keine weiteren Gedanken.«

Betty fuhr fort: »Seit diesem Jahr ist es ganz schlimm. Lloyd sieht sie als ihren Hauptpeiniger. Er ist nicht wirklich streng und will nichts Außergewöhnliches – sag uns, wo du hingehst, keinen Alkohol, keine schlechten Noten –, doch sie tut, als würde er sie schlagen. Sie spricht kaum mit ihm, was ihm das Herz bricht. Mit mir spricht sie ein bißchen mehr, aber nicht viel. Sie geht nicht mehr mit uns zur Kirche.«

Lloyd wand sich in seinem Stuhl. »Sie treibt sich mit komischen Typen herum und trinkt manchmal Alkohol. Wir haben ihre Fahne gerochen. Sie lügt uns an und hat Heimlichkeiten.«

Betty fügte hinzu: »Letzte Woche ließen wir sie mit Freunden zu einem Eishockeyspiel gehen, da kam sie nachts nicht nach Hause. Wir haben uns zu Tode geängstigt. Lloyd fuhr bis zum Morgengrauen herum, um sie zu suchen. Als sie am nächsten Tag heimkam, sagte sie uns nicht, wo sie gewesen war.«

Ich sagte: »Ich würde Franchesca gerne kennenlernen.«

Lloyd meinte: »Sie will nicht herkommen, aber wir werden sie bringen.«

»Nur das eine Mal«, sagte ich. »Ich lasse Teenager dann selbst entscheiden, ob sie wiederkommen wollen.«

Eine Woche später saß mir Franchesca etwas steif gegenüber. Sie trug grüne Jeans und ein T-Shirt. Ihr langes schwarzes Haar hatte sie zu einem Pferdeschwanz zusammengebunden, und in ihren Augen standen Tränen. Erst war sie schweigsam, fast störrisch. Sie schaute auf die Diplome an der Wand hinter mir und antwortete auf meine Fragen nur mit Kopfnikken.

Ich suchte nach einem Thema, über das wir reden könnten – Schule, Freunde, Bücher oder ihre Eltern. Sie ging kaum auf meine Fragen ein. Dann stellte ich eine Frage nach ihrer Adoption und bemerkte, wie sie unruhig wurde.

Franchesca hob den Blick und schaute mich an. Sie nahm einen tiefen Atemzug und sagte: »Ich lebe mit netten Leuten, aber sie sind nicht meine Familie.«

Sie machte eine Pause, um zu sehen, wie ich reagierte.

»Jeden Morgen beim Aufwachen überlege ich, was meine richtigen Eltern jetzt wohl machen. Machen sie sich fertig für die Arbeit? Schauen sie in den Spiegel, wo ihnen ein Gesicht wie meines entgegenblickt? Was haben sie für eine Arbeit? Reden sie über mich, und fragen sie sich wohl, ob ich glücklich bin?«

Dicke Tränen tropften auf ihr T-Shirt, und ich reichte ihr Taschentücher. Sie putzte ihre Nase und fuhr fort: »Ich werde das Gefühl nicht los, daß ich in der falschen Familie bin. Ich weiß, Mama und Papa wären sehr verletzt, wenn sie mich so reden hörten, aber ich kann nichts dafür.«

Ich fragte Franchesca, was sie über ihre leibliche Mutter wisse.

»Sie gab mich weg, als ich drei Monate alt war. Vielleicht war sie arm und nicht verheiratet. Ich bin sicher, daß sie mir nie was angetan hat. Ich fühle es in meinem Innern, daß sie mich liebhatte.«

Draußen tanzten die Schneeflocken vorbei. Wir sahen ihnen zu.

»Glauben Sie, daß ich meinen Eltern gegenüber undankbar bin?«

Ich überlegte kurz. »Dein Interesse an deiner Vergangenheit ist so natürlich wie die Schneeflocken draußen.« Franchesca belohnte mich mit einem Lächeln, dem ersten in dieser Sitzung.

In der Folgezeit kam Franchesca häufig zu mir. Manchmal hielten wir auch Familiensitzungen ab. Dabei unterschieden wir die Problemkreise Adoption, Rasse und Adoleszenz. Über letzteres sprachen wir zuerst. Franchesca hielt ihren Vater für zu streng und ihre Mutter für zu aufdringlich. Sie hatte das Gefühl, daß Lloyd und Betty in ihr immer noch das kleine Mädchen sahen. Francie fand, daß Lloyd stur und unflexibel sei. Betty ging ihr auf die Nerven. »Ich habe manchmal das Bedürfnis, sie einfach anzuschreien, ohne Grund.«

Lloyd ließ sie nun häufiger weggehen, wollte aber weiterhin wissen, wo sie hinging. Betty versprach, nicht mehr in Francies Zimmer zu gehen und sie auch nicht mehr beim Meditieren zu stören. Allmählich fing Franchesca wieder an, mit Lloyd zu scherzen. Nach der Schule saß sie mit Betty in der Küche und erzählte ihr, was an dem Tag alles passiert war.

Wir taten nicht länger so, als gäbe es in der Familie keinerlei Ressentiments gegenüber der Adoption. Alle drei waren davon nicht frei. Lloyd hatte Angst, Franchesca könnte besonders anfällig sein für Alkohol. Bettys Sorge war, daß sie eines

Tages ihre richtige Mutter finden und sie beide verlassen würde. Franchesca hatte das Gefühl, zwischen einer »braunen« und einer »weißen« Welt zu leben und in keiner völlig akzeptiert zu werden. Sie mochte Lloyd und Betty, aber sie konnte von ihnen keinerlei Orientierung für ihre eigene Identität erwarten. Als wir über diese Probleme sprachen, fiel mir ein Satz von Wendell Berry ein: »Wenn du nicht weißt, woher du kommst, weißt du nur schwerlich, wer du bist.« Franchesca eröffnete Betty und Lloyd, daß sie gerne mehr über ihre leibliche Mutter erfahren würde. Sie meinte: »Eines Tages werde ich wohl meine Mutter finden müssen.« Beide waren ambivalent, stimmten aber zu, daß Franchesca mehr über ihren Familienhintergrund herausfinden sollte.

In unseren Einzelsitzungen schlug sich Franchesca mit mancherlei Problemen herum. So war sie sich unsicher, mit wem sie Freundschaft schließen sollte. »Meine alten Freundinnen und Freunde sind so oberflächlich, und meine neuen machen dumme Sachen.«

Ich riet ihr, sich mit ein, zwei engen Freundschaften zu begnügen und auf die Zugehörigkeit zu einer Clique zu verzichten.

Während sie sich mit ihren eigenen Problemen auseinandersetzte, wurde sie auch immer mehr zur Fürsprecherin der indianischen Schüler an ihrer Schule. Sie war entschlossen, allen rassistischen Bemerkungen entgegenzutreten. Sie forderte, daß mehr indianische Literatur und Geschichte unterrichtet werden sollte.

An Franchescas Fall wird deutlich, wie kompliziert ein Familienleben in den neunziger Jahren sein kann. Mit ihren vierzehn Jahren mußte sich dieses Mädchen nicht nur mit Fragen der Rasse und Adoption auseinandersetzen, sondern auch mit Problemen wie Alkohol, Sex, Religion und Schule. Sie war auf der Suche nach einer Identität und entfernte sich von ihren Eltern, indem sie gegen sie rebellierte und Geheimnisse vor ihnen hatte. Andererseits hatte sie ihre Eltern gern und brauchte ihre Unterstützung. Sie ähnelte in einigem einer

Straffälligen, obwohl ihr Verhalten nur Ausdruck ihres inneren Kampfes um Selbstfindung war.

Franchesca und ihre Eltern befanden sich also »bis über beide Ohren in der Schlangengrube«, wie Lloyd es ausdrückte. Zum Glück nahmen sie Hilfe in Anspruch. Die Familie erwies sich als sehr liebevoll, mit der richtigen Mischung aus Strenge und Nachgiebigkeit. Die Eltern hatten ihre Vorschriften und Erwartungen, zudem die erforderliche Durchsetzungskraft, doch sie hatten auch die Fähigkeit, zu wachsen und sich gemeinsam mit ihrer Tochter zu verändern. Als sie merkten, daß Franchesca mehr Kontakt mit ihrer Vergangenheit brauchte, interessierten auch sie sich dafür. Sie waren aufgeschlossen gegenüber kultureller Vielfalt, ja sogar Andersgläubigkeit. Durch gemeinsame Anstrengung kamen die Dinge mit der Zeit wieder ins Lot. Franchesca war auf dem Weg, eine eigene Identität zu finden und dennoch mit ihren Eltern verbunden zu bleiben. Sie würde nach und nach erfahren, wer sie war, ganz ohne selbstzerstörerische Praktiken.

Auf einer Kunstausstellung stand ich einmal vor einem Bild mit dem Titel »Familienromanze«. Vier Figuren – Mutter, Vater, Sohn und Tochter – standen nackt in einer Reihe nebeneinander. Sie hatten die Gestalt von Babypuppen aus schwammartigem, gegerbtem Material, dazu richtiges Haar. Alle waren gleich groß, ihre Geschlechtsmerkmale gleich weit entwickelt. Ich verstand dieses Werk als Kommentar auf das Leben in den neunziger Jahren, der lautete: »Es gibt keine Kindheit mehr, genausowenig wie ein Erwachsensein. Kinder sind nicht länger behütet, und Erwachsene wissen nicht mehr, was sie tun.«

Wenn wir das Wort Familie hören, haben die meisten von uns die traditionelle Familie vor Augen, wo der Vater arbeiten geht und die Mutter zu Hause bei den Kindern bleibt, zumindest bis sie zur Schule kommen. In Wirklichkeit trifft dies bei uns nur noch auf die wenigsten Familien zu. Seit den siebziger Jahren haben sich diese Verhältnisse grundlegend verändert. In immer mehr Haushalten gibt es nur noch einen Elternteil, zu 90 Prozent sind Mütter der alleinerziehende Elternteil.

Unsere Gesellschaft hat die Realität, die hinter diesen Zahlen steht, noch nicht zur Kenntnis genommen. In den neunziger Jahren kann eine Familie aus einem lesbischen Paar mit Kindern aus früheren Ehen bestehen, oder es kann sich um eine vierzehnjährige Mutter mit ihrem Baby handeln; eine Familie kann auch aus einem homosexuellen Mann und seinem Sohn bestehen, einer Großmutter mit den kleinen Zwillingen ihrer Tochter, die an Aids gestorben ist, oder einer Pflegemutter und ihrem geistig behinderten Baby; es kann sich dabei auch um eine mehrere Generationen umfassende Großfamilie handeln oder um Menschen, die, obwohl nicht verwandt, zusammenleben, einfach weil sie sich verstehen.

Jedenfalls haben Familien ausgangs des zwanzigsten Jahrhunderts einen schweren Stand, gleich wie sie zusammengesetzt sind. Häufiger als früher sind Eltern heute überarbeitet, haben zu viele Pflichten, sind erschöpft oder mittellos. Von außen ist nur noch selten Hilfe zu erwarten.

Geld ist dabei ein Problem. Wir werden zunehmend zu einer vielschichtigen Gesellschaft, in der einige Kinder in einer Luxuswelt mit Designerkleidung, Computerspielen und teuren Fahrrädern leben, während andere neben der Schule Jobs annehmen müssen, um sich etwas Taschengeld zu verdienen.

Auch Zeit ist ein Problem. Untersuchungen haben gezeigt, daß das Durchschnittspaar wöchentlich nicht mehr als 27 Minuten miteinander redet; eine Mutter spricht durchschnittlich sieben Minuten pro Tag mit ihrer heranwachsenden Tochter, während es der Vater gerade einmal auf fünf Minuten bringt. Die Beaufsichtigung von Kindern und Jugendlichen ist ein Problem. Der enge Zusammenhalt, der früher den Familien bei der Kindererziehung eine große Hilfe war, gehört mehr und mehr der Vergangenheit an. Statt dessen finden wir in vielen Haushalten das Fernsehen als Babysitter.

Die gesellschaftliche Entwicklung der letzten vierzig Jahre wirkt sich auch auf die Familie aus. Ein befreundeter Philosoph meinte kürzlich zu mir: »Bist du nicht stolz auf deine

Tochter, daß sie so anders geworden ist als du und dein Mann? Gibt es einen besseren Beweis für eine gelungene Erziehungsarbeit?« Als ich gegenüber einer Freundin die Distanz zwischen Sara und mir beklagte, sagte sie: »Hättest du es denn gerne anders?«

Die Freiheit, die wir so schätzen, halten wir auch innerhalb der Familie hoch. Wir gehen davon aus, daß sich Kinder in der Adoleszenz emotional von den Eltern lösen, eine Annahme, die prompt zur *Self-fulfilling prophecy* wird, Töchter verhalten sich, wie wir es von ihnen erwarten. Es ist nicht ohne Ironie, daß sie, wenn wir mit ihrer Rebellion rechnen, tatsächlich rebellieren. Sie lösen sich von ihren Eltern, kritisieren deren Verhalten, wollen nicht mehr auf sie hören und haben Geheimnisse vor ihnen.

Diese Loslösung gibt Anlaß zu vielen familiären Spannungen, Eltern setzen Grenzen, um ihre Töchter vor Unheil zu bewahren, während Töchter auf ihren Rechten bestehen und die Neigung der Eltern, sie weiterhin als kleine Kinder zu behandeln, übelnehmen. Eltern reagieren mit Angst und Wut, wenn ihre Töchter große Risiken eingehen, um ihre Unabhängigkeit zu beweisen. Für die meisten Familien beginnen die schweren Auseinandersetzungen in der Mittelstufe.

Eltern, die in einer anderen Zeit und mit einem anderen Wertesystem aufgewachsen sind, sorgen sich darüber, was ihre Töchter heute lernen. Obwohl sie meinen, sich mehr Mühe zu geben als ihre Eltern, machen ihre Töchter ihnen mehr Schwierigkeiten. Alles, was in ihrer Jugendzeit funktionierte, funktioniert nun nicht mehr. Im Alkoholkonsum, der frühen sexuellen Betätigung und der Aufsässigkeit ihrer Töchter sehen sie Beweise für ihre eigene Unzulänglichkeit als Eltern. Sie halten ihre Familie für gestört. Ich dagegen halte unsere Gesellschaft für gestört.

Nach meiner Erfahrung wollen die meisten Eltern, daß aus ihren Töchtern gesunde, interessante Menschen werden. Doch in ihren Bemühungen dabei zu helfen, werden sie behindert, zum einen durch eine fragwürdige Gesellschaft, die für junge Frauen zweifelhafte Botschaften bereithält, und zum andern durch unsere ethische Vorstellung, daß es zum Erwachsenwerden gehört, sich von den Eltern zu lösen, wie liebevoll sie auch sein mögen.

Ich wohne mit meiner Familie in einem Viertel voller dreistöckiger Wohnhäuser und herrlicher Eichen und Ahornbäume. Die meisten Eltern hier kümmern sich viel um die Erziehung ihrer Kinder, und dennoch treiben ihre Töchter sie zum Wahnsinn. Auf einem Nachbarschaftsfest meinte ein Rechtsanwalt: »Elternschaft ist der einzige Bereich in meinem Leben, wo ich mich schon immer inkompetent, machtlos und als totale Niete gefühlt habe.«

Bei einer Silvester-Party erkundigte ich mich bei einem anderen Elternpaar nach ihren heranwachsenden Töchtern. Der Mann sagte in vollem Ernst: »Ich wünschte, sie wären nie geboren.«

Was Mädchen von ihren Eltern trennt, ist die Tatsache, daß sie unglücklich sind. In der Mittelstufe verlieren viele Mädchen die Unbeschwertheit und den Eifer der Kindheit und geben die Schuld daran ihren Eltern. Denn in diesem Alter halten sie noch immer ihre Eltern zuständig für ihren Schutz und ihr Glück.

Doch es sind nicht die Eltern, die den größten Einfluß auf heranwachsende Mädchen haben. Dieser geht vielmehr von Freundinnen und Freunden aus, die ihre Weltsicht wiederum aus den Medien beziehen. Der durchschnittliche Teenager sieht in der Woche 22 Stunden fern und verbringt nur 5,8 Stunden mit Hausaufgaben und 1,8 Stunden mit Lesen. Heranwachsende bilden eine elektronische Gemeinschaft, die Rockmusik, Fernsehen, Videos und Filme verbindet. Die Initiationsrituale dieser Gemeinschaft sind gefährlich. Denn nach dem Bild in den Medien bedeutet Erwachsensein Alkohol trinken, Geld ausgeben und sexuell aktiv sein.

Die Wirtschaft will mit Teenagern Geld verdienen, während Eltern ihre Kinder gleichzeitig zu glücklichen, fähigen Erwachsenen erziehen wollen. Beide Ziele sind unvereinbar.

Die meisten Eltern widersetzen sich den durch die Medien propagierten Werten, wodurch die Töchter nicht nur mit ihren Eltern in Konflikt geraten, sondern auch mit ihrem eigenen gesunden Menschenverstand.

Jana beispielsweise war einmal das niedliche, einzige Kind eines älteren Akademikerpaares. Bis zur Mittelstufe liebte sie ihre Eltern und fühlte sich von ihnen wiedergeliebt. Doch dann mußte sie sich auf einmal entscheiden, ob sie die gute Tochter ihrer Eltern bleiben oder in der Schule beliebt sein und einen festen Freund haben wollte. Sie sagte dazu: »Während der ganzen Zeit tat ich alles, um dazuzugehören. Ich probierte Freundinnen und Freunde aus wie verschiedene Sorten Eiscreme und schaffte es schließlich, zu den Beliebten zu gehören. Ich war an einer katholischen Schule, wo die Nonnen uns erzählten, daß wir in die Hölle kämen, wenn wir fluchten. Aber um als cool zu gelten, mußte man fluchen. Ich hatte also die Wahl zwischen ewiger Verdammnis und Unbeliebtheit.«

Wir lachten über ihren bedauernden Tonfall. Jana erzählte weiter: »Im Mathematikkurs gab es diesen Jungen, der mich mochte und ich ihn auch. Weil er aber nicht zu den Beliebten gehörte, verabredete ich mich nicht mit ihm.«

Einmal erwischte sie ihr Vater, als sie sich spätabends aus dem Haus stehlen wollte, um sich mit ihren Freunden zu treffen. Jana sagte: »Er saß auf der Couch und weinte. Er hielt mir einen Vortrag über Vergewaltigung und das alles.« Ein andermal kam sie mit einem Schwips nach Hause. Zum Schluß unseres Interviews flüsterte sie mir zu: »Meine Eltern haben keine Ahnung, was ich alles angestellt habe. Es würde sie glatt umwerfen.«

Für Menschen in therapeutischen Berufen sind Heranwachsende und ihre Familien eine Herausforderung. Es gilt hier, einen Mittelweg zu finden, der einerseits die Verantwortung der Eltern für den Schutz ihrer Kinder berücksichtigt und andererseits dem Bedürfnis der Heranwachsenden entgegenkommt, sich als Individuum zu entwickeln und in die Welt der Erwachsenen hineinzuwachsen. Nicht jedes Mädchen, das während der Adoleszenz leidet, kommt unbedingt aus einer problematischen Familie. Nach meiner Erfahrung entsteht ihr Leid vielmehr häufig aus der Tatsache, daß sich die Eltern verzweifelt bemühen, die Authentizität ihrer Töchter zu bewahren.

Psychologen, die sich damit beschäftigen, welche Art Familie welche Art Kinder hervorbringt, haben sich auf zwei Bereiche konzentriert. Der erste betrifft die elterliche Zuwendung. An einem Ende finden wir Eltern, die ihren Kindern Bestätigung geben, auf sie eingehen und kindzentriert sind; am anderen Eltern, die gegenüber ihren Kindern zurückweisend sind, nicht auf sie eingehen und elternzentriert sind. Der zweite Bereich betrifft die Kontrollstrategien. Am einen Ende finden wir Eltern, die wenig fordern und wenig Kontrolle ausüben, am andern solche, die an die Kinder hohe Anforderungen stellen und sie stark kontrollieren.

Das Zusammenwirken dieser beiden Bereiche zeitigt bei Teenagern unterschiedliche Ergebnisse. Eltern, von denen wenig Kontrolle und Bestätigung ausgeht, haben Teenager mit einer Vielzahl von Problemen, einschließlich Straffälligkeit und Drogenabhängigkeit. Eltern, von denen viel Kontrolle und wenig Bestätigung ausgeht (autoritäre Eltern), haben Kinder, deren Sozialverhalten und Selbstvertrauen unzureichend ist. Eltern, die wenig Kontrolle ausüben und reichlich Bestätigung gewähren (nachsichtige Eltern), haben Teenager mit großer Impulsivität, niedrigem Verantwortungsgefühl und mangelnder Eigenständigkeit. Eltern, die viel Kontrolle ausüben und reichlich Bestätigung gewähren (strenge, aber liebevolle Eltern), haben Teenager, die eigenständig, sozial verantwortlich und selbstbewußt sind. Demzufolge lautet die Botschaft der Eltern an die Kinder in der Idealfamilie: »Wir lieben dich, aber du mußt tun, was wir dir sagen.«

Lucy (15)

Als Teenager mußte sich Lucy von ihrer Leukämie erholen. Wie viele junge Menschen, die lange krank waren, hatte sie ein enges Verhältnis zu ihren Eltern, was, während sie gegen ihre Krankheit kämpfte, auch angebracht war. Nach ihrer Genesung hielt sie dieses enge Verhältnis jedoch davon ab, ein Selbstgefühl zu entwickeln. Ihren Eltern und den Ärzten stets strikt zu gehorchen, hatte sie am Leben erhalten. Nun mußte sie lernen, daß es durchaus in Ordnung war, wenn sie eigene Entscheidungen traf, ohne den Rat wohlmeinender Erwachsener einzuholen.

Lucy war pummelig und hatte die zarte, blasse Haut chronisch Kranker. Durch die Bestrahlungen und Chemotherapien war ihr Haar ausgefallen, und nun wuchsen auf ihrem Kopf gerade wieder ein paar Haarstoppeln. Wenn sie zur Schule oder zum Einkaufen ging, setzte sie eine lila Strickmütze auf, doch in der Praxis erschien sie mit kahlem Kopf.

Lucy saß ruhig zwischen ihren Eltern, während diese ihre Krankengeschichte erzählten. Vor zwei Jahren wurde bei ihr Leukämie diagnostiziert, und sie hatte seitdem eine Reihe von Krankenhausaufenthalten hinter sich gebracht. Die Langzeitprognosen der Ärzte waren optimistisch; mit einer guten Nachsorge würde sie wieder völlig gesund werden.

Ich wollte wissen, wie das ganze medizinische Drumherum die Familie beeinträchtigt hatte. Sylvia sagte: »Wir taten, was wir konnten, um Lucys Leben zu retten. Ich wich im Krankenhaus kaum von ihrer Seite. Frank kam jeden Abend nach der Arbeit vorbei.«

Sie sah ihren Mann an. »Frank ist Polizist. Er wurde dieses Jahr nicht befördert. Ich bin sicher, sein Vorgesetzter dachte, er wäre anderweitig beschäftigt. Na ja, vielleicht nächstes Jahr. Ich habe Krankenhäuser satt, doch Lucy lebt; ich will mich nicht beklagen.«

Frank sprach mit bedächtiger Stimme. »Am schlimmsten war es für unseren Jungen. Er lebte bei meiner Schwester. Lucy hatte Vorrang.«

»Mark ist nur frech, seit ich wieder daheim bin«, unterbrach Lucy.

Ich fragte Lucy, wie es im Krankenhaus war. »Nicht so schlecht, bis auf die Zeit, als mir so übel war von der Chemotherapie. Mama las mir vor; wir machten Spiele. Ich kenne alle Antworten von Trivial Pursuit.«

Es war nicht einfach für Lucy, wieder in die Schule zu gehen. Alle waren zwar nett zu ihr, fast zu nett, als sei sie eine Besucherin von einem anderen Stern, doch von vielem war sie ausgeschlossen. Ihre alten Freundinnen hatten feste Freunde und waren mit neuen Aktivitäten beschäftigt. Als sie noch im Krankenhaus war, besuchten sie sie mit Blumen und Zeitschriften, aber jetzt, wo es ihr besserging, schienen sie nicht zu wissen, was sie mit ihr anfangen sollten.

Frank sagte: »Lucys Persönlichkeit hat sich verändert. Sie ist ruhiger geworden. Früher hat sie viel herumgealbert. Jetzt ist sie ernster. Irgendwie ist sie älter; sie hat mehr gelitten und hat andere Kinder leiden sehen. Irgendwie ist sie aber auch jünger; sie hat ja viel versäumt.«

Lucy hat in der Tat eine Menge versäumt: den Abschluß der Mittelstufe, den Beginn der High-School, Partys, Verabredungen mit Jungen, Sport- und Schulaktivitäten, selbst die Pubertät (die Leukämie hatte ihre Periode und ihre körperliche Entwicklung verzögert). Sie mußte viel aufholen. Sie war so labil, daß ihre Eltern sie kaum aus den Augen ließen. Sie paßten auf, daß sie sich nicht überanstrengte, keine Hamburger aß, immer ihre Medizin nahm und nichts machte, was ihr schaden konnte. Ihr Immunsystem war geschwächt, die kleinste Verletzung konnte ihr große Probleme machen. Anders als die meisten Teenager, fügte sie sich angesichts der elterlichen Ängste. Sie halfen ihr schließlich zu überleben.

Als ich Lucy das erste Mal sah, war sie schüchtern und einsilbig. Sie saß da und schaute aus dem Fenster, auf ihrer Stirn standen Sorgenfalten. Sie konnte all das gut wiedergeben, wovon ihre Mutter oder die Ärzte glaubten, daß es für sie richtig sei. Von sich aus erzählte sie, daß sie im Fernsehen immer die Energie der Filmhelden bewunderte. »Sie rennen herum und klingen so cool. Allein das Zuschauen macht mich ganz müde und neidisch.«

Als erstes fragte ich sie, was ihr Spaß machen würde. Ihr fiel nichts ein. Also bat ich sie, es bis zur nächsten Sitzung herauszufinden.

Lucy kam ziemlich entmutigt zur nächsten Sitzung. Sie hatte sich ganz genau an meine Anweisungen gehalten, und was sie hauptsächlich dabei herausgefunden hatte, war, daß sie keine eigenen Ideen hatte. »Alles, was ich denke, ist das, was man von mir erwartet.«

Ich sagte ihr, daß diese Erkenntnis der Anfang eines Prozesses sei, der sie ihre eigenen Gedanken finden lassen würde. Wir sprachen darüber, inwiefern sie sich von Sylvia, Frank und Mark unterschied. Zuerst hatte sie damit Schwierigkeiten, als wir aber weiterredeten, wurde sie immer interessierter, und zum ersten Mal war sie richtig aufgeweckt. Sie nannte kleine Unterschiede: »Ich mag gerne Süßigkeiten und Mama überhaupt nicht. Ich mag Rockmusik. Ich bin klein, und Papa ist groß.« Dann wurden die Unterschiede größer. »Wenn Mama leidet, klagt sie nicht, während ich es allen erzähle. Ich weine, wenn mich was ärgert, Mark wird wütend. Ich mag Leute um mich, wenn ich traurig bin, und Papa will allein sein.« Wir redeten über diese Unterschiede, ohne sie zu bewerten, und Lucy schien ganz zufrieden damit, daß sie sich von den andern unterscheiden durfte und ihnen trotzdem nahe war.

In der nächsten Woche erschien Lucy freudestrahlend zur Sitzung. »Ich weiß jetzt, was mir Spaß macht«, sagte sie. »Letzten Donnerstag gingen die anderen ins Theater, und ich blieb zu Hause. Ich überlegte, ›Wie könnte ich den Abend verbringen?‹ Da kam mir die Idee, daß ich gerne im Fernsehen einen alten Film angucken würde. Es gab *Die Marx Brothers im Krieg*, und er gefiel mir.«

Lucy sagte voller Stolz: »Niemand hat mir gesagt, was ich tun soll, oder sich überlegt, ob ich gerne Filme sehe oder nicht. Ich habe es ganz allein gemacht.«

Ich gratulierte Lucy. Obwohl der Inhalt ihrer Selbsterkenntnis nur eine kleine Sache war, war der Prozeß entscheidend. Lucy war es gelungen, etwas über sich herauszufinden und das zu respektieren. Sie hatte einen eigenen Gedanken.

Danach wurde Lucy immer mehr zu einer eigenständigen Persönlichkeit. Sie schrieb auf, was sie im Krankenhaus erlebt hatte. Zuerst beschrieb sie ihre artigen Gefühle – sie war den Ärzten und Schwestern dankbar, sie war ihren Eltern dankbar, daß sie immer bei ihr blieben. Später war sie auch in der Lage, über ihre Angst vor dem Tod zu schreiben, über ihre Verbitterung, eine Krebspatientin zu sein, ihre Wut über die schmerzhaften Behandlungen und ihre Trauer über die Kinder, die sterben mußten.

Lucy gewöhnte sich in der Welt ihrer Freunde und der Schule wieder ein. Sie wurde Mitglied in der Theater AG. Sie lud ihre alten Freundinnen ein, um bei ihr zu Hause zu übernachten. Sylvia machte sich Sorgen, sie könnte sich überanstrengen. Doch diese Besorgnis, die während des Kampfes gegen die Leukämie so nützlich war, war nun, wo Lucy sich auf dem Weg der Besserung befand, nicht mehr angebracht. Nach fünf Sitzungen berichtete Lucy, daß sie sich mit ihrer Mutter wegen eines späten Telefonanrufs gestritten hatte. Ich lachte erleichtert.

Die Familientherapie wurde zur posttraumatischen Streßbewältigung. Lucys Leukämieerkrankung hatte sich auf jedes Familienmitglied ausgewirkt. Sylvia erzählte, wie sie einmal nach einer Nacht, in der Lucy sich wegen der Chemotherapie alle Viertelstunde übergeben mußte, aus dem Krankenhaus nach Hause kam. Sie ging in Lucys verwaistes Zimmer und legte sich in ihr Himmelbett, das noch immer mit Pferden dekoriert war. Sie nahm Lucys Buch *My Little Pony* in die Hand und weinte so lange, bis sie keine Tränen mehr hatte.

Frank berichtete, wie schwer ihm die Arbeit fiel. Während er Strafzettel für Geschwindigkeitsübertretungen verteilte, mußte er an Lucy in ihrem Krankenhausbett denken. »Manchmal wurden die Autofahrer wütend oder wollten Streit anfangen«, sagte Frank. »Da hätte ich ihnen am liebsten eine ins Gesicht geschlagen.«

Mark war sauer auf Lucy, weil sie krank geworden war. »Ich dachte, sie macht das nur, um mehr Aufmerksamkeit zu bekommen. Manchmal dachte ich, sie tut nur so, dann dachte ich wieder, sie würde sterben. Sie bekam viele Geschenke, und Mama und Papa taten alles, was sie wollte. Ich wollte auch krank sein.«

Nach acht Monaten konnte Lucy die Psychotherapie beenden. Ihre Stimme klang fester und munterer. Sie hatte nun einen hübschen braunen Haarschopf. Durch Bewegungsübungen war ihr Körper schlanker und straffer geworden. Auch hatte sie nun ihre Periode. Sie traf sich wieder mit alten Freundinnen, hatte aber auch ein paar neue gefunden. Nach und nach verlor sie die todernste Art der Schwerkranken. Sie hatte gelernt, daß sie ihren Eltern widersprechen konnte, ohne daß gleich etwas geschah. Sie konnte sagen, was sie dachte, und sich zu der Person entwickeln, die sie sein wollte.

Jody (16)

Jody war die älteste Tochter einer konservativen, strenggläubigen Familie, die in einem alten Farmhaus wohnte, das die Bebauung der Gegend mit eleganten Bungalows überlebt hatte. Auf der vorderen Veranda türmten sich Kisten voller Zeitschriften, Rodelschlitten, Schneeschaufeln und Arbeitsstiefel. Das kleine Wohnzimmer erinnerte mich an das Zuhause meiner Großeltern in den fünfziger Jahren. Es war vollgestopft, aber gemütlich mit seinen abgewetzten schweren Polstermöbeln. Häkeldeckchen zierten den Fernseher, und Töpfe mit Efeu hingen in Makramee-Haltern von der Decke. Jedes freie Plätzchen war mit Familienfotos, Trophäen und Nippes vollgestellt.

Ich hatte bereits einiges über Jody von ihren Lehrern erfahren und wollte sie nun interviewen. Sie war an diesem Nachmittag allein zu Hause. Ihre Schwestern waren beim Softball, ihre

Mutter und Brüder beim Kirchenbasar. Ihr Vater war bei der Arbeit im eigenen Familienbetrieb, der auf Baumbeschneiden und Feuerholz spezialisiert war.

Ich hatte vorher ein Zeitungsfoto von Jody vom Schulball gesehen, aber ich hätte sie heute nicht wiedererkannt. Sie war nicht geschminkt, und ihr langes schwarzes Haar war zurückgebunden. Sie trug einen grauen Jogginganzug und strotzte vor Gesundheit und Natürlichkeit. Ich wußte, daß sie in einer Softballmannschaft spielte, und stellte ihr zuerst ein paar Fragen über Sport.

Jody sagte: »In meiner Familie machen alle Sport. Meine Onkels sind Trainer, und meine Cousins und Cousinen spielen in einer Mannschaft. Wir fangen damit an, sobald wir einen Schläger halten könne. Unser Familienbetrieb sponsert mehrere Mannschaften. Meine Großmutter führt den Sommer über einen zusätzlichen Kalender, damit ihr ja kein Spiel entgeht. Sie sieht sich manchmal in der Woche bis zu 17 Spiele an.«

Ich fragte, welche Rolle ihr Vater in ihrer Sportlaufbahn spielt.

»Papa hat eine prima Philosophie, was Sport angeht«, sagte Jody. »Er brachte uns bei, aus Spaß zu spielen. Er glaubt, durch Verlieren würde man mehr lernen als durch Gewinnen, und unser Ziel sollte es sein, mit jedem Spiel besser zu werden.«

Ich fragte: »Wie geht er mit deinen Fehlern um?«

»Manchmal zeigt er uns, was wir falsch gemacht haben, aber sagen tut er kaum was.« Sie lachte. »Was ihn allerdings ärgert, ist, wenn jemand nicht fair spielt. Wir dürfen bei ihm nicht aggressiv werden oder anderen Spielern die Schuld geben.«

Jody empfand große Achtung für ihren Vater. In der Kirche wurde ihr beigebracht, daß die Männer die Entscheidungen treffen. Ihr Vater entschied, wo die Familie Ferien machte und wofür das Geld ausgegeben wurde. Er sprach in der Familie die Gebete und war zuständig für Verhaltensregeln und Strafen.

112

»Wie werdet ihr bestraft?« fragte ich.

»Bis zur sechsten Klasse bekamen wir den Hintern versohlt, danach bekamen wir Ausgehverbot. Widerreden gab es nicht. Wenn wir etwas Falsches taten, wurden wir bestraft. Papa ließ von uns ab, wenn wir weinten oder uns entschuldigten.«

Ich fragte Jody, wie sie einmal ihre Kinder disziplinieren würde. Sie antwortete vorsichtig: »Ich weiß, das gilt als unpopulär, aber ich würde meine Kinder auch schlagen. Ich glaube, wir haben dadurch gelernt, richtig und falsch zu unterscheiden.«

»Besprecht ihr eure Probleme miteinander?«

»Nicht mit der ganzen Familie. Ich bespreche meine Probleme mit meiner Mutter, meine Geschwister mit mir. Mama redet über Probleme mit Papa, und er mit niemandem.«

Sie hielt inne. »Ich habe Papa nur einmal weinen sehen – als seine Mutter starb. Das hat mir angst gemacht.«

Jody trank von ihrem Tee. »Mit Papa ist es manchmal nicht leicht. Wenn er einen harten Arbeitstag hatte, kann er ganz schön gereizt sein. Es wäre besser, wenn er mehr Zeit für uns hätte.«

Sie strich sich das Haar aus dem Gesicht und fügte noch schnell hinzu: »Aber ich weiß, daß er uns gern hat. Er kümmert sich wirklich um unsere Familie. Wenn wir etwas machen, worauf er stolz ist, lobt er uns zwar nicht direkt, doch er kneift uns in den Arm oder gibt uns einen leichten Stoß.«

Das Telefon klingelte, und Jody nahm ab. Es war ihre Tante, die sie alle am Sonntag zum Abendessen einlud. Jodys Familie traf sich meist sonntags mit der Familie dieser Tante. Die Eltern spielten Samstag abends Karten. Sie machten denselben Sport und gingen in dieselbe Kirche.

Ich fragte Jody nach ihrer Mutter. Sie lächelte: »Mama ist wahnsinnig lieb. Sie tut alles für uns Kinder. Sie kauft erst etwas für sich selbst, wenn wir alles haben, was wir brauchen. Sie hat die Schule abgebrochen, um zu heiraten, aber sie will, daß wir studieren.«

»Wie kommen eure Eltern miteinander aus?«

Jody schüttelte den Kopf. »Sie streiten sich ziemlich oft. Mama versucht zwar, das zu machen, was Papa sagt, aber manchmal wird sie wütend auf ihn. Er kritisiert im Haushalt an allem herum, und das ärgert sie.«

»Wie ist das, die Älteste von mehreren Geschwistern zu sein?«

»Ich passe auf meine Geschwister auf, wenn Mama für Papa die Buchhaltung macht. Ich koche meistens das Abendessen. Meine Eltern waren mit mir am strengsten, weil ich für die andern Vorbild sein soll.«

Sie rieb sich den Oberarm. »Ich kam beim Impfen immer als erste dran, so daß die Kleinen zusehen konnten. Ich sollte tapfer sein und nachher verkünden, daß die Spritze nicht weh tat. Aber ich will mich nicht beklagen. Ich habe ein enges Verhältnis zu meiner Familie, viel enger als die meisten meiner Freundinnen.«

Wir unterhielten uns über die Schule. Jody wurde gehänselt, weil sie immer abgelegte Kleider und billige Turnschuhe trug. Ihr Vater verbot ihr Make-up.

Jody schaute mich an. »Wissen Sie, wieviel Alkohol in der Schule getrunken wird?« Ich nickte, und sie fuhr fort: »Ich kam in eine Klasse mit Kindern aus allen Gegenden der Stadt. Sie versuchten, mich zum Trinken und Rauchen zu überreden. Sie fluchten immerzu, um zu zeigen, wie hart sie sind. Ich war ziemlich isoliert. Ich bin froh, daß ich meinen Sport habe.«

Ich fragte, ob sie auch schon mal schwierige Zeiten durchgemacht hätte. Da wurde sie zum ersten Mal traurig. »In der zehnten Klasse fing es an, als ich mit Jeff ausging. Er war ein netter Typ, ziemlich sensibel. Doch nach ein par Monaten verbot mir mein Vater, mich weiter mit ihm zu treffen. Zuerst war ich böse. Ich war glücklich mit Jeff und konnte nicht verstehen, warum Vater mir das wegnehmen wollte. Wir trafen uns sogar ein paarmal heimlich, aber ich hielt es nicht aus und ließ es dann sein. Manchmal sehe ich Jeff noch auf dem Flur in der Schule und fühle mich schlecht.«

Ich fragte Jody, ob sie noch wütend sei. »Papa hätte mich

schon selbst entscheiden lassen sollen, aber wütend bin ich nicht. Er hatte Angst, ich könnte vor der Ehe Sex haben, doch das werde ich nicht machen. Er wollte auch nicht, daß ich mir meine Chancen verbaue und mich zu früh ernsthaft binde. Das kann ich verstehen.«

Jody schaute aus dem Fenster. »In der Schule gibt es einige besonders hartgesottene Jungs. Immer wenn ich vorbeigehe, machen sie sexuelle Anspielungen. Jungen belästigen Mädchen, und Mädchen machen Jungen an. Ich finde es schade, daß sie sich gegenseitig so wenig respektieren.«

Ich hörte, wie Jodys Schwestern vom Sport zurückkamen. Da fragte ich sie, was sie mir zum Schluß noch sagen wollte. »Ich möchte das machen, was Gott für mich vorgesehen hat. Vielleicht werde ich ja Sportlehrerin. Jedenfalls will ich heiraten und eine Familie haben, die zusammenhält, wie meine.«

Sie überlegte eine Weile. »Manchmal frage ich mich, ob ich vielleicht zu sehr an meiner Familie hänge. Ich versuche immerzu, wie meine Tante und meine Mutter zu sein. Aber vielleicht habe ich auch noch eine andere Seite, die ich nicht sehen will. Manchmal kommen mir Gedanken, wie sie vermutlich keiner in meiner Familie je hatte.«

»Wie sieht diese andere Seite von dir aus?«

Jody schüttelte den Kopf. »Ich weiß nicht. Es gibt so vieles, was ich nie ausprobiert habe: Theater, Musik, die Sachen, für die sich meine Familie nicht interessiert. Möglich, daß mir das auch Spaß machen würde.«

Da stürzten Jodys Schwestern ins Zimmer. Wir begrüßten einander, und dann verabschiedete ich mich. Jody umarmte mich. »Das Gespräch hat mir gut gefallen«, sagte sie. »Es hat mich zum Nachdenken gebracht.«

Für ihr Alter hatte Jody viel Verantwortung, die sie ohne Murren auf sich nahm. Ihr Leben schien aus einem Guß. Sie liebte ihre Familie und glaubte wie sie an die Bedeutung von Gott und Sport. Ihre verständnisvolle, zuvorkommende Haltung gegenüber ihren Eltern, das Fehlen von Selbstmitleid und ihr Fleiß sprachen für sie.

Psychologen würden viele Elemente in Jodys persönlicher Geschichte beanstanden – die traditionellen Geschlechterrollen der Eltern; die körperliche Züchtigung; das Fehlen von künstlerischer Bildung wie Klavier- oder Tanzunterricht, Jugendfreizeiten und anderen bereichernden Erfahrungen; die strenge Religiosität und die Angepaßtheit aller Familienmitglieder. Sie würden bemängeln, daß in dieser Familie nicht viel über Gefühle gesprochen wurde. Besonders das Verbot des Vaters, sich weiter mit ihrem Freund zu treffen, erscheint nach den Maßstäben der neunziger Jahre äußerst hart. Psychologen würden auch die Strenggläubigkeit der Familie monieren und daß das Interesse an philosophischen Fragen und Selbsterkundung nicht gefördert würde. Die Seiten in Jodys Wesen, die sie von den anderen Familienmitgliedern unterschieden, würden sich nicht entfalten können.

Ich beschäftigte mich intensiv mit den Fragen, die dieses Interview für mich aufgeworfen hatte. Warum war ein Mädchen, das in einer derart autoritären, im alten Rollenverhalten verhafteten Familie groß wurde, so liebenswert, offen und selbstbewußt? Warum empfand sie gegenüber Erwachsenen weniger Groll und hatte mehr Achtung vor ihnen? Warum war sie so gelassen, während andere Mädchen voller Angst und Wut waren?

Ich erinnerte mich an ein paar soziologische Fakten. In autoritären Gesellschaften gibt es weniger Selbstmorde als in liberaleren. Das schien irgendwie auch auf Jodys Stärke und Glück übertragbar zu sein. Weder in autoritären Gesellschaften noch in Jodys Familie gibt es viele Gelegenheiten zu existentiellen Krisen. Einer trifft die wichtigen Entscheidungen. Die Welt ist schwarz und weiß, und es gibt immer eine richtige und eine falsche Art, etwas zu tun. Die Gebote und Verbote sind klar, unerschütterlich und von oben auferlegt. Es gibt einfach kaum die Möglichkeit, in Verzweiflung zu stürzen.

Die Vielfältigkeit unserer Gesellschaft zwingt Teenager, komplizierte Entscheidungen zu treffen. Doch Heranwachsenden fehlen hierfür noch die kognitiven Fähigkeiten. Sie können mit unklaren Situationen nur schwer umgehen. Bei liebevollen, kindzentrierten Eltern sind Klarheit und eindeutige Verhaltensregeln für Teenager etwas Beruhigendes. Teenager wie Jody sind vor mancherlei Erfahrungen, wie sie andere gleichaltrige Jugendliche durchmachen, geschützt. Jody wurde vor Herausforderungen gestellt, denen sie gerecht werden konnte – Herausforderungen, die mit Arbeit, Verantwortung für die Familie und Sport zu tun hatten.

Doch das hat auch seinen Preis. Jodys Familie hat für Vielfältigkeit wenig übrig. Gehorsam steht höher im Kurs als Eigenständigkeit. Jody wurde nicht dazu angehalten, eigene Gedanken zu haben und sich als Individuum zu entwickeln. Als Heranwachsende wirkt Jody gefestigter als andere Jugendliche in ihrem Alter, die mit ihren Eltern im Streit sind und von den Entscheidungen, die auf sie zukommen, überfordert werden. Ich frage mich, wie Jody wohl Mitte Zwanzig sein wird. Möglicherweise sind Teenager aus liberaleren Familien dann ebenso gefestigt wie Jody und besitzen zudem noch Kreativität und Eigenständigkeit.

Abby und Elizabeth

Eine meiner liebsten Familien waren die Boyds. Bill war ein warmherziger Mann, der Ukulele spielte und die Selbsthilfegruppe ›Männer gegen Vergewaltigung‹ in unserer Stadt gegründet hatte. Nan, seine Frau, betrieb ökologischen Gartenbau und beglückte uns zu unseren politischen Treffen, wo jeder etwas zu essen mitbrachte, mit den ausgefallensten Gerichten. Einmal war es ein Auflauf aus Brennesseln, ein andermal ein Salat aus Morcheln und wilden Zwiebeln, dann wieder ein Maulbeer-Käsekuchen.

Bill und Nan organisierten alle möglichen Veranstaltungen in unserer Stadt und engagierten sich für politische Belange. Sie fuhren einen verbeulten Lieferwagen und gaben ihr Geld für gute Zwecke aus. Man traf sie auf Demonstrationen für Menschenrechte und Umweltschutz, bei Friedens-Workshops und Baumpflanzaktionen. Sie hatten viel Besuch – ausländische Austauschstudenten, Freunde von Freunden auf der Durchreise, Verwandte und Gesinnungsgenossen. Jeden Sommer machten sie mit ihren Töchtern einen Monat lang Camping-Ferien.

Bill konnte jeden zum Lachen bringen. Er verstand es, die Anspannung in einem Raum voller aufgebrachter Menschen mit einem einzigen Witz oder Lied zu lösen. Er verpaßte allen Leuten Spitznamen, die sie für immer behalten wollten. Obwohl Sozialist, war er auch bei Republikanern beliebt.

Ende Juli überschwemmte Nans Gemüse die ganze Nachbarschaft. Sie zog von Tür zu Tür und bat die Nachbarn, ihr ihre Zucchini und Paprika abzunehmen. Einmal hatte ihre Katze Panther einen Wurf mit sechs schwarzen Kätzchen, denen sie die Namen ihrer Freunde gaben, um diese zur Adoption zu bewegen. Wie zu erwarten war, funktionierte der Trick.

Ihre Tochter Abby war blond und gertenschlank, sie war die ernsteste in der Familie. In der Grundschule gewann sie den Rechtschreibwettbewerb. Elizabeth war zierlicher und rothaarig. Als kleines Mädchen war sie Anführerin einer abenteuerlustigen Bande von Spaßvögeln. Abby und Elizabeth waren überall dabei, seien es politische Aktionen, Theater, Musik, Sport, Sommerfeste oder Kirchenveranstaltungen. Die Familie feierte zu jeder Gelegenheit Partys – wenn der erste Schnee fiel, zum Frühlingsanfang, bei einer glatten Eins im Zeugnis, zum Ersten Mai. Abby und Elizabeth hatten liebevolle Eltern, die ihnen viel Freiheit ließen. Probleme wurden gemeinsam diskutiert. Keines der Mädchen wurde je geschlagen. Die Eltern trauten ihren Kindern zu, eigene Entscheidungen zu treffen. Sie hatten die Freiheit, sich nach ihren eigenen Vorstellungen zu entwickeln.

Beide Mädchen hatten in der Pubertät Probleme. Abby bekam in der achten Klasse Depressionen. Sie versäumte mehrere Wochen Unterricht, weil sie an Allergien und Magenschmerzen litt. Ihre Noten wurden schlechter, und sie nahm an keinerlei Aktivitäten mehr teil. Auch den Familienpartys blieb sie fern, und man sah sie nicht mehr auf Demonstrationen neben Nan und Bill marschieren.

Zum Entsetzen ihrer Eltern verkehrte Abby nicht mehr mit ihren Freundinnen aus der Nachbarschaft, sondern schloß sich einer Gruppe an, in der Drogen konsumiert wurden. Sie erzählte nicht mehr, wo sie hinging, und schloß ihre Zimmertür ab. Ihre Eltern vermuteten dann, daß sie Alkohol getrunken oder geraucht hatte. Eines Tages kam sie mit geröteten Augäpfeln und ganz verwirrt nach Hause. Ihre Eltern gingen mit ihr zur Blutuntersuchung in die Erste-Hilfe-Station, doch diese fiel negativ aus, und sie machten so etwas nie wieder. Es war für alle Beteiligten zu traumatisch.

Schlug Bill während dieser Pubertätsphase Abby eine Fahrradtour vor, sah sie ihn nur mit einem vernichtenden Blick an. Backte Nan eine Stachelbeertorte, aß Abby kein Stück davon. Sie aß auch nicht mehr zusammen mit der Familie am Tisch. Wenn sie versuchten, mit ihr über diese Wandlung zu sprechen, verstummte sie oder warf ihnen vor, sie würden übertreiben.

Nan und Bill konnten nicht verstehen, was falsch lief. In Nans Familie hatte es zwar Fälle von Depression gegeben, aber das hatte sie nie beunruhigt. Abby schien immer friedlich und stabil. Schließlich gingen sie mit ihr zu einer Therapeutin, aber Abby weigerte sich zu reden. Sie meinte, sie würde schon allein mit ihrem Leben zurechtkommen.

Zwei Jahre später geriet Elizabeth in Schwierigkeiten. Sie ging nicht mehr zu ihrer Jugendgruppe, sondern igelte sich in ihrem Zimmer ein, das sie in eine dunkle Höhle verwandelt hatte. Sie hörte Radio und las Science-fiction-Romane. Elizabeth haßte außerdem die Schule und schaffte es in der achten Klasse, in drei Fächern nur ungenügende Leistungen zu bringen. Ihre einzige Freundin war Colin, die sich auch für Science-fiction interessierte.

Elizabeth gelang es schließlich, ihre Noten wieder zu verbessern, und als sie in die High-School kam, stand sie wieder auf der Liste der überdurchschnittlich guten Schülerinnen. Allerdings hatte sie weiterhin zu ihren Mitschülern wenig Kontakt. Sie und Colin bildeten ihre eigene kleine Welt. Elizabeth stritt sich mit Bill und Nan, weil sie wollten, daß sie sich wieder mehr bei Schulaktivitäten engagierte. Sie nahm zwar nie Drogen wie Abby, dennoch war sie die aufsässigere Tochter. Sie warf ihren Eltern Beleidigungen an den Kopf und erzählte ihnen nichts mehr von sich.

Als Elizabeth anfing, schwierig zu werden, hielten Nan und Bill wieder nach einer Therapeutin Ausschau. Diese traf sich mit Elizabeth zu einem Einzelgespräch und versicherte Nan und Bill hinterher, daß sie alles richtig machten, fügte allerdings hinzu: »Ich habe noch nie in einer so intakten Familie so viele Probleme erlebt.« Nan sagte mir später, daß sie damals nicht wußte, ob sie über diese Bemerkung froh oder traurig sein sollte.

Die Therapie mag zu einem gewissen Grad geholfen haben, obwohl beide Mädchen weiterhin problematisch blieben. Sie gaben Bill und Nan die Schuld an ihren Schwierigkeiten, als ob sie von perfekten Eltern erwarteten, sie vor der chaotischen Welt, die sie gerade betreten sollten, zu schützen. Trotz ihrer Intelligenz schaffte Abby kaum den Schulabschluß und besuchte nie die Universität. Elizabeth wurde im ersten Semester schwanger und wollte das Baby behalten.

Zuerst waren mir die Schwierigkeiten dieser Familie ein Rätsel. Ich fragte mich, ob es vielleicht etwas gab, wovon ich nichts wußte. Hatten Nan oder Bill vielleicht heimliche Laster, oder waren die Mädchen gar von einem Verwandten oder Freund der Familie mißbraucht worden? Als ich dann Studien über verschiedene Kontrollstrategien und unterschiedliche Zuwendungsgrade bei Familien las, wurde mir einiges klar.

Die Boyds waren eine liebevolle Familie, übten aber nur minimale Kontrolle aus. Die Entwicklung ihrer Töchter kam den Schlußfolgerungen der Studien ziemlich nahe. Sie hatten ein niedriges Selbstwertgefühl und Schwierigkeiten, mit ihrer Impulsivität umzugehen. In den ersten Jahren ihrer Adoleszenz hätte es ihnen bestimmt gutgetan, wenn sie mehr Halt und Führung erfahren hätten.

Die Boyds setzten auf Eigenständigkeit, Toleranz und Neugier. Sie wollten, daß ihre Mädchen die Welt in ihrer ganzen Unordnung und Herrlichkeit erlebten. Sie hatten Töchter großgezogen, die für alles offen waren, Neues begierig aufnahmen und zudem sozial bewußt und unabhängig schienen. Weil solche Mädchen äußerst aufgeschlossen und bewußt sind, wenn sie in die Mittelstufe kommen, trifft sie der Sturm dort mit voller Wucht. Die Mädchen sind zeitweilig völlig überfordert. Es gibt zu viel, was zu schnell bewältigt werden muß. Die Folge ist oft, wie im Falle von Abby und Elizabeth, daß sie sich zurückziehen oder in Depressionen verfallen. Sie blenden die Welt aus, um Zeit zu haben, die ganzen komplexen Vorgänge zu verarbeiten.

Abby und Elizabeth sind nun Anfang Zwanzig. Sie sind beide »auf dem Weg der Genesung« von ihren pubertären Krisen. Abby arbeitet in einer Naturkost-Kooperative, wo sie für den Einkauf zuständig ist, und engagiert sich bei einer Umweltinitiative. Sie lehnt alle Drogen ab, sogar Koffein, und trinkt nur Kräutertees. Abby fühlt sich wohl in der Gemeinschaft von Gleichgesinnten, die in ihrer Kooperative arbeiten. Sie geht mit Nan Kräuter- und Gemüsesetzlinge einkaufen, um sie im Frühjahr zu pflanzen. Die beiden denken sich gemeinsam Vollwertrezepte für die Delikatessenabteilung der Kooperative aus. Abby und Bill sind gerade von einer ausgiebigen Fahrradtour zurückgekehrt.

Elizabeth ist ihrer niedlichen rothaarigen Tochter eine gute Mutter. Sie, Colin und das Baby wohnen auf einer gepachteten Farm außerhalb der Stadt. Die Nachbarkinder laufen hinter Elizabeth her, wenn sie auf der Farm die Ziegen und Hühner füttert. Wenn ihre Tochter größer ist, will sie wieder zur Universität gehen und Biologie studieren.

Rosemary (14)

Gary hatte eine Siebdruckerei, und Carol gab Kindern privat Geigenunterricht. Die beiden hatten drei Kinder: Rosemary, nun in der achten Klasse, und die drei Jahre jüngeren Zwillingsjungen, die Stars der Fußballmannschaft im Viertel.

Carol und Gary waren »New-Age-Eltern«. Gary trug Perlenketten und hatte lange, zu einem Zopf gebundene Haare. Carol sammelte Edelsteine und besuchte hin und wieder den Meditationsraum im New-Age-Buchladen. Sie hatten Rosemary so aufwachsen lassen, daß sie eine eigene Persönlichkeit werden sollte. Sie hatten in keiner Weise versucht, sie zu formen, sondern setzten darauf, daß sich ihr Charakter von selbst entfaltete. Gary sagte: »Unsere größte Angst war, wir könnten ihrem Geist schaden.«

Sie versuchten, in ihrer Beziehung Gleichberechtigung zu leben und ihre Kinder ohne die Beschränkungen von Geschlechterrollen aufzuziehen. Rosemary mähte den Rasen, und die Zwillinge machten den Abwasch und deckten den Tisch. Gary unterrichtete Rosemary in Bildhauerei und Zeichnen. Carol zeigte ihr, wie man Tarot-Karten liest und des I-Ghing-Orakel wirft.

Gary und Carol boten ein kindzentriertes Zuhause, sehr demokratisch, mit der Betonung auf Freiheit und Eigenverantwortlichkeit und weniger auf Anpassung und Überwachung. Sie hielten nichts davon, Kindern viele Grenzen zu setzen. Sie glaubten vielmehr, daß diese ihre eigenen Grenzen durch Ausprobieren und Scheitern erkennen würden. Sie bezeichneten sich gern als Freunde ihrer Kinder. Sie brachten Rosemary bei, sich selbst zu behaupten, und es gab viele Anekdoten über ihre vorwitzige Art gegenüber Erwachsenen und Gleichaltrigen.

Carol und Gary scheuten keine Kosten, wenn es galt, ihren Kindern bereichernde Erfahrungen zu ermöglichen. Rosemary bekam Kunstunterricht bei der besten Lehrerin der Stadt, außerdem nahm sie jeden Sommer an einer Reiterfreizeit teil. Die Jungen hatten ihre Fußballmannschaft, fuhren zu Turnieren und bekamen Yogaunterricht.

Bei unserem ersten Termin wirkten Carol und Gary ziemlich mitgenommen.

Carol sagte: »Ich will meine Tochter zurück.« Sie erzählte, wie froh und munter Rosemary in der Grundschule war. Sie war eine gute Schülerin und in der sechsten Klasse zudem Schülerratsvorsitzende. Sie interessierte sich für alles und jeden. Sie hatten manchmal Mühe, sie zu bremsen, damit sie genug Schlaf und Essen bekam. Ihrer Kunstlehrerin gegenüber bemerkte Rosemary einmal: »Ich bin ihre beste Schülerin, stimmt's?«

Mit der Pubertät änderte sie sich. Sie war entsetzt, daß ihr einst drahtiger Körper nun »so teigig« wurde. Gegenüber ihren Eltern war sie noch immer vorwitzig, meist sogar frech und aggressiv, doch im Kreise Gleichaltriger verhielt sie sich still und angepaßt. Sie war immer darauf bedacht, es allen recht zu machen, und bei der geringsten Zurückweisung war sie am Boden zerstört. Manchmal kam sie in Tränen aufgelöst von der Schule nach Hause, weil sie beim Mittagessen allein war oder jemand etwas an ihrem Aussehen kritisierte.

Sie bemühte sich nicht mehr um gute Noten, weil sie Noten für unwichtig hielt. Beliebtheit war das einzige, was zählte. Schlankheit und gutes Aussehen wurden bei ihr geradezu zur Besessenheit. Sie machte Gymnastik, Diäten und verbrachte Stunden vor dem Spiegel.

Mit einem Mal war es ihr wichtiger, bei Sportlern beliebt zu sein, als selbst Sportlerin zu sein. Sie war, in den Worten ihrer Eltern, »verrückt nach Jungs«. Sie fanden Zettel, die sie mit sexuellen Anspielungen vollgeschrieben hatte. Sie redete immerzu über Jungen, rief sie an und stürzte sich auf jeden. Sie wurde von Jungen aus der neunten Klasse zu Partys eingeladen, wo mit Sex und Alkohol herumexperimentiert wurde.

Gary sagte: »Wir wissen nicht mehr ein und aus mit Rosemary. Sie macht bereits jetzt Sachen, die wir erst viel später erwartet hatten. Wir sind nicht sicher, ob wir sie noch ausreichend beschützen können.«

Carol sagte: »Am liebsten würden wir einen hübschen, sicheren Ort für sie finden, wo wir sie für etwa sechs Jahre deponieren können, bis sie reifer geworden ist.« Wir lachten alle.

»Wir sind beide in Kleinstädten aufgewachsen«, fuhr Carol fort. »Als wir in Rosis Alter waren, gab es solche Versuchungen nicht. Wir wissen uns nicht mehr zu helfen.«

Carol reichte mir eine CD, die sie in Rosemarys Zimmer gefunden hatte. »Schauen Sie, was sie sich anhört – ›Reckon You Should Shut the Fuck Up and Play Some Music‹, ›Crackhouse‹ und ›You Suck‹ von den Yeastie Girls.«

Gary sagte: »Wir hatten ein Familienspiel, bei dem jeder, der fluchte, eine Münze in ein Sparschwein geben mußte; wenn es voll war, gingen wir zusammen Essen. Nachdem wir diese CD gehört hatten, war uns klar, daß wir uns auf einem neuen Spielfeld befanden.«

Gary starrte auf seine Hände. »Wir brachten ihr bei, sich durchzusetzen und auf sich selbst aufzupassen; jetzt sieht es so aus, als ob sie ihre ganze Durchsetzungskraft nur gegen uns einsetzt. Sie versteht es, um alles einen Aufruhr zu veranstalten. Sie hat einen ausgesprochenen Hang zum Dramatischen, und ihr Timing ist absolut gekonnt. So putzt sie sich zum Beispiel lautstark die Nase, wenn ich mitten in meiner Meditation bin oder mit einem Kunden telefoniere.«

Das ganze letzte Jahr über hatten sich Rosemarys Eltern Sorgen um sie gemacht. Dann, letzten Samstag, hatte sie nach einem Rockkonzert die Nacht mit einem Jungen in einem Hotelzimmer verbracht. Sie log und behauptete, sie hätten zu mehreren bei einer Freundin zu Hause übernachtet.

Ich war einverstanden, mit Rosemary zu sprechen. Sie war ein zierliches Mädchen und hatte dunkles Haar und ausdrucksvolle Augen. Sie erschien zum Gespräch in Designer-Jeans und Nike-Turnschuhen und hatte eine Taschenbuchausgabe von *Das anarchistische Kochbuch* unter dem Arm. Sie sagte sofort, sie bräuchte meine Hilfe, um ihre Eltern etwas aufzuheitern.

Ich war darauf bedacht, mehr zuzuhören, als zu reden. Mir war klar, daß jeder Rat zu sehr nach ihren Eltern klingen würde, also für sie nicht akzeptabel wäre. Ich fragte, welche Probleme sie hätte. Sie machte sich Sorgen wegen ihrer Figur und anderer körperlicher Unzulänglichkeiten. Sie fand, sie müsse fünf Kilo abnehmen; ihre linke Gesichtshälfte sei grauenhaft und ihre Haut fleckig. Sie hatte verschiedene Diäten ausprobiert und fand sie unmöglich. Sie machten sie gereizt und deprimiert, so daß sie schließlich aufgab und wieder aß.

Ich erklärte ihr vorsichtig, was hinter dem Begriff ›lookism‹ steht. Daß damit die übertriebene Bedeutung, die dem Aussehen beigemessen wird, gemeint war. Da fand sie, daß alle ihre Freundinnen an ›lookism‹ litten, ebenso wie sie selbst. Sie hatte einfach Angst, nicht hübsch genug zu sein. Sie sagte: »Wo ich auch hingehe, halte ich Ausschau, und immer entdecke ich ein Mädchen, das hübscher ist als ich. Das macht mich ganz verrückt.«

Wir unterhielten uns darüber, wie übertrieben sexy und unnatürlich Models aussehen und wie Frauen auf MTV und in Filmen dargestellt werden. Einerseits haßte Rosemary den Zwang zum Schönsein, andererseits war sie verrückt danach. Einerseits verachtete sie ›lookism‹, andererseits beurteilte sie jede und jeden nach dem Aussehen.

Wir redeten auch darüber, wie sich ihr Leben seit der Grundschule verändert hatte. Rosemary war damals glücklicher. Sie lächelte, als sie über das Reiten und ihre Malstunden mit ihrem Vater sprach. Sie liebte ihre Eltern damals und hatte eine innige Beziehung zu ihnen, doch nun war das nicht mehr der Fall. »Sie verstehen nicht, was ich durchmache, und geben mir immer dumme Ratschläge. Sie wollen einfach nicht, daß ihr kleines Mädchen erwachsen wird.«

Rosemary hatte ein enges Verhältnis zu ihren Freundinnen, gestand aber, daß Freundschaften nicht einfach waren. Sie hatte Angst, im Stich gelassen und abgelehnt zu werden. Ihr soziales Umfeld änderte sich von Tag zu Tag. Es war ihr unangenehm, sich gegenüber Jungen zu behaupten. Also machte sie Dinge, die gegen ihre Überzeugung waren, nur um zu den Beliebten zu gehören.

Wir sprachen mehr über die Erfahrungen ihrer Freundinnen

als über ihre eigenen. Es gab welche, die von ihren Freunden sitzengelassen wurden, nachdem sie mit ihnen geschlafen hatten. Andere wurden vergewaltigt oder hatten abgetrieben. Eigentlich hatte sie nicht das Gefühl, daß sie selbst in solche Schwierigkeiten geraten könnte, räumte aber ein, daß sie ein paar Erlebnisse hatte, die diesen recht nahe kamen.

Als wir über Jungen sprachen, zeigte sie sich überraschend zugänglich. Sie hatte sich so sehnlichst einen festen Freund gewünscht, daß sie alles tat, um Jungen zu gefallen. Sie meinte: »Ich fühle mich erst gut, wenn mich ein Junge gut findet. Also tue ich alles dafür.«

Unsere therapeutische Arbeit ging nur schrittweise voran. Es ist nicht leicht, eine Therapie mit einer Anarchistin zu machen. Es ging mir wie ihren Eltern, ich wollte sie vor den Gefahren des Heranwachsens bewahren und mußte gleichzeitig aufpassen, kein falsches Wort zu sagen. Wenn sie erst die Arme verschränkte und aus dem Fenster sah, wußte ich, daß für heute alles vorbei war.

Rosemary sah die Welt in engen Kategorien. Sie verallgemeinerte, vereinfachte oder leugnete alles, was sie nicht verstehen konnte. Mit ihren Gefühlen ging es drunter und drüber, und sie verlor oft die Kontrolle darüber. Ihr Wunsch nach Anerkennung durch Gleichaltrige, besonders männliche, brachte sie in gefährliche Situationen. Es fiel ihr schwer, nein zu den Jungen zu sagen, die sie sexuell bedrängten. Hinzu kam noch, daß sie entschlossen war, selbst die Lösungen für ihre Probleme zu finden. Sie zuckte buchstäblich zusammen, wenn ich ihr – selten genug – meinen Rat anbot.

Ich überlegte, wieviel Ironie es doch in dieser Familie gab. Diese New-Age-gläubigen Eltern hatten eine Tochter, deren größte Sorge es war, zu dick zu sein. Ihre Laissez-faire-Erziehung war im Zeitalter von Aids und Drogensucht wenig angebracht. Carol und Gary waren bemüht, Rosemary in einem geschlechtsneutralen Umfeld aufwachsen zu lassen, mit dem Ergebnis, daß sie sich nun ultraweiblich gab, um die Aufmerksamkeit von Jungen zu gewinnen und zu halten. Sie brachten ihr bei, sich durchzusetzen, doch sie setzte diese Fähigkeit nur im Umgang mit Erwachsenen ein. Die größte Ironie aber war, daß Rosemary, die in einem Zuhause mit Meditationsraum aufgewachsen war, dringend der Konzentration auf sich selbst bedurfte.

Alle Familien in diesem Kapitel stehen ziemlich oben auf der Skala Zuwendung, variieren aber in puncto Kontrolle. Jody kommt aus einer Familie mit starker Kontrolle. Bei Franchescas und Lucys Familie ist die Kontrolle mäßig, und Rosemary, Abby und Elizabeth kommen aus Familien mit geringer Kontrolle.

Jodys Familie hielt Zensur für das beste Mittel gegen dumme Gedanken. Die Entwicklung des Mädchens wurde gemäß den Wertvorstellungen der Familie gesteuert. Vor allem geschützt, wurde Jody nur vor Herausforderungen gestellt, die sie auch bewältigen konnte. Doch dieses Abschirmen hat seinen Preis. In der Adoleszenz wirkte Jody stabil, doch ihre Möglichkeiten, sich zu entwickeln, waren beschränkt.

Lucy und Franchesca stammten aus Familien, die ein bißchen Zensur und ein bißchen Freiheit für das beste Mittel gegen dumme Gedanken hielten. Beide Familien boten ihren Töchtern angemessenen Schutz und ließen ihnen doch genug Freiheit, sich in ihre eigene Richtung zu entwickeln. Wie zu erwarten, standen ihre Töchter weniger unter Druck als Abby, Elizabeth und Rosemary, und sie waren weniger wohlerzogen als Jody.

Die Familien von Abby, Elizabeth und Rosemary waren der Meinung, daß gute Gedanken die beste Verteidigung gegen dumme Gedanken waren. Sie waren liberaler, demokratischer und ließen eher mit sich verhandeln. Sie schätzten Erfahrung höher als die elterliche feste Hand, Eigenständigkeit mehr als Gehorsam. Diese Familien hatten viele Stärken – sie ließen persönliche Unterschiede gelten und fühlten sich dem Entwicklungspotential ihrer Töchter verpflichtet. Doch die Töchter waren noch nicht in der Lage, existentielle Entscheidungen zu treffen, und entschieden sich häufig falsch. Diese Mädchen waren zu Beginn der Adoleszenz unglücklich und unbeherrscht. Später allerdings wurden aus ihnen interessante und originelle Erwachsene.

In einer heilen Welt werden alle Mädchen geliebt. Sie werden während des Heranwachsens von ihren Eltern beschützt und können sich dennoch als Individuen entfalten. Die Familien vermitteln klare Moralvorstellungen, ohne daß Mädchen zuviel persönliche Freiheit einbüßen. Doch in Wirklichkeit gibt es diese heile Welt nicht. Familien haben also verschiedene Möglichkeiten. Bei weniger Halt und Lenkung durch Eltern ist das Risiko für die Mädchen zwar momentan größer, langfristig aber haben sie ein größeres individuelles Wachstumspotential. Bei mehr Halt und Lenkung ist momentan das Risiko geringer, doch langfristig kann das zu Überanpassung und Individualitätsverlust führen. Die Familien von heranwachsenden Mädchen ringen um die Balance zwischen Sicherheit und Freiheit, Anpassung an die Familienwerte und Autonomie. Um diese Balance zu finden, bedarf es zahlreicher Schiedssprüche. Die Probleme sind komplex, und Fehler können teuer zu stehen kommen. Manche Eltern werden vom Ausmaß der Probleme überwältigt. Wie die goldene Mitte, so existiert auch die perfekte Balance nur in der Theorie.

5. Mütter

Meine Mutter hatte in verschiedenen Kleinstädten als praktische Ärztin gearbeitet. Das war zu einer Zeit, als die meisten Menschen noch zu Hause starben und ein Großteil der ärztlichen Arbeit darin bestand, am Bett eines Kranken zu wachen und den Angehörigen beizustehen.

Meine Mutter sagte zu mir einmal: »Kurz bevor alte Menschen sterben, werden sie verwirrt. Sie verlassen unsere Wirklichkeit und begeben sich an einen anderen Ort. Männer können wieder zu Farmern werden, die ihre Pferde durch den Schneesturm nach Hause treiben. Sie rufen: ›Hü, vorwärts. Es ist nicht mehr weit.‹ Sie sehen das erleuchtete Fenster, und ihr Atem wird ruhiger. Sie sehen ihre Frau, wie sie nach ihnen Ausschau hält, und lachen erleichtert auf. ›Ich komme‹, rufen sie laut. Sie schlagen auf ihr Deckbett ein, peitschen ihr Pferdegespann weiter durch den Schnee. ›Hü, los. Wir sind fast da.‹«

»Was sagen Frauen?« wollte ich wissen.

»Frauen rufen nach ihrer Mutter.«

Als ich zehn Jahre alt war, kam meine Mutter häufig erst spätabends nach Hause. Sie trug normalerweise ein dunkles Schneiderkostüm, schwarze hochhackige Schuhe und hatte geschminkte Lippen. Sie hatte kurzgelocktes Haar, und ihre Augen wirkten immer müde. Wenn sie im Trenchcoat, die Arzttasche in der Hand, zur Tür hereinkam, lief ich zu ihr hin und wich nicht mehr von ihrer Seite, bis ich ins Bett mußte. Ich sah ihr zu, wie sie vom aufgewärmten Eintopf aß, ihre Post durchsah, meinen Brüdern eine Geschichte vorlas und in Hausmantel und Pantoffeln schlüpfte. Ich massierte ihr die brennenden Füße und fragte, wie ihr Tag war.

Oft begleitete ich meine Mutter bei Hausvisiten und Besuchen im 25 Kilometer entfernten Krankenhaus. Sie erzählte mir Geschichten aus ihrer Kindheit auf einer Ranch. Sie tötete Klapperschlangen, ging im Bachbett Versteinerungen von Tieren und Pflanzen suchen, verkroch sich in einem Heuhaufen während eines Hagelsturms und spielte in der Basketballmannschaft ihrer Schule einmal bei Meisterschaften mit. Während des Krieges sammelte sie Kuhfladen als Brennmaterial. Ich gab keine Ruhe. »Erzähl mir, wie du Birnen direkt vom Baum gegessen hast; erzähl mir von den durchziehenden Zigeunern; erzähl von den Zwillingen, die starben, weil die das Wasser im Hühnerstall getrunken hatten; erzähl, wie das war, als der Kunstflieger beim Jahrmarkt abstürzte.«

Als ich in der Mittelstufe war, irritierte sie mich zunehmend. Ich fand ihren Bauch zu dick, ihre Haare zu dünn, und überhaupt war sie nicht so hübsch wie die Mütter meiner Freundinnen. Ich wollte, daß sie zu Hause blieb, Nudelauflauf machte und mir das Nähen beibrachte. Ich wollte, daß das Telefon aufhörte zu klingeln, um sie wegzurufen.

Ihr Geschenk zu meinem Schulabschluß war ein gemeinsamer Ausflug in die nächst gelegene Großstadt. Wir gingen in ein Café, wo es eine Dichterlesung gab. Ich war überzeugt, daß dort alle meine Mutter anstarrten, und obwohl mir die Gedichte gefielen, wollte ich bald wieder gehen.

Als Erwachsene fuhr ich mit meiner Familie in die Ferien zu meiner Mutter nach Hause. Sie kochte meine Lieblingsgerichte – Krabbencocktail, Gemüsesuppe und Nußtorte. Meine Kinder verwöhnte sie mit viel zu vielen Süßigkeiten und Geschenken. Wenn ich um Mitternacht zu Bett gehen wollte, bot sie an, mir noch ein Steak zu braten, mit mir spazierenzugehen, kurzum, sie tat alles, damit ich noch ein Stündchen erzählte. Wenn es so weit war, daß wir wieder nach Hause fuhren, brachte sie mich zum Auto und klammerte sich am Türgriff fest. »Wann kommt ihr wieder?« wollte sie wissen. Die letzten vier Wochen vor ihrem Tod verbrachte ich an ihrem Bett im Krankenhaus. Sie mochte es, wenn ich ihr vorlas und Geschichten erzählte. Ich kämmte sie, putzte ihr die Zähne und fütterte sie mit Weintrauben, schön langsam, eine nach der anderen. Eines Nachts, als sie von den vielen Medikamenten ganz durcheinander war, bildete sie sich ein, sie würde ein Spaghetti-Essen für zwölf Leute veranstalten. »Gib mir die Tomaten da rüber. Schneid schnell diese Zwiebel. Sie werden gleich da sein.« Ein andermal half sie bei der Entbindung eines Babys. »Pressen, pressen, jetzt«, sagte sie. »Wickle das Baby ein.« Wenn ich mich neben sie legte, konnte sie schlafen.

Mein Verhältnis zu meiner Mutter war, wie alle Mutter-Tochter-Beziehungen, äußerst komplex, es war gekennzeichnet von Liebe und Sehnsucht, dem Bedürfnis nach Nähe und Distanz, nach Trennung wie Verschmelzung. Ich achtete meine Mutter und machte mich über sie lustig, schämte mich ihretwegen und war stolz auf sie, lachte mit ihr und stieß mich an ihren kleinsten Fehlern. Nach 24 Stunden bei ihr zu Hause war ich entnervt, und dennoch freute ich mich über nichts mehr, als wenn ich ihr eine Freude machen konnte.

In der westlichen Zivilisation hat es eine lange Tradition, unrealistische Erwartungen an Mütter zu stellen. Ihnen wird die Verantwortung für das Glück ihrer Kinder und für das soziale und emotionale Wohl ihrer Familien aufgeladen. Mütter werden entweder idealisiert wie die Heilige Jungfrau, oder es wird auf sie eingeschlagen wie in Märchen und manchen modernen Romanen. Wenn wir an unsere Mütter denken, dann in der Denkweise kleiner Kinder, einem Denken, das Freud als Primärvorgang bezeichnete. Es gelingt uns nur schwer, so weit erwachsen zu werden, daß wir unsere Mütter als Menschen sehen.

Die westliche Zivilisation hat eine doppelte Moral in bezug auf Eltern. Die Beziehung zum Vater wird als produktiv und entwicklungsfördernd gesehen, während die Mutterbeziehung angeblich zu Regression und Abhängigkeit führt. Väter werden gelobt, wenn sie starkes Engagement gegenüber ihren Kindern zeigen, Mütter dagegen kritisiert, ihr Engagement soll exakt das richtige Maß haben. Distanzierte Mütter werden geschmäht, wenn sie aber zu ihren Kindern ein enges Verhältnis haben, heißt es, sie würden ihre Kinder erdrücken und übertrieben bemuttern.

Doch nirgendwo sind die Botschaften an Mütter so widersprüchlich, wie wenn es um heranwachsende Töchter geht. Mütter sollen ihre Töchter vor der Gesellschaft schützen und ihnen zugleich helfen, sich darin zurechtzufinden. Sie sollen ihren Töchtern helfen, sich zu erwachsenen Frauen zu entwikkeln, und sie zugleich vor Schaden bewahren. Sie sollen sich ihren Töchtern verbunden fühlen und dennoch darauf hinwirken, daß sie sich von ihnen lösen. Mütter sollen ihre Töchter unumschränkt lieben und gleichzeitig genau wissen, wann es Zeit ist, sich emotional und physisch von ihnen zu trennen.

Nicht minder verwirrend sind die Erwartungen, die unsere Gesellschaft an Töchter stellt. Heranwachsende Mädchen werden ermuntert, sich von ihren Müttern zu lösen und der Beziehung zu ihnen weniger Gewicht beizumessen. Sie sollen ihre Mütter achten, aber keineswegs so werden wie sie. Die Liebe zur Mutter wird mit Abhängigkeit, Passivität und Regression assoziiert, während die Abwendung von der Mutter mit Individuation, Aktivität und Unabhängigkeit verbunden wird. Die Loslösung von der Mutter wird als notwendiger Schritt in Richtung Erwachsenwerden gesehen.

Sara machte mit fünfzehn einmal unbewußt einen Witz, der auf schmerzliche Art komisch war. Ich ging gerne mit ihr schwimmen, spazieren oder Mittagessen. Nicht ohne Hintergedanken sprachen wir von diesen Unternehmungen als von unseren Mutter-Tochter-Bindungs-Erfahrungen, was auf englisch *mother-daughter bonding experiences* heißt. Doch eines Tages, sagte Sara plötzlich *mother-daughter »bondage« experience*, was soviel heißt wie Mutter-Tochter-»Knechtschafts«-Erfahrung. Wir lachten beide, bis uns die Tränen herunterliefen. Bis heute nennen wir unsere gemeinsamen Unternehmungen »Mutter-Tochter-Knechtschaft«.

Das Erwachsenwerden verlangt also von heranwachsenden

Mädchen, daß sie die Person ablehnen, mit der sie sich am stärksten identifizierten. Töchter werden so sozialisiert, daß sie enorme Angst davor haben, so zu werden wie ihre Mütter. Es gibt für die meisten Frauen keine schlimmere Beleidigung, als gesagt zu bekommen: »Du bist genau wie deine Mutter.« Und dennoch bedeutet, seine Mutter zu hassen, sich selbst zu hassen.

Spannungen zwischen Mutter und Tochter entstehen hauptsächlich durch das Bestreben der Tochter, erwachsen, d. h. ein Individuum zu werden, das sich von der Mutter unterscheidet und von dieser unabhängig ist. Aufgrund der widersprüchlichen Botschaften innerhalb unserer Gesellschaft sind Konflikte zwischen Müttern und Töchtern unvermeidlich. Um zu einem Selbstgefühl zu gelangen, müssen Töchter bestimmte Seiten ihrer Mütter ablehnen. Die Frage von Nähe und Distanz macht Müttern und Töchtern immer zu schaffen – bei zuviel Nähe entsteht Vereinnahmung, bei zuviel Distanz Vernachlässigung.

Diese uralten Spannungen werden durch die Besonderheiten der neunziger Jahre noch verschärft. Heute sind die Beziehungen zwischen Müttern und Töchtern stürmischer denn je. In meine Praxis kommen sehr viele Mutter-Tochter-Paare, die um ein positives Verhältnis zueinander ringen. Das Problem liegt teilweise darin, daß Mütter die Welt, in der ihre Töchter leben, nicht verstehen. Sie haben andere Erfahrungen. Beispielsweise wurden die meisten Mütter in der Schule von Jungen wegen ihres Aussehens und ihres Geschlechts aufgezogen. Wenn sie nun ihre Töchter darüber klagen hören, was ihnen widerfährt, denken Sie, das sei dasselbe. Doch weit gefehlt. Das »Aufziehen« ist heute etwas viel Obszöneres, Gemeineres, Brutaleres. Es ist sexuelle Belästigung und verleidet vielen Mädchen die Schule.

Mütter sind oft vom Verhalten ihrer Töchter vor den Kopf gestoßen. Töchter fluchen über ihre Mutter, benennen sie mit Schimpfworten oder verbieten ihr den Mund. Das schockiert die Mütter, denn sie selbst haben nie über ihre Mütter geflucht. Hinzu kommt, daß Töchter heute in einem viel früheren Alter sexuell aktiv werden. Die Mütter selbst hatten schon Skrupel, wenn es um Sex innerhalb fester Beziehungen ging, so daß sie die lockere Einstellung ihrer Töchter einfach entsetzt. Auch sie hatten Geheimnisse vor ihren Müttern, doch sie haben keine Ahnung, wie anders die Geheimnisse ihrer Töchter heute sind.

Die meisten Mütter geben ihr Bestes, ihre Töchter zu lebensfähigen Menschen zu erziehen, doch sie sind häufig unsicher, wie sie das anstellen sollen. Eine Nachbarin beispielsweise hat ihrer Tochter beigebracht, immer um ihre Rechte zu kämpfen und sich von niemanden etwas vorschreiben zu lassen. Nun, mit elf Jahren, hat ihre Tochter oft Probleme in der Schule. Sie streitet sich mit Lehrern, die sie für ungerecht hält, und schlägt Kinder, die auf anderen Kindern herumhacken. Zwar mag ihre kämpferische Art vom feministischen Standpunkt aus bewundernswert sein, doch nicht selten gerät sie dadurch in Schwierigkeiten. Die andern Kinder haben erkannt, daß sie eine Kämpfernatur ist, und hetzen sie zusätzlich auf. Die Mutter fragt sich nun, ob sie hier wirklich richtig gehandelt hat.

Eine Freundin hielt ihre Töchter ganz bewußt an, Sport nicht zu vernachlässigen, auf Make-up zu verzichten, beim Essen herzhaft zuzulangen und sich im Unterricht zu Wort zu melden, wenn sie die Antwort wußten. Während ihrer Pubertätszeit hatten ihre Töchter unter ihren angepaßteren gleichaltrigen Geschlechtsgenossinnen viel zu leiden und wurden von ihnen abgelehnt. Sie entsprachen nicht den weiblichen Normen und machten deshalb Schreckliches durch.

Meiner Cousine sagte ihr gesunder Menschenverstand, daß ihre Tochter für die Schulparty der achten Klasse kein dreihundert Mark teures, tiefausgeschnittenes Kleid brauchte. Doch alle Schulfreundinnen der Tochter hatten solche Kleider. Ihre Tochter bedrängte sie, ihr auch eins zu kaufen, weil sie Angst hatte, sonst bei der Party altbacken zu wirken.

Meine Cousine hatte auch eine eindeutige Haltung zum

Thema Teenager und Alkoholgenuß. Partys, auf denen es Alkohol gab, waren tabu. Doch ihre Tochter behauptete, daß alle beliebten Mädchen zu solchen Partys gingen und daß sie, wenn sie es nicht tat, aus ihrer Clique ausgeschlossen würde. Meine Cousine war also hin- und hergerissen zwischen ihrer Angst vor dem Alkohol und ihrem Wunsch, daß ihre Tochter bei ihren Mitschülern akzeptiert würde.

Nicht daß Mütter ihren Töchtern den Kontakt mit Jungen grundsätzlich verbieten wollten, sie haben lediglich Angst, sie könnten dabei vergewaltigt oder schwanger werden und sich Aids oder andere Krankheiten einfangen. Sie wollen, daß ihre Töchter eigenständig werden, sind sich aber bewußt, wie gefährlich die Welt für Frauen ist. Mütter wollen, daß sich ihre Töchter nicht zu viele Gedanken um ihr Aussehen machen, wissen aber, daß sie in Gesellschaft anderer leiden, wenn sie nicht so attraktiv wie möglich sind.

Töchter bemühen sich um eine eigene Persönlichkeit, brauchen aber auch die Führung und Liebe der Mutter. Sie wehren sich dagegen, wenn die Mutter sie beschützen will, selbst wenn sie sich in gefährliche Gewässer begeben. Und sie werden ärgerlich, wenn ihre Mütter sie vor Gefahren warnen, die sie selbst besser kennen.

Viele Mädchen haben als kleine Kinder zu ihren Müttern ein enges Verhältnis und kehren als Erwachsene oft wieder dazu zurück. Doch nur wenigen Mädchen gelingt es, diese Nähe während der ganzen Schulzeit aufrechtzuerhalten. Während ihrer heikelsten Lebensphase weisen Mädchen also die Hilfe jener Person zurück, die sich am meisten für ihre Bedürfnisse interessiert. Die folgenden Geschichten handeln vom Kampf zwischen Mutter und Tochter, das richtige Maß an Nähe zu finden. Jessica und Brenda waren sich so nah, daß Jessica in der Pubertät alles, was von ihrer Mutter kam, ablehnte. Sorrel und Fay haben eine gute funktionierende Beziehung, die weder zu eng noch zu distanziert ist. Whitney und Evelyn haben ein zu distanziertes Verhältnis.

Jessica (15) und Brenda

Es gab nichts Gegensätzlicheres als Jessica und Brenda. Brenda war Sozialarbeiterin, Ende Dreißig. Sie war sportlich gekleidet, hatte eine etwas mollige Figur und unbändige graublonde Haare. Sie sprach schnell und mit ernstem Tonfall, wobei sie mit den Händen ihren ausdrucksstarken Bericht noch unterstrich. Sie konnte jede Empfindung beschreiben und hatte eine ausgeklügelte Theorie zu jedem Problem, das sie und Jessica miteinander hatten. Ihre blauen Augen waren umrahmt von tiefen Lachfalten. Jessica saß neben ihr, still und unnahbar wie eine Eisskulptur. Sie war schlank, hatte langes, dunkles Haar und einen blassen Teint, sie trug eine schwarze Seidenbluse und Hosen.

Brenda sagte: »Ich weiß mir mit Jessica nicht mehr zu helfen. Sie will nicht mehr zur Schule gehen, und die Behörden sind bereits aufmerksam geworden. Als Sozialarbeiterin ist mir das äußerst peinlich. Aber ich kann sie doch nicht mit Gewalt hinschleppen. «

Sie seufzte. »Ich bringe sie nicht dazu, irgend etwas zu unternehmen. Alles, was sie macht, ist schlafen, MTV sehen und Zeitschriften lesen. Sie hilft weder im Haushalt, noch trifft sie sich mit Freunden. Sie vergeudet ihr Leben. «

Ich fragte Jessica, wie sie ihre Zeit verbringe. Sie schaute weg, und Brenda antwortete: »Sie mag den Fernseher in meinem Schlafzimmer. Während ich arbeiten bin, liegt sie den ganzen Tag lang auf meinem Bett und hinterläßt dort immer eine höllische Unordnung. Ich habe ihr einen eigenen Apparat gekauft, aber sie geht immer noch in mein Zimmer. Sie behauptet, mein Bett sei bequemer. «

Jessica rümpfte demonstrativ die Nase, und Brenda fuhr fort: »Ich war unverheiratet, als Jessie geboren wurde. Sie hat nie einen Vater gehabt. Das hat ihrem Selbstbild geschadet. «

Jessicas Gesicht verfinsterte sich, als ihre Mutter über sie sprach, aber sie lehnte es ab, selbst etwas zu sagen.

»Jessie und ich haben früher alles zusammen gemacht. Sie war ein wunderbares, begeisterungsfähiges Mädchen. Ich bin entsetzt darüber, was jetzt mit ihr passiert.« Sie seufzte. »Ich kann ihr nichts recht machen. Alle Fragen, die ich ihr stelle, findet sie dumm. Sage ich nichts, denkt sie, ich sei verärgert. Erzähle ich ihr etwas, halte ich Vorträge. Ich muß mich in ihrer Anwesenheit richtig zusammenreißen. Sie schreit mich ständig an.«

Brenda tätschelte ihrer Tochter das Knie. »Ich weiß ja, daß sie zuwenig Selbstbewußtsein hat, aber ich weiß einfach nicht, wie ich ihr helfen kann. Was kann ich denn noch machen?«

Ich bat Jessica, draußen zu warten. Dafür, daß sie unser Gespräch anscheinend so anwiderte, dauerte es überraschend lange, bis sie hinausging. In der folgenden halben Stunde erzählte mir Brenda Jessicas Lebensgeschichte. Da klopfte Jessica an die Tür. »Ich bin krank. Ich muß nach Hause.«

Ich gab Jessica einen Terminzettel. »Wir sehen uns Dienstag alleine.«

Ich war froh, daß dieses Mutter-Tochter-Paar zur Therapie gefunden hatte. Vielleicht lag es daran, daß sie Sozialarbeiterin war, daß sich Brenda nicht so recht traute, über ihre Tochter zu urteilen. Sie hatte solche Angst, Jessica vor den Kopf zu stoßen, daß sie immer nachgab. Sie hatte Erziehung mit Überforderung verwechselt und versuchte nun verzweifelt, dies wiedergutzumachen, wodurch sie Jessica aber jede Möglichkeit nahm, erwachsen zu werden. Brenda lief Gefahr, Jessica selbst noch bis vors Jugendgericht »zu verstehen«.

Am Dienstag erschien Jessica in schwarzen Jeans und schwarzem Rollkragenpullover. Sie saß stumm auf der Couch und wartete darauf, daß ich zu sprechen anfing. Ich kämpfte gegen meinen Pessimismus, was das Ergebnis dieser Sitzung betraf. Schon nach drei Minuten fühlte ich mich, als zöge ich einen Lastkahn durch die Wüste.

»Wie fühlst du dich, hier zu sein?«

»Okay.«

»Stimmt das wirklich?«

»Ich sehe zwar nicht, was das alles soll, aber vormittags gibt's sowieso nichts Vernünftiges im Fernsehen.«

»Inwiefern unterscheidest du dich von deiner Mutter?«

Jessica zog eine ihrer schwarzen Augenbrauen hoch. »Wie meinen Sie das?«

»Hast du andere Wertvorstellungen, andere Lebensanschauungen?«

Sie lächelte herablassend. »Ich empfinde alles absolut anders als sie. Ich hasse Schule, sie mag Schule. Ich hasse arbeiten, sie arbeitet gern. Ich liebe MTV, sie haßt es. Ich trage schwarz, sie nie. Sie will, daß ich meine Fähigkeiten voll entwickle, und ich finde, sie redet nur Unsinn.«

Ich überlegte, ob ich sagen sollte, daß ihr Lebensziel offenbar darin bestand, ihrer Mutter Enttäuschungen zu bereiten, doch ich fragte statt dessen: »Was würdest du denn gerne machen?«

Sie bekam ganz große Augen. »Model werden. Doch Mama findet die Idee unmöglich. Das ist für sie sexistisch und banal.«

Ich schlug ihr vor, sich mit dem Beruf des Models etwas näher zu befassen. Was könnte sie jetzt schon lernen, um sich vorzubereiten? Wo könnte sie eine Ausbildung machen? Gibt es entsprechende Jobs hier in der Gegend? Wieviel verdient ein Model?

Nachdem Jessica gegangen war, dachte ich über die beiden nach. Brenda hatte ihr ganzes Leben Jessica gewidmet, doch als Jessica in die Pubertät kam, wurde das enge Verhältnis zum Problem. Jessica versuchte, mehr Distanz herzustellen, indem sie rebellierte, aber Brenda reagierte immer nur verständnisvoll. Sie verzieh ihr alles und behandelte sie weiterhin liebevoll. Also wurde Jessica immer aufsässiger und Brenda immer verständnisvoller. Inzwischen fühlte sich Jessica von Brendas Liebe so erdrückt, daß sie alles tat, um sich von ihr zu befreien. Sie definierte sich selbst fast nur noch als »nicht Brenda«.

Ich traf mich mit Brenda noch am selben Tag und ermahnte sie: »Was Sie auch tun, bitte zeigen Sie keinerlei Interesse an Jessicas Recherche über den Model-Beruf. Bitte, kein Angebot ihr zu helfen. Sagen Sie ihr auch nicht, wie froh Sie sind, daß sie etwas Sinnvolles tut.«

Ich bat Brenda, mir ihr Leben zu schildern. »Mein Leben besteht aus Jessie und meiner Arbeit. Für etwas anderes habe ich keine Zeit. Ich hatte zwar gehofft, daß ich mehr Zeit haben würde, wenn Jessie erst ein Teenager ist, aber keine Spur. Ich muß mich ständig um sie kümmern. Jeden Morgen wecke ich sie, über Mittag gehe ich nach Hause, um ihr etwas zu essen zu machen. Andernfalls ißt sie nichts, und Sie sehen ja, wie dünn sie ist. Die Abende verbringe ich mit ihr. Das arme Kind hat ja sonst niemanden.«

»Was Sie brauchen, ist ein eigenes Leben.«

Sie nickte. »Sie haben ja recht, aber . . .«

Ich sagte: »Lassen Sie uns was Lustiges für Sie ausdenken.«

Ich arbeitete weiterhin getrennt mit Brenda und Jessica. Sie hatten eine so starke Bindung aneinander, daß sie für jeden Außenstehenden kaum zugänglich waren. Unsere Therapie erinnerte mich an einen alten Witz – Frage: »Wie viele Therapeuten braucht es, um eine Glühbirne zu wechseln? Antwort: Einen, wenn die Glühbirne will.«

Ich versuchte, auf Brenda einzuwirken, sich neben der Erziehung ihrer Tochter um ein eigenes Leben zu bemühen. Warum sollte sie nicht ab und zu mit einer Freundin essen gehen oder abends mit einer Nachbarin einen Spaziergang machen? Vielleicht machte es ihr Spaß zu lesen, Musik zu hören oder etwas Handwerkliches zu tun? Sie entschloß sich, in einem Gremium mitzuarbeiten, dessen Aufgabe es war, finanzielle Mittel für die Schule aufzutreiben, und einmal pro Woche ließ sie Jessica allein, um zur Sitzung zu gehen. Das erste Mal rief Jessica prompt an und sagte, sie sei krank. Beim zweiten Mal hielt sie jedoch den ganzen Abend durch. Als Brenda nach Hause kam, hatte Jessica für sie beide sogar Plätzchen gebacken.

Anfangs machte sich Brenda immerzu Sorgen um Jessica. Würde sie krank werden, sich allein fühlen oder irgend etwas anstellen? Sie hatte Angst und ein schlechtes Gewissen, ihre Tochter abends alleine zu lassen. Später gab sie zu, daß sie sich auch um sich Sorgen machte: Sie fühlte sich unwohl in Gesellschaft, weil sie es seit Jahren nicht mehr gewöhnt war, und sie hatte Angst, ein Mann könnte mit ihr ausgehen wollen.

Vollkommen überzeugt sagte sie: »Ich werde nie mehr mit jemandem ausgehen.«

»Da hätten wir also eine Gemeinsamkeit zwischen Jessica und Ihnen«, sagte ich. »Keine will etwas mit dem anderen Geschlecht zu tun haben.«

Jessica stellte ich Fragen, von denen ich hoffte, daß sie ihr helfen würden, sich als eigene Person zu begreifen. Obwohl sie die Ansichten ihrer Mutter für dumm hielt, kannte sie sie ganz genau. Am meisten Erfolg hatten wir mit der Recherche über den Model-Beruf, die Jessica während der ganzen Therapie weiterführte. Sie holte Informationen über Kurse und Schulen ein. Sie las die Autobiographie eines berühmten Models und ein Buch mit Tips, wie man ein professionelles Model wird. Sie experimentierte mit Frisuren und Make-up. Eines Tages kam sie ganz in Königsblau zur Sitzung. Auf meinen erstaunten Blick sagte sie: »Schwarz, das bin ich einfach nicht.«

Sie ging wieder zur Schule und entschied sich nach langen Diskussionen, in der Foto-AG mitzumachen. Meine ganze Arbeit mit Jessica war an ihrem Wunsch orientiert, Model zu werden. Ich brachte sie dazu, Fitneßübungen zu machen, indem ich die Bemerkung fallenließ, daß derzeit Models mit Muskeln gefragt seien. Durch die Übungen ließen ihre Depressionen nach, und sie wurde unternehmungslustiger.

Ich wies Jessica darauf hin, daß Models Selbstbewußtsein bräuchten, um mit der starken Konkurrenzsituation fertig zu werden. Das sah sie ein und arbeitete daran. Sie schrieb jeden Tag drei Dinge auf, auf die sie stolz war. Einmal schrieb sie: »Ich bin stolz, daß ich die Katzen gefüttert habe, zur Schule gegangen bin und Mama nicht angeschrien habe.« »Ich bin stolz, daß ich meine Haare gewaschen, meine Hausaufgaben abgegeben und ein Mädchen im Sportunterricht angelächelt habe.« Später kaufte sie sich ein Zählgerät und drückte jedesmal, wenn sie die kleinste Kleinigkeit vollbracht hatte, die ihr gefiel. Auf diese Weise begann Jessica nach Dingen zu suchen, die ihr an sich gefielen. Auf diese Weise war sie es, nicht ihre Mutter oder sonst jemand, die darüber bestimmte, was an ihr wertvoll war. Ihr Selbstwertgefühl kam also aus ihrem Innern. Schon bald konnte Jessica 50- bis 60mal am Tag den Zähler drücken. Wir bezeichneten es immer als einen Sieg, wenn sie etwas unternommen hatte, was sie ihren langfristigen Zielen näher brachte. Jessica begann nun, regelmäßig von Siegen zu berichten. Sie schrieb sich für einen Aerobic-Kurs ein. Sie unterhielt sich mit einer Freundin, die sich ebenfalls für den Beruf des Models interessierte, und beide kamen überein, sich gegenseitig über Wettbewerbe und Auftritte in der näheren Umgebung auf dem laufenden zu halten. Sie stellte eine Mappe mit Fotografien von sich zusammen.

Ich riet Jessica, ihre Gedanken und Gefühle aufzuschreiben und sich darüber klarzuwerden, was sie an ihrer Mutter schätzte und was sie ablehnte. Allmählich entwickelte Jessica Gedanken, die nicht nur Reaktionen auf Brenda waren. Sie entdeckte, daß es Spaß machte, eigene Ideen zu produzieren, statt nur gegen Brendas aufzubegehren.

Eines Tages sagte Jessica: »Ich hasse es, wenn Mama meine Entscheidungen nicht respektiert. Das ist schlimmer, als wenn sie mich nicht liebhätte.« Dies führte zu einer Diskussion darüber, wieviel ihrer Mutter an ihr lag. Jessica wollte unbedingt, daß ihre Mutter akzeptierte, daß sie sich zu einer eigenständigen Person entwickelte.

Bei Jessica handelte es sich um einen Fall, wo ich meine eigene Meinung zurückhalten mußte. Ich teile weitgehend Brendas Abneigung gegen den Model-Beruf, und ich versuche prinzipiell, meine Klientinnen von der übertriebenen Sorge um ihr Äußeres abzubringen und ihnen zu helfen, andere Qualitäten zu entwickeln. Doch hier galt es, Jessica zu vertrauen, daß sie das tat, was für sie richtig war. Jessicas

Interesse am Model-Beruf half ihr, sich wieder auf das Leben einzulassen und ein eigenes Selbstbewußtsein zu entwickeln.

Bei unserer letzten gemeinsamen Sitzung trug Jessica ein grünes Seidenhemd und neongelbe Leggings. Ihre Augen waren lebhaft, und sie erzählte munter drauflos. Sie hatte die Möglichkeit, für ein Geschäft am Ort Kleider vorzuführen. Ihre Noten waren zwar nur durchschnittlich, doch sie war dennoch stolz auf ihre Drei in Rechnen.

Brenda sagte: »Ich bin zwar nicht begeistert vom Model-Beruf, aber ich bin froh, daß Jess damit glücklich ist. Sie muß ja nicht das machen, was ich machen würde. Ich versuche zu akzeptieren, daß Jess erwachsen wird und sich zu einer eigenständigen Person entwickelt. Das ist es ja auch, was ich will.«

»Du brauchst auch dein eigenes Leben«, sagte Jessica.

Brenda nickte. »Ich arbeite bereits daran.«

Sorrel (16) und Fay

Es war ein später Winternachmittag, als Fay und Sorrel zu mir in die Praxis kamen. Eine Woche zuvor hatte Sorrel Fay eröffnet, daß sie lesbisch sei, worauf Fay sie bedrängte, sich Hilfe zu suchen, um zu begreifen, was das für ihr Leben bedeutete. Mutter und Tochter trugen beide Jeans, dunkle Pullover und alte Wanderschuhe. Ich fragte Sorrel, wie sie sich fühlte, lesbisch zu sein.

»Ich weiß schon lange, daß ich anders bin, konnte aber nie genau sagen, warum. Als ich in der sechsten Klasse war, stellte ich mir immer vor, wie ich gutaussehende Lehrerinnen und hübsche Mitschülerinnen küßte. Doch ich kannte keine Lesben und hatte das Wort nur als Schimpfwort gehört. Obwohl ich mich zu Mädchen hingezogen fühlte, hätte ich mich nie als lesbisch bezeichnet.«

Sie schaute ihre Mutter an, und Fay forderte sie mit einem Kopfnicken auf weiterzuerzählen. Sorrel atmete tief durch. »Ich fand ein paar alte Bücher über Homosexualität, die von

142

Psychologen geschrieben waren, mir aber überhaupt nicht weiterhalfen. Ich suchte nach Geschichten über Mädchen wie mich, die okay waren. So was gab es nicht.«

Fay sagte: »Sorrel war immer etwas Besonderes.«

»Ich machte Mama das Leben zur Hölle, als ich klein und Mama mit Howard verheiratet war.« Sorrel lachte. »Howard war ein Schwachkopf. Er versuchte, mich zu kontrollieren, und wollte eine kleine Dame aus mir machen.«

Fay stimmte zu. »Howard wollte, daß sie Kleider trug, doch sie weigerte sich. Er bestand darauf, daß wir ihr klarmachten, wer das Sagen hatte, und es gab häufig Streit darüber. Ich habe nie versucht, Sorrel Vorschriften zu machen. Mir gefiel ihre ungewöhnliche Art, und ich wollte, daß sie blieb, wie sie war.«

»Mama und Howard ließen sich scheiden, als ich sieben war«, sagte Sorrel. »Nie im Leben werde ich wieder mit einem Mann zusammenziehen.«

Fay fuhr fort. »Selbst als Grundschülerin war Sorrel schon anders. Sie verbrachte viel Zeit mit Lesen und Malen. Sie sammelte Steine und Blätter.«

Sorrel unterbrach. »Mir gefiel alles, was nicht von Menschenhand berührt worden war. Ich mochte wohlgeordnete, regelmäßige Dinge.«

Ich fragte, wie andere Kinder sich Sorrel gegenüber verhielten. Sie sagte: »Ich hatte nur wenige Freunde, es sei denn, es zählen auch die meiner Phantasie. Ich mochte Jungen lieber als Mädchen. Mädchen waren boshaft und oberflächlich.«

»Ich konnte ihr wenig Schutz bieten«, sagte Fay. »Zumindest war ich so vernünftig, sie nicht verändern zu wollen. Ich wußte, daß sie sich wohl fühlte, wie sie war. So tat ich alles, daß unser Zuhause ihr immer ein sicherer Hafen war.«

Sorrel sagte: »Die Mittelstufe war das Allerletzte. Ich dachte, ich käme von einem anderen Planeten. Ich war die Unberührbare der Schule.«

Sie sah Fay an und sagte leise: »Mama hört das nicht gern, aber ich hatte auch Selbstmordgedanken. Ich paßte nirgendwo rein. Ich wollte mir nicht einmal selbst eingestehen, warum ich anders war.«

Fay zuckte bei dem Wort Selbstmord zusammen, doch sie sagte nichts.

»Ich hielt durch, weil ich in meiner eigenen Welt lebte. Die Welt draußen war zu feindselig, also schuf ich mir etwas Eigenes. Ich malte mir viele Phantasiewelten.«

Fay strahlte: »Sorrel hatte ihre eigene Vision von der Welt.«

Sorrel sagte: »Das Malen hat mich gerettet.«

Ich fragte Sorrel, wie ich ihr helfen könne.

»Ich möchte andere Lesben kennenlernen. Ich muß mich überzeugen, daß ich nicht die einzige bin. Ich möchte mehr über Mädchen wie mich lesen.«

Wir sprachen über das hiesige Frauenzentrum und einen Frauenbuchladen in der Nähe. Ich erzählte ihr, daß es eine Schwulen- und Lesbengruppe für Teenager gab.

Fay wies darauf hin, daß Sorrel sich auch in vielen anderen Dingen unterschied, nicht nur in bezug auf ihre sexuelle Orientierung. Sie war eigenständiger als andere Mädchen. Sie war sehr sensibel, manchmal hatte Fay sogar Angst, dies könne sie irgendwann kaputtmachen.

Sorrel sagte: »Ich bewundere Mama für ihre Unterstützung. Sie hat mir durch alle schlimmen Zeiten hindurchgeholfen.«

Fay lächelte. »Ich habe versucht, ihr beizubringen, daß kluger Widerstand etwas Gutes ist. Sorrel hat so viele wunderbare Begabungen, und ich war immer bemüht, diese zu unterstützen. Ich machte mir als junges Mädchen viel zu viele Gedanken. Ich wollte wie die andern sein und mich beliebt machen. Ich habe mir viel entgehen lassen, weil ich so angepaßt war. Als Erwachsene habe ich Jahre gebraucht, um aus dem Schlamassel wieder herauszukommen, in den ich hineingeraten war. Ich tat alles, um Sorrel vor einem ähnlichen Schicksal zu bewahren.«

Sorrel paßte nicht in die üblichen Kategorien, die wir für junge Frauen zur Verfügung haben. Sie gehörte einer unsichtbaren Bevölkerungsgruppe an: lesbische Heranwachsende. Besonders in der Schule hatte sie für die Sünde, anders zu sein, schwer gebüßt. Glücklicherweise besaß Fay die ungewöhnliche Fähigkeit, ihrer Tochter mit bedingungsloser Liebe zu begegnen. Sie akzeptierte Sorrel so, wie sie war. Anders als viele andere, schätzte sie ihre Tochter. Sie widerstand der Versuchung, Sorrel zu bedrängen, sich anzupassen und einzufügen. Sie bemühte sich, ihr ein sicheres Zuhause zu geben.

Whitney (16) und Evelyn

Mit ihren blonden Haaren und ihren runden sommersprossigen Gesichtern sahen sich Whitney und Evelyn ziemlich ähnlich, ihr Auftreten allerdings war recht unterschiedlich. In Jeans und Rollkragenpullover wirkte Whitney locker und ungezwungen, während Evelyn, im Kostüm mit passenden Schuhen, einen eleganten Eindruck machte. Sie mußte in ihrer Jugend eine echte Schönheit gewesen sein, und auch heute noch verwandte sie viel Zeit für ihr Aussehen. In meinem Sprechzimmer wirkte sie steif und fühlte sich sichtlich unwohl.

Whitney war offen und flexibel, Evelyn dagegen wirkte still und skeptisch. Evelyn verzog das Gesicht, als ich sie fragte, warum sie hier seien. »Es war Sams Idee. Er hat genug von unseren Streitereien. Er ist besorgt um uns beide, besonders um Whitney. Sie will nicht mehr zur Schule gehen.«

Whitney sagte: »Ich wollte von mir aus kommen. Ich fragte Mama schon vor einem Jahr, ob wir nicht zusammen eine Therapie machen sollten, aber sie meinte, das wäre zu teuer.«

Evelyn sagte: »Ich glaube nicht, daß es uns hilft, aber ich bin bereit, es zu versuchen. Ich habe es Sam versprochen.«

Ich redete erst mit Evelyn, die mir erzählte, daß sie mit Whitney seit ihrer Geburt Probleme hatte. Es war eine schwierige Entbindung, und sie litt danach an einer Wochenbett-Depression. Gleich nach Whitneys Geburt mußte Sam ihr versprechen, keine weiteren Kinder mehr zu wollen. Evelyn war als Kind schüchtern und artig, während Whitney eher ungestüm war und auf jeden zuging. Vom Moment ihrer Geburt an stahl sie Evelyn die Show.

Es war offensichtlich, daß Evelyn auf Sam und Whitneys Beziehung eifersüchtig war. »Er himmelt sie an und sieht nicht, wie hinterlistig und selbstbezogen sie ist. Sie hat ihn eingewickelt.«

Ich fragte Evelyn nach ihrer Beziehung zu Sam. Sie sagte, sie sei gut, sofern er zu Hause sei. Sam mußte geschäftlich viel ins Ausland reisen. Wenn Whitney nicht zwischen ihnen stünde, würden sie sich bestimmt gut verstehen. Aber so stritten sie sich ständig. Evelyn fand, daß er Whitney sehr verwöhnte, und Sam war der Meinung, Evelyn sei kalt und abweisend.

Während Evelyn erzählte, fiel mir auf, wie einsam sie war. Falls sie irgend etwas für ihre Tochter empfand, zeigte sie es nicht. Sie hatte keine engen Freundschaften, Sam war ihr einziger Umgang und Halt. Doch Sam war häufig verreist. Sie verehrte ihn und war ihm zugleich böse, weil sie seine Zuneigung mit Whitney teilen mußte.

Evelyn sagte: »Sam kennt Whitney nicht so gut wie ich. Sie trinkt Alkohol und hat bereits mit Jungen geschlafen. Ich wurde anders erzogen und ging als Jungfrau in die Ehe.«

Ich erkundigte mich nach ihrem Verhältnis zu Whitney. »Sie ist frech und vorlaut. Nie und nimmer hätte ich meine Mutter angeschrien. Ich mag nicht, daß Whitney mich berührt oder mit mir redet. Ich zähle die Tage, bis sie auszieht.«

Für die neunziger Jahre war Whitneys Verhalten eigentlich fast mustergültig. Sie arbeitete halbtags in einem Sportgeschäft, und bis vor kurzem gehörte sie zu den Besten in der Schule. Sie war im Schülerrat und in einer Partei aktiv. Sie hatte Geschlechtsverkehr mit ihrem festen Freund, den sie seit einem Jahr kannte, und war ehrlich genug, es ihren Eltern zu sagen. Um Verhütung kümmerte sie sich selbst.

Ich vermutete, daß die Ursache für Evelyns Abneigung gegen Whitney tief in ihrem Innern zu suchen war. Vielleicht rührte sie von ihren eigenen unerfüllten Bedürfnissen nach Liebe her oder auch von der Enttäuschung darüber, daß Whitney kein Ebenbild ihrer selbst war. Evelyn war unfähig, mit der Zeit zu gehen und zu erkennen, daß Whitney in einer Welt lebte, die sich von ihrer eigenen Jungmädchenwelt unterschied. Sie schien in dem Glauben verhaftet zu sein, daß die Dinge immer gleichblieben.

Als ich mich mit Whitney alleine traf, sprach sie über ihre Mutter ziemlich wohlwollend. Es war eindeutig, daß sie die guten Seiten ihrer Mutter zu schätzen wußte – als Hausfrau, Expertin für Körperpflege und Schneiderin. Sie sehnte sich nach mehr Verbundenheit und weniger Konkurrenz, wußte aber nicht, wie sie das erreichen konnte. Sie sagte: »Ich kann doch nicht vorgeben, jemand zu sein, der ich gar nicht bin, nur um ihr zu gefallen.«

Whitney fühlte sich ihrem Vater, von dem sie sich geliebt wußte, stärker verbunden. Doch er war viel weg, und wenn er zu Hause war, mußte er aufpassen, daß er sich nicht auf Whitneys Seite stellte. Sie meinte: »Mama bemerkt sofort, wen Papa zuerst umarmt. Sie erzählt ihm alles Mögliche, damit er böse auf mich wird.«

»Mama nennt mich Flittchen, weil ich mit meinem Freund geschlafen habe«, sagte Whitney. »Ich kann ihr nichts recht machen. Sie schmollt, und manchmal habe ich nicht die leiseste Ahnung, warum sie mir böse ist.«

Sie fing während unserer Unterhaltung an zu weinen. »Ich brauche Mama. Es passieren Dinge, die ich so gerne mit ihr besprechen würde, aber ich traue mich nicht.«

Ich wollte ein Beispiel wissen. »Im Moment gehen mir ein paar Jungs auf die Nerven, die mir nach der Schule auflauern. Sie starren mich an und rufen mir blödes Zeug hinterher, einer hat sogar versucht, mir die Bluse herunterzureißen. Wenn ich das Mama erzählen würde, würde sie sagen, ich sei selbst schuld. Ich hätte es nicht anders verdient. Das ist ein Grund, warum ich die Schule auf einmal so hasse.«

Whitney hatte noch andere Probleme. Sie arbeitete zu lange und fand es schwierig, ihre Zeit einzuteilen. Sie liebte ihren

Freund, doch sie stritten sich fast täglich. Whitney wollte mit mir auch darüber reden, wie sie diese Beziehung verbessern könnte. Allerdings sprach sie darüber nicht in Anwesenheit ihrer Mutter, weil diese ihr auch daran die Schuld geben würde.

Nach Schluß der ersten Sitzung trafen wir uns gemeinsam.

Evelyn sagte: »Das Hauptproblem ist, daß ich Whitneys Moralvorstellungen nicht akzeptieren kann.«

Whitney meinte: »Nein, wir müssen mehr miteinander sprechen. Ich will, daß du mich verstehst.«

Evelyn sagte mit schmalen Lippen: »Niemals werde ich akzeptieren, was du treibst. In meiner Familie hat es so was nicht gegeben.«

Ich dachte dazu nur, aber Whitney ist doch nicht Sie, und die Welt ist doch nicht gleichgeblieben. Ich suchte nach einer Möglichkeit, die Sitzung in einer angenehmen Atmosphäre zu beenden. Es handelte sich hier um einen ungewöhnlichen Fall, weil die Mutter mit der Tochter völlig gebrochen hatte. Evelyn schien empfindlicher als Whitney und gleichzeitig rigider. Solange Evelyn mit sich selbst nicht im reinen war, würde sie für Whitney nichts empfinden können. Evelyn brauchte einen Freundeskreis und Interessen, sie mußte noch mehr tun, als nur darauf zu warten, daß Sam nach Hause kam. Ich fragte, ob es möglich sei, daß Sam das nächste Mal mitkäme, und sagte, daß ich ihre Aufrichtigkeit schätzte. Ich mußte sie bemuttern, bevor sie ihre Tochter bemuttern konnte.

6. Väter

Mein Vater stammte aus den Südstaaten. Er war ein gutaussehender Mann und hatte den schleppenden Dialekt seiner
Heimat. Als er während des Zweiten Weltkriegs zur Armee
mußte, verließ er den Süden. Doch seine Südstaatenmentalität
behielt er bis zu seinem Tod.

Ich war das erste Kind, und er bestand darauf, daß ich mit
dem ersten Namen nach der Heiligen Jungfrau und mit dem
zweiten nach der englischen Königin heißen sollte. Er stand
nachts auf, um sich zu vergewissern, daß ich noch atmete. Als
ich ein halbes Jahr alt war, spielte er immer eine Platte von
Benny Goodman, wenn er von der Arbeit nach Hause kam.
Sobald ich die Musik hörte, zappelte ich wild mit den Armen
in meinem Bettchen. Er nahm mich heraus und tanzte mit mir
in unserem kleinen Wohnzimmer herum.

Als ich fünf war, brachte er mir das Angeln bei. Dazu spa-
zierten wir zu einem Teich, der voller Sonnenbarsche und
Klumpfische war. Er steckte einen Wurm auf meinen Angel-
haken und blieb so lange neben mir sitzen, bis etwas anbiß.
Dann half er mir, den Fisch vom Haken zu nehmen. Er ent-
wirrte meine Angelschnur, verscheuchte Schlangen und
machte mir die Zecken weg, die ich mir auf dem Weg zum
Teich eingefangen hatte. Wir saßen manchmal den ganzen
Nachmittag am Ufer des Teichs, hörten den Fröschen zu, beobachteten die Schildkröten und füllten unser Körbchen mit
Fischen, um sie nach Hause mitzunehmen.

Auf den abgelegenen Straßen brachte mir mein Vater bei, seinen blauen 1950er Ford zu steuern. Eine Chesterfield rau-
chend und eine Limonade trinkend, saß er neben mir, sein
schwarzes lockiges Haar wehte im Wind. Er war ein ängstli-

cher Lehrer und griff mir immerzu ins Steuer und rief: »Lenken sollst du, lenken, verdammt noch mal.«

Als ich zwölf war, erzählte ich ihm, daß ich den Geruch von neuen Büchern mochte. Ich würde sie mir immer ganz nah ans Gesicht halten, um ihren Duft einzuatmen. Er sah mich beunruhigt an und sagte: »Sag das bloß niemand. Sonst halten sie dich für abartig.«

Als er und Mutter mich zum Universitätsstudium in die Stadt fuhren, gab er mir jede Menge Ratschläge. »Wenn du dich verabredest, dann nur mit Jungens aus dem ersten Semester, und paß auf, daß nichts Ernstes daraus wird. Vorsicht vor Leuten, die rauchen oder Alkohol trinken. Laß dich nicht mit Ausländern ein. Und daß du mir nicht das Studieren vergißt.«

Bevor er ging, umarmte er mich zum ersten Mal wieder seit Jahren und sagte: »Du wirst mir fehlen. Ich rede mehr mit dir als mit irgend jemandem sonst.«

Meine letzte Unterhaltung mit meinem Vater hatte ich einen Tag vor seinem Tod. Er war froh, daß ich nun verheiratet war. Er rief an, um zu hören, ob ich meine Prüfung in Psychologie bestanden hatte. Er freute sich, als ich das bejahte. Dann bedauerte ich, Schluß machen zu müssen – ich hatte Gäste zum Abendessen eingeladen und mußte noch einen Salat machen. Er sagte: »Ich bin stolz auf dich.« Am nächsten Tag hatte er einen Herzinfarkt und fiel in ein Koma. Ich war bei ihm auf der Intensivstation, als die Apparate nach dem letzten Piepton abgeschaltet wurden.

Mein Vater war zugleich der beste und schlechteste Vater. Er hätte sein Leben gegeben für mich. Es war fast peinlich, wie stolz er auf meine Leistungen war, und er glaubte naiv daran, daß ich es zu etwas bringen würde. Doch er hatte eine doppelte Moral, wenn es um Sex ging, und rigide Ansichten, was Frauen betraf. Kurz: Wir hatten eine typische, komplizierte Vater-Tochter-Beziehung, eine engere vielleicht als die meisten Väter und Töchter in den fünfziger Jahren, und zwar deshalb, weil wir beide gleich gerne redeten.

Alle Väter sind das Produkt ihrer Zeit. Die Verhaltensregeln für Väter haben sich seit den fünfziger Jahren weitgehend geändert. Damals galt als guter Vater, wer nüchtern blieb, seine Familie ernährte, seiner Frau treu war und seine Kinder nicht schlug. Von Männern wurde nicht erwartet, daß sie ihre Töchter umarmten, ihnen sagten, daß sie sie gern hätten, oder über persönliche Dinge mit ihnen sprachen. Heute werden von Vätern dieselben Dinge erwartet wie in den fünfziger Jahren und zusätzlich noch emotionales Engagement. Vielen Vätern ist dies aber von ihren eigenen Vätern her nicht bekannt. Und weil ihnen diese Erfahrung fehlt, fühlen sie sich so hilflos.

Die meisten Väter haben als Jungen eine gehörige Portion Frauenfeindlichkeit mitbekommen, und nirgends spüren sie das mehr als bei der Erziehung ihrer Töchter. Sie sind in der verzwickten Situation, ein Geschlecht zu lieben, das sie eigentlich gelernt haben geringzuschätzen. Sie sollen sich jetzt aus Frauen etwas machen, von denen sie doch gelernt haben, daß sie nur halb soviel wert sind wie sie selbst. Und doch gehört es in unserer Gesellschaft zur Hauptaufgabe von Vätern, den Kindern beizubringen, sich in die soziale Gemeinschaft einzufügen.

Wenn es um Eltern geht, gilt in der Regel eine doppelte Moral. Müttern wird unterstellt, daß sie durch ihren großen Einfluß mit ihren Fehlern viel Unheil anrichten können. Von den Vätern wird dagegen angenommen, daß sie in der Lage sind, viel Gutes zu bewirken. Charakterstarke Töchter werden in unserer Gesellschaft häufig auf den Einfluß der Väter zurückgeführt. Nach meiner Erfahrung kommen jedoch starke Töchter meist aus Familien mit starken Müttern.

Während die Mädchen mit ihren Müttern oft durch enge, wenn auch zuweilen konfliktträchtige Bande verbunden sind, können die Beziehungen zu den Vätern sehr unterschiedlich sein. Es gibt Mädchen, die kaum mit ihren Vätern reden, andere wiederum verbinden ein warmes, enges Verhältnis und gemeinsame Interessen. Eine meiner jungen Klientinnen sagte über ihr Vaterverhältnis: »Es ist fast, als ob mein Vater gar nicht existiert. Wir haben nichts gemein.« Eine andere sagte: »Am meisten mag ich an Papa, daß er jeden Abend nach dem Essen im Duett mit mir spielt. Wir spielen beide gerne Geige, und wir haben mit unserem gemeinsamen Spiel begonnen, als ich drei Jahre alt war.«

Auch Väter können bei ihren Töchtern viel Unheil anrichten. Wenn sie als Sozialisationsinstanz fungieren, können sie ihre Töchter seelisch kaputtmachen. Strenge Väter beschneiden die Träume ihrer Töchter und zerstören deren Selbstvertrauen. Sexistische Väter bringen ihren Töchtern bei, daß sie nur dann etwas wert sind, wenn sie die Bedürfnisse von Männern befriedigen. Frauenfeindliche Witze und Sprüche und eine negative Einstellung gegenüber selbstbewußten Frauen richten bei Mädchen großen Schaden an. Sexistische Väter halten ihre Töchter an, alle Macht und Kontrolle Männern zu überlassen. In ihren eigenen Beziehungen demonstrieren sie beispielhaft die unterschiedlichen Machtpositionen von Männern und Frauen. Es gibt Väter, denen es so wichtig ist, daß ihre Töchter von anderen akzeptiert werden, daß sie sie bedrängen, ihr Äußeres herauszuputzen oder gar Schlankheitsdiäten zu machen. So kommt es, daß ihre Töchter glauben, ihr einziger Wert liege darin, Männern zu gefallen. Solche Väter schätzen Klugheit bei Frauen gering und bewirken bei ihren Töchtern, daß sie dasselbe tun.

Andererseits können Väter enorm viel dazu beitragen, daß ihre Töchter lernen, gesunden Widerstand zu leisten. Sie können ihnen beibringen, auf sich aufzupassen und sich zu wehren. Sie können das Androgyne in ihren Töchtern fördern, besonders durch Sport und Lernen. Sie können ihnen beibringen, wie man einen Reifen wechselt, einen Ball wirft oder eine Veranda baut. Sie können ihnen helfen, die männliche Sichtweise und die Einflüsse, denen Männer in unserer Kultur ausgesetzt sind, besser zu verstehen.

Die besten Väter bekämpfen ihre eigenen Rollenvorstellungen. Väter können auf vielerlei Weise demonstrieren, was ein gutes Mann-Frau-Verhältnis ist und was es heißt, Frauen zu achten. Sie können für die größere Wertschätzung ihrer Töchter kämpfen und ihnen helfen, ihr wahres Selbst zu behalten. Sie können ihren Töchtern klarmachen, daß es völlig in Ordnung ist, wenn sie klug, mutig und eigenständig sind.

Ich habe in den siebziger Jahren Vater-Tochter-Verhältnisse untersucht. Zu diesem Zweck interviewte ich Schülerinnen, von welchen bei einem Viertel der Vater nicht mehr lebte, bei einem weiteren Viertel die Eltern geschieden waren und bei der restlichen Hälfte die Eltern zusammenlebten. Ich wollte herausfinden, welchen Einfluß das Verhältnis zwischen Tochter und Vater auf das Selbstwertgefühl, das allgemeine Wohlbefinden und das Verhalten von Mädchen gegenüber Männern hat.

Ich stellte bald fest, daß die physische Anwesenheit des Vaters wenig damit zu tun hatte, ob die Beziehung gut oder schlecht war. Es gab Mädchen, die mit ihren Vätern kaum sprachen, obwohl er zu Hause lebte, andere Mädchen, deren Vater tot war, fühlten sich dagegen gestärkt von der Erinnerung an die Wärme und Bestätigung, die sie einst von ihm bekommen hatten. Der emotionale Zugriff, nicht die physische Präsenz war die entscheidende Variable. Ich fand drei Arten von Tochter-Vater-Beziehungen: unterstützende, distanzierte und schädigende.

Unterstützende Väter hatten Töchter mit einem hohen Selbstwert- und einem guten Lebensgefühl. Dieses Mädchen waren eher fähig, Männer zu lieben, sie fühlten sich sicherer in ihren Beziehungen zum anderen Geschlecht und waren zuversichtlicher, was ihre eigene Zukunft betraf. Sie beschrieben ihre Väter als interessant und witzig, engagiert und umgänglich.

In meiner Untersuchung fiel die Mehrzahl der Väter unter die Kategorie »distanziert«. Der Wunsch nach einer guten Beziehung mag bei ihnen durchaus vorhanden gewesen sein, doch es mangelte ihnen an Geschick. Mädchen von distanzierten Vätern sagten, ihnen gefiele das Geld, das diese nach Hause brächten, ansonsten fanden sie nichts Positives. Abgesehen von der Funktion als Ernährer, hatten Väter häufig nur noch eine einzige andere Rolle: als Autoritätsperson. Distanzierte Väter wurden im allgemeinen als strenger empfunden als Mütter, als weniger verständnisvoll und weniger bereit zuzuhören. Ein Mädchen sagte: »Wenn Papa ausziehen würde, wären wir zwar ärmer, aber es würde zu Hause friedlicher zugehen.«

Distanzierte Väter waren zwar oft guten Willens, stellten sich aber ungeschickt an. Sie verbrachten meist so viel Zeit bei ihrer Arbeit außer Haus, daß sie für die harte Arbeit an der Beziehung zu ihren heranwachsenden Kindern keine Zeit mehr fanden. Distanzierte Väter hatte keine Ahnung, wie sie auf ihre komplizierten Teenager-Töchter gefühlsmäßig eingehen konnten. Sie hatten nicht gelernt, auf knifflige Beziehungsprobleme mit Einfühlungsvermögen, Flexibilität, Geduld und Geschick zu reagieren. Sie hatten sich vielmehr darauf verlassen, daß Frauen dies für sie tun.

Bei einigen distanzierten Vätern war es aber mehr als nur ein Problem von Geschicklichkeit und Zeitmangel. Aufgrund ihrer männlichen Sozialisation hatten sie keinen Sinn für die Qualitäten enger, langfristiger Beziehungen. Fürsorglichkeit und Einfühlungsvermögen taten sie als Schwäche ab, sie behandelten ihre Töchter kalt und gedankenlos.

Die dritte Kategorie bestand aus Vätern, die ihren Töchtern gefühlsmäßig, physisch oder sexuell schadeten. Diese Väter beschimpften ihre Töchter, verhöhnten und beschämten sie wegen ihrer Fehler und fügten ihnen körperlichen Schaden zu oder mißbrauchten sie sexuell.

Katies Vater gehörte in die Kategorie »unterstützend«. Allerdings hatte Katie wegen seiner Krankheit zuviel Verantwortung für ihn übernommen. Hollys Vater besaß nicht das notwendige Geschick, seiner Tochter zu helfen. Dale war gutwillig, aber distanziert. Klaras Vater fiel ebenfalls unter die Kategorie »distanziert«. Er war ein auf Geschlechterrollen fixierter Vater, der versuchte, seiner Tochter seine Ansichten über Weiblichkeit aufzudrängen. All diese Väter spielten eine wichtige Rolle im Leben ihrer Töchter, sei es im guten oder schlechten Sinne.

Katie (16) und Pete

Pete war ein alleinerziehender Vater, dessen Frau bei einem Autounfall ums Leben gekommen war, als Katie drei Jahre alt war. Pete war ans Haus gefesselt, weil er an einer Muskeldystrophie litt, schaffte es aber, sich und Katie mit einem Computer-Consulting-Geschäft über Wasser zu halten.

Als Katie 15 war, bestand ihr Vater darauf, daß sie eine Therapie machte. Seine Sorge war, daß sie aus Liebe zu ihm versäumte, ihr eigenes Leben zu leben. Sie kam also nicht freiwillig zu mir und meinte, sie könne eigentlich alle ihre Gedanken und Gefühle mit Pete besprechen.

Katie war voller Herzenswärme und Verständnis, sie schien mir fast zu gut, um wahr zu sein. Anders als die meisten Teenager hatte sie das Gefühl, daß das, was sie tat, für andere wichtig war. Sie sorgte für Pete, arbeitete in einem Supermarkt in der Nähe und lernte für die Schule. Immer wieder gelang es ihr, in ihrem problembeladenen Leben die richtigen Entscheidungen zu treffen.

Ich fragte nach ihrer Beziehung zu Pete. »Er hat mir immer vertraut. Wenn ich ein Problem habe, will er, daß ich es selbst löse. Er meint, ich würde schon immer das Richtige tun. Wir beide können über alles reden: Sex, Jungen, Drogen, Menstruation, was auch immer. Er ist der beste Zuhörer auf der ganzen Welt.«

Ich wollte wissen, ob ihr nicht eine Mutter fehle. »Ich erinnere mich nicht an meine Mutter. Natürlich wäre ich froh, wenn sie bei uns wäre, aber ich bin glücklicher als die meisten meiner Freundinnen und Freunde. Ich habe einen besseren Vater als alle, die ich kenne.«

Erst als ich nach Petes Gesundheitszustand fragte, änderte sich ihr Ton. Ihr Gesicht wurde ernst, und sie sagte mit leiser Stimme: »Es geht ihm immer schlechter, ich mag ihn nicht mehr länger alleine lassen und mache mir Sorgen, wie es mit ihm weitergeht.«

Sie berichtete über seine Beschwerden und schlechten Heilungschancen. Ihre Stimme klang klar und fest, aber schmerzerfüllt. Sie hatte viel darüber nachgedacht, was sie Pete alles geben wollte, doch kaum darüber, was sie für sich selbst behalten mußte. Ich befürchtete, daß sie nur wenig Freundschaften hatte, die sie aufrechterhalten würden, wenn ihr Vater starb. Ich mußte vorsichtig vorgehen, nichts in Ordnung bringen wollen, was gar nicht kaputt war, andererseits mußte Katie mehr über ihr eigenes Leben nachdenken. Pete hatte recht – sie sollte mehr Freunde und mehr Spaß haben.

Am Ende der Sitzung erzählte ich ihr von meinen Bedenken. Katie sagte daraufhin: »Papa ist so wunderbar, daß ich es nicht vermisse, keine Freunde zu haben. Ich weiß, es klingt komisch, aber ich mag mein Leben, so wie es ist.«

Ich wollte diesen wunderbaren Papa kennenlernen, also fuhr ich an einem Samstagnachmittag zu ihrem kleinen Vorstadthaus. Pete lag auf einer Bettcouch, zugedeckt mit ein paar Quilts und umlagert von drei siamesischen Katzen. In Reichweite standen Computer und Telefon. Er war hager und schwächlich, hatte ein freundliches Lächeln und eine aufgeschlossene Art.

Pete und Katie scherzten über meinen schwarzen Mantel und die weißen Katzenhaare. Wir plauderten über den bitterkalten Wind, der unsere Stadt übers Wochenende hatte zu Eis erstarren lassen, und über Katies Kochkünste. Niemand schien daran gelegen, auf Petes Gesundheitszustand zu sprechen zu kommen.

Ich beglückwünschte Pete zu der wunderbaren Erziehungsleistung, die er an Katie vollbracht hatte. Er lachte. »Sie hat mich erzogen. Sie ist hundertmal reifer als ich.«

Ich stimmte ihm zu, daß Katie sehr reif war, merkte aber an, daß sie mehr Umgang mit anderen Menschen bräuchte. Bei mir dachte ich, was Katie braucht, sind ein paar Freundschaften und daß sie am Samstagabend ab und zu ausgeht. Ich nahm an, daß ihre Zurückhaltung in diesem Punkt teilweise der Sorge um ihren Vater entsprang, teilweise aber vermutlich nichts anderes war als die üblichen Kontaktschwierigkeiten eines Teenagers.

Pete sagte: »Normalerweise respektiere ich Katies Meinung, aber was das betrifft, muß sie wirklich mehr über sich nachdenken. Sie fühlt sich mit mir wohler als mit Jugendlichen ihres Alters. Sie kann es nicht ertragen, wenn sie versagt, und sie weiß, daß ihr das bei mir nicht passiert.«

Ich bot mich als Katies »Beraterin in Sachen gesellschaftliche Kontakte« an, und sie war damit einverstanden, eine Weile zu mir zur Gesprächstherapie zu kommen. Doch ich merkte, daß sie uns nur unseren Willen lassen wollte. Ich wechselte das Thema. »Wie geht es weiter, wenn Katie mit der Schule fertig ist?«

Pete und Katie schauten sich an, und Pete lachte. »Da gibt es eine große Meinungsverschiedenheit zwischen uns. Wir haben das Geld aus der Lebensversicherung meiner Frau. Katie kann studieren, wo sie will. Sie kann überall hingehen, ihre Noten sind erstklassig.«

Katie unterbrach: »Ich will aber hier studieren.«

Pete fuhr fort: »Katie hat schon alles geplant. Sie will zu Hause wohnen und für ihren kranken alten Vater sorgen. Das werde ich aber nicht zulassen.«

»Du hast mir nie gesagt, was ich tun soll, da kannst du doch jetzt nicht damit anfangen«, sagte Katie.

Wir lachten alle.

Doch dann füllten sich Katies Augen mit Tränen, und sie sagte: »Ich habe außer dir keine Verwandten, und ich werde dich nicht verlassen. Ich würde mich nirgendwo anders wohl fühlen. Ich bleibe nicht deinetwegen hier. Ich bleibe meinetwegen.«

Pete schüttelte verneinend den Kopf.

»Ich werde nur im Studentenheim wohnen, wenn ich dich jeden Tag zu Hause besuchen kann.«

»Was denkst du eigentlich, was ich ohne dich machen werde?« spottete Pete. »Kokain schnupfen, mein Geld mit idiotischen Spielen vertun?«

Katie stand auf, um ihrer Meinung Nachdruck zu verleihen. »Du wirst das tun, was du jetzt auch tust, und dazu brauchst du meine Hilfe. Du kannst jemanden anstellen zum Einkaufen oder Saubermachen, aber ich werde jeden Tag vorbeikommen, und damit Schluß.«

»Sie haben eine eigensinnige Tochter großgezogen«, sagte ich. »Ich schlage vor, daß sie Katies Angebot annehmen. Es ist schließlich nichts dabei, wenn Familien zusammenbleiben.«

Pete sagte: »Mir bleibt wohl nichts anderes übrig. Ich glaube nicht, daß Katie jetzt noch anfängt, sich von mir Vorschriften machen zu lassen.«

Katie würde sich keine Vorschriften machen lassen, doch ich hatte das Gefühl, daß sie für Gespräche und Ratschläge nicht ganz unzugänglich war. Ich wußte, daß es ihr zu einem gewissen Grad bewußt war, daß sie sich vor Gleichaltrigen drückte. Andererseits bewunderte ich das enge Verhältnis zwischen Pete und Katie und hatte nicht vor, eine liebevolle Beziehung zu pathologisieren. Ich bemerkte: »Es lassen sich viele Kompromisse finden. Katie könnte vielleicht ein Jahr auswärts studieren oder auch nur den Sommer über. Wir können darüber reden, wenn sie zu mir in die Praxis kommt.«

»Ich glaube, Katie wird tun, was sie will.« Er lächelte sie an. »Sie ist das Kreuz, das ich tragen muß.«

Holly (14) und Dale

Hollys Mutter hatte sich in einen Nachbarn verliebt und brannte eines Tages mit ihm durch, als Holly im Kindergarten und Dale bei der Arbeit war. Sie sahen sie nie wieder. Dale arbeitete als Vorarbeiter bei einem Reifenhersteller. Frau und Tochter waren sein Leben, und die Tatsache, daß seine Frau ihn verlassen hatte und er nun allein die Verantwortung für seine Tochter trug, war verheerend für ihn. Er sorgte zwar dafür, daß es Holly an nichts mangelte und jemand auf sie aufpaßte, doch er hatte weder die Kraft noch das Einfühlungsvermögen, ihr eine emotionale Hilfe oder ein Gefährte zu sein.

Nachdem seine Frau gegangen war, verliefen Dales Tage einer

wie der andere. Er kam nach Hause, machte Essen, wusch ab und ließ sich dann in seinen Sessel vor dem Fernseher fallen. An manchen Abenden fielen ihm schon vor den Zehn-Uhr-Nachrichten die Augen zu. Nur selten schaffte er es, sich um Hollys Schularbeiten zu kümmern, er hatte keinerlei eigene Interessen. Einmal wollte sich ein Kollege mit ihm verabreden, aber Dale lehnte ab. Der Kollege versuchte es nicht noch einmal.

Holly lernte schnell, für sich selbst zu sorgen. Sie räumte stets ihr Zimmer auf und wusch und bügelte ihre Kleider selbst. Sie war sich kaum bewußt, daß andere Mädchen mehr Freundinnen hatten, aktiver waren und zudem Eltern hatten, die ihnen Geschichten vorlasen oder etwas mit ihnen unternahmen. Sie lernte nie, benahm sich aber wohlerzogen, und ihr Zeugnis war eine langweilige Liste von lauter »Befriedigend«.

In der Grundschule sah sie zusammen mit Dale viel fern, doch in der Mittelstufe brach sie mit dieser Gewohnheit und hörte statt dessen Musik. Holly schwärmte für die Musik von Prince. Sie tapezierte ihre Wände mit seinen Posters und Plattenhüllen. Sie trat in seinen Fan-Club ein, und einmal in der Woche schrieb sie ihrem Idol einen langen Brief. Sie hörte seine Musik so lange, bis sie alle Texte auswendig kannte, und weil Prince lila Kleidung trug, ging auch Holly ausschließlich in Lila. Sie frisierte sich das Haar, bis es wild vom Kopf abstand, und färbte es rot, weil Prince angeblich rote Haare bevorzugte.

Das alles bemerkte Dale kaum, bis die Schulpsychologin anrief, um ihm zu sagen, daß Holly wegen ihrer lila Kleidung und der irrsinnigen Frisur von den anderen ständig gehänselt wurde. Sie war außerdem besorgt, weil Holly nur wenige Freunde und, abgesehen von Prince, keine Interessen hatte. Sie riet Dale, Holly in einem Sportverein oder zu einem Theaterkurs anzumelden.

Dale fragte Holly, ob sie nicht in einen Verein eintreten wolle, und sie verneinte. Er bot ihr an, sie könne Unterricht nehmen, worin auch immer, und sie lehnte ab. Dale kaufte ihr neue bunte T-Shirts, und Holly verstaute sie unausgepackt in einer Schublade. Dale war sich zwar bewußt, daß Hollys Problem etwas mit ihrem Zuhause zu tun hatte, er wußte aber nicht, was er dagegen tun könnte. Er gab auf und setzte sich wieder vor den Fernseher.

Dann lernte Holly Lyle kennen, einen hageren Jungen aus der achten Klasse, der eine schwarze Nietenlederjacke trug und auf dem Körper den Spruch »Lebe schnell, sterbe jung« eintätowiert hatte. Lyle hatte sich, genau wie Holly, der Musik zugewandt, um mit seiner Einsamkeit fertig zu werden. Er hörte praktisch den ganzen Tag lang Musik, es sei denn, er schlief oder war im Unterricht. Er bekam Ärger in der Schule, weil er während der Mittagspause laute Musik hörte. Er und Holly unterhielten sich erstmals in der hintersten Reihe im Englischunterricht. Holly hatte beobachtet, wie Lyle einen Walkman in die Schule geschmuggelt hatte, und fragte ihn schüchtern, ob er Prince möge. Anders als die meisten anderen Jungen, stieß sich Lyle nicht an Hollys abstehenden Haaren und ihrem lila Outfit. Er sagte ja, er möge Prince.

Er fragte Holly, ob sie mit ihm nach der Schule nach Hause kommen wolle, um Musik zu hören. Als die Woche um war, gingen die beiden bereits miteinander. Viel von der Verehrung, die Holly für Prince hatte, übertrug sie nun auf Lyle. Sie rief ihn als erstes morgens an, um ihn zu wecken, und traf ihn dann an einer bestimmten Straßenecke, nicht weit von der Schule, auf eine Zigarette. Im Unterricht schrieb sie ihm Briefchen, aß mit ihm in der Cafeteria zu Mittag, und nach der Schule ging sie mit ihm nach Hause. Abends telefonierte sie stundenlang mit Lyle.

Dale war erleichtert, daß Holly einen Freund hatte. Er sagte zu mir: »Lyle war ein komischer Bursche, aber er hatte gute Manieren.« Dale ahnte zwar schon, daß so viel Vertrautheit in so kurzer Zeit nicht gut sein konnte, wußte aber nicht, was er machen sollte. Als er mit Holly über Sex sprechen wollte, wurde sie ärgerlich, sie würde damit schon alleine klarkommen. Er bezweifelte das zwar, war aber unsicher, was er sagen oder tun sollte.

Drei Monate lang lebte Holly nur für Lyle. Dann brach Lyle die Beziehung abrupt ab. Er erklärte Holly, daß er noch keine ernsthafte Beziehung haben wolle und mehr Zeit brauche, um Gitarre zu üben und sich mit Musikern zu treffen. Lyles Mutter rief bei Dale an, um ihn vor den Konsequenzen zu warnen, die diese Nachricht bei Holly auslösen würde. Sie sagte, ihr Mann und sie mochten Holly zwar gerne, fanden aber, daß alles viel zu schnell gegangen sei und Lyle sich wieder etwas zurücknehmen müsse. Schließlich waren sie erst in der achten Klasse. Sie hatten mit Lyle über ihre Bedenken gesprochen, und er versprach, sich zurückzuhalten. Bevor sie auflegte, sagte sie Dale noch, daß Holly und Lyle miteinander geschlafen hatten.

Dale war ganz betroffen von dieser Nachricht. Er wollte, daß Holly einen Schwangerschaftstest machte, aber sie weigerte sich. Sie weigerte sich auch strikt, mit ihm über Lyle zu sprechen. Wenn er abends nach Hause kam, floh sie auf ihr Zimmer und schlug die Tür zu. Einige Tage lang heulte Holly ununterbrochen, weigerte sich, zu essen und zur Schule zu gehen. Sie hatte ständig rote Augen und ein vor Kummer aufgedunsenes Gesicht. Sie telefonierte jeden Tag mit Lyle, doch die Gespräche verliefen nicht gut. Ihr ständiges Bitten und Flehen überzeugten ihn immer mehr, daß er Schluß machen wollte. Eines Tages schluckte Holly dann alle Tabletten, die sie im Haus finden konnte.

Zum Glück kam Dale an jenem Tag mittags nach Hause, um nach Holly zu sehen. Er fand sie schlafend in einer Pfütze Erbrochenem liegen und wählte den Notruf.

Ich traf Holly zum ersten Mal nach diesem Selbstmordversuch im Krankenhaus. Sie lag allein in einem weißen Zimmer, hatte ein Krankenhausnachthemd an, ihre Haare sorgfältig zu einer abstehenden Mähne toupiert und eine Musikzeitschrift neben sich liegen. Als ich mich vorstellte, verhielt sie sich höflich, aber distanziert.

Ich fragte sie nach dem Selbstmordversuch. Holly schaute aus dem Fenster in den trüben Novembertag und sagte: »Mein Leben ist gelaufen.« Auf meine weiteren Fragen gab sie nur teilnahmslose, einsilbige Antworten.

Das wurde bei mir in der Praxis auch nicht viel anders. Zur ersten Sitzung kam Dale und schilderte mir sein Leben mit Holly. Er wußte fast nichts über ihre Gedanken und Gefühle. Es war eindeutig, daß ihm an seiner Tochter lag, doch er wußte nicht, wie er seine Zuneigung auf adäquate Weise zum Ausdruck bringen könnte. Er und Holly hatten so selten miteinander geredet, daß sie jetzt, wo Holly in einer Krise war, keine Basis fanden, um Dinge zu besprechen. Ich war betroffen, wie wenig Freude ihm sein eigenes Leben bereitete. Seine Eltern waren tot. Er hielt nichts von Freundschaften zwischen Kollegen. Sein einziges Interesse war das Fernsehen.

Ich telefonierte mit der Schulpsychologin, die meinte: »Holly hat eigentlich kein wirkliches Leben. Sie lebt in einer Phantasiewelt, die sie sich um Prince herum aufgebaut hat. Sie versuchte zwar, Prince durch Lyle zu ersetzen, aber richtige Menschen sind zu kompliziert für sie.«

Allmählich gelang es mir, mit Holly eine Beziehung aufzubauen. Sie kam einmal pro Woche, immer in einem anderen lilafarbenen Outfit, und wir sprachen über Prince. Ich bat sie, eine Kassette mitzubringen, und wir hörten sie gemeinsam an. Um mich zu provozieren, spielte sie Prince-Songs, die sie »sexy« fand. Ich sagte hinterher jedesmal etwas Anerkennendes.

»Mir gefällt die Stelle mit dem ›Bleiben bis zum Morgengrauen‹.«

Sie zuckte mit den Achseln und sagte: »Das sind alte Kamellen. Hören Sie diesen.«

Ich fragte: »Was bedeutet dieser Song für dich?«

Holly sagte: »Es geht um zwei gegen alle. Unsterbliche Liebe.«

»Das kennst du nicht – unsterbliche Liebe«, sagte ich.

»Spielen Sie auf meine Mutter an?«

Holly beantwortete meine Fragen häufig, indem sie aus einem Prince-Song zitierte. Ich hörte zu und merkte mir Themen aus den Songtexten, um später darüber zu diskutieren. Ich wartete darauf, daß Holly sich in ihren eigenen Worten ausdrücken würde. Schließlich machte ich ihr den Vorschlag, selbst einen Text im Stil von Prince zu schreiben, in dem es um ihre Gefühle ging.

In der nächsten Woche überreichte mir Holly einen Liedtext. Er handelte von Einsamkeit und Verlassenwerden, ganz ähnlich wie bei Prince. Sie strahlte, als ich sie dafür lobte. Von da an kommunizierten Holly und ich meist über ihre Lieder. Sie brachte jede Woche einen neuen Text mit – einen über den Weggang ihrer Mutter, einen über ihre Wut über die Scheidung. In einem Lied stellte sie die Frage, warum ihre Mutter weggegangen war und warum sie nicht anrief, ein weiterer handelte von der Grausamkeit Jugendlicher. Ich hörte mir die Lieder an, diskutierte sie mit ihr, fragte sie, welche Bedeutung sie für sie hätten.

Ansonsten forderte ich sie vorsichtig auf, sich eine Freundin zu suchen. Weil ihre Mutter sie verlassen hatte und sie von Mädchen oft gehänselt wurde, mißtraute Holly allen Frauen. Meinen Vorschlag, doch mehr mit Mädchen zu reden, lehnte sie mit einem Kopfschütteln ab. Dann riet ich ihr zu Musikstunden oder dazu, in einer Band mitzuspielen.

Nach einigen Monaten hielt ich unsere Beziehung für gefestigt genug, um das Thema Sex anzusprechen. Zuerst riet ich ihr, sich bei einer Ärztin zur Untersuchung anzumelden. Ich gab ihr ein paar grundsätzliche Informationen über Sexualität, die »alle Mädchen beschäftigten, nach denen sie sich aber nicht zu fragen trauten«.

Wir sprachen darüber, wie empfänglich sie für den ersten Jungen war, der sagte: »Ich liebe Dich.« Lyle war ein anständiger Junge, einsam und naiv wie Holly, doch der nächste könnte ganz anders sein. Ich wies sie darauf hin, daß »Ich liebe Dich« auch die ersten Worte sind, die Psychopathen in der Regel zu Mädchen sagen.

Wie viele heranwachsende Mädchen beging auch Holly den Fehler, ihren Körper einzusetzen, um Liebe zu bekommen. Doch was sie wirklich brauchte, war Zuneigung, nicht Sex, und am allermeisten brauchte sie die Zuneigung ihres Vaters. Wir sprachen darüber, wie fremd sie und ihr Vater sich waren, und ich bat Dale, in Zukunft mitzukommen. In der ersten gemeinsamen Sitzung benahm er sich noch unbeholfener als Holly. Er saß steif, mit über der Brust gefalteten Händen da, und antwortete auf meine Fragen immer nur: »Ja, Frau Pipher.«

»Wir sprechen nie miteinander«, meinte Holly vorwurfsvoll.

Dale sagte: »Deine Mutter konnte das besser. Ich habe nicht gelernt, mit Kindern zu sprechen.«

Ich wollte wissen, ob sie beide denn ein engeres Verhältnis haben wollten. Holly wickelte eine Haarsträhne um ihren kleinen Finger und nickte schüchtern. Dale rang nach Worten, sagte aber schließlich: »Das ist doch alles, was ich will. Wofür würde ich denn sonst leben?«

Ich riet ihnen, sich nicht zu überfordern. Beide hatten sie wenig Übung und wären sehr enttäuscht, wenn es nicht gleich gelänge. Sie sollten erst einmal ein Essen zusammen kochen oder durch die Stadt fahren und sich die Weihnachtsdekorationen anschauen. Als ich vorschlug, ein Weihnachtskonzert zu besuchen, schauten sie beide verblüfft. Da verwarf ich die Idee wieder und riet ihnen statt dessen, jeden Abend zehn Minuten darüber zu sprechen, was sie während des Tages erlebt hatten.

In der nächsten Sitzung berichteten sie, daß ihre Gespräche zunächst zäh verliefen, mit zunehmender Übung aber immer besser wurden. Dale fragte Holly nach der Schule, und sie erzählte ihm vom Mittagessen in der lauten Cafeteria. Holly wollte wissen, welche Arbeit ihr Vater genau machte, und er erklärte es ihr nach all den Jahren zum ersten Mal.

Behutsam näherten wir uns in der Therapie schließlich den lange verdrängten Gefühlen über den Weggang von Hollys

Mutter. Dale sagte: »Ich versuchte, es hinter mir zu lassen. Ich konnte nichts daran ändern, also warum sollte ich darüber klagen?«

Holly meinte: »Ich hatte Angst, das Thema anzuschneiden, weil Papa immer so traurig aussah. Nach einem Monat hörte ich dann auf, Mama überhaupt noch zu erwähnen. Aber noch lange Zeit habe ich mich in den Schlaf geweint.«

Ich bat Holly und Dale, Briefe an die abwesende Mutter zu schreiben, in denen sie ihre wahren Empfindungen über ihren Weggang zum Ausdruck brachten. Diese Briefe waren nicht zum Abschicken gedacht (wir hätten ja auch gar nicht gewußt, wohin), sie sollten vielmehr Holly und Dale helfen, das schmerzliche Ereignis zu verarbeiten.

In der nächsten Woche lasen Holly und Dale ihre Briefe laut vor. Dales Brief klang erst förmlich und gefühlsarm, später dann leidenschaftlicher. Jahre der angestauten Wut brachen hervor, und nach der Wut kam die Traurigkeit, und nach der Traurigkeit das Unbehagen über sich selbst. Er war als Ehemann ein Versager, war nicht in der Lage, sich klar auszudrücken oder Zuneigung zu zeigen. Er gab sich selbst die Schuld, daß seine Frau weggegangen war.

Holly hörte sich den Brief ihres Vaters aufmerksam an und reichte ihm das Taschentuch für seine Tränen. Sie faßte seinen Arm und sagte: »Es war nicht deine Schuld, es war meine.«

Dann las sie ihren Brief vor, der, genau wie Dales, förmlich und höflich anfing, dann immer zorniger wurde. Ihr vorrangiges und stärkstes Gefühl war das des Verlustes – ihre Mutter hatte sich fürs Weggehen und gegen sie entschieden. Sie nahm deshalb an, daß mit ihr etwas nicht stimmte, sie einen versteckten Makel hatte, den sie nur noch nicht erkennen konnte. Sie hatte sich seit dem Verschwinden ihrer Mutter gegrämt, wußte aber nicht, wie sie ihre schmerzlichen Gefühle ausdrücken oder sie sich eingestehen sollte.

Seit ihre Mutter sie verlassen hatte, wehrte sie sich dagegen, sich von Frauen anfassen oder loben zu lassen. Wenn eine Lehrerin ihr auf die Schulter klopfte, wich sie zurück. Statt bei

Frauen Hilfe zu suchen, versuchte sie, sich selbst zu behelfen, so daß sie keine brauchte. Sie ging auch nicht gerne zu Mädchen nach Hause. Diese mit ihren Müttern zusammen zu sehen machte sie zu eifersüchtig.

Sie gab sich die Schuld daran, daß ihre Mutter sie verlassen hatte. Sie war »ein vorlautes kleines Ding«. Später war Holly alles andere als vorlaut, sie redete vielmehr fast gar nicht mehr. Sie glaubte nicht mehr, daß Worte ihr helfen konnten.

Seit ihre Mutter sie verlassen hatte, war Lyle der erste Mensch, auf den sie sich emotional einließ. Er gab ihr die Hoffnung, daß sie doch liebenswert sei. Er hörte ihr zu, nahm sie in die Arme, sagte ihr, wie schön sie sei. Als er sie verließ, litt sie entsetzlich. Es erinnerte sie an das Verlassenwerden durch ihre Mutter und ließ sie glauben, daß sie der Liebe eines anderen Menschen nicht wert war.

Am Schluß der Sitzung weinten sowohl Holly als auch Dale. Mir wurde klar, daß die beiden sich dringend brauchten. Sie konnten nur zusammen schwimmen oder aber untergehen. Beide hatten das Gefühl, nicht liebenswert zu sein, und der einzige Mensch, der ihnen vertraut genug war, um das zu ändern, war der jeweils andere. Indem sie ihre Beziehung liebevoller gestalteten, konnten sie sich gegenseitig beweisen, daß sie der Liebe fähig und wert waren.

Das war es, woran wir von nun an arbeiteten. Dale verhielt sich reserviert, weil er seinen eigenen Schmerz nicht verarbeitet und wenig Geschick im Umgang mit Menschen hatte. Dies hatte ihn vermutlich seine Ehe gekostet. Holly verhielt sich distanziert, weil sie verlassen worden war. Ihr Vater machte es ihr leicht, Distanz zu halten. Prince war für sie das ideale Liebesobjekt, weil er Tausende von Kilometern entfernt und völlig unerreichbar war. Ihn konnte sie lieben, ohne jedes Risiko.

Allmählich entstand zwischen Holly und Dale so etwas wie gegenseitige Fürsorge. Sie sprachen mehr über persönliche Dinge. So fragte Holly Dale nach seinen Arbeitskollegen, und er sagte ihr, er würde sie meiden. Sie würden den *Playboy* lesen und in einer Art und Weise über Frauen reden, die ihm zuwider sei. Holly erzählte ihm, wie sie in der Schule von Jungen angemacht wurde und wie unangenehm es sei, von ihnen auf dem Gang angefaßt zu werden. Das führte zu einer philosophischen Diskussion über das Verhältnis zwischen den Geschlechtern. Beide konnten sie voneinander lernen.

Dale wandelte sich zu einem engagierteren Vater. Er beschränkte seine Fernsehzeit auf eine Stunde pro Abend und verbrachte die restliche Zeit damit, sich mit Holly zu unterhalten, ihre Hausaufgaben durchzusehen oder einem Hobby nachzugehen. Er wollte Hollys Schulhefte sehen, und sie sollte ihm von ihrem Tag berichten. Die meisten Teenager hätten sich gegen so viel Anteilnahme zu diesem späten Zeitpunkt gewehrt, doch Holly war so einsam, daß sie sich darüber freute. Er war kein strenger Kritiker, und sie lernte bald, ihm sowohl ihre Mißerfolge als auch ihre Erfolge anzuvertrauen. Dale stellte sich als jemand heraus, der immer auf ihrer Seite stand, sie in allem unterstützte, was sie auch tat.

Sie gingen zusammen zu einem Rock-and-Roll-Konzert in der Stadthalle. Holly zeigte Dale ihre Songtexte, und er wollte ihr Gitarrestunden finanzieren. Ihre Mutter hatte eine gute Stimme, und er hoffte, daß Holly sie geerbt hatte. Holly vertonte ihre Lieder und nahm Kontakt auf mit einer lokalen Band.

Klara (15) und Kurt

Die Schulpsychologin rief mich an wegen Klara, die in Mathematik durchzufallen drohte. Sie sagte: »Klara ist seit Jahren immer wieder durch die Maschen des Systems geschlüpft. Sie gehört zu den Kindern, die man leicht übersieht – artig, still, depressiv. Mir fiel auf, wie dünn sie war, als sie letzte Woche wegen Schuleschwänzen zu mir geschickt wurde. Ich fragte sie nach ihrem Gesundheitszustand und erfuhr, daß sie seit Jahren bei keinem Arzt mehr war. Da stand für mich fest, daß sie Hilfe brauchte. Sie hat keine richtige Krise, sie ist nur ein bißchen angeknackst. Doch wenn wir nichts dagegen unternehmen, wird sie, wenn sie im nächsten Jahr sechzehn wird, die Schule abbrechen.«

Klara kam mit ihrem Vater Kurt zur Therapiesitzung. Sie war, wie von der Schulpsychologin beschrieben, phlegmatisch und verschlossen. Kurt, ein großer Mann mit Glatze und im Arbeitsanzug, war ein entschiedener Kritiker von Psychotherapie. Seit seine Frau an Krebs gestorben war, hatte er etwas gegen Ärzte. Er meinte: »Sie nehmen dich aus nach Strich und Faden, und zurück kriegst du nichts als Mist.« Außerdem war er nicht der Meinung, daß Klara Hilfe brauchte. »Weiß der Himmel, sie hält das Haus in Ordnung. Tut, was man ihr sagt. Ist nicht frech und vorlaut.«

Wir redeten über den Tod von Klaras Mutter, als Klara vier Jahre alt war. Klara konnte sich kaum an sie erinnern. Sie hatte ein paar Sachen von ihr: ihren Ehering, ihre Bibel und ein Pelzcape, das Kurt ihr zum fünften Hochzeitstag geschenkt hatte. Auf ihrem Frisiertisch hatte Klara ein Bild ihrer Mutter stehen, und sie bewahrte einen Brief von ihr auf, der erst an ihrem Hochzeitstag geöffnet werden sollte. Obwohl sie oft versucht war, hat Klara ihn noch nicht gelesen.

Als wir auf den Tod seiner Frau zu sprechen kamen, reagierte Kurt zunächst ziemlich abweisend, wurde aber bald zugänglicher. Seine Frau war eine »schöne Lady«, die ihn und Klara »hundertprozentig« liebte. Er besuchte regelmäßig ihr Grab. Für andere Frauen interessierte er sich nicht, weil keine an sie herankam. Während Kurt sprach, wurden seine Augen feucht, doch er hielt die Tränen zurück. Er ballte statt dessen die Fäuste und wurde wütend. »Warum reden wir denn darüber? Ich dachte, es ginge heute um die Schule?«

Ich hatte das Gefühl, daß Kurt, würde er vor mir zu weinen anfangen, sich so gedemütigt fühlte, daß er nie mehr wiederkommen würde. Also fragte ich nach Hollys Noten. Kurt sagte: »Ihre Noten sind nicht besonders, aber was soll's? Sie wird heiraten und einen Mann haben, der für sie sorgt.«

Ich fragte Klara, warum sie mit der Therapie einverstanden

war. Sie schaute vorsichtig ihren Vater an und sagte: »Die Schulpsychologin meinte, es wäre eine gute Idee.«

Ich wollte wissen, was sie selbst meinte, und sie antwortete: »Ich weiß es eigentlich nicht.«

Klara gestand, daß sie nicht gerne zur Schule ging. In der Klasse machte sie nie den Mund auf aus Angst, sie könnte etwas Dummes sagen und verspottet werden. Sie hielt sich nicht für klug und glaubte auch nicht, daß mehr lernen daran etwas ändern würde. Sie hatte nichts, womit sie sich außerhalb der Schule beschäftigte. Bis auf die Zeit, in der sie sich um ihren Vater kümmerte, verbrachte sie die meiste Zeit mit ihrem festen Freund.

»Und mit Schönmachen«, unterbrach sie Kurt. »Klara verbringt Stunden im Bad, um sich für die Schule zurechtzumachen.«

Das einzige Thema, worüber Klara bereitwillig redete, war ihr Freund Phil, mit dem sie seit der achten Klasse ging. Sie bezeichnete ihre Beziehung als eng. Sie sprachen nicht viel miteinander und gingen auch kaum aus; meist schaute Phil fern. Phil und Kurt waren beide sportbegeistert, und Klara servierte ihnen Salzstangen und Cola, während sie Sportsendungen ansahen.

Ich fragte, was Phil an ihr mochte. Sie dachte eine Weile nach und sagte: »Er würde sagen, daß ich das netteste Mädchen bin, das er je kennengelernt hat. Und er findet mich hübsch. Er mag keine dicken Mädchen und meint, daß ich eine tolle Figur habe. Er zeigt sich gern mit mir.«

Ich war pessimistisch, was diesen Fall betraf. Kurt hatte bereits angekündigt, daß er für nicht mehr als vier Sitzungen aufkommen würde. Das war nicht viel Zeit, um etwas gegen Klaras Depressionen zu unternehmen. Klara erinnerte mich an ein Mannequin. Sie sah aus, wie man es von Frauen erwartete, und benahm sich, wie man es ihr beigebracht hatte. Sie war übersozialisiert, was weibliches Verhalten anlangte, ohne jede Lebendigkeit.

Ich wollte, daß Klara über den Tod ihrer Mutter sprach. Ich

wollte herausfinden, welche Erwartungen sie hatte, was sie an sich und anderen schätzte, wer sie war. Ich hoffte, ich könnte ihr ein Gefühl für all ihre Möglichkeiten vermitteln. Ich hoffte, wir könnten darüber reden, daß sie sich nicht mehr so viel mit ihrem Aussehen beschäftigte und mehr damit, wie sie sich fühlte. Ich wollte, daß sie weiter in die Schule ging.

Ich mußte vorsichtig vorgehen und durfte sie nicht gegen ihren Vater aufbringen. Er erwartete von ihr Gehorsam. Wir würden darüber reden müssen, wann es angebracht war, sich gegen ihn durchzusetzen. Sie müßte natürlich weiterhin den Haushalt machen, aber vielleicht könnte sich Klara ja auch ein paar eigene Ziele setzen.

Ich bat Klara, jeden Tag etwas zu machen, das ihr Spaß bereitete. Sie schaute skeptisch, war aber einverstanden. Beim Weggehen sagte Kurt: »Dies war doch nicht so dumm, wie ich dachte. Vielleicht komme ich ja wieder, aber machen Sie sich nicht zu große Hoffnungen.«

Eigentlich wollte ich, daß Kurt alleine kam. Er müßte seine Vorstellungen über Frauen- und Männerverhalten überdenken. Seine Ansichten über Frauen schadeten seiner Tochter, und seine Ansichten über Männer hielten ihn davon ab, über seinen eigenen Kummer hinwegzukommen und sich weiterzuentwickeln. Er schien Angst davor zu haben, die Kontrolle zu verlieren, indem er weinte oder zugab, daß er sich um Klara Sorgen machte. Obwohl Kurt auf seine Art ziemlich gefestigt schien, ließ er sich vielleicht doch darauf ein, sein Leben zu überdenken. Ich mußte es nur richtig anstellen. Er liebte seine Tochter, obwohl er kaum wußte, wer sie war oder wer sie sein könnte. Ich dachte an seine früheren Erfahrungen mit Ärzten und wollte, daß es diesmal anders würde. Das letzte Mal verlor er seine Frau. Diesmal wollte ich ihm seine Tochter näherbringen.

Als er sah, daß Klara Fortschritte machte, gab er nach und verlängerte die Therapie über die vier Sitzungen hinaus. Klara war ein schüchternes, einfaches Mädchen, reagierte aber, wie die meisten Menschen, recht schnell, wenn man ihr Achtung entgegenbrachte und sich für ihre Ansichten interessierte. Wir arbeiteten an verschiedenen Problemen. Genau wie ihr Vater leugnete oder unterdrückte sie Schmerz. Mein erstes Ziel war also, sie mit neuen Strategien zur Schmerzbewältigung vertraut zu machen.

Ich ermutigte sie, den Dingen, vor denen sie Angst hatte, ins Auge zu sehen und über verletzte Gefühle zu sprechen, statt sie herunterzuschlucken. Wie vielen übersozialisierten Frauen fiel es Klara schwer, Wut zu äußern. Ich fragte sie nach Situationen, in denen sie wütend oder empört war, und sie kam damit nur zögernd heraus. Doch nach und nach lernte Klara, daß sie über ihre Gefühle offen sprechen konnte, ohne daß sie oder ich vor Entsetzen tot umfielen.

Es passiert oft, daß Klientinnen, wenn sie ihre negativen Gefühle erst einmal artikulieren, auch ihre Fähigkeit zur Freude zurückgewinnen. Klara lachte nun ab und zu in den Sitzungen, ein hübsches, melodisches Lachen. Sie erzählte von schönen Erlebnissen, die sie in der Schule, mit ihrem Vater oder mit Phil hatte. Ihre Noten verbesserten sich zwar nicht, aber ihre Beziehungen wurden besser. Sie wurde gesprächiger. Eines Tages erzählte sie mir, daß sie seit neuestem darauf bestand, daß Phil sie jeden zweiten Sonntag zum Essen oder ins Kino ausführte, statt mit ihrem Vater die Sportsendungen im Fernsehen anzuschauen.

Klara beschäftigte sich weiterhin viel mit ihrem Aussehen, doch unsere Gespräche über »lookism« eröffneten ihr eine neue Perspektive. Sie wollte nun nicht mehr nur wegen ihres Aussehens geschätzt werden und ließ es nicht länger zu, daß Phil negative Bemerkungen über dicke Frauen machte.

Klara liebte ihren glatzköpfigen, sexistischen Vater und ließ absolut nichts auf ihn kommen. Ich paßte auf, nichts Kritisches über Kurt zu sagen, denn er war Klaras Obdach vor dem Sturm. Sie war noch nicht so weit, würde es vielleicht auch nie sein, die Beziehung zu ihrem Vater zu hinterfragen.

Kurt kam nochmals zu einer Sitzung, bevor ich meine Arbeit

mit seiner Tochter beendete. Er sagte zu mir: »Ich dachte zuerst, das wäre alles Schwindel, aber den Pudding schmeckt man eben erst beim Essen. Klara geht's jetzt tausendmal besser. Darüber gibt es keinen Zweifel.«

Er hielt inne und sagte leise: »Sie lacht jetzt genau wie ihre Mutter.«

Ich bot ihm an, weiterhin zu mir zu kommen, aber er lehnte ab. »Das ist etwas für Mädchen. Ich fühle mich okay.« Er dankte mir, daß ich seiner Tochter geholfen hatte, und beendete unsere Sitzung galant, indem er sagte: »Nicht alle Ärzte sind geldgierige Quacksalber.«

7. Scheidung

Julia (14)

Jean, eine muntere Frau im Kostüm, berichtete, daß ihre Tochter von der Polizei festgenommen wurde, weil sie als Minderjährige beim Alkoholtrinken erwischt worden war. Julia, in rosaroten Stretch-Hosen, riesigem Pullover und mit Haifisch-Ohrringen, stöhnte und verschränkte die Arme über die Brust. »Ich hatte *ein* Bier.«

Jean schilderte mir ihre komplizierten Familienverhältnisse. Sie hatte sich vor zwei Jahren von Julias Vater scheiden lassen, nachdem er sich mit einer jüngeren Frau eingelassen hatte. Die beiden waren inzwischen verheiratet und in eine Stadt ganz in der Nähe gezogen. Vor drei Monaten bekamen sie ein Baby. Seit der Geburt seiner zweiten Tochter hatte Julia ihren Vater nicht mehr gesehen. Er rief einige Male an, war aber ansonsten völlig okkupiert von dem Baby und seiner neuen Frau. Jean hatte ihm nicht einmal von Julias Festnahme erzählt.

Jean war seit der Scheidung Julias Vormund. Sie arbeitete in einer Steuerberatungsfirma und konnte mit ihrem Gehalt die Familie gerade so über Wasser halten. Jean, Julia und Reynold, Julias zehnjähriger Bruder, waren in ein kleineres Haus in einem weniger teuren Stadtteil umgezogen. Die Kinder mußten die Schule wechseln, und Julia war von ihren besten Freundinnen und Freunden getrennt worden.

Bei der Alleinerziehenden-Gruppe lernte Jean vor einem Jahr Al kennen, der eine kleine Druckerei besaß. Sie mochte sofort seine freundliche Art und seinen Humor. Ihm gefielen ihre Tüchtigkeit und ihr gesunder Menschenverstand. Einige Monate lang gingen sie Samstag abends zum Essen aus und ins

Kino. Sie brachten ihre Kinder zusammen, indem sie gemeinsame Picknicks veranstalteten und zusammen zum Minigolfspielen gingen. Vor drei Monaten haben sie geheiratet.

Jean, Julia und Reynold zogen nochmals um, diesmal in das Haus von Al und seinen drei Jungen. Julia mußte zum zweiten Mal in zwei Jahren die Schule wechseln. Jean sagte: »Reynold hatte keine größeren Probleme. Er ist Sportler und fand auf Anhieb Freunde in seiner Fußballmannschaft. Doch für Julia kam die Scheidung zu einer ungünstigen Zeit. Sie war gerade in die siebte Klasse gekommen. An der ersten neuen Schule war sie verschüchtert und fand keine Freundinnen. An der nächsten Schule befreundete sie sich mit Jugendlichen, die rauchten und Akohol tranken. Ich bin sicher, ihre Festnahme hat mit den ganzen Veränderungen zu tun.«

Ich mußte daran denken, daß die meisten Teenager, genau wie Pflanzen, das Umtopfen nur schlecht verkraften.

Julia zog die Beine hoch und rollte sich auf der Couch zusammen. »Ich wußte, daß Mama und Papa sich nicht gut verstanden, aber mir ging's gut. Seit der Scheidung fühle ich mich unglücklich.«

Sie sah ihre Mutter an. »Al ist kein übler Typ – er ist prima zu Mama –, aber seine Söhne sind furchtbar. Sie sind verwöhnt bis zum Gehtnichtmehr. Ich muß ständig hinter ihnen herräumen und ihr Geschirr abwaschen. Al läßt ihnen absolut alles durchgehen. Sie sind einfach blöd.«

»Das stimmt, Julia macht mehr als ihren Teil. Die Jungen von Al brauchten nie im Haushalt zu helfen. Al ist da sehr nachgiebig«, sagte Jean.

»Die meisten Familien mit Stiefgeschwistern brauchen therapeutische Beratung, besonders wenn Teenager im Spiel sind«, sagte ich. »Eine neue Familie aufzubauen ist so schwierig, daß eigentlich jeder eine Therapie braucht.«

Julia sagte: »Lange Zeit habe ich mir gewünscht, daß meine Eltern wieder zusammenkommen. Jetzt will ich nur noch, daß Reynold und ich mit Mama alleine leben. Ich mag den ganzen Krach und das Chaos bei Al nicht.«

Jean berührte den Arm ihrer Tochter. »Du bist doch kaum zu Hause.«

»Aber doch nur deswegen«, sagte Julia.

Jean sagte: »Letzte Woche wurde Julia bei einer Party festgenommen. Danach schlug eine Mutter vor, daß wir Eltern uns zusammensetzen und uns auf ein paar Regeln einigen. Wir arbeiten alle, und niemand ist nach der Schule zu Hause, um aufzupassen. Es gibt also immer irgendeinen Jugendlichen, der eine ›sturmfreie Bude‹ hat.«

Julia sagte: »Diese Mrs. Snyder ist eine falsche Schlange. Laß dich bloß nicht mit der ein. Jeder trinkt doch Alkohol. Du hast doch keine Ahnung.«

Jean seufzte. »Kinder sind heute anders. Als Julia in der achten Klasse war, habe ich zu ihrem Geburtstag eine Rollschuh-Party veranstaltet. Dabei ist mir einiges klar geworden. Die Kinder redeten richtig schmutzig daher. Die Rollschuhbahn hatte extra Sicherheitspersonal, das die Besucher nach Drogen durchsuchte. Weiß Gott, als ich Kind war, ging's anders zu auf einer Rollschuhbahn.«

Julia sagte: »Klar ist alles anders heute. Warum behandelst du mich, als wäre das nicht so? Du hast für mich dieselben dummen Vorschriften wie deine Mutter für dich. Versteh doch, daß ich mich nicht an diese Vorschriften halten kann, wenn ich Freunde haben will.«

Jean sah mich mutlos an. »Ich will sie doch nur vor Unheil schützen.«

Es war klar, Julia mußte mit zu vielen Dingen gleichzeitig fertig werden – der Scheidung ihrer Eltern, dem Verlust ihres Vaters, dem neuen Haus, den neuen Schulen und dem neuen Stiefvater und den Stiefbrüdern. Hinzu kamen die Probleme, die Mädchen in der Pubertät ohnehin haben. Wie viele heranwachsende Mädchen geschiedener Eltern, wandte auch sie sich Freunden zu. Sie fand eine Clique, die sie davon abhielt, ihre Zeit zu Hause zu verbringen, und ihr ein Zugehörigkeitsgefühl vermittelte. Sie trank Alkohol, um zu vergessen. Julia brauchte einen Ort, wo sie über all ihre Verluste reden konnte. Sie mußte wieder Kontakt mit ihrem Vater aufnehmen. Sie brauchte vermutlich auch ein bißchen Rat in sexuellen Dingen, und sie sollte sich wegen ihres Drogen- und Alkoholkonsums untersuchen lassen. Vielleicht wäre eine Selbsthilfegruppe für jugendliche Drogenkonsumenten das richtige für sie. Denn wenn sie ihren Schmerz verarbeiten würde, bräuchte sie ihn nicht zu betäuben.

Ich riet zu einer Familientherapie. Die Regeln, wer was im Haushalt machte, sollten gerecht sein. Die Jungen von Al könnten mehr Disziplin üben. Jean wollte darüber mit Al sprechen.

Ich fragte Julia, ob sie allein zu mir in die Therapie kommen wolle. Julia nahm ihre Beine wieder von der Couch und schaute mich herausfordernd an. »Ja, aber nur, wenn Sie mich nicht belehren wollen.«

Das versprach ich ihr.

Meine Einstellung zu Ehescheidung hat sich in den zwanzig Jahren meiner therapeutischen Tätigkeit geändert. Ende der siebziger Jahre war ich noch der Meinung, daß Kinder bei nur einem Elternteil, der glücklich war, besser aufgehoben seien als mit unglücklich verheirateten Eltern. Ich hielt eine Scheidung für besser, als sich mit einer schlechten Ehe herumzuschlagen. Heute weiß ich, daß es Kindern nicht unbedingt auffällt, ob ihre Eltern unglücklich oder glücklich sind. Ich weiß aber, daß viele Kinder unter einer Scheidung stark leiden. Als ich ein Mädchen fragte, wie es sich fühlte, nur mit ihrem Vater zu leben und ihre Mutter nur einmal im Monat zu sehen, antwortete es: »Ich versuche, nicht daran zu denken; es tut zu weh. Ich versuche, nichts zu fühlen.«

Es gibt natürlich Ehen, die einfach nicht funktionieren können. Besonders wenn Mißbrauch oder Sucht im Spiel ist, bleibt die Scheidung tatsächlich meist der beste Ausweg aus einer unerträglichen Situation. Auch Eltern haben Rechte und müssen zuweilen das tun, was gut für sie ist, auch wenn es ihren Kindern schadet. Mit unglücklichen Eltern zu leben, die nur wegen der Kinder zusammenbleiben, ist für keine Seite ideal. Doch eine Scheidung macht Eltern auch nicht immer glücklicher. Fest steht, daß sie Müttern und Vätern viel abverlangt und häufig den Kontakt zwischen Eltern und Kindern beendet.

Häufig laufen Ehen aber auch deshalb nicht gut, weil es den Betreffenden am nötigen Geschick im Umgang mit Beziehungen fehlt. Partner sollten lernen, wie man verhandelt, kommuniziert, Zuneigung zeigt und seinen Anteil an Hausarbeit übernimmt. Damit kann manche Ehe gerettet werden. Und wer das nicht in der ersten Ehe lernt, muß seine Lektionen später nachholen, oder die nächste Ehe wird wieder scheitern. So versuche ich also heute mehr als früher, Ehepaare zusammenzuhalten und ihnen das beizubringen, was sie brauchen, um ein Leben lang mit einem anderen Menschen zusammenzuleben.

Kinder allein großzuziehen ist für niemanden leicht. Aufgrund der ständigen Doppelbelastung leiden solche Eltern oft unter chronischer Müdigkeit. Sie haben keine Zeit für sich selbst – für Sport, Freunde, geistige Interessen oder auch Schlaf –, und sie beklagen sich häufig, daß ihr Leben nicht im Gleichgewicht ist. Sie fühlen sich mit schwierigen Entscheidungen in bezug auf die Kinder allein gelassen. Wenn es gilt, den Kindern gegenüber auf Vorschriften zu bestehen oder Konsequenzen zu ziehen, haben sie keinen Rückhalt. Für die Kinder alleinerziehender Eltern gibt es kein »Berufungsgericht«, falls ihr Erziehungsberechtigter zu müde, schlecht gelaunt oder ungerecht ist. Diese Kinder haben auch keine Möglichkeit, aus nächster Nähe zu beobachten, wie Paarbeziehungen funktionieren.

Frauen verlieren durch eine Scheidung fast immer. Nicht selten sind die Familien gezwungen umzuziehen, und ein Teenager findet sich unversehens in einer neuen Schule mit lauter Fremden. Ihre langjährigen Freundinnen, die ihnen in dieser Situation hätten beistehen können, mußten sie zurücklassen. Oft machen sie sich Sorgen, wo das Geld für Kleidung, Auto und das Studium herkommen soll.

Eine Scheidung trifft heranwachsende Mädchen besonders hart. Teils ist das entwicklungsbedingt, teils liegt es daran, daß Mädchen in diesem Alter besonders auf die Eltern angewiesen sind. Teenager brauchen Eltern, mit denen sie sprechen können, die auf sie aufpassen, die ihnen helfen, ihr Leben zu organisieren, und sie aufmuntern, wenn sie traurig sind. Geschiedene Eltern bringen oft einfach nicht die nötige Kraft auf. Heranwachsende leiden unter einem enormen Verlustgefühl – ihrer Eltern, ihrer Familien, ihrer Kindheit. Und anders als bei jüngeren Kindern, nimmt bei ihnen der Ausdruck von Schmerz häufig gefährliche Formen an.

Ihr unreifer Intellekt erschwert es Heranwachsenden, eine Scheidung zu verarbeiten. Sie sehen die Dinge oft nur schwarz-weiß und haben Schwierigkeiten, die Vorgänge richtig einzuordnen. In ihren Urteilen sind sie absolut, und von ihren Eltern erwarten sie Perfektion. Sie schämen sich für das Versagen ihrer Eltern und kritisieren jede ihrer Handlungen. Sie erwarten von ihren Eltern, daß sie sie beschützen und glücklich machen, und sind schockiert über deren Vertragsbruch. Heranwachsende verzeihen nichts.

Gerade in einer Zeit, wo »Anders-Fühlen« soviel wie »Falsch-Fühlen« bedeudet, bewirkt die Scheidung der Eltern, daß Teenager sich »anders« fühlen. Für Teenager, die sich schon schämen, weil die Mutter die falschen Schuhe trägt, kann die Scheidung eine tiefe Schande bedeuten. Teenager sind derart selbstbezogen, daß sie glauben, jeder wüßte bis ins kleinste über die Scheidung Bescheid. Sie schämen sich für ihre Familie, von der sie glauben, daß sie als einzige nicht funktioniert.

Wenn die Eltern sich trennen, gibt es für die Kinder keine Basis mehr, von der sie sich wegbewegen bzw. zu der sie zurückkehren können. Sie sind noch nicht reif genug, der Welt allein gegenüberzutreten. Eine Scheidung gibt Heranwachsenden das Gefühl, verlassen worden zu sein, und darüber sind sie empört. Sie sind wütend auf beide Elternteile und werfen ihnen vor, sie im Stich gelassen zu haben. Oftmals sind sie der Meinung, daß ihre Eltern sich nicht an die Abmachung hielten und es ihnen nun zustehe, dasselbe zu tun. Sie sprechen ihren Eltern nun die moralische Autorität ab: »Wie könnt ihr mir sagen wollen, was ich tun soll, wo ihr doch alles verdorben habt.«

Bis zur späten Adoleszenz sehen Heranwachsende in ihren Eltern keine Menschen mit eigenen, von den ihren abweichenden Bedürfnissen. Sie haben vielmehr ausschließlich für ihre Kinder dazusein. Die meisten Teenager sind nicht in der Lage, sich in ihre Eltern hineinzuversetzen, deshalb ist es ihnen lieber, daß sie verheiratet bleiben, auch wenn sie unglücklich sind. Es hat für sie etwas Beängstigendes, wenn Eltern ihre gegenseitige Abmachung nicht einhalten. Denn wenn eine Abmachung zwischen Müttern und Vätern gebrochen werden kann, kann auch die zwischen Eltern und Kindern gebrochen werden.

Häufig herrscht Verbitterung zwischen den Elternteilen, die es schwierig macht, heranwachsende Kinder zu disziplinieren. Teenager können geschiedene Eltern manipulieren, was häufig geschieht. Sie spielen sie gegeneinander aus oder ziehen zu dem Elternteil, der ihnen am wenigsten Vorschriften macht und sie am wenigsten überwacht. Teenager können oft schlecht beurteilen, was gut für sie ist, und sie entscheiden sich häufig für die Seite, die ihnen eine neue Stereoanlage oder eine Ferienreise verspricht. Der Elternteil, der auf den Hausaufgaben und der Mithilfe im Haushalt besteht, zieht oft den kürzeren.

Gerichtliche Auseinandersetzungen, besonders der Kampf um die Vormundschaft, sind eine Zerreißprobe für Heranwachsende. Da sie oft beiden Eltern die Schuld an ihrem Leid geben, bleibt ihnen niemand, dem sie vertrauen können. Sie schreiben alle Erwachsenen ab und halten sich bei ihrer Suche nach Trost und Gesellschaft nur noch an Gleichaltrige.

Für heranwachsende Mädchen ist eine Scheidung besonders schwer zu verkraften, weil ihnen bereits gesellschaftliche Anforderungen zu schaffen machen. Wenn ihre Familien auseinanderbrechen, kommt zu schnell zu viel auf sie zu. Mädchen gehen mit einer solchen Situation unterschiedlich um. Manche werden depressiv oder selbstzerstörerisch, entweder indem sie sich umzubringen versuchen oder sich auf langsamere Art schaden, z. B. mit Alkohol und Drogen. Es gibt auch Mädchen, die sich ganz in sich zurückziehen, um nur noch ihre Wunden zu pflegen. Viele reagieren mit Aufstand. Die folgenden Geschichten zeigen dies beispielhaft.

Myra (14)

Lois rief an und bat um einen sofortigen Termin, nachdem ihre Tochter sie geschlagen hatte. An jenem Nachmittag in der Praxis redete sie ganz leise und schaute bei jedem Satz ihre Tochter an. Myra, dunkelhaarig und von kräftiger Statur, benahm sich wesentlich ungehemmter. Sie unterbrach, widersprach und beleidigte ihre Mutter alle Augenblicke. Myra war gut in puncto Schuldzuweisung, und Lois war gut darin, Schuld einzustecken. Als ich die beiden beobachtete, wurde mir klar, wie es zwischen ihnen zu Gewalt kommen konnte.

Bis vor zwei Jahren, als ihre Eltern sich scheiden ließen, führte Myra das Leben eines verwöhnten Einzelkinds. Ihr Vater war Bankangestellter, ihre Mutter Ohrenärztin. Sie wohnten in einem kleinen Ort, hundert Kilometer von unserer Stadt entfernt, wo Myra Hahn im Korb war. Ihre Großeltern väterlicherseits gehörten zu den Gründern des Ortes. Jeder kannte und achtete die Familie.

Dann fuhr Lois zu einem Kongreß nach Los Angeles. Als sie zurückkam, bat sie um die Scheidung. Sie hatte auf dem Kongreß eine Affäre, aber das gab eigentlich nicht den Ausschlag. Die Affäre hatte ihr nur klargemacht, wie schlecht ihre Ehe funktionierte und wie heillos verfahren ihre Situation war. Sie verkündete, daß sie in eine größere Stadt ziehen wolle, wo sie sich ein eigenes Leben aufbauen konnte.

Ich betrachtete diese kleine schüchterne Frau und war überrascht über ihren Mut.

Lois sagte: »Ich weiß, das mit der Affäre war falsch. Ich habe mich dafür bei Randy und Myra entschuldigt, aber die Scheidung war richtig für mich. Ich war nie glücklicher als in diesem letzten Jahr.«

Myra stöhnte. »Ja, aber was ist mit mir und Papa? Du hast unser Leben ruiniert.«

Lois breitete hoffnungslos die Arme aus und schaute mich mit einem flehentlichen Blick an. Ich konnte sehen, daß sie sich eigentlich verteidigen wollte, aber ein zu schlechtes Gewissen hatte. Ich bat Myra zu erzählen, wie es nach der Scheidung weiterging.

»Zuerst blieb ich bei Papa, doch das ging nicht lange gut. Er war die ganze Zeit immer nur in der Bank und in seinem Club.«

Sie warf Lois einen wütenden Blick zu, die daraufhin weitererzählte. »Niemand kümmerte sich um Myra. Ihre Noten verschlechterten sich, und sie schwänzte die Schule. Randy wurde nicht fertig mit ihr. Die Disziplin hat er schon immer mir überlassen. Schließlich gab er auf und schickte sie hierher.«

Lois schaute ihre Tochter an. »Ich liebe Myra. Nach der Trennung habe ich versucht, Kontakt zu halten, aber sie war zu wütend. Als Randy Myra herbrachte, dachte ich, wir könnten zusammen zurückkehren, aber ich hatte auch Angst davor. Ich hatte zum ersten Mal ein eigenes Leben, einen guten Job und Freunde. Ich wollte nicht, daß mir Myra mit ihrem Zorn alles verdarb.«

»Niemand wollte mich.« Myra warf ihr schwarzes Haar zurück. »Ich bin stinksauer. Ich vermisse unser großes Haus. Wir leben jetzt in einem winzigen Apartment. Ich vermisse meinen Freund. Ich hasse Mamas Freunde und die Kinder in der Schule. Das ist doch alles ein einziger verdammter Mist.«

Lois sagte: »Es ist schwer für sie. Dort kannte sie jeden und war überall mit dabei – Musik, Sport, Kirche. Die größere Stadt bedeutet eine große Umstellung. Ich dachte, wir könnten es irgendwie schaffen, doch in letzter Zeit hat Myra angefangen, mich zu schlagen.« Sie zeigte mir einen blauen Fleck am linken Arm. »Ich weiß nicht, wie ich damit umgehen soll.«

Myras Gesicht verfinsterte sich. »Ich habe dich nicht geschlagen, ich habe dich nur geschubst. Du mußt auch immer übertreiben. Ich habe dich nie geschlagen.«

Den Rest der Sitzung verbrachten wir damit, eine Abmachung auszuarbeiten. Wir kamen überein, daß Myra, wenn sie ihre Mutter nochmals schlug, eine Woche Ausgehverbot bekommen sollte. Lois schien erleichtert, als sie gingen, während Myra verärgert war, weil ich mich von ihrer Mutter hatte beeinflussen lassen.

In der darauffolgenden Woche kam Myra allein. Wie viele Teenager war sie ohne ihre Mutter viel umgänglicher. Sie sagte, sie hätte ihre Mutter seit unserem Gespräch nicht mehr geschlagen, und brachte dann schnell das Thema auf die Scheidung. Sie haßte es, mit ihrem Vater zu leben, der depressiv und mit sich selbst beschäftigt war. Sie haßte es, Pizzas und Pasteten aus der Tiefkühltruhe zu essen und selbst ihre Wäsche zu bügeln.

Ihr fehlte Lois, die eine gute Hausfrau war. Obwohl Lois berufstätig war, hatte sie immer Zeit für Myra. Sie half ihr mit den Schularbeiten, nähte ihre Kostüme für Theateraufführungen, dekorierte zu den Feiertagen das Haus und kochte Gourmet-Gerichte Sie organisierte Partys, zu denen jeder gerne kam. Kurzum, Lois hatte Myra und ihren Vater verwöhnt.

Myra sagte: »Nachdem Mama weg war, saß ich oft Abende lang allein in unserem großen Haus und schaute Fotos von Papa, Mama und mir an. Ich fluchte auf Mama, weil sie so egoistisch war und unsere Familie kaputtmachte.«

Während des Gesprächs stellten sich die Dinge dann allerdings etwas komplizierter dar, auch für Myra. Ihr Vater war zwar finanziell erfolgreich, aber vom Zusammenleben her nicht einfach. Er hatte von Lois erwartet, daß sie die Verantwortung für den Haushalt und für Myra übernahm. Nach der Arbeit ging er meistens noch aus und kam an manchen Tagen ausgelassen, an anderen ärgerlich nach Hause. Seinen Ärger ließ er dann meist an Lois aus, der es schwerfällt, sich gegen andere zu behaupten. Angesichts dieser Schwäche ihrer Mutter nahm sich Myra fest vor, daß sie sich eine solche Behandlung niemals gefallen lassen würde. Trotzdem war sie wütend, als ihre Mutter das auch nicht mehr wollte.

Myra sagte: »Ein Grund, warum ich so böse auf sie bin, ist, daß sie eine so tolle Mutter war, als ich klein war.«

»Was passierte, als deine Mutter euch sagte, daß sie endgültig weggehen wolle?«

»Papa und ich versuchten, sie davon abzubringen. Papa erzählte allen von ihrer Affäre. Sie bekam keinen Unterhalt. Ihre und Papas Familie bedrängten sie. Sie hatte fast einen Nervenzusammenbruch.«

Ich sagte: »Das klingt, als könne deine Mutter genauso dickköpfig sein wie du.«

Wir sprachen über Myras Kontakte zu anderen. In ihrer Heimatstadt war sie allseits bekannt und beliebt, doch hier, wo sie in eine Schule mit 3000 Schülern ging, verglichen mit den 225 in ihrer alten Schule, wurde sie zur Einzelgängerin. Selbst wenn sie sich einen neuen Freundeskreis hätte aufbauen wollen, wäre das nicht leicht gewesen. Aber sie wollte nicht. Myra vermißte vor allem ihren Freund, der ihr wichtigster Vertrauter war. Er schrieb ihr eine Weile, doch irgendwann hatte er dann eine andere feste Freundin.

Myra war anfällig für die üblichen Verletzungen der frühen Adoleszenz, und dazu kam noch der Schmerz über den Verlust ihrer Familie. Ihr Vertrauen in andere ging gegen Null, zudem war sie viel zu mürrisch und deprimiert, um Freunde zu finden. Es war erstaunlich, daß sie überhaupt mit mir sprach. Als sie ging, machte ich ihr ein Kompliment, weil sie mir ihr Vertrauen geschenkt hatte.

Unsere nächste Sitzung begann damit, daß Myra schilderte, wie es wieder zu einem großen Streit mit Lois gekommen war. Sie schrie geradezu, als sie mir von der Weigerung ihrer Mutter erzählte, ihr einen Computer zu kaufen.

»Sie sagt, daß sie sich das nicht leisten kann, aber ich weiß verdammt noch mal, daß sie sich das Geld leihen kann.«

Ich fragte, ob sie außer ihrer Wut über den Vorfall noch andere Empfindungen hätte.

»Ich habe ein schlechtes Gewissen. Ich weiß, es war falsch, sie blöde Ziege zu nennen. Sie ist eine blöde Ziege, aber trotzdem hätte ich das nicht zu ihr sagen dürfen.« Sie fuhr fort: »Ich könnte sie umbringen, so sauer bin ich manchmal auf sie.«

Wir sprachen darüber, wie sie ihre Wut zähmen könnte. Ich schlug ihr vor, wenn sie wieder wütend würde, einfach auf ein Kissen einzuboxen oder so lange zu joggen, bis sie sich die Wut aus dem Leib gerannt hätte. Man kann nur schwer wütend sein, wenn man körperlich erschöpft ist. Ich ermutigte sie, alles aufzuschreiben, was ihr in den Sinn kam: »Schreibe dir die Gefühle von der Seele, schreibe sie auf ein Stück Papier. Danach kannst du das Papier wegwerfen.«

Myra brachte von nun an ihre Aufzeichnungen mit. Zuerst enthielten sie nichts als Wut – ihre Mutter war die Ursache all ihrer Schmerzen, sie war praktisch an allen Übeln der Welt schuld. Doch je mehr sie schrieb, desto mehr ließ die Wut nach: Dann schrieb sie über die Konsequenzen, die die Scheidung für sie hatte – den Verlust ihres früheren Lebens, die Sehnsucht nach ihrem Freund, ihre Angst vor einer neuen Schule, ihre Angst, nicht geliebt zu werden, und die Zweifel, ob Beziehungen überhaupt funktionieren konnten.

Ich war froh, daß Myra schließlich mehr über sich schrieb. Zuvor war sie so auf ihre Mutter fixiert, daß sie sich kaum um sich selbst kümmerte. Genau wie übertriebene Unterwürfigkeit hemmt auch zuviel Wut das eigene Wachstum. Wer immerzu anderen die Schuld gibt, ist unfähig, Verantwortung für sein Leben zu übernehmen und sich weiterzuentwickeln. Doch nun, nach mehreren Monaten, akzeptierte Myra, daß ihre Mutter ein Recht auf ihr eigenes Leben hatte und nicht nur auf der Welt war, um die Bedürfnisse anderer zu befriedigen. Sie hatte von ihrer Mutter erwartet, nur für sie dazusein, doch nun sah sie ein, daß dies nicht ging. Diese Einstellung hatte dazu geführt, daß sie beide blockiert waren. Lois konnte kein eigenes Leben führen, und Myra erkannte nicht, daß sie selbst etwas tun mußte, wenn sie glücklich sein wollte. Es gab immer noch Zeiten, in denen Myra verärgert war, aber mit ihren Wutanfällen war es vorbei. Zwischen ihren Auseinandersetzungen erlebten Lois und Myra jetzt auch erfreuliche Zeiten miteinander.

In dem Maße, wie Myras Wut schwand, hatte sie mehr Energie übrig für ihr eigenes Leben. Sie trauerte um ihre Vergangenheit, doch sie setzte sich auch ein paar Ziele für die Zukunft. Ihre abgrundtief schlechten Noten wurden besser. Sie bewegte sich viel und überlegte sogar, Langlauf zu betreiben. Sie überwand ihre Ängste und unterhielt sich nun mit Mitschülerinnen und Mitschülern.

Amy (12)

Joan kam mit Amy zu mir in die Therapie, weil sie und Chuck sich scheiden ließen. Noch im letzten Jahr war Amy ein aufgewecktes, fröhliches Kind, das zu jedem Spaß aufgelegt war. Seit diesem Jahr war sie still, zurückgezogen und ernst.

Joan war eine wortgewandte Lehrerin, die, wenn es um ihren Ehemann Chuck ging, vor Gehässigkeit schäumte. Er war für sie das Übel in Person, der Abschaum unter den Ehemännern, ohne jede gute Eigenschaft. Sie ließ ihrer Wut freien Lauf, und Amy versank immer tiefer in meiner Couch. Während ihre Mutter auf ihren Vater schimpfte, sah es so aus, als würde Amy schrumpfen, ihr ernstes Gesicht wurde immer kleiner, ihr Körper kindhafter.

Joan berichtete, wie sie und Chuck es mit einer Therapie versucht hatten, daß Chuck aber, obwohl selbst Therapeut, nicht kooperationsbereit war. Sie hatte ihr Bestes getan, doch er hatte ihre Bemühungen, die Familie zu retten, sabotiert. Und nun, nachdem sie die Scheidung eingereicht hatte, tat er alles, ihr Leben zu zerstören und Amy gegen sie aufzubringen.

Joan zählte alles auf, was ihr bei Amy Sorgen machte. Sie hatte seit Mai fünf Pfund abgenommen. Sie sprach kaum noch, mied ihre Freundinnen und unternahm nichts mehr. Abschließend sagte sie: »Ich glaube, sie ist völlig deprimiert über das Verhalten ihres Vaters.«

Ich bat sie, Beispiele für sein Verhalten zu nennen. »Haben Sie denn den ganzen Tag Zeit?« fragte Joan. »Wir kämpfen gerade um die Vormundschaft, und er bedrängt und besticht Amy immerzu, damit sie sich für ihn entscheidet. Er macht mich ständig schlecht und tut alles, um mich zu ärgern. Letzte Woche rief er dreimal an, um sein Treffen mit Amy zu verschieben. Er enttäuscht sie, weil er nicht kommt, obwohl er es sagt.«

Amy protestierte schwach: »Er kommt dann, wann er sagt.«

Joan fuhr fort, als ob sie nichts gehört hätte. »Wir haben bereits Psychologen eingeschaltet, die Amy wegen der Vormundschaft befragen, doch ich will, daß ihr jemand hilft, mit dem Streß der Scheidung fertig zu werden.«

Nicht ohne Bedenken bat ich darum, mit Amy alleine zu sprechen. In den letzten paar Monaten war sie von Anwälten, Richtern und Psychologen ins Verhör genommen worden, und ihr Vertrauen in Erwachsene mußte auf dem Tiefpunkt sein. In ihren Augen war ich nichts als eine weitere Erwachsene, die ihr helfen wollte, es aber nicht tat.

Ich fragte sie, wie der Sommer sich für sie anließe, und ihre Antwort kam so leise, daß ich sie bitten mußte, sie zu wiederholen. Sie sagte: »Es hat so viel geregnet, und ich konnte nicht so oft schwimmen gehen, wie ich wollte.«

Ich hatte den Eindruck, daß sie mir und vermutlich auch anderen gegenüber sehr vorsichtig war mit ihren Antworten. Sie hatte gelernt, daß das, was sie verschwieg, sie auch nicht in Schwierigkeiten bringen konnte. Ich sprach mit ihr über Scheidung und welche Belastung das für Kinder bedeutete, wie allein und schlecht sie sich fühlten. Ich sagte ihr, daß ich viele Kinder erlebt hätte, die wegen der Scheidung traurig waren und ihren Eltern grollten. Ich erzählte ihr von anderen Kindern, die sich in einer ähnlich unglücklichen Lage befanden, und beendete meine Geschichten jedesmal mit einem Happy-End. Amy wurde entspannter, während ich redete, und stellte mir Fragen nach den Kindern, die in den Geschichten vorkamen. Doch als ich fragte, wie es ihr mit der Scheidung ginge, bekam sie wieder ihren frostigen Gesichtsausdruck.

Ich sagte: »Die meisten Kinder entscheiden sich nur ungern, mit welchem Elternteil sie leben wollen.«

»Beide wollen mich haben, und ich möchte keinen von beiden kränken.« Amy schüttelte bekümmert den Kopf. »Außerdem gibt es Tage, wo ich Papa hasse, und Tage, wo ich Mama hasse. Es gibt auch Tage, wo ich beide hasse.«

Ich fragte danach, wer jetzt mit wem lebte. »Ich lebe vorerst mit Mama noch zu Hause. Papa hat in der Stadt, wo er arbeitet, eine Wohnung. Ich kenne dort niemanden, und ich kann die Wohnung nicht ausstehen. Mama meint allerdings, sie müsse auch ausziehen, besonders wenn Papa mich bekäme.«

Sie setzte sich aufrecht hin und sagte: »Im Moment möchte ich mit keinem von beiden leben. Sie sind beide völlig kaputt. Ich würde am liebsten abhauen.«

Wir sprachen über das Weglaufen, die Gefahren und die Verlockungen. Wie die meisten Zwölfjährigen wollte Amy zu Verwandten flüchten. Ältere Kinder wollen meist an die Küste oder mit Freunden zusammenleben. Amy träumte davon, zu ihrer Großmutter zu ziehen. Sie hatte ihre Eltern deshalb um Erlaubnis gebeten, aber beide wollten, daß sie diesen Sommer bei ihnen bliebe.

Nachdem Amy erst einmal angefangen hatte zu sprechen, redete sie ganz gerne. Sie erzählte mir, wie sie bei ihrem Vater zu Hause ihre erste Periode bekam. Es gab zwar einen Bindenvorrat bei ihrer Mutter, aber nicht bei ihrem Vater, also mußte sie ihn bitten, ihr welche kaufen zu gehen. Später hatte ihre Mutter einen Streit mit ihm angefangen, weil er sie nicht nach

Hause gebracht hatte. Sie wollte Amys erste Periode miterleben. Amy bemerkte dazu: »Sie meinte, dies müsse eine Sache zwischen Mutter und Tochter sein.«

Amy sagte, daß beide Eltern versuchten, ihre Liebe mit Geschenken zu erkaufen. »Wenn ich wollte, könnte ich sofort ein Rennrad oder einen Fernseher haben.« Am schlimmsten war, wie ihre Eltern übereinander sprachen. »Beide behaupten zwar, sie würden sich nicht gegenseitig runtermachen, doch sie lassen andauernd durchblicken, daß sie den andern für den bescheuertsten, gemeinsten Menschen halten, den sie kennen.«

Ihre größte Sorge galt der Tatsache, daß sie im kommenden Jahr in die Mittelstufe kam. Wenn sie zu ihrem Vater zog, würde sie in eine neue Schule kommen, wo sie niemanden kannte. Wenn sie mit ihrer Mutter zusammenblieb, würden alle Mitschüler wissen, daß ihre Eltern geschieden waren. Sie sagte: »Ich weiß nicht, wie ich meine Hausaufgaben schaffen soll. Mama hilft mir mit Mathematik, und Papa kann Französisch.

Sie gestand mir, wie sehr sie sich wegen der Scheidung schämte. Sie hatte vergeblich versucht, es zu verheimlichen, und es war ihr peinlich, als ein paar ihr wohlgesonnene Erwachsene ihr Mitgefühl zum Ausdruck brachten. Ihre Freundinnen mied sie, weil sie fürchtete, sie könnten darauf zu sprechen kommen. Sie war überzeugt, die merkwürdigsten Eltern der ganzen Welt zu haben.

Ich sagte: »Es gibt noch ein paar andere merkwürdige Eltern, glaub mir.« Da lächelte sie das erste Mal an diesem Tag, und ich bekam eine Ahnung davon, wie Amy vor der Scheidung gewesen sein mußte.

Ich beendete die Sitzung und rief Joan herein. Dann machte ich den Vorschlag, daß Amy für ein paar Wochen zu ihrer Großmutter ziehen solle, während die Erwachsenen ihre Angelegenheiten regelten. Wenn sie wieder zurückkäme, würden wir mit der Therapie weitermachen, und vielleicht könnte Amy sich ja einer Selbsthilfegruppe für Mädchen geschiedener Eltern anschließen.

Joan sagte: »Damit ist Chuck nie einverstanden.« Ich bot an, ihn anzurufen.

Chuck wurde sofort wütend, als er hörte, daß ich mit Amy gesprochen hatte. Ich bat ihn um seine Zustimmung zur Behandlung und um Vertraulichkeit. Als er sich etwas beruhigt hatte, fragte ich ihn, wie es Amy gehe. Er antwortete: »Seit der Trennung ist sie nicht wiederzuerkennen.« Er hatte natürlich seine eigene Theorie. »Im Vertrauen gesagt«, meinte er, »Joan ist die schlimmste Xanthippe, die es gibt.«

Ich hörte geduldig zu, während er über Joan herzog. Ich dachte bei mir, wie haben die beiden sich doch gegenseitig fertiggemacht und wie gut, daß sie sich scheiden lassen. Doch leider könnten sie sich wegen Amy nicht völlig trennen. Sie müßten immer wieder Dinge miteinander besprechen und koordinieren, jetzt, wo sie in getrennten Haushalten lebten, sogar mehr als zuvor. Dabei konnte es passieren, daß das, was ihre Ehe zerstört hatte, sie auch daran hinderte, sich in Zukunft ausreichend um Amy zu kümmern.

Ich sagte mir, daß sich hinter der Wut dieser Eltern eigentlich Leid verbarg. Keine Frage, die beiden brauchten Hilfe, um ihre fehlgeschlagene Ehe zu verarbeiten. Doch meine Aufgabe war es, Amy zu helfen. Ich befürchtete, wenn es diesen Eltern nicht gelang, sich zu arrangieren, würde Amy Gefahr laufen, depressiv, später vielleicht sogar straffällig zu werden. Ich war mir bei ihnen nicht sicher, ob sie in der Lage wären, Amys Bedürfnisse obenan zu stellen und als Eltern zusammenzuarbeiten, aber ich konnte nichts dabei verlieren, wenn ich versuchte, ihnen dabei zu helfen.

Ich machte Chuck den Vorschlag, zusammen mit Joan wegen der Scheidung zu mir in die Gesprächstherapie zu kommen. Ich wies ihn darauf hin, daß es schließlich besser sei, in einer Therapie über Amy zu sprechen, als beim Rechtsanwalt. Es sei billiger und mit weniger Ärger verbunden. Vielleicht würde er als Psychologe das ja einsehen.

Chuck willigte ein, bezweifelte aber, ob Joan mitkommen würde. Ich bot ihm an, mit ihr zu sprechen. Ich konnte Amys herabgezogene Mundwinkel sehen, als ich auflegte. Vielleicht würden Chuck und Joan ein paarmal zu mir zur Therapie kommen, während Amy bei ihrer Großmutter war. Vielleicht würden sie ja, bis Amy wieder zurückkam und mit der Mittelstufe beginnen mußte, das tun, was erwachsene Menschen in einer solchen Situation tun sollten, nämlich ihre eigenen Schmerzen hintanstellen und ihrem Kind helfen.

Jasmin (13)

Lange bevor ich Jasmin kennenlernte, kamen ihre Eltern zu mir in die Eheberatung. Joe und Georgeanne waren gutherzige, liebenswerte Menschen, doch ihre Ehe funktionierte nicht. Sie hatten gleich nach der Schule geheiratet, weil Georgeanne schwanger war. Joe war ein extrovertierter Mensch, immer auf der Suche nach etwas Aufregendem, Georgeanne dagegen war ruhig und mochte es am liebsten, wenn alles seinen gewohnten Gang ging. Sie stand immer in Joes Schatten, wenn sie zusammen waren. Andererseits verbrachte Joe manchen Abend zu Hause, obwohl er lieber unter Leute gegangen wäre. Jahrelang hatten sie versucht, Kompromisse zu machen – vermutlich hatten sie das zu lange und zu oft getan.

Sie machten das, was viele Ehepaare machen, wenn sie ihre Ehe retten wollen: Sie gingen zur Therapie, versuchten es mit Kommunikationsübungen, lasen Selbsthilfebücher, trafen sich zum Rendezvous und machten eine zweite Hochzeitsreise. Doch die Luft war raus. Ohne sich darüber wirklich auseinanderzusetzen, waren sie nun soweit, Schluß zu machen.

Nun suchten sie Hilfe für die Scheidung. Beide liebten ihre Tochter Jasmin und wollten verhindern, daß ihr die Scheidung schadete. Sie wußten nicht, wie sie ihr alles erklären oder wie sie es mit der Wohnung und dem Geld regeln sollten. Ich schlug ihnen vor, daß sie beide Jasmin in knappen, aufrichtigen Worten auseinandersetzten, warum sie sich scheiden ließen. Sie sollten ihr klarmachen, daß sie beide sie liebten und weiterhin immer für sie da sein würden. Auch riet ich ihnen, an Jasmins Leben möglichst wenig zu verändern. Dann bat ich darum, mit Jasmin zu sprechen.

Jasmin war klein und blond wie ihre Mutter und ebenso redselig wie ihr Vater. Als ich sie zum ersten Mal sah, wußte sie seit drei Tagen von der Scheidung. Die Nachricht hatte sie vor den Kopf gestoßen. Ich wollte wissen, was sie empfand, als ihre Eltern ihr von ihrer Absicht erzählten. Jasmin sagte: »Erst dachte ich, es wäre ein Witz. Doch als ich kapierte, daß sie es ernst meinten, hörte ich einfach nicht mehr hin. Ich hielt mir die Ohren zu und rannte aus dem Zimmer.«

Sie sah aus dem Fenster. »Ich glaube immer noch, daß sie wieder zusammenfinden. Es ist nur eine Phase, die sie durchmachen – wie nennt man das? Midlife-crisis. Sie sollten erst abwarten. Sie streiten sich nicht einmal. Wir haben sogar Spaß zusammen.«

Ich wollte wissen, ob sie ihren Freundinnen bereits von der Scheidung erzählt hatte. Sie nickte mit dem Kopf: »Meiner besten Freundin hab ich es erzählt.«

Sie fuhr fort: »Sie kann es auch nicht verstehen. Gestern war ich eifersüchtig auf sie, weil sie eine Familie hat und ich nicht. Anderen Kindern habe ich noch nichts davon gesagt, aber so was spricht sich schnell herum. Papa ist gestern ausgezogen, und in unserer Einfahrt stand der Möbelwagen.«

Jasmin hatte die üblichen Sorgen: Wo würde sie leben? Würde sie mit beiden Eltern Kontakt haben? Wäre genug Geld da? Würde sie sich für einen Elternteil entscheiden müssen?

Sie sagte: »Ich dachte, Scheidung käme nur in abartigen Familien vor – Sie wissen schon, wo der Vater trinkt oder die Kinder schlägt. Ich kann es nicht glauben, daß meine Eltern so was tun. Erst letzte Woche noch brachte Papa Mama Rosen mit.«

Ich riet ihr, sich einer Selbsthilfegruppe für Teenager anzuschließen, und sie war damit einverstanden. Wir sprachen darüber, was sie sonst noch machen könnte, um mit ihren Gefühlen umzugehen. »Am meisten hilft mir meine Katze. Ich lege mich mit ihr auf mein Bett und höre Musik. Ich erzähle ihr alles.«

Nach dieser ersten Sitzung mit Jasmin traf ich mich abwechselnd mit ihr und ihren Eltern. Mit Joe und Georgeanne ging es um die Wohnungsfrage und die gemeinsame Vormundschaft. Sie hatten zwar beide mit ihren eigenen Problemen zu tun, waren aber weiterhin bemüht, Jasmin über ihre Schwierigkeiten hinwegzuhelfen. Joe fand in der Nachbarschaft eine Wohnung, so daß Jasmin zu Fuß von der einen zur andern Wohnung gehen konnte und ihre Freundinnen und ihre Schule in der Nähe waren. Bei zerstritteneren Ehepaaren funktioniert die gemeinsame Vormundschaft meist nicht. All die Probleme, die normalerweise eine Ehe sabotieren, machen auch die gemeinsame Vormundschaft unmöglich. Im schlimmsten Fall hängen Familien mit gemeinsamer Vormundschaft über Jahre in der Luft, wobei die Eltern weder zusammenleben noch getrennt sind und die Kinder durch die Streitereien zerrissen werden.

Aber Joe und Georgeanne waren besonnen und vernünftig, und sie konnten sich, was grundsätzliche Probleme betraf, einig werden. Sie waren in der Lage, sich über Jasmin zu verständigen, ohne daß es Streit gab. Zwar hatten sie unterschiedliche Vorstellungen, was Erziehung und Erwartungen anging, doch das war normal. Jasmin konnte lernen, sich in ihrem einen Zuhause so, im andern so zu verhalten. Wichtig war, daß die Eltern einander nicht kritisierten oder sich gegenseitig schlechtmachten.

Beide Eltern waren zufrieden, was die Zeit betraf, die Jasmin bei ihnen verbrachte. Sie versuchten, alles so normal wie möglich zu gestalten. Jasmin mußte bei beiden Eltern im Haushalt helfen und machte bei beiden ihre Schularbeiten, beide gingen mit ihr zum Zahnarzt oder unternahmen etwas mit ihr. Geld war knapp, aber Geld hatte bei ihnen noch nie eine große Rolle gespielt. Sie konnten sich auch ohne große Ausgaben vergnügen. Joe und Jasmin gingen zusammen wandern und Volleyball spielen. Georgeanne besuchte mit Jasmin Kunstgalerien und Museen.

Wie alle Erwachsenen fühlten sich Joe und Georgeanne nach

der Scheidung ziemlich elend. Georgeanne nahm ein halbes Jahr lang Antidepressiva. Joe fühlte sich so einsam in seiner Wohnung, daß er glaubte, verrückt zu werden. Doch sie schafften es beide, das Verhältnis zu ihrer Tochter nicht durch ihren eigenen Schmerz beeinträchtigen zu lassen. Beide waren erwachsen, im wahrsten Sinne des Wortes.

Im ersten Jahr kam Jasmin einmal im Monat zu mir. Außerdem ging sie zu einer Selbsthilfegruppe. Die Kinder dort ermutigten einander, über ihre Gefühle zu sprechen, und munterten sich gegenseitig auf, wenn sie niedergeschlagen waren. Jasmin hatte außerdem noch ihre gute Freundin und ihre geliebte Katze.

In den letzten Sitzungen sprachen wir über das vergangene Jahr. Jasmin wirkte dabei entspannt und munter, war nicht mehr das unglückliche, angeschlagene Mädchen von vor einem Jahr. Ich bewunderte, wie Joe und Georgeanne es schafften, Jasmin gegenüber emotional engagiert zu bleiben.

Jasmin gefiel, wie sie das Wohnproblem gelöst hatten. Ihr Zimmer bei ihrer Mutter war altmodisch eingerichtet, voller Erinnerungen an früher. Ihr Zimmer bei ihrem Vater war im Art-deco-Stil mit eingebauten Bücherregalen. Für die Katze hatte sie einen Tragekorb, um sie immer von der einen in die andere Wohnung mitzunehmen. Sie erklärte: »Wo ich auch hingehe, sie kommt mit.«

Jasmin hatte immer noch die kleine Hoffnung, daß ihre Eltern wieder zusammenkommen würden. Sie war noch traurig wegen der Scheidung, aber nicht mehr böse. Sie sagte: »Sie haben es versucht miteinander, und es klappte nicht. Ich weiß, meine Eltern sind auch nur Menschen, und sie machen Fehler wie alle andern auch.«

Sie gab zu, daß ihre Eltern jetzt beide glücklicher wirkten. »Mama ist jetzt viel kontaktfreudiger und unternehmungslustiger. Sie ist stärker, als ich dachte.«

Dann verzog sie das Gesicht. »Papa trifft sich mit jemandem. Das kann ich noch nicht haben, und ich versuche, ihr nicht zu begegnen.«

Sie war froh, daß ihre Eltern sich weiterhin gut verstanden. Beide kamen zu den Veranstaltungen in der Schule. Jasmin meinte: »Sie treffen sich gern und erzählen sich gegenseitig, wie stolz sie auf mich sind. Sie lieben mich beide, und das verbindet sie.«

Was jungen Bäumen hilft, dem Sturm standzuhalten, sind ihre Wurzeln. Bei einer Scheidung werden diese Wurzeln zerrissen. Die Mädchen verlieren dadurch, zumindest für einige Zeit, ihren Halt.

Doch eine Scheidung läßt sich nicht immer vermeiden und ist nicht immer ein Fehler. Eltern und ihre Töchter können dazu beitragen, daß sich die Auswirkungen einer Scheidung in Grenzen halten. Am ehesten verkraften Mädchen eine Trennung, wenn die Eltern kooperationsbereit sind, sie sich von beiden Elternteilen geliebt fühlen und die Familie keine finanziellen Probleme hat. Auch Mädchen, die weder von den Eltern beeinflußt werden noch die Möglichkeit haben, diese zu manipulieren, werden besser mit dem Problem fertig. Ein wichtiger Punkt dabei ist, daß die Mädchen ausreichend beaufsichtigt werden und sich in ihrer Umgebung sicher fühlen.

Jasmin ist ein Fall, wo die Eltern das Scheidungsproblem für ihre Tochter auf gute Art und Weise gelöst haben. Julia hatte es da schwerer, weil sie Probleme mit ihren Stiefbrüdern hatte und die Gefühlsbindung zu ihrem Vater verlor. Amy, deren Eltern sich bitter befehdeten, hatte es am schwersten. Myra hatte gelernt zu akzeptieren, daß ihre Mutter eine Person mit eigenem Leben, unabhängig von ihrem, war. In den Jahren nach der Scheidung entwickelte sie immer mehr Eigenverantwortung. Scheidung kann, wie viele bittere Erfahrungen, wenn sie richtig angegangen werden, auch Anstoß zum Wachstum sein.

8. Im Zentrum des Sturms – Depression

Monica (15)

Monica kam mit ihren gutherzigen, etwas weltfremden Eltern zu mir in die Praxis. Sie war ein Einzelkind, das geboren wurde, als ihre Mutter bereits den Wechseljahren entgegenging. Ihre Eltern machten sich Sorgen um sie, weil sie kaum Freundinnen und Freunde hatte und an Depressionen litt. Ihr Vater meinte, Monica hätte deshalb keinen Freundeskreis, weil ihr Intelligenzquotient bei 165 lag, sie also zu klug für andere Kinder war. Ihre Mutter meinte, es läge daran, daß ihre Familie so anders wäre. Beide Eltern waren Professoren, Bücherwürmer und von politisch radikaler Einstellung. Monica hatte nur wenige der gängigen Kindheitserfahrungen wie Fernsehen, Vergnügungspark, Ferienfreizeiten und Sport sammeln können.

Ihre Mutter lachte. »Wir sind eine komische Familie. Wir reden beim Abendessen über Philosophie und Wissenschaft. Wir wissen mehr über die Chaostheorie als über Filmstars.«

Monica sagte kategorisch: »Es liegt an meinem Aussehen. Ich bin ein pickliges Walroß.«

Monicas Eltern wollten, daß sich jemand Jüngeres um sie kümmerte, jemand, der besser über junge Mädchen Bescheid wußte. Ich war einverstanden, mich mit Monica zu treffen und über das Problem »Beziehungen zu Gleichaltrigen« zu sprechen. Monica war nicht gerade optimistisch, aber verzweifelt.

Die meisten ihrer sozialen Erfahrungen machte sie über Computer-Netzwerke. Jeden Abend kommunizierte sie über ihr Modem mit Teenagern im ganzen Land. *Die* wußten wenigstens nicht, daß sie dick war. Übers Modem konnte sie Witz und Verstand einsetzen, um Freundschaften zu schließen, sie mußte nie jemandem von Angesicht zu Angesicht gegenübertreten.

Unter Monicas tristen, zeltartigen Kleidern und hinter ihrer depressiven Art verbarg sich eine echte Persönlichkeit. Sie machte scharfsinnige, zuweilen sarkastische Bemerkungen über ihre eigene Situation. Sie hatte die Strukturen in der Schule durchschaut. Sie sagte: »Alle fünfhundert Jungen wollen mit denselben zehn magersüchtigen Mädchen ausgehen. Ich bin eine gute Musikerin, aber es gibt kaum Jungs, die nach einem Mädchen Ausschau halten, das schön Präludien von Bach spielt.«

Sie beklagte sich: »Jungens werden verspottet, nur weil sie mit mir reden.« Die meisten behandelten sie, als wäre sie Luft, doch ein paar schikanierten sie. Ein Junge nannte sie Killer-Wal und tat so, als habe er Angst davor, von ihr gerammt zu werden. Ihr Sprachlabor-Partner in Spanisch konnte sie nicht ansehen, ohne blöd zu grinsen.

Monica hatte es auch mit Mädchen aufgegeben. Sie erzählte, wie sie sich fühlte, mit all den »winzigen Mädchen zusammenzusitzen, die alle Diät hielten und sich beklagten, wie dick sie seien. Wenn die sich schon dick finden, halten sie mich für einen Elefanten.« Ein paar Mädchen kicherten und spotteten über sie. Die meisten suchten sich einfach hübschere Freundinnen. Keine war erpicht darauf, mit ihr Samstag abends gesehen zu werden.

Monica sah ihre Probleme objektiver als die meisten Mädchen ihres Alters, doch Einsicht vertreibt leider nicht den Schmerz. Sie erzählte mir wehmütig, daß sie ihren dicken Körper haßte und damit auch sich selbst. Sie zeigte mir ihre Gedichte, die voller Verzweiflung über ihren mächtigen, ungeliebten Körper waren. Sie sagte: »Keine Frage, die Welt wartet nicht gerade auf Mädchen wie mich.«

Sie hatte sich immer gegen kulturelle Definitionen gewehrt, die Mädchen auf bestimmte Normen festlegen wollten, doch nun war sie es leid. Sie sagte: »Wenn ich den Flur entlanggehe, komme ich mir vor wie ein schreckliches Monstrum. Ich verstehe zwar das Argument meiner Eltern, die sagen, Aussehen sei für Erwachsene nicht mehr so wichtig, aber ich bin nicht erwachsen.«

Ich riet Monica, gegen ihre Depressionen regelmäßig Sport zu treiben. Sie sagte, sie käme aus einer Familie mit lauter »sportlichen Flaschen«. Doch sie wollte mit dieser Tradition brechen und in Zukunft laufen und radfahren. Sie wählte diese Aktivitäten, weil sie sie allein ausüben konnte und keinen Badeanzug anziehen mußte.

Am Anfang hatte sie Probleme. Sie sagte: »Ich hasse es, wenn ich schwitze. Nach zehn Minuten Laufen bin ich rot im Gesicht und schwitze wie ein Marathonläufer.« Einmal, als sie mit hochrotem Gesicht und keuchend an einem Tennisplatz vorbeiradelte, zeigten einige Jungs auf sie und lachten. Sie hatte tausend Entschuldigungen, warum sie nicht Sport machen konnte, trotzdem schaffte sie es dreimal in der Woche, wie sie es sich vorgenommen hatte.

Monica wollte sich auch ein bißchen aufpeppen und kaufte sich ein paar »punkige« Sachen zum Anziehen. Sie ließ sich die Haare schneiden und benutzte seit neuestem auch etwas Make-up.

Sie hatte Verständnis dafür, daß ihre Eltern nicht viel mit der Massenkultur anfangen konnten. Sie sagte: »Einerseits finde ich es gut, weil ich so nicht den ganzen Botschaften ausgesetzt werde, die Frauen zu Sexualobjekten machen und die eine gute Figur über alles stellen. In gewisser Weise war es allerdings schlecht, weil ich nicht vorbereitet war fürs wirkliche Leben.«

Ich wollte wissen, was sie damit meinte, und sie sagte: »Na ja, ich hatte mir wohl vorgestellt, alle würden den ganzen Tag herumsitzen und über Bücher diskutieren, die sie gelesen hatten. Ich war schockiert, wie oberflächlich alle waren und wie fixiert aufs Aussehen.«

Wir sprachen darüber, welche Beziehungen Monica gerne haben würde. Sie wollte, daß man sie wegen ihrer Klugheit und musikalischen Begabung schätzte. Sie wollte als Person gesehen werden, nicht als Kleidergröße, und sie wollte Freundinnen haben, für die ihre Ideen wichtiger waren als ihre Figur.

Ich schlug vor, zunächst klein anzufangen. Statt sich den Kopf darüber zu zerbrechen, wie sie beliebt werden könnte, sollte sie sich darauf konzentrieren, die eine oder andere neue Freundin zu finden. Monica gefiel die Idee, schrak aber vor den notwendigen Initiativen zurück. Sie war schon so häufig abgewiesen worden, daß sie kein Risiko mehr eingehen wollte.

Da sie auf einem Instrument von Suzuki Bratsche spielen lernte, benutzte ich die Suzuki-Methode als Metapher für unsere Arbeit. Dr. Suzuki war der Ansicht, daß jeder Schüler letztlich auch schwierigste klassische Stücke bewältigen könne, sofern er in kleinen Schritten vorging und regelmäßig übte. Danach übt ein kleines Kind zunächst den Bogen zu halten, den Bogen richtig auf die Saiten aufzusetzen, die Finger richtig zu krümmen und nur eine einzige Note schön zu spielen. Irgendwann wird dieses Kind auch ein Vivaldi-Konzertstück spielen können. Ebenso konnten wir in sozialen Dingen verfahren. Kleine Schritte würden ihr schließlich zu einem reicheren gesellschaftlichen Leben verhelfen.

Monica gab sich einen Ruck – sie meldete sich in der Klasse zu Wort, und wenn sie den Flur entlangging, lächelte sie. Es war ihr allerdings nicht ganz geheuer dabei, denn manchmal erntete sie Anerkennung, manchmal Spott. Trotz ihrer Begabung und Klugheit war sie genauso empfindlich wie andere Kinder. Ablehnung schmerzte. Ich riet ihr, sich auf ihre Erfolge statt auf ihre Fehlschläge zu konzentrieren und die gelegentlichen Abfuhren als Steine auf dem Weg zu einem gesunden Sozialleben zu sehen. So lernte sie, darüber hinwegzugehen.

Monica trat der Schreib- und Politik-AG ihrer Schule bei. Einmal verkündete sie, sie würde mit ihrer politischen Satire

»die Jungen Demokraten verreißen«. Ein andermal erzählte sie, daß sie zur Schriftführerin der Schreib-AG gewählt worden sei. »Ein Job für hoffnungslose Strebertypen«, sagte sie stolz.

Ich empfahl Monica, Jungen nicht als Objekte zum Verabreden, sondern als Freunde zu betrachten. Monica suchte sich einen empfindsamen Dichter aus der Schreib-AG aus. Sie versuchte es schüchtern mit einer witzigen Bemerkung, und er lachte. Bald scherzte auch er mit ihr. Nach ein paar Wochen wollte er sie seine Gedichte lesen lassen.

Während sie ein paar neue Freundinnen und Freunde gewann, blieb sie sich dennoch bewußt, daß sie bei vielen Mitschülern nie eine Chance haben würde. Sie meinte: »Ich sehe doch, wie sie mich taxieren, als häßlich einstufen und wegsehen. Ich bin für sie eine Unperson.«

Monica kam ein Jahr lang zu mir. Sie war ein großes, kräftiges Mädchen, das allmählich körperlich fit wurde. Trotz ihrer anfänglichen Bedenken machten ihr die sportlichen Aktivitäten schließlich Spaß.

Sie hatte, wie die meisten heranwachsenden Mädchen, die dem Schönheitsideal unserer Kultur nicht entsprechen, viel Unterstützung nötig, um diese schwierige Zeit zu überstehen. Ihre Selbstachtung schwand, sobald sie Spott und Ablehnung begegnete. Dennoch schloß sie einige Freundschaften, die Bestand hatten. Sie traf sich mit ihrem Dichter-Freund und ein paar anderen Freundinnen und Freunden. Es machte ihr immer noch Spaß, per Computer-Modem mit Teenagern im ganzen Land zu kommunizieren, doch das waren nicht mehr ihre hauptsächlichen Sozialkontakte. Sie konnte schließlich an Samstagabenden ausgehen, eine Erfahrung, die enorm gegen ihre Depressionen half.

Monica hatte in einer feindlichen Umgebung eine Nische gefunden. Sie war nun glücklicher als vorher, wußte aber genau, daß das Leben für sie kein Spaziergang sein würde. Nie würde sie zu den hübschen Hüllen gehören, und ihre Klugheit würde viele Jungen fernhalten. Sie wußte, daß ihre unattraktive Erscheinung manche Leute so abschreckte, daß sie ihrer Persönlichkeit nie eine Chance geben würden.

Sie machte das Beste aus einer schlechten Situation, verleugnete weder ihre Klugheit noch ihre Talente, um nicht anzustoßen, sondern entwickelte eine gewisse Geschicklichkeit darin, die Mißgunst, die ihre Begabungen zuweilen hervorriefen, abzuwenden. Den Kummer wegen ihrer fülligen Figur vertrieb sie mit Humor.

Monica hatte Glück, weil sie, obwohl das ganze Umfeld ihrer Entwicklung feindlich gesonnen war, über viele eigene Ressourcen verfügte. Sie war mit Ideen aufgewachsen, die nicht üblich waren – sie konnte ihre Erfahrungen objektiv betrachten. Ihre Eltern waren alles andere als Protagonisten der gängigen Meinung. Beide waren feministisch eingestellt und kritisierten die Beschränktheit weiblicher Rollenmodelle und die mangelnde öffentliche Macht von Frauen. Sie gewährten Monica jede Unterstützung, die Phase der Adoleszenz zu überstehen – Musikunterricht, ein Fahrrad, neue Kleider und eine Therapie. Sie ermutigten Monica, sich selbst treu zu bleiben und den Botschaften Gleichaltriger zu widerstehen. Sie wußten, daß sie ein wunderbares Mädchen war.

Monica litt an leichten Depressionen, die die unterschiedlichsten Formen annehmen können. Manche junge Frauen werden träge und apathisch, andere wütend und haßerfüllt. Es gibt Mädchen, die während einer Depression hungern oder sich Schnittwunden zufügen. Andere ziehen sich ganz in sich zurück oder schlucken Pillen. Wieder andere verfallen der Trunksucht oder Promiskuität. Welche äußere Form eine Depression auch annehmen mag, die innere Form ist die Trauer um das verlorene Selbst, um das authentische Mädchen, das in der Adoleszenz verlorenging. Es ist wie ein Todesfall in der Familie.

Dieser Tod kann sich auf zahllose Arten ereignen. Manche Mädchen zerstören ihr wahres Selbst, indem sie sich bemühen, sozial anerkannt zu werden, andere, indem sie sich durch und durch weiblich geben und scheitern. Wenn es darauf ankommt, sind sie dann doch nicht hübsch oder beliebt genug. Es gibt Mädchen, die ihrer Weiblichkeit Opfer bringen, obwohl sie sich völlig bewußt sind, daß sie sich selbst schaden. Sie wissen, sie haben sich verkauft, und geben sich selbst die Schuld daran. Sie haben den bequemeren Weg gewählt, doch es ist ein Weg ohne Erfolg.

Manche Mädchen werden depressiv, weil sie ihre warme, offene Beziehung zu ihren Eltern verloren haben. Sie sind gezwungen, die Menschen zu verraten, die sie geliebt haben und von denen sie wiedergeliebt wurden, um sich der Kultur der Gleichaltrigen anzupassen. Gleichaltrige halten sie auch davon ab, ihre Trauer über den Verlust ihrer familiären Bande zu zeigen – schon das Eingeständnis der Trauer bedeutet in ihren Augen Schwäche und Abhängigkeit.

Alle Mädchen erfahren in dieser Entwicklungsphase den Schmerz. Wenn sie sich selbst die Schuld an dem Schmerz geben und ihn ihrem eigenen Versagen zuschreiben, manifestiert er sich als Depression. Schieben sie die Schuld auf andere – Eltern, Gleichaltrige oder die Gesellschaft – manifestiert er sich als Wut. Diese Wut wird häufig als Rebellion oder sogar als Bereitschaft zu Straftaten mißinterpretiert. Tatsächlich verdeckt Wut nicht selten eine ernsthafte Selbstverleugnung und ein immenses Verlustgefühl.

Depression ist keine absolute Größe, sondern eher eine Frage der Intensität. Wenn wir Depression als ein Kontinuum sehen, dann steht am einen Ende die ernste Depression mit einer biochemischen Ursache und zerrütteten Familienverhältnissen. Am andern Ende haben wir das normale Elend Heranwachsender. Am extremen Ende könnte eine Klientin stehen, deren familiärer Hintergrund von Depression und Alkoholmißbrauch gekennzeichnet ist. Ich denke dabei an eine Klientin, deren Vater Alkoholiker und deren Mutter psychotisch depressiv war. Als sie in die Adoleszenz kam, hatte sie weder innere noch äußere Ressourcen, die sie aufrecht hielten. Sie mußte mehrere Monate lang im Krankenhaus medikamentös behandelt werden. Am anderen Ende befinden sich psychisch gesunde Mädchen wie Monica, die deshalb leiden, weil sie erkennen, auf welch reduzierte Rollen Fauen festgelegt sind. Das Leiden der meisten Mädchen ist irgendwo zwischen diesen beiden Extremen angesiedelt.

Die Adoleszenz ist eine Zeit, in der Mädchen durch ihre eigene Entwicklung und durch kulturelle Erwartungen unter enormen Streß geraten. So viele Dinge passieren auf einmal, daß es ihnen schwerfällt, ihre Erfahrungen fein säuberlich gekennzeichnet in Schubladen zu ordnen. Und es gibt viele Verluste zu beklagen. Wie etwa jenes Mädchen, das eigentlich nur an einer milden Form des adoleszenten Elends leidet. Es ist nicht ausgeschlossen, daß sie sich umbringt, nicht weil ihr Leben insgesamt besonders leidvoll wäre, sondern weil sie impulsiv und reaktiv handelt und unfähig ist, kleine Rückschläge richtig einzuordnen. Es gibt auch Mädchen, die aufgrund biochemischer Faktoren oder aufgrund eines Traumas suizidgefährdet sind, wieder andere scheitern am Chaos und den zahllosen Problemen unserer Zeit. Natürlich brauchen nicht alle die gleiche Aufmerksamkeit, doch alle können sich selbst gefährlich werden und müssen auf jeden Fall ernstgenommen werden.

Cindy (14)

Zum ersten Mal berichtete mir die Schulpsychologin von Cindy, die meinte, sie würde an einer »Wachstumshemmung« leiden. Sie wuchs weder körperlich noch sozial, emotional oder intellektuell. Selbst ihre ersten Zähne fielen nicht aus. Sie ging im Klassenzimmer umher, als wäre sie in einem Traum. Cindy hatte wenig innere oder äußere Ressourcen. Sie sah sich selbst nur aus der Perspektive, die sie von ihren kritischen Eltern und gleichaltrigen Mitschülern übernommen hatte. In einem Alter, wo die meisten Heranwachsenden in die Gleichaltrigenkultur eintauchen, hatte sie keinerlei positive Beziehung zu Kindern ihres Alters.

Der Schulpsychologin war es nicht gelungen, Cindys Eltern

dazu zu bewegen, sich um schulische Belange zu kümmern. Sie arbeiteten in einer Raststätte und sagten, sie seien zu müde, um zu Elternversammlungen zu kommen. Das eine Mal, als Cindys Mutter in die Schule kam, um die kranke Cindy nach Hause zu holen, hatte die Lehrerin eine Alkoholfahne gerochen. Ich fragte nach anderen Verwandten. »Es gibt unseres Wissens sonst niemand. Cindy erhält Sonderunterricht mit noch zwei Mädchen ihres Alters, die nichts mit ihr zu tun haben wollen.«

Ich fühlte mich entmutigt, noch bevor ich die Eltern getroffen hatte, doch ich hatte zugesagt zu versuchen, ihr zu helfen. Eine Woche später saßen Delores und Cindy auf meiner Couch, ein Gegensatz, wie er größer nicht sein konnte. Delores war eine kräftige, energische Frau, während Cindy mit ihren reglosen Händen klein und kindlich wirkte. Sie hielt eine alte blaue Sportjacke auf der Brust zusammen, während wir uns unterhielten.

Delores sagte: »Joe konnte nicht mitkommen. Bei der Arbeit ist der Teufel los, und außerdem glaubt er sowieso nicht an dieses ganze Zeug. Und rechnen Sie bloß nicht damit, daß ich regelmäßig herkomme. Ich habe auch viel zu tun. Es ist ja Cindy, die die Probleme hat.«

Delores hatte eine ganze Litanei von Klagen: Cindy machte weder ihre Schulaufgaben, noch half sie im Haushalt. Sie redete mit keinem und freundete sich auch mit niemandem an. Sie war mürrisch und trotzig.

Ich fragte Cindy nach ihrer Meinung, und sie sagte, ihre Mutter hätte recht.

Ihre langsamen Bewegungen und ihre apathische Art deuteten klar auf eine Depression hin. Ich mußte an die Affen aus dem berühmten psychologischen Experiment denken, die man von ihren Müttern getrennt hatte, an die beklemmenden Bilder in den Lehrbüchern: kleine, traurige Affen, die ihre »Frottee-Mütter« umarmten. Cindys Körperhaltung und Augen erinnerten mich an sie.

Ich hätte angesichts dieser scheinbar hoffnungslosen Situation am liebsten das Handtuch geworfen doch Cindys Augen hielten mich davon ab, nein zu sagen. Am liebsten hätte ich sie umarmt, sie zu einem Eis mit heißer Schokolade eingeladen und versucht, sie zum Lachen zu bringen.

Ich traf mich mit Cindy allein, und wir wurden langsam miteinander bekannt. Selten habe ich jemanden mit einem derart verarmten Gefühlsleben getroffen. Sie stand morgens auf, nachdem ihre Eltern bereits zur Arbeit gegangen waren, zog sich an und fuhr mit dem Bus zur Schule, wo sie sich während der ganzen Unterrichtszeit immer nur ruhig verhielt. Es gab Tage, wo sie, außer mit der Lehrerin, mit niemandem sprach und anschließend wieder mit dem Schulbus nach Hause fuhr. Wenn Cindy nach Hause kam, gab sie dem Hund zu fressen, kochte sich etwas oder machte eine Pastete aus dem Tiefkühlfach warm und sah fern, bis sie ins Bett ging. Sie schaute vor allem die Zeichentrick-Sendungen.

Gegen acht Uhr rief ihre Mutter zu Hause an, um zu sehen, ob sie da war. Danach zogen Delores und Joe durch die Kneipen. Sie kamen gewöhnlich erst lange, nachdem Cindy ins Bett gegangen war, nach Hause.

In der Schule wurde Cindy zur schlimmsten Kategorie Mädchen gezählt: Sie lernte nur langsam, war schüchtern und trug Kleider aus dem Billigkaufhaus. Sie hatte keine älteren Geschwister, die nach ihr sahen, keinen elterlichen Fürsprecher und keine beste Freundin, die ihr beistehen konnten. Sie wurde von den anderen Kindern weitgehend ignoriert.

Cindy erzählte mir das alles nach und nach im Laufe mehrerer Sitzungen. Wir redeten über ihren geliebten Hund Laddie. Ich erkundigte mich nach ihren Schularbeiten, ihren Lehrern und wollte wissen, was sie zusammen mit ihren Eltern unternahm. Als sie während unserer vierten Sitzung ihre blaue Sportjacke, in die es sich so gut verkriechen ließ, im Wartezimmer vergaß, wertete ich das als gutes Zeichen.

Auf meinen Vorschlag notierte sich Cindy jeden Tag drei Dinge, auf die sie stolz war, und brachte ihre Notizen mit zur nächsten Sitzung. Sie las sie vor: »Ich habe mein Bett gemacht, habe abgewaschen, bin mit Laddie spazierengegangen, habe daran gedacht, die Lichter auszumachen, als ich ins Bett ging, habe meine Mathe-Hausaufgaben abgegeben.« Ich beglückwünschte sie zu jedem ihrer Triumphe.

Dann lud ich die Eltern zu einer Sitzung ein. Joe, ein massiger Mann, der nach Benzin und Tabak roch, meinte, Cindy sei genau richtig, wie sie sei. Er sah nicht ein, warum »man an ihrem Kopf rummachen« sollte. Er sagte: »Das soll keine Beleidigung sein, aber ich persönlich glaube nicht an diesen Humbug.«

Delores war nicht viel ermutigender. Sie war zwar gewillt, über Cindy zu reden, wurde aber nervös, wenn das Gespräch auf sie oder Joe kam. Sie wollte weder über ihren Alkoholkonsum noch über ihre häufige Abwesenheit von zu Hause sprechen. Als ich nach Cindys Geburt und Krankheiten fragte, wurde Delores Stimme brüchig und bewegt. Sie sagte: »Ich trank, während ich mit ihr schwanger war. Damals wußte man noch nichts vom fetalen Alkoholsyndrom. Es ist meine Schuld, daß sie zurückgeblieben ist.«

Ich gab ihr ein Taschentuch und sah zu, wie sie ihre geröteten Augen trocknete. Ich sagte: »Worauf es jetzt ankommt, ist die Zukunft. Wollen Sie denn Cindy helfen?«

Delores schaute Joe an, der mit den Achseln zuckte. Dann sagte sie: »Ich kann einmal im Monat kommen, wenn Sie meinen, daß es etwas bringt.«

Ich war mir nicht sicher, ob es etwas bringen würde, wollte es aber versuchen. Cindy brauchte dringend emotionale Zuwendung. Dies schien ein Fall zu sein, wo ein bißchen Aufmerksamkeit viel bewirken konnte.

Cindy mochte unsere Sitzungen gern. Sie brachte ihre Schulhefte und Fotos von Laddie mit. Schon bald erzählte sie munter drauflos. Ich las ihr aus Kinderbüchern vor, machte ihr kleine Geschenke, erzählte Witze und hörte zu, wenn sie berichtete, was sie in der Woche alles erlebt hatte. Ich half ihr, sich kleine Ziele zu setzen, und lobte sie, wenn sie sie erreichte.

Ich bat die Schulpsychologin, mit Cindy einmal im Monat zum Mittagessen zu gehen, und ihre Lehrerin forderte ich auf, sich mehr um sie zu kümmern. Die Lehrerin bat die anderen Mädchen in Cindys Klasse, Cindy mehr in ihre Aktivitäten einzubeziehen, und sie fand eine freiwillige Schülerin, die bereit war, mit Cindy jeden Tag eine bestimmte Zeit zu verbringen, sei es, daß sie ihr bei den Schularbeiten half oder sie einfach besuchte. Die freiwillige Helferin war ein gutherziges Mädchen, das Cindy auch manchmal zum Essen zu sich nach Hause einlud.

Wir alle ermunterten Cindy, sich einer Initiativgruppe anzuschließen. Sie überlegte es sich wochenlang, entschied sich aber schließlich, in der Hauswirtschafts-Gruppe mitzumachen. Schon bald erzählte sie, wie Schokoladenkuchen gebakken und Sets gebastelt werden, wie man Maß nahm, um ein Kleid zu nähen, und wie man Blumengebinde herstellte.

Delores kam einmal im Monat zu mir und gestand, wenn auch ungern ein, daß Cindy Fortschritte machte. In dem Maße, wie Cindy mehr Lebensfreude an den Tag legte und in der Schule besser integriert war, hatte auch Delores mehr Freude an ihr. Sie war stolz auf ihre Koch- und Nähkünste. Sie begleitete Cindy ins Stoffgeschäft, um ihr beim Aussuchen von ein paar bedruckten Baumwollstoffen für ihr Nähprojekt zu helfen.

Cindy verlor nach und nach ihre Milchzähne und wuchs in den ersten drei Monaten der Therapie sechs Zentimeter. Erste Anzeichen der Pubertät wurden sichtbar. Weil Glück zum großen Teil eine Angelegenheit von Kontrasten ist, war Cindy bald ein glückliches Kind. Von einer Welt, in der ihr niemand zuhörte, hatte Cindy in ein Dasein gewechselt, wo ihr eine Lehrerin, eine Schulpsychologin, eine freiwillige Helferin und eine Therapeutin Gehör schenkten. Sie hatte nie mehr ihre alte Sportjacke an.

Als die Therapie zu Ende war, schenkte mir Cindy einen Topflappen, auf den der Spruch »Gott beschütze unser glückliches Heim« gestickt war. Ich schenkte ihr eine Schachtel

Briefpapier samt Briefmarken und bat sie, mir zu schreiben. Sie gibt mir noch immer regelmäßig Nachricht in sorgfältiger Druckschrift. Laddie ist noch immer ihr bester Freund zu Hause. In der Schule hat sie die freiwillige Helferin, die ihr mit den Hauswirtschaftsprojekten hilft.

Die Schulpsychologin trifft sich weiterhin regelmäßig mit Cindy. Sie ruft mich ab und zu an und erzählt mir von Cindys körperlicher Entwicklung und ihren verbesserten Leistungen in der Schule. Sie lächle nun häufiger und unterhalte sich jetzt auch mit anderen Kindern. Man höre sie in der Schulkantine lachen, und sie melde sich freiwillig zu Schulausflügen und Aufgaben. Sie sagte, bei den Eltern hätte sich nichts geändert, ihre Trinkerei sei vielmehr noch schlimmer geworden. Cindys Vater sei kürzlich wegen Trunkenheit am Steuer festgenommen worden. Sie überlege, ob sie die Familie dem Kinderschutzdienst melden solle.

Penelope (16)

Penelope war reichlich mit jenen Segnungen bedacht worden, die Cindy versagt blieben. An ihrer kleinen Privatschule bekam sie ohne viel Mühe lauter Einsen. Penelope war groß, sonnengebräunt und wirkte mondän in ihren teuren Kleidern und schicken Schuhen. Sie gehörte zur Tennis-Club-Clique und war Mitglied in der Rhetorikgruppe der Schule, die sogar einmal einen Preis gewann. Penelope war schon zweimal nach Europa gereist und einmal zu einer Foto-Safari nach Afrika. Jeden Herbst war sie mit ihrer Mutter unterwegs, um sich neu einzukleiden, und jeden Sommer fuhr sie mehrere Wochen in die Berge. Dennoch, sie war ein »armes, reiches Mädchen«, das nach einem fast geglückten Selbstmordversuch zu mir zur Therapie kam.

Sie kam im weißen Tennis-Dress, den Schläger in der Hand, in die Praxis marschiert. Sie fächelte sich Luft zu und machte die übertriebenen Bewegungen und Gesten von jemandem, dem heiß ist und der nach Luft ringt. Ich fragte, warum sie hergekommen sei.

»Ich hatte ein paar Tabletten geschluckt, und der blöde Arzt in der Notfallstation wollte mich nicht eher gehenlassen, bis ich einen Therapietermin hatte.«

»Von deiner Mutter weiß ich, daß du fast gestorben wärst.« Penelope ließ den Unterkiefer fallen, um Überraschung vorzutäuschen. »Ach was. Ich war krank, aber sie haben mich am nächsten Tag wieder entlassen.«

»Warum hast du es gemacht?«

»Ich hatte mich über meine Eltern geärgert. Ich wünschte mir zu meinem Geburtstag ein Auto. Kein teures, nur einen Kleinwagen. Sie wollen mir keins kaufen.«

Sie schlug mit der Faust auf den Stuhl. »Sie haben genug Geld. Sie sagen nur nein, weil sie mir eine Lektion erteilen wollen. Ich hasse sie. Ich soll Hausarbeit machen und mein Zimmer aufräumen. Das ist doch völlig idiotisch. Mama sitzt den ganzen Tag auf ihrem dicken Hintern und hat eine Haushälterin angestellt, um ihre Arbeit zu machen. Warum soll dann ausgerechnet ich Hausarbeit machen?«

Penelope hatte das übliche Reiche-Kinder-Problem – sie erwartete, daß sie alles bekam, was sie wollte. Kinder aus bescheideneren Verhältnissen lernen schon früh, daß sie nicht alles haben können – die Eltern können es sich einfach nicht leisten. Doch ich hatte das Gefühl, daß Geld nicht das einzige Problem war, sondern noch etwas anderes nicht stimmte, und ich bat sie, mir mehr über ihre Eltern zu erzählen.

Sie seufzte. »Sie verstehen sich nicht. Papa arbeitet die ganze Zeit. Er kommt nur nach Hause, wenn es sein muß – um sich umzuziehen und zu duschen. Mama haßt ihn, aber sie will sein Geld.«

Sie fuhr sich mit den Händen durch ihr glänzendes braunes Haar. »Mama rächt sich an Papa, weil er so viel weg ist. Als er am letzten Heiligabend wieder nicht da war, hat sie sich ein Diamantarmband gekauft.«

Penelope schien in den Fußstapfen ihrer Mutter zu wandeln. Sie investierte ihre Gefühle in Objekte, nicht in Menschen, und anstelle von Liebe begnügte sie sich mit Waren. Sie hatte nicht gelernt, Beziehungen zu schätzen, und sie benutzte Geld, um auf ihre Kosten zu kommen. Um die Adoleszenz zu überstehen, war diese oberflächliche Realitätsbewältigung nicht ausreichend. Penelope brauchte mehr Rückhalt und mußte lernen, ihre Erfahrungen richtig einzuordnen. Schöne Kleider und Autos taugen nicht dazu, Mädchen durch die Adoleszenz zu bringen. Ich wollte Penelope helfen, ein paar Dinge im Leben zu finden, die ihr mehr Halt boten.

Mutter Theresa hat einmal gesagt, daß die reichen Menschen in den westlichen Ländern größere Not leiden als die armen Menschen in Indien, denn sie leiden an der Not des Alleinseins. Penelope war ein gutes Beispiel dafür. Sie war gefangen zwischen Eltern, die sich nichts bedeuteten, und in einem Zuhause ohne jene Werte, die ihrer Entwicklung voranhelfen konnten. Sie hatte in ihrem Leben keine echten Gefühlsbindungen zu anderen Menschen erlebt, und es mangelte ihr an vielen Eigenschaften, die beständiges Glück ermöglichen. Wenn sie etwas nicht bekam, war sie todunglücklich. Sie brachte kein Verständnis für andere auf und war egozentriert. Penelope hatte nicht gelernt, daß Glück nicht bedeutet, andere zu benutzen, sondern anderen zu nutzen.

Zum Schluß unserer ersten Sitzung redeten wir über ihre Zukunftspläne. Penelope wollte standesgemäß, wie ihr Vater, Syndikus werden und eine Menge Geld verdienen. Sie wollte ein Schweizer Chalet besitzen, Schränke voller Designer-Kleider und eine Jacht.

Zu meiner Überraschung war Penelope bereit, mit der Therapie weiterzumachen. Ich fragte sie: »Warum willst du wiederkommen?«

Sie sagte: »Weil Sie mir zuhören. Es ist irgendwie interessant.«

Ich sagte: »Als Aufgabe überlege dir, was du gerne auf deinem Grabstein eingraviert hättest.«

In der nächsten Woche kam Penelope mit einem Grabspruch, den sie ihren Vater hatte sagen hören. »Das Mädchen mit dem meisten Spielzeug wird schließlich gewinnen.«

Ich lachte und sagte, daß sie unter der Oberfläche wohl viel tiefgründiger und mitfühlender sei, als es den Anschein hatte, und ich sogar glaubte, daß sie sich nach Liebe sehnte.

Ihr beherrschtes Gesicht wirkte plötzlich verblüfft, und sie schwieg.

Ich fragte weiter: »Wie fühlst du dich im Moment?«

»Warum stellen Sie mir solche komischen Fragen?«

»Ich will wissen, was dir wichtig ist.«

»Ruhm«, sagte sie. »Nein, das war nur Spaß. Ich meinte eigentlich reich sein. Nein, das auch nicht. Ich weiß nicht.«

Ich versuchte Penelope vorsichtig klarzumachen, daß sie zwar viele Beziehungen zu haben schien, die sie benutzten, aber keine Leute kannte, denen sie wirklich am Herzen lag. Sie stimmte mir zu. »Ich bin ziemlich zynisch. Jungs wollen nur Sex. Mädchen wollen mit mir gesehen werden. Selbst meine Eltern mögen mich, weil ich gute Noten nach Hause bringe und so der Familie zu Ruhm verhelfe. Auch Sie treffen sich mit mir doch wegen des Geldes. Jeder ist irgendwo ein Nutznießer.«

Es beschämte mich etwas, in diese Kategorie gesteckt zu werden. Protest schien mir zwecklos; nur mit der Zeit würde sie erkennen, daß Beziehungen noch etwas anderes bedeuten konnten als Geld.

Zum Glück brachte Penelope das Gespräch auf ein anderes Thema – ihre Eltern. Ihr Vater konnte nicht verstehen, warum Penelope nicht glücklich war. Er war als Kind arm gewesen und dachte, Penelope sei glücklich. Er konnte nicht verstehen, daß ihr der ganze Luxus nicht genügte. Er hatte sich ein glückliches Kind erhofft, statt dessen versuchte seine Tochter, Selbstmord zu begehen.

Wie die meisten heranwachsenden Mädchen, sah Penelope ihre Mutter sehr kritisch und hielt sie für ein bißchen beschränkt. Sie erzählte, ihre Mutter würde alles tun, was ihr Vater sagte, weil sie von seinem Geld abhängig sei. Sie sagte: »Mama ist noch fauler und kaputter als ich. Ich würde nie wegen seines Geldes bei einem Mann bleiben.«

Ich fragte Penelope, was sie durch die Beobachtung ihrer Eltern über Beziehungen gelernt habe. Sie dachte eine Weile nach. »Daß keiner wirklich liebt. Daß du besser nimmst, was du bekommen kannst.«

Obwohl sie zur Kategorie der beliebten Mädchen zählte, hatte sie keinen engen Freundeskreis. Zur wahren Freundschaft gehört Ehrlichkeit, Offenheit, ja sogar Verletzlichkeit. Sie erfordert Rücksicht und einfache Gefälligkeiten. Ich schlug Penelope vor, zunächst mit einer einzigen Person ihres Alters eine ehrliche Beziehung aufzubauen.

Wir diskutierten über ihren Selbstmordversuch. Penelope gab zu, daß sie mit Enttäuschungen nicht umgehen könne. »Wenn ich nicht bekomme, was ich will, raste ich aus, das macht mir Angst.«

Ich war auch der Meinung, daß Penelope lernen mußte, Enttäuschungen zu ertragen und ihre Impulsivität zu dämpfen. Sie hatte darin fast keine Übung. Ausgehend von einer Idee des Psychologen John Lehnhoff, schlug ich vor, daß sie das »Hasse-es,-aber-tue-es-Zentrum« in ihrem Gehirn entwikkeln solle. Dieser Bereich ist bei vielen Mädchen unterentwickelt, und sie haben deshalb Schwierigkeiten, ihre langfristigen Ziele zu verwirklichen. Ich verwende dieses Schlagwort, um den Unterschied zwischen kurzfristiger und langfristiger Bedürfnisbefriedigung zu erklären. Oft ist das, was kurzfristig als unangenehm empfunden wird, auf lange Sicht lohnend, während das kurzfristig Angenehme letztlich schadet. Dieses Konzept ist für Heranwachsende zwar schwer zu begreifen, für ihr Erwachsenwerden allerdings äußerst wichtig. Nur so können sie auf systematische Art ihre Ziele in Angriff nehmen.

Zum nächsten Termin sollte Penelope sich ihre Erfolge – Situationen, in denen sie mit ihrer Enttäuschung auf vernünftige Art fertig wurde – notieren und mir davon berichten.

Ich hatte ein gutes Gefühl, nachdem Penelope gegangen war. Mein Plan war, mit ihr eine Art »Aufwachtherapie« zu machen, die den Aufbau eines Wertesystems beinhaltete, das für sie zuträglicher sein würde als das, woran sie gescheitert war. Ich wollte, daß sie entdeckte, daß Beziehungen Freude bereiten konnten und die Welt voller Reichtümer war, die nichts mit Geld zu tun hatten. Ich hoffte, ihre Eltern zu einer Eheberatung überreden zu können.

Doch eine Woche nach unserer letzten Sitzung unternahm Penelope erneut einen Selbstmordversuch. Ihre Eltern hatten sich wieder geweigert, ihr etwas zu kaufen, was sie haben wollte, und sie schluckte Tabletten. Diesmal ließ sie ihr Arzt in ein teures Privatkrankenhaus einweisen. Ich habe sie nie mehr gesehen.

In den ersten zehn Jahren meiner Therapietätigkeit hatte ich nie Klientinnen mit dem Drang zur Selbstbeschädigung zu Gesicht bekommen. Heute ist dies häufig das erste, worüber junge Mädchen klagen. Ihr innerer Schmerz drückt sich darin aus, daß sie sich Hautstückchen abreißen, Verbrennungen zufügen oder sich mit Rasierklingen oder Messern verletzen. Dieser Trend ist besonders beunruhigend, weil die meisten jungen Frauen glauben, sie seien die einzigen mit diesem Leiden. Je mehr solcher Fälle mir begegneten, desto mehr begann ich, nach den Ursachen zu fragen. Warum benutzen, ja erfinden junge Frauen gerade jetzt solche Praktiken? Welche gesellschaftlichen Veränderungen haben die Entstehung dieses weitverbreiteten Problems begünstigt?

So wie Depression als nach innen gerichtete Wut bezeichnet werden kann, kann selbstverletzendes Verhalten als nach innen gerichtetes, psychisches Leid gesehen werden, das die handgreiflichste aller Formen angenommen hat. Mädchen verarbeiten ihr Leid in der Art, daß sie sich selbst schaden. Hierfür gibt es naheliegende Erklärungen: Mädchen stehen in den neunziger Jahren unter einem größeren Druck; es gibt heute weniger differenzierte und effektive Bewältigungsstrategien gegen diesen Druck, die Mädchen verfügen über weniger interne und externe Ressourcen, auf die sie zurückgreifen können.

Nach meiner Erfahrung deuten Verhaltensweisen, die unabhängig voneinander und spontan bei einer größeren Zahl von Menschen auftreten, auf gewaltige kulturelle Veränderungsprozesse hin. Eßstörungen beispielsweise haben mit dem Druck auf Frauen zu tun, schlank sein zu müssen. Genauso mag Selbstbeschädigung eine Reaktion auf besondere Formen des Drucks in den neunziger Jahren sein. Das Auftreten dieses Problems steht im engen Zusammenhang mit der heutigen Piercing-Mode der Mädchen.

Selbstbeschädigung kann als konkrete Form der gesellschaftlichen Forderung an junge Frauen gesehen werden, sich auf eine allseits akzeptierte Norm zurechtzustutzen. Metaphorisch gewendet, kann Selbstbeschädigung als Akt der Unterwerfung gesehen werden: »Ich werde tun, was mir die Gesellschaft aufträgt«; als Akt des Protestes: »Ich werde sogar noch weiter gehen, als es die Gesellschaft von mir erwartet«; als Hilfeschrei: »Helft mir, daß ich mir nicht weiter so schade, wie die Gesellschaft es von mir fordert«, oder als Versuch, die Selbstbestimmung zurückzugewinnen: »Ich verletze mich stärker, als die Gesellschaft es vermag.«

Wenn Mädchen erst einmal angefangen haben, sich Schnittwunden und Verbrennungen beizubringen, betreiben sie das in der Regel auch weiter. Der Drang zu körperlicher Beschädigung wird kathartisch. In Ermangelung besserer Bewältigungsstrategien wird die Selbstzerstörung zu einer Beruhigungsmethode. Mit der Zeit gräbt sich diese Gewohnheit immer mehr ein, je früher junge Frauen also Hilfe in Anspruch nehmen, desto besser.

Doch wie läßt sich das Leiden behandeln? Ideal wäre, wir würden unsere Gesellschaft verändern, so daß junge Mädchen in ihrem Leben weniger externem Druck ausgesetzt wären. Doch bis es soweit ist, müssen junge Frauen bessere Bewältigungsstrategien lernen und mehr interne und externe Ressourcen entwickeln, um mit dem Druck umzugehen.

Eine Therapie kann Mädchen helfen, ihre Leiden frühzeitig zu erkennen. Erst wenn sie ihren inneren Zustand als schmerzhaft begreifen, können Mädchen darüber nachdenken, was sie dagegen tun können. Sie müssen neue Mittel finden, ihrem intensiven Leidensdruck zu begegnen und den Schmerz zu verarbeiten. Ihr herkömmliches Mittel war, sich Schaden zuzufügen. Es kommt nun darauf an, daß sie ihren Schmerz erkennen und sich selbst zu helfen lernen.

Zum Glück läßt sich der Drang zur körperlichen Selbstbeschädigung aufgrund von psychischem Leid durchaus heilen. Junge Frauen können lernen, ihren Schmerz zu verarbeiten, indem sie darüber nachdenken und sprechen, statt sich zu bestrafen. Unter Anleitung sind die meisten jungen Frauen bald in der Lage, das Übel abzulegen und etwas Sinnvolleres an seine Stelle zu setzen. Sie fügen sich nicht mehr Schaden zu, sondern artikulieren ihren Leidensdruck.

Tammy (17)

Tammy kam zu mir in die Therapie, nachdem ihre Mutter entdeckt hatte, daß sie sich selbst an den Brüsten Verletzungen zugefügt hatte. Alice wachte nachts um drei Uhr auf und sah, daß in Tammys Schlafzimmer Licht brannte. Sie ging hinein, um nachzusehen, und fand Tammy auf dem Bett sitzend, umgeben von blutigem Zeitungspapier mit einem Rasiermesser in der Hand. Alice weckte Brian auf, und sie fuhren mit Tammy ins Krankenhaus. Der Arzt nähte die tieferen Schnittwunden und arrangierte mit mir einen Termin für ein Familiengespräch.

Alice und Brian waren ganz blaß vor Angst und Sorge. Brian war in der Lage, von dem nächtlichen Ereignis zu berichten, Alice konnte nicht aufhören zu weinen. Tammys Gesicht war noch rot und verquollen, doch sie weinte nicht mehr. Sie schaute mich aber auch nicht an und sprach mit kaum hörbarer Stimme.

Trotz der gegenwärtigen Krise schien es sich hier um eine ziemlich typische, konventionelle Familie zu handeln. Brian war Pfarrer in einer kleinen Kirchengemeinde und spielte am Wochenende Saxophon in einer Jazzband. Alice war von Beruf Musiklehrerin, momentan aber nicht berufstätig. Tammy war das dritte von vier Kindern. Die beiden Älteren studierten, und der Jüngste, ein zehnjähriger Junge, machte keine Probleme. In Alices Familie hatte es Fälle von Depression gegeben, aber ansonsten hatte die Familie vorher keinerlei Probleme.

Sie machten jedes Jahr lange Sommerferien. Die Sonntagabende waren oft mit gemeinsamem Musizieren und Singen ausgefüllt. Alice war früher Vorsitzende der Eltern-Lehrer-Vereinigung. Brian war ein leicht geistesabwesender Mensch, der bei Gewaltszenen in Filmen die Augen zumachte und beim Rhesusfaktortest vor der Hochzeit in Ohnmacht fiel.

Selbst mit ihrem aufgedunsenen Gesicht sah Tammy hübsch aus. Sie hatte langes blondes Haar und eine Haut wie Alabaster. Sie trug ein Seidenjackett, Designer-Bluejeans und modische grüne Stiefel. Brian sprach von ihr als einer guten Schülerin und einer unproblematischen Tochter. Sie schaffte es jedes Jahr, auf die Bestenliste der Schule zu kommen. Wie ihre Eltern liebte sie Musik, sang im Kirchen- und Schulchor und spielte Flöte im Schulorchester. Brian sagte: »Sie ist die beste Musikerin von allen Kindern.«

Alice fügte hinzu: »Dies hier ist für uns ein Riesenschock.«

Ich sprach alleine mit Tammy.

»Weißt du, warum du das machst?« fragte ich vorsichtig.

Mit abgewandtem Blick sagte sie: »Wegen einem Streit mit meinem Freund.«

Wir sprachen über Martin, den sie bei einem Landesmusikwettbewerb kennengelernt hatte. Martin spielte dort Kontrabaß für die größte Schule im ganzen Bundesland. Er war alles, was sich ein Mädchen erträumen konnte – gutaussehend, sportlich, beliebt.

Tammy sagte: »Alle Mädchen waren hinter ihm her. Ich war richtig schockiert, daß er sich mich aussuchte.«

»Was habt ihr für eine Beziehung?«

Tammy seufzte. »Wir streiten uns oft. Martin ist eifersüchtig.«

»Was noch?«

»Er macht Sachen, die meine Eltern nicht gutfinden würden. Er raucht Grass und trinkt Alkohol.« Sie schaute mich mißtrauisch an.

»Habt ihr eine sexuelle Beziehung?«

Sie nickte schuldbewußt.

»Wie fühlst du dich dabei?«

»Ich weiß nicht. Ich habe Angst, schwanger zu werden.«

Sie sprach leise, aber schnell. »Martin ist richtig sexbesessen. Dieses Jahr an Sylvester machte er eine Party und lieh dafür Porno-Videos aus. Die Jungens fanden das gut, aber uns Mädchen war es richtig peinlich. Wir wollten so etwas nicht sehen.«

»Wie lange ist der Streit her, nach dem du dir zum ersten Mal die Schnittwunden beigebracht hast?«

Tammy strich sich das Haar aus dem Gesicht. »Das war nach der Porno-Nacht. Ich glaube das Wochenende danach. Wir gingen zu einer Party, und ich trank Wein mit Limonade. Martin wurde sauer, weil ich mich mit seinem Freund unterhielt. Er brachte mich ziemlich früh nach Hause und stieß mich aus dem Auto. Ich fiel auf die Einfahrt, und er fuhr weg. In der Nacht war ich so sauer, daß ich nicht wußte, was ich machen sollte.«

»Versuch dich zu erinnern, wie du dich genau gefühlt hast.«

Tammy sagte: »Ich schlich mich in mein Zimmer, damit Mama und Papa mich nicht sahen. Ich dachte, ich drehe durch. Auf meinem Toilettentisch lag eine Schere, und da kam mir die Idee, mich zu schneiden. Ich weiß nicht einmal, wie ich das gemacht habe. Ich weiß nur noch, daß ich danach an den Armen Schnittwunden hatte und mich besser fühlte. Ich konnte einschlafen.«

Sie sah mich an. »Glauben Sie, daß ich verrückt bin?«

Ich sagte: »Ich glaube, daß du Angst hast.«

Tammy sagte: »Es ist danach noch öfter passiert. Immer wenn ich mich mit Martin gestritten hatte, hatte ich diesen Drang, mich zu schneiden. Ich konnte mich nicht beruhigen, bis ich es getan hatte.«

»Hat Martin dich je geschlagen?«

Tammy sagte: »Erzählen Sie es bitte nicht meinen Eltern. Er will es eigentlich nicht, aber er wird leicht jähzornig. Hinterher tut es ihm richtig leid.«

Ich bat Alice und Brian herein und sagte ihnen, daß ich mich mit Tammy für eine Weile allein treffen möchte. Ich erklärte ihnen Tammys Angewohnheit damit, daß sie sich immer körperlich schaden mußte, wenn sie seelisch litt. Außerdem, fügte ich hinzu, müßten wir die Beziehung zu Martin genauer unter die Lupe nehmen.

Alice sagte: »Martin scheint ein großartiger Junge zu sein.«

Ich dachte bei mir, dieser Pfarrer und seine Frau haben keine Ahnung, wie kompliziert die Welt für ihre bezaubernde, Flöte spielende Tochter ist. Da ich mir Tammys Vertrauen nicht verscherzen wollte, antwortete ich nur: »Eltern wissen nicht immer, was vor sich geht.«

Gail (15)

Gail war völlig anders als Tammy. Sie war jünger und, in ihren eigenen Worten, »gefangen in den Fluren und Hallen einer Schule«. Ihre ganze Aufmachung signalisierte »Ich bin anders«. An der einen Hälfte ihres Kopfes war das Haar abrasiert, an der andern lila gefärbt. Sie trug einen Nasenring, acht Ohrringe, meist Totenköpfe und Schlangen, hatte auf dem linken Arm eine Tätowierung in Form eines Drachens und weitere kleine Tätowierungen an jedem Finger. Sie trug ein fleckiges T-Shirt mit einem BEFREIT-TIBET-Logo darauf, schwarze Jeans, die an den Knien zerschlissen waren, und schwere Stiefel.

Sie war die älteste Tochter einer Künstlerfamilie. Die Mutter war Tänzerin, der Vater Bildhauer. Gails Familie war in finanzieller Hinsicht arm, kulturell gesehen jedoch reich. Sie konnten sich keine Reisen, neue Autos oder schöne Kleider für ihre Töchter leisten, aber billige Tickets für Symphoniekonzerte, Bücher aus zweiter Hand – und eine Therapie.

Gails Eltern, Stephen und Shelly, waren warmherzige, etwas schrullige Menschen, die ganz verwirrt schienen, sich plötzlich in einer therapeutischen Praxis wiederzufinden. Shellys erste Bemerkung war ein Kompliment über meine berstenden Bücherregale. Sie sagte: »Ich sehe, Sie mögen Jung. Ich übrigens auch.«

Ich fragte, warum sie zu mir gekommen seien. Gail schaute aus dem Fenster. Shelly und Stephen schauten sich gegenseitig an. Stephen sagte: »Es widerstrebt uns eigentlich, Sachen über Gail auszuplaudern. Deshalb wollten wir, daß sie heute mitkommt.«

Shelly sagte: »Wir machen uns Sorgen, schon seit sie in der Mittelstufe ist, doch letzten Samstag haben wir entdeckt, daß sie sich mit Zigaretten Verbrennungen zufügt. Da haben wir beschlossen, etwas zu unternehmen.«

»Früher war Gail der Augapfel der Familie«, fuhr Shelly fort. »Sie machte uns so viel Freude. Die Schule stufte sie als hochbegabt ein. Ihre künstlerischen Arbeiten wurden sogar öffentlich ausgestellt.«

»Alles war bestens«, fügte ihr Vater hinzu. »Sie hatte einen Freundeskreis, und sie galt als der Spaßvogel der Schule. Sie konnte die ganze Nacht aufbleiben und lesen und ging trotzdem am nächsten Tag zur Schule.«

Shelly sagte: »Sie war so tüchtig und selbständig. Nie hätten wir gedacht, daß sie einmal solche Probleme haben würde. Wir waren darauf nicht gefaßt.«

Ich wandte mich an Gail, die interessiert die Buchtitel im Regal studierte, und fragte: »Was passierte in der Schule?«

Gail sprach langsam und in klaren Worten. »Ich haßte es, in eine Bewahranstalt gesteckt und mit einem Klingelton von Raum zu Raum getrieben zu werden. Ich fühlte mich wie eine Kuh in einer Mästerei. Ich wurde angemacht, wenn ich zum Begabtenunterricht ging, und dort langweilte ich mich. Ich ging gerne zum Kunstunterricht, doch kaum hatte ich meine Malsachen ausgepackt, klingelte es schon wieder.«

»Wie geht's mit deinen Mitschülern?« fragte ich.

»Kennen sie den Spruch aus den sechziger Jahren ›Sex and drugs and Rock'n'Roll‹?« Ich nickte, und sie fuhr fort: »In den neunziger Jahren heißt er ›Masturbation, Schnaps und Madonna‹. Ich passe nicht in diese Szene.«

Stephen sagte: »Gail hat sich von einem geselligen Mädchen zu einer Einzelgängerin gewandelt. Sie kann keinen mehr leiden, und niemand ruft sie mehr an.«

Gail fuhr fort: »Die Schule war noch nicht das Schlimmste. Die Umweltprobleme haben mich echt deprimiert. Ich konnte nachts nicht schlafen wegen der ganzen Ölverschmutzung und Regenwaldvernichtung. Ich mußte auch immer an Somalia oder Bosnien denken. Es war, als würde die Welt vor die Hunde gehen.«

Diese Probleme begegnen mir auch bei andern begabten Mädchen. Weil sie so klug sind, erwarten Erwachsene von ihnen auch gefühlsmäßige Reife. Doch die haben sie nicht. Sie reagieren auf globale Katastrophen emotional gleich stark wie andere Heranwachsende. Auch wenn kluge Mädchen die hohlen Wertvorstellungen und das oberflächliche Verhalten ihrer Altersgenossinnen durchschauen, haben sie trotzdem die sozialen Bedürfnisse aller Heranwachsender. Sie fühlen sich vollkommen allein mit ihrem Leid. Zwar haben sie auf einigen Gebieten die intellektuellen Fähigkeiten von Erwachsenen und können die Probleme dieser Welt verstehen, doch sie haben nur die politische Macht von Kindern.

Gail tat, was viele Mädchen in ihrer Situation tun. Sie mied andere Jugendliche und fand nach und nach ein paar Freunde, die so waren wie sie. Sie entdeckte das verrauchte Hinterzimmer eines Cafés, wo sich die alternative Szene zu Gesprächen einfand. Sie befreundete sich mit Schwulen, Ausreißern, Schulabbrechern und unglücklichen Intellektuellen. Sie ließ sich erst die Ohren, dann auch die Nase piercen. Mit ihrem besten Freund ging sie zu einem Tätowiersalon, um sich einen

Drachen auf den Arm tätowieren zu lassen. Leider hatten auch die Leute aus der alternativen Szene ihre Probleme. Viele nahmen Drogen, sei es zur Schmerzbetäubung oder zur Bewußtseinserweiterung. Schon bald rauchte Gail Grass und nahm LSD.

In der Zwischenzeit wurden die Probleme in der Schule immer schlimmer. Gail war das einzige Mädchen in ihrer Klasse mit einem Nasenring und Tätowierungen. Die andern kicherten und zeigten auf sie, wenn sie vorbeiging. Als sie in die neunte Klasse kam, hatte sie mehr über Umweltprobleme gelesen als ihr Biologie- oder Geologielehrer. Der wenig fordernde Unterricht machte sie zynisch gegenüber Schulbildung überhaupt. Ihre Noten wurden schlechter. Sie schwänzte die Schule und ging in den Park, um Dope zu rauchen.

Stephen und Shelly merkten, daß einiges im argen lag, und rieten Gail zu einer Therapie. Sie lehnte ab. Ihr bester Freund zog nach Kalifornien, und Gail wurde wieder zur Einzelgängerin. Letzte Woche entdeckten sie ihre Brandmale.

In der folgenden Woche traf ich mich mit Gail allein. Sie trug dieselben Stiefel und Jeans, doch diesmal mit einem T-Shirt mit der Aufschrift »Das Leben verarscht dich und dann stirbst du«. Trotz ihrer seltsamen Aufmachung fand ich Gail schön und empfindsam. Ich mußte an das ›betrunkene Taxi‹ aus Allen Ginsbergs Gedicht denken, das mit der ›absoluten Realität‹ zusammenprallte. Etwas ähnliches ist Gail am Anfang der Adoleszenz passiert.

Ich erzählte ihr, wie ich mich vor dreißig Jahren fühlte, als ich, damals noch zu Hause in einem kleinen Ort, *Das Tagebuch der Anne Frank* las. Ich sagte: »Als ich von den ganzen Greueln erfuhr, die Menschen sich gegenseitig antun, wollte ich sterben. Ich wollte nicht zu einer Spezies gehören, die die Nazis hervorgebracht hat.«

Gail sagte, ihr wäre es genauso ergangen, als sie die Berichte von den Vergewaltigungen bosnischer Frauen im Radio hörte. Auch als sie las, daß Stalin mehr Menschen auf dem Gewissen hat als Hitler, die Roten Khmer sechs Millionen Kambodschaner umbrachten und die Serben ethnische Säuberungen durchführten. Sie sagte: »Der Holocaust war kein einmaliger Vorfall. So was passiert überall.«

Ich sagte: »Was mich damals gerettet hat, waren die Bücher von Whitman und Thoreau. Kurz nachdem ich über Anne Frank gelesen hatte, habe ich diese Schriftsteller entdeckt. Es war Sommer, und ich nahm meinen Whitman mit in den Wald. Ich las und beobachtete zwischendurch den Wind in den Bäumen. Bei Sonnenuntergang setzte ich mich auf die hintere Veranda und las *Walden*. Thoreau ist ein wunderbares Gegenmittel gegen oberflächliche Leute und seichte Ideen. Er gibt der Einsamkeit Würde.«

Gail sagte: »Mir hat es geholfen, mit meinem Freund in den Park zu gehen, aber er ist jetzt weg.«

»Erzähle, wie du dich verbrannt hast.«

Gail sagte: »Das passierte ganz automatisch. Ich rauchte in meinem Zimmer und spürte die Hilflosigkeit und Wut in mir. Da merkte ich plötzlich, wie ich mir mit der Zigarette den Arm verbrannte und daß es sich gut anfühlte. Irgendwie sauber. Ich paßte auf, daß ich mir nur den Oberarm verbrannte, so daß sich die Brandmale verdecken ließen. Danach fühlte ich mich ruhiger.«

»Du hast deinen ganzen Groll auf die Welt gegen dich selbst gerichtet«, sagte ich. »Du brauchst eine bessere Methode, deinen Unmut loszuwerden und dich zu wehren.«

Wir redeten über Protestmärsche, Recycling, Boykotts. Doch das war ihr alles zu abstrakt. Gails Verzweiflung konnte nur mit konkreten Aktionen gelindert werden. Auch wenn sie dafür noch etwas jung war, schlug ich ihr vor, in der Suppenküche für Obdachlose zu arbeiten. Sie brauchte etwas, um die Welt zu verbessern, und zwar für Menschen aus Fleisch und Blut. Gail wollte es sich überlegen. Bevor sie ging, gab ich ihr mein zerfleddertes Exemplar von *Walden*.

Gail kam mehrere Monate lang zur Therapie. Meist forderte ich sie auf, über das zu reden und zu schreiben, was sie gerade bedrückte. Mit zunehmender Vertrautheit erzählte sie mir mehr über ihr gegenwärtiges Leben. Einer ihrer schwulen Freunde war HIV-positiv. Eine Freundin war vergewaltigt worden. Ein anderer Freund nahm Drogen und war krank.

Sie dachte sich einen Notstandsplan aus für den Fall, daß sie wieder den Drang verspürte, sich zu verbrennen. Dann würde sie ihr Notizbuch nehmen und ihren ganzen Schmerz und ihre Wut aufschreiben. Sie mußte diese Empfindungen aus ihrem Körper herauslassen und zu Papier bringen.

Einige dieser Notizen hat sie mir später gezeigt. Sie schrieb über die hochnäsigen Mädchen in der Schule, die die weniger begüterten Schülerinnen neckten. Sie schrieb über die Gemeinheit und Engstirnigkeit, den Kampf um die richtigen Klamotten und Freunde. Sie schrieb auch über die Geldnot, unter der ihre hart arbeitenden Eltern schon ihr Leben lang litten. Sie schrieb über die Gesichter aus Somalia, alte frierende Menschen im bosnischen Winter, obdachlose Menschen und über Rodney King (den Farbigen, dessen brutale Mißhandlung durch Polizisten die Proteste und die Rassenunruhen 1991 in Los Angeles auslöste).

Sie schrieb, bis das Verlangen, sich zu verbrennen, weg war. Manchmal funktionierte es aber nicht, dann bat sie ihre Mutter oder ihren Vater, sie in die Arme zu nehmen und zu besänftigen, bis sie einschlafen konnte. Ab und zu rief sie auch mich an, und ich redete auf sie ein. Und natürlich war das Verlangen manchmal zu stark, und sie konnte es nicht lassen, sich wieder weh zu tun. Doch in dem Maße, wie sie lernte, über ihre Probleme zu reden und zu schreiben, kam es immer seltener vor.

Es half, daß Gail nun wieder mehr Spaß am Leben hatte. Sie mochte die anderen freiwilligen Helferinnen und viele der Gäste in der Suppenküche. Die Obdachlosen hatten alle ihre Geschichten auf Lager und Zeit, sie zu erzählen. Oft traf sie auf der Straße Obdachlose, die sie mit Namen kannte, und sie hielt an und redete mit ihnen. Sie wußte, sie würde später für sie Suppe kochen. Auch wenn dies nur ein kleiner Beitrag war, so half er doch gegen die schlimmste Verzweiflung.

Inzwischen hatte sich Gails Äußeres etwas verändert. Ihr Haar wuchs langsam nach und schimmerte in einem schönen Kastanienbraun. Zu der letzten Sitzung luden wir ihre Eltern ein.

Shelly erzählte, daß Gail wieder lachen und mit ihren jüngeren Schwestern spielen würde. Das Telefon klingelte wieder, und sie hatte die interessantesten Freunde. Stephen betonte, wie froh er sei, daß Gail zur Kunst zurückgefunden hätte. Ihre Arbeiten wirkten wieder optimistischer. Die Welt hatte sie wieder. Gail schrieb die Veränderungen nicht zuletzt der Therapie zu, die sie mit einem Frühjahrsputz verglich. »Man fegt überall den Staub weg und mistet aus. Da muß man eine ganze Menge Gerümpel wegwerfen.«

9. Die Götter der Schlankheit

Heidi (16)

Heidi kam nach dem Turnen zu mir in die Praxis. Sie war blond und hübsch und trug einen glänzenden Jogging-Anzug. Wir unterhielten uns über den Sport, den Heidi bereits seit ihrem sechsten Lebensjahr ausübte. Man hatte sie gerade zu den Auserwählten erkoren, die einen ganz bekannten Trainer bekommen sollten. Sie trainierte nun vier Stunden täglich, an sechs Tagen in der Woche. Sie erwartete zwar nicht, es in die Olympia-Mannschaft zu schaffen, aber sie erhoffte sich ein Stipendium.

Heidi sprühte geradezu, als sie über Turnen sprach, doch mir fiel auf, daß sie rote Augen und am rechten Zeigefinger eine kleine Wunde hatte. (Wer sich wiederholt den Finger in den Hals steckt, kann durch die Säure einen wunden Finger bekommen.) Deshalb war ich nicht überrascht, als sie sagte, daß sie Hilfe brauche, um mit ihrer Bulimie fertig zu werden.

Heidi sagte: »Ich habe dieses Problem bereits seit zwei Jahren, aber in letzter Zeit wirkt es sich auf meine Leistungen im Turnen aus. Ich bin zu schwach, besonders am Pferd, wo man viel Kraft braucht. Ich hab auch Schwierigkeiten, mich zu konzentrieren.

Ich gebe meinem Training die Schuld an meinen Eßstörungen«, erzählte Heidi weiter. »Unser Trainer schickt uns einmal pro Woche auf die Waage, wobei wir uns gegenseitig die Rippen zählen müssen. Wenn sie sich nur schwer zählen lassen, bekommen wir Schwierigkeiten.«

Heidi sagte, daß sie seit der Pubertät Schwierigkeiten hat, ihr Gewicht zu halten. Nach jedem Essen war sie besorgt, sie könnte zuviel gegessen haben. Sie zählte die Kalorien, und obwohl sie hungrig war, hatte sie Angst zu essen. Während des Unterrichts kniff sie sich seitlich in die Fettpolster und war bestürzt. Es war nach einem Essen mit ihrer Turnmannschaft, daß sie sich das erste Mal übergab. Der Trainer lud sie alle in ein Steakhaus ein. Heidi bestellte einen doppelten Cheeseburger und Zwiebelringe. Nach dem Essen geriet sie in Panik, weil sie am nächsten Tag auf die Waage mußte, also entschied sie, dieses eine Mal das Essen wieder loszuwerden. Sie verschwand auf der Toilette und übergab sich.

Sie errötete. »Es ist schwieriger, als man denkt. Mein Körper sträubte sich dagegen, aber ich schaffte es schließlich. Es war so schrecklich, daß ich dachte, ›das tue ich nie wieder‹, aber eine Woche später tat ich's erneut. Zuerst machte ich es einmal die Woche, dann zweimal. Jetzt mache ich es fast täglich. Mein Zahnarzt sagte, die Magensäure würde den ganzen Zahnschmelz wegätzen.«

Heidi fing an zu weinen. »Ich komme mir richtig scheinheilig vor. Wer mich anschaut, hält mich für eine kleine, gesunde Person. Ich sehe dagegen eine Person, die gierig das Essen hinunterschlingt, ohne jede Selbstbeherrschung. Sie glauben nicht, wieviel ich esse. Ich schaufle das Essen derart schnell in mich hinein, daß es mich würgt. Danach fühlt sich mein Magen zum Platzen an.«

Ich erklärte ihr, daß Bulimie eine Sucht sei, die sich nur schwer überwinden ließe. Es bedarf einer großen Willenskraft, diesen Drang zum Überessen und Erbrechen loszuwerden. Und anders als bei Süchten wie Alkohol und Kokain läßt sich bei Bulimie die Droge nicht absetzen. Heidi müßte vielmehr lernen, kontrolliert zu essen. Doch gegen die Eßsucht anzukämpfen war nur ein Teil der Behandlung. Sie mußte auch Wege finden, mit ihrem psychischen Schmerz fertig zu werden. Bulimie ist, wie alle Süchte, eine Möglichkeit, vor dem Schmerz wegzulaufen. Heidi mußte lernen, ihren Gefühlen ins Auge zu sehen. Ich schlug vor, daß sie aufschrieb, wie sie sich fühlte, wenn die Eßgier über sie kam. Später würden wir das Aufgeschriebene dann analysieren.

Ich wollte Genaueres über ihre Familie wissen. Heidis Vater war Kinderarzt, ihre Mutter Hausfrau, die nebenbei für eine Wohlfahrtsorganisation arbeitete. Heidi war das älteste von drei Kindern. Sie sagte, sie hätte eine schöne Kindheit gehabt. Die Familie verreiste jeden Sommer.

Sie ging gern in die Grundschule. Damals war ihr Leben ausgefüllt mit Familie, Kirche und Turnen. Sie war der Typ Mädchen, zu dem sich andere Kinder hingezogen fühlten – umgänglich und unternehmungslustig. Heidi hielt inne. »Ich hatte ein perfektes Leben – tolle Eltern, gute Freunde und mein eigenes Zimmer mit Himmelbett und Balkon. Meine Wände waren voller Auszeichnungen und Trophäen. «

Ich fragte: »Wann war es damit zu Ende?«

»Nach meinem dreizehnten Geburtstag wurde es schlimm. Ich war mit der Grundschule fertig und wechselte an eine Mittelpunktschule. Ich fand zwar auch dort Freunde, doch der Druck war größer. Die Schule war härter; ebenso der Turnunterricht. Mit dem Einsetzen meiner Periode nahm ich zu. Der Trainer setzte mich auf Diät. «

Heidi seufzte. »Es fiel mir immer schwerer, mit anderen klarzukommen. Unter den Mädchen gab es viel Rivalität. Ich haßte das Getratsche. Mit den Jungens ging es immer mehr in Richtung Sex. Ich war mit ein paar Jungs aus der Nachbarschaft befreundet, aber wir trafen uns kaum noch. Wir wußten nicht mehr, wie wir miteinander umgehen sollten. «

Ich fragte Heidi, wie sie mit ihrem Aussehen zufrieden sei, und war kaum überrascht, daß sie sich in der Mittelstufe häßlich fand. »Wir haben immer nur über Aussehen geredet. Ich habe versucht, mich da nicht reinziehen zu lassen, aber es half nichts. Ich wollte einfach hübsch sein, wie alle andern auch. «

Wie häufig, begann Heidis Bulimie mit der Sorge um die Figur. Sie gehörte zu einer gefährdeten Kategorie – Frauen, deren Existenz oder Identität von ihrer Schlankheit abhing. Hierzu zählen Turnerinnen, Tänzerinnen, Schauspielerinnen und Models. Bei vielen sind Eßstörungen eine Berufskrankheit. Hat sich die Bulimie erst einmal festgesetzt, dient sie wie Alkohol oder andere Drogen zum Abbau von Streß. Junge Frauen überessen sich zur Beruhigung. Hinterher fühlen sie sich kurzzeitig auch besser.

Am Ende unserer ersten Sitzung sprachen wir über Erwartungshaltungen. Heidi stand unter dem Druck, attraktiv, sportlich und beliebt sein zu wollen. Sie erfüllte diese Erwartungen erstaunlich gut, doch zu einem hohen Preis. Ihr Perfektionismus forderte seinen Tribut, sowohl auf der körperlichen als auch der seelischen Ebene. Sie mußte sich dazu bringen, normal zu sein und die Zügel manchmal schleifen zu lassen. Denn wenn sie ihre Bulimie nicht überwand, würde sie eines Tages weder sportlich noch attraktiv, noch beliebt sein.

Zur nächsten Sitzung erschien Heidi mit genauen Aufzeichnungen über ihre Bulimieanfälle. Sie überkamen sie für gewöhnlich spätabends zu Hause in der Küche, wenn sie all ihre Arbeiten erledigt hatte. Sie ging dann ins Bett und versuchte zu schlafen, doch fast immer war sie zu aufgedreht, bis sie sich schließlich wieder überaß und hinterher erbrach. Danach konnte sie schlafen, wachte aber am nächsten Morgen verkatert und mit schlechtem Gewissen auf.

Heidi schrieb, daß sie sich vor dem Eßanfall müde fühlte, sich Sorgen um ihre Tests, ihr Training oder ihren Freund machte. Wir diskutierten, wie sie mit diesen Empfindungen anders umgehen könnte: Sie könnte mit jemand reden, Tagebuch führen, Musik hören oder Entspannungstechniken lernen. Heidi nahm sich vor, immer erst in ihr Tagebuch zu schreiben, bevor sie wieder zum Kühlschrank ging. Sie glaubte zwar nicht, daß sie dies von ihrer Schlingerei abbrachte, aber sie würde es vielleicht nicht so schnell tun, und vielleicht würde sie dabei etwas über sich erfahren.

Wir sprachen darüber, wie die Bulimie ihr Leben verändert hatte. Familienessen oder Geselligkeiten, bei denen es Essen gab, konnte sie nicht mehr genießen. Sie fühlte sich unwohl in

Gesellschaft normaler Esser. Sie konnte entweder nur noch im Essen herumstochern oder es herunterschlingen, normal zu essen war ihr unmöglich. Weil sie Angst hatte, daß sie bei den Sonntagsessen ihrer Großeltern die Beherrschung verlieren könnte, ging sie nicht mehr hin. Sie vermißte ihre Großeltern, und sie wußte, daß es ihnen ebenso ging. Sie waren gekränkt, weil sie sie so selten besuchte.

Heidi war erschöpft, denn die Bulimie verlangte viel Zeit und Planung. Manchmal blieb sie bis nach Mitternacht auf, um die Küche für sich zu haben. Oder sie kam nicht mit, wenn ihre Familie ausging, weil sie dann das Haus für sich hatte und sich ungestört ihrer Eßgier hingeben konnte. Sie sagte: »Meine Eltern versuchen nicht, mich abzuhalten, trotzdem ist es mir unangenehm, wenn sie da sind. Ich will auch nicht, daß meine kleinen Brüder es mitbekommen.«

Sie fuhr fort: »Mein Freund weiß Bescheid, und er ist wirklich verständnisvoll, aber es schadet unserer Beziehung trotzdem. Ich gehe nicht mit ihm zum Essen aus. Manchmal bitte ich ihn, mich früher nach Hause zu bringen, damit ich mich vollschlagen kann. Ich erfinde eine Ausrede, warum ich nicht länger bleiben kann.«

Sie sah mich an. »Ich muß gestehen, essen mag ich lieber als schmusen.

»Ich werde richtig launisch, wenn mich etwas von meiner Eßgier abhält«, fuhr sie fort. »Vorher bin ich gereizt und nachher depressiv. Ich bin, glaube ich, nie glücklich.«

Ich sagte Heidi, daß es ein Glück sei, daß sie zur Therapie gefunden hätte. »Du hast die Disziplin und die Fähigkeit, hart an dir zu arbeiten, was unerläßlich ist, um gegen diese Sucht anzugehen. Du wirst es schaffen, glaube mir.«

Eßsüchte

Bulimie ist die häufigste Eßstörung bei jungen Frauen. Sie fängt als Strategie zur Gewichtskontrolle an, entwickelt aber schon bald ihr Eigenleben. Bulimische junge Frauen machen sich ohne Unterlaß Gedanken über Essen, Erbrechen und ihr Gewicht. An die Stelle von Lebensfreude treten Verzweiflung, Besessenheit und Schuld. Wie alle Süchte, ist Bulimie eine zwanghafte, selbstzerstörerische und fortschreitende Krankheit. Eßgier und Erbrechen machen das Suchtverhalten aus; Essen ist das Narkotikum.

Nach einiger Zeit laufen bulimische Frauen Gefahr, ernsthafte gesundheitliche Probleme zu entwickeln: Oft sind es Zahnkrankheiten, Speiseröhrenentzündungen, Magen-Darm-Krankheiten und manchmal gefährliche Elektrolytstörungen, die zu Herzattacken führen können.

Mit zunehmender Abhängigkeit von ihrer Eßsucht machen sie Persönlichkeitsveränderungen durch. Sie neigen zu Zwangshandlungen und Heimlichkeiten, sehnen den nächsten Eßanfall herbei und schämen sich zugleich für ihr Laster. Der Verlust an Selbstbeherrschung führt zur Depression. Häufig werden sie gereizt und verschlossen, besonders gegenüber Familienangehörigen.

Während die Magersucht meist in der Mittelstufe auftritt, entwickelt sich Bulimie eher zum Ende der Adoleszenz hin. Sie heißt auch die Studentinnen-Krankheit, weil ihr so viele junge Frauen in Studentenwohnheimen zum Opfer fallen. Während magersüchtige Mädchen perfektionististisch und beherrscht sind, reagieren bulimische junge Frauen impulsiv und haben ständig das Gefühl, die Kontrolle über sich verloren zu haben. Sie sind auch anfälliger für Alkohol als ihre magersüchtigen Altersgenossinnen. Anders als diese können junge Frauen mit Bulimie sehr unterschiedlich sein, was Figur und Größe angeht.

Nach Schätzungen tritt Bulimie bei einem Fünftel aller Studentinnen auf. Bulimische junge Frauen sind, wie ihre magersüchtigen Schwestern, in übertriebener Weise in weiblichem Rollenverhalten sozialisiert worden. Sie stehen am stärksten unter dem Zwang, anderen gefallen zu wollen. Meistens sind sie attraktiv und geschickt im sozialen Umgang. Sie sind die geborenen Schönheitsköniginnen, die Studentinnen mit den glatten Einsen und der Stolz der Familie.

Bulimische junge Frauen haben ihr wahres Selbst verloren. In ihrem Eifer, gefallen zu wollen, haben sie eine Sucht entwickkelt, die sie in ihrem Kern zerstört. Sie haben ihre Seelen verkauft in ihrem Streben nach dem perfekten Körper. Der Weg zurück ist lang.

Prudence (16)

Es war ein sonniger Winternachmittag, als Prudence und ihre Mutter zu mir in die Praxis kamen. Mary war eine mollige Dame mittleren Alters in einem modischen roten Wollkostüm mit Pelzkragen. Prudence, ebenfalls mollig, trug Bluejeans, ein ausgebleichtes Sweatshirt und Birkenstockschuhe.

Prudence erzählte, daß ihre Eßgier vor drei Jahren angefangen hatte und sie nun zweimal, manchmal dreimal täglich davon befallen würde. Sie beschrieb ihren Heißhunger als eine Art Taumel, wobei sie in Trance fiel und alles verschlingen mußte, was sie finden konnte. Ihre Leibspeisen waren jede Art von Brot, Haferflocken und Cornflakes, aber grundsätzlich aß sie alles. »Wenn ich erst die Beherrschung verliere, esse ich absolut alles.«

Mary fügte hinzu: »Wir versuchten, die Lebensmittel einzuschließen, aber Prudence verschaffte sich mit dem Hammer Zutritt zur Speisekammer. Wenn sie der Heißhunger befällt, kennt sie kein Halten mehr.«

Prudence sagte: »Ich habe versucht aufzuhören, aber es geht nicht.«

Prudence konnte praktisch nie normal essen. Entweder schlang sie alles in sich hinein, oder sie hungerte. Mary sagte: »Sie macht eine permanente Hungerkur. Sie ißt nur, wenn sie von dieser Eßsucht gepackt wird.«

Prudence fügte hinzu: »Ich möchte abnehmen, aber ich schaffe es nicht. Ich wiege jetzt soviel wie noch nie.«

»Das ist alles meine Schuld«, seufzte Mary. »Ich bin ständig dabei, Schlankheitskuren zu machen.«

Ich wollte Genaueres über die Familie wissen. Mary arbeitete, wie ihr Mann, bei einer Telefongesellschaft. Dort hatten sie sich vor achtzehn Jahren kennengelernt. Mary sagte: »Ich gehöre bestimmt nicht zu den modernen Frauen, die sich nichts gefallen lassen. Mir fällt es sehr schwer, meine Meinung zu sagen.«

»Sie ist das Dienstmädchen der Familie«, sagte Prudence. »Sie läßt sich von Papa herumkommandieren und entschuldigt sich für jeden Fehler, den sie macht. Sie muß sich ein eigenes Leben schaffen.«

Ich war schon oft erstaunt, wie genau Töchter ihre Mütter beobachteten und wie kritisch sie deren Verhalten beurteilten. Prudence schilderte ihren Vater als fürsorglich, wenn auch unterkühlt. Mary drückte es so aus: »Prudence bedeutet ihm alles, aber er hat ihr nicht viel zu sagen. Er ist nicht der Typ, der seine Gefühle zeigt.«

»Haben Sie noch mehr Kinder?«

Plötzlich änderte sich der Ton der Unterhaltung. Mary seufzte, und Prudence biß sich auf die Lippen. Mary sagte: »Prudences älterer Bruder kam vor drei Jahren bei einem Verkehrsunfall ums Leben.«

»Ich will nicht über Greg reden«, sagte Prudence.

Ich betrachtete die beiden Frauen, deren Gesichter jetzt versteinert wirkten. Ich vermutete, daß Gregs Tod in der Familie noch kaum diskutiert worden war und die meiste Trauerarbeit noch vor ihnen lag. Ich wußte, daß diese unumgänglich war, wollte aber nicht in der ersten Sitzung damit beginnen.

Statt dessen redeten wir über Prudences Schule, die sich in einem wohlhabenden Vorort befand. Die Bevölkerung dort war entsprechend homogen. Die meisten Mädchen trugen Designer-Kleidung, hatten ebenmäßige weiße Zähne und schönes Haar. Kaum ein Mädchen war pummelig. Nicht einmal jemanden mit Brille gab es. Es schien eine ideale Brutstätte für Eßstörungen.

Prudence lachte: »Am Anfang sahen für mich alle Mädchen gleich aus. Es brauchte eine Weile, bis ich sie unterscheiden konnte.«

Sie zeigte auf ihre etwas unkonventionelle Aufmachung und sagte: »Ich mache dieses Spiel mit den Designer-Klamotten nicht mit. Ich bin keine Barbie-Puppe. Es ist mir peinlich, daß ich diese Bulimie habe, wo das doch eine Popper-Krankheit ist.«

Bei der nächsten Sitzung fragte ich Prudence, ob ich ein Bild von Greg sehen könne. Sie zog ihre Brieftasche heraus und zeigte mir sein Foto aus der letzten Klasse. »Greg war anders als die meisten Brüder. Er war mein bester Freund. Ich ging ihm nie auf die Nerven, nicht einmal, wenn seine Freunde da waren. Er gab mir Ratschläge und paßte auf mich auf. Das schlimmste, was Greg sagen konnte, war, daß er enttäuscht von mir sei. Da riß ich mich am Riemen. Das ging schon los, wenn ich nur eine Zwei hatte. Von ihm lernte ich, wie man Fahrrad fährt und wie man Schlittschuh läuft.«

Ich fragte: »Wie kam er ums Leben?«

Prudence biß sich auf die Unterlippe. »Er war nach einem Basketball-Turnier noch mit Freunden weggegangen. Ich wußte, daß er Alkohol trinken würde, machte mir aber keine Sorgen, weil er sagte, die Gruppe hätte einen Fahrer bestimmt, der nichts trinken dürfe. Aber an diesem Abend war der Fahrer betrunken und fuhr gegen eine Brücke draußen vor der Stadt. Ihm passierte nichts, aber Greg war sofort tot.«

Sie erzählte von der Trauerfeier für Greg in der Schule. Mehr als 2000 Leute waren gekommen. Der Schulchor sang, und der Kapitän der Basketballmannschaft hielt die Gedenkrede.

Sie erzählte auch von der Beerdigung. »Jeder in der Familie legte ihm etwas in den Sarg zum Mitnehmen: Mama und Papa seine Angel, seinen Basketball und ich meinen russischen Stoffbären Misha.«

Prudence weinte, als sie von dem letzten ernsten Gespräch mit Greg berichtete. Greg hatte sie vor den Gefahren und Versuchungen in der Schule gewarnt. Er riet ihr, die Finger von Sex und Alkohol zu lassen, bis sie in der Oberstufe war. »Was Sex angeht, habe ich seinen Rat befolgt«, sagte sie. »Ich möchte damit sowieso nichts zu tun haben.«

Sie sagte: »Seit er tot ist, haben wir aufgehört, über ihn zu sprechen. Mama verschloß die Tür zu seinem Zimmer, und wir taten so, als sei er zu einem Basketballspiel gefahren oder als würde er sich heute ausschlafen. Ich hatte das Gefühl, meine Familie würde zerbrechen, wenn ich über ihn sprechen würde.

Der einzige, der uns in einer solchen Situation hätte helfen können, war Greg«, sagte sie. »Er wußte immer die richtigen Worte.«

Ich reichte Prudence ein Taschentuch, und nach fünf Minuten erzählte sie weiter. »Ich war böse auf Gott. Warum hatte er sich nicht einen alten Menschen mit Alzheimer oder einen Kindermörder ausgesucht? Warum mußte er den besten Menschen auf der Welt sterben lassen?«

Sie weinte immer mehr, doch dann sagte sie: »Es tut gut, darüber zu sprechen.«

»Du mußt viel nachholen«, sagte ich.

Ich war zufrieden mit dieser Sitzung. Wie viele bulimische Frauen hatte Prudence sich angewöhnt, ihre Empfindungen durch Essen und Erbrechen zu besänftigen. Ich war voller Hoffnung, daß sie nun, wo sie ihren größten Schmerz in Angriff genommen hatte, auch andere Probleme angehen würde, statt alles herunterzuschlucken, wenn sie bedrückt war.

In den folgenden Monaten drehte sich unser Gespräch um Greg. Prudence brachte noch weitere Fotos sowie Briefe von ihm mit, die er ihr von Basketball-Turnieren geschickt hatte. Auch erzählte sie mir von ihren gemeinsamen Abenteuern. Sie sprach auch mit ihrer Mutter und mit Gregs ehemaliger Freundin über ihn. Auch bei ihrem Vater versuchte sie es, doch der blieb stur: »Pru, ich kann nicht.«

Einmal schlug ich ihr vor, in der Natur nach etwas Ausschau zu halten, das sie an ihren Bruder erinnerte, etwas, das sie mit ihm in Verbindung bringen würde, wann immer sie es sah. Ich selbst habe mir diese Strategie ausgedacht, um mit schmerzlichen Verlusten fertig zu werden. Wenn ich beispielsweise das Siebengestirn sehe, denke ich an einen verstorbenen Verwandten, der viele Schwestern hatte. Beim nächsten Mal hatte Prudence ein solches Erinnerungsobjekt gefunden. Ihr Bruder erinnerte sie an einen Rohrkolben, weil er groß, dünn und braunhaarig war und zudem das Wasser liebte. Wenn sie Sehnsucht nach ihm hatte, ging sie zu einem nahen, mit Röhricht bewachsenen Graben und dachte an ihn.

Mit unseren Gesprächen über ihren Bruder bekämpften wir auch die Bulimie. Prudence fand, daß sie an Tagen, an denen sie über ihren Bruder sprach, weniger aß. Sie lernte auch, anderen Kümmernissen ins Auge zu sehen – indem sie sie in ihr Tagebuch schrieb oder mit jemand Vertrautem darüber sprach.

Ich ermahnte sie, behutsamer mit sich umzugehen, und nannte ihr den Slogan der Anonymen Bulimikerinnen: *Nicht zu hungrig, wütend, einsam oder müde werden.* Sie lernte, ihre Gefühle zu unterscheiden und nicht alles als Hunger einzustufen. Sie gewöhnte sich an, sich auszuruhen, wenn sie müde war, Leuten zu sagen, wenn sie sie ärgerten, etwas zu unternehmen, wenn sie sich langweilte.

Prudence fühlte sich wohl bei den Anonymen Bulimikerinnen. Es war ein Trost, andere so offen über ihre Eßstörungen reden zu hören. Es ermutigte sie, daß einige der Frauen bereits auf dem Weg der Besserung waren. Ihr gefiel, daß sie Hilfe bekam und über ihre Gefühle sprechen konnte. Sie führte ein Notizheft über ihre Veränderungen, in das sie alle diskriminierenden und sexistischen Bemerkungen notierte. Sie brachte Anzeigen mit Abbildungen von schlanken Frauen mit und ärgerte sich, daß sie nur als Sexualobjekte mit leerem Blick und ohne Persönlichkeit dargestellt waren. Prudence war stolz auf ihre Unabhängigkeit und wehrte sich immer vehementer gegen die Einordnung von Frauen als »kleine Dummchen«.

Schließlich faßte sie den Entschluß, gegen ihre unglaubliche Eßgier zu kämpfen. Dies ist ein notwendiger und entscheidender, wenn auch äußerst schwieriger Schritt auf dem Weg zur Gesundung. Aus meiner klinischen Erfahrung weiß ich, daß es mindestens so schwer ist, gegen Eßsucht anzugehen wie gegen Drogensucht. Es erfordert eine ungeheure Selbstdisziplin und eine hohe Schmerztoleranz. Prudence gewöhnte sich an, dabei ihren Bruder um Hilfe zu bitten. Sie stellte sich ihn im Geist vor und bat ihn, ihr Stärke für ihren Kampf gegen die Sucht zu geben. Immer wenn es half, dankte sie ihm.

Natürlich half es nicht immer. Doch langsam schaffte Prudence es, ihrer Eßgier nur noch einmal am Tag nachzugeben. Nach vier Monaten Therapie gab es sogar einen Tag, an dem sie kein einziges Mal einen Eßanfall hatte. Sie hatte wieder mehr Energie, und ihre Haut und ihr Haar sahen gesünder aus. Sie berichtete sogar von Tagen, an denen sie kein einziges Mal an ihr Gewicht dachte.

Prudence konnte sich gut ausdrücken und war ihren eigenen Gefühlen und denen anderer gegenüber empfindsamer als die meisten Teenager. Ganz allmählich überwand sie ihre Sucht. Sie nahm sich vor, in Zukunft mehr über ihr Leben nachzudenken. Kürzlich sagte sie zu mir: »Greg würde es gefallen, wie ich jetzt bin.«

Hungern im Land des Überflusses

Magersucht ist ein Problem der westlichen Zivilisation, ein Problem der Wohlhabenden. Es ist, um Peter Rowen zu zitieren, eine Frage »des Durstigseins im Regen«. Magersucht ist sowohl eine Folge der gesellschaftlichen Norm, daß junge Frauen schön sein müssen, als auch ein Protest dagegen. Am

Anfang geht es einer jungen Frau nur darum, schlank und schön zu sein, doch nach einiger Zeit entwickelt die Magersucht ihr Eigenleben. Durch ihr Verhalten sagt ein magersüchtiges Mädchen der Welt: »Schaut her, wie schlank ich bin, schlanker sogar, als ihr es von mir erwartet. Ihr könnt mich nicht zwingen, mehr zu essen. Mein Schicksal gehört mir, auch wenn mein Schicksal Hungern heißt.« Hat sich die Magersucht erst verfestigt, ist sie von allen Störungen am schwierigsten zu heilen. Von allen psychischen Krankheiten hat sie die höchste Todesrate.

Ihre Opfer sind oft die klügsten und besten jungen Frauen. Nach meinen Erfahrungen entwickeln hauptsächlich die artigen Mädchen, die pflichtbewußten Töchter und die Erfolgreichen diese Krankheit. Sie beginnt meist in der frühen Adoleszenz als Folge der bei Teenagern üblichen Schlankheitskuren. Doch statt mit solchen Kuren wieder aufzuhören, hungern perfektionistisch veranlagte junge Frauen weiter. Figurprobleme werden zunehmend zur fixen Idee, und sie entwickeln eine rigide Haltung gegenüber dem Essen. Sie sehen sich in einem Wettbewerb, in dem sie die Schlankste weit und breit sein wollen, die Schönste der Schönen.

»Anorexie«, der medizinische Fachausdruck für Magersucht, bedeutet »Abwesenheit von Hunger«, doch anorexische Mädchen sind eigentlich ständig hungrig. Wie für alle Hungernden wird Essen zur Manie. Sie weisen viele der physischen Symptome Hungernder auf – ihr Bauch ist aufgebläht, ihr Haar matt und spröde, ihre Periode hört auf, und sie sind schwach und anfällig für Infektionen. Sie haben auch die psychologischen Eigenschaften Hungernder. Sie sind depressiv, reizbar, pessimistisch, apathisch, und ihre Gedanken kreisen ständig ums Essen. Sie träumen von Festessen.

Magersüchtige Mädchen sind großartig, wenn es darum geht, sich selbst zu verleugnen. Die Figur wird für sie zum wichtigsten und alles bestimmenden Attribut. Nehmen sie ab, wächst ihre Zuversicht, ist das nicht der Fall, fühlen sie sich minderwertig und schuldig.

Eine voll ausgebildete Anorexie versetzt Familienangehörige in Panik. Eltern versuchen ihre Töchter mit allen Mitteln zum Essen zu bewegen – mit Bitten, Drohungen, gutem Zureden und Tricks. Doch sie scheitern, denn wenn es etwas gibt, was anorektische Mädchen selbst unter Kontrolle haben, ist es ihre Eßgewohnheit. Niemand kann sie zum Zunehmen veranlassen. Ihre schlanke Linie ist ihr ganzer Stolz, zeichnet sie aus.

Magersüchtige junge Frauen finden meist Anklang beim anderen Geschlecht. Sie sind die Personifizierung unserer Definition von Weiblichkeit: schlank, passiv, schwach, immer bemüht, andere zufriedenzustellen. Nicht selten berichten junge Frauen, daß sie noch kurz bevor sie zur künstlichen Ernährung ins Krankenhaus eingeliefert werden, Komplimente für ihr Aussehen erhielten.

Ich halte Anorexie für eine Metapher. Es ist das Bekenntnis einer jungen Frau, so werden zu wollen, wie es die Gesellschaft von Frauen erwartet, was soviel heißt, wie schlank zu sein und für niemanden eine Bedrohung darzustellen. Magersucht besagt, eine junge Frau ist so zart, daß sie, wie die Frauen im alten China mit ihren kleinen verstümmelten Füßen, einen Mann als Obhut und Schutz gegen eine Welt braucht, mit der sie allein nicht fertig wird. Anorektische Frauen signalisieren mit ihrem Körper: ›Ich brauche nur ein kleines bißchen Platz. Ich werde niemandem im Wege sein.‹ Sie signalisieren: ›Ich werde niemanden einschüchtern oder bedrohen.‹ (Wer hat schon Angst vor einer 35 Kilogramm wiegenden Person?)

Samantha (16)

Samantha wurde von ihrer Mutter gegen ihren Willen zu mir in die Therapie gebracht. Wilma behielt ihren Mantel an und verschränkte die Arme über ihrem stattlichen Busen, während sie erklärte, daß ihr Mann zwar gerne mitgekommen wäre, aber aufs Feld mußte. Der Mais mußte eingebracht werden, denn fürs Wochenende war Schnee angesagt. Wilma berichtete, daß ihr Hausarzt meinte, Samantha sei magersüchtig. Sie hatte seit Monaten ihre Periode nicht mehr gehabt, und ihr Cholesterinspiegel war so niedrig, daß es zu einem Herzanfall kommen könnte.

Wilma sagte, Samantha sei früher ein fröhliches, aufgewecktes Mädchen gewesen. Heute lächle sie kaum noch, sei schnell gereizt und lethargisch. Früher hätte sie auf der Farm auch schwere Arbeiten verrichtet, doch nun konnte man ihr nur noch ganz leichte Aufgaben zumuten. Wenn sie zu Hause war, sprach sie kaum mit jemandem und war die ganze Zeit in ihrem Zimmer mit Fitneßübungen oder Lernen beschäftigt. Samantha hatte nur Einsen im Zeugnis und war bei ihren Mitschülerinnen und Mitschülern sehr beliebt; allerdings meinte Wilma: »Sie ist nicht mehr mit Freude dabei wie früher. Sie macht das alles, als sei es eine weitere Pflicht.«

Während ihre Mutter über Samanthas Gesundheitsprobleme und ihr verändertes Verhalten sprach, hörte diese ungerührt zu. Samantha war 1,65 Meter groß und wog 44 Kilogramm. An ihrem Kopf traten deutlich die Schädelknochen hervor, und ihre Augen waren wäßrig und eingefallen. Ihr hellbraunes Haar, wenn auch hübsch frisiert, war stumpf und spröde. Sie trug eine Bluse und einen dicken Pullover, um ihre Magerkeit zu kaschieren. Sie hatte die behaarten Arme, die typisch sind für Anorexie. Man nennt dies Lanugo – weiche, flaumige Körperbehaarung, die den Verlust der Fettzellen ausgleicht, so daß der Körper die Wärme halten kann.

Ich fragte Samantha, ob die Beschreibung ihrer Mutter zutreffend sei. Sie sagte: »Sie übertreibt. Ich esse jede Menge. Gestern abend hatte ich zum Beispiel Pizza und Eiscreme.«

Wilma sagte mit skeptischem Blick: »Gerade mal einen Löffel Eiscreme und nicht mal ein ganzes Stück Pizza. Und da hast du auch noch den Käse heruntergeschabt.«

»Ich mag keinen Käse«, sagte Samantha. »Das weißt du doch.«

Wilma sagte: »Sie hält uns zum Narren. Sie tut, als würde sie essen, dabei schiebt sie das Essen nur auf dem Teller hin und her. Sie behauptet, in der Schule gegessen zu haben, aber von ihren Freundinnen hören wir dann, daß das nicht stimmt.«

»Hat sich deine Persönlichkeit im letzten Jahr verändert?« wollte ich von Samantha wissen.

»Ich bin jetzt anders, das stimmt. Ich habe nicht mehr so viel Spaß und bin schnell gestreßt. Ich schlafe auch schlecht.«

»Seit wann verlierst du an Gewicht?«

»Seit ich eine Schlankheitskur gemacht habe.« Samantha zeigte auf ihre Mutter. »Du hast mich dazu angestachelt.«

Wilma schüttelte sorgenvoll den Kopf. »Ja, ich wollte mit ihr zusammen abnehmen. Allerdings habe ich nach einer Woche mit dieser Tortur aufgehört, während Samantha immer weitermachte.«

In dieser Sitzung sprachen wir in der verbliebenen Zeit über die Behandlungsmethode. Ich riet Samantha, als erstes die Waage abzuschaffen. Einmal im Monat könnte sie sich bei ihrem Arzt wiegen lassen. Samantha sollte auch notieren, wann sie aß und wann sie Fitneßübungen machte, so daß wir über ihre Gewohnheiten diskutieren konnten. Ich machte Samantha klar, daß sie erst gesund werden würde, wenn sie die Anorexie als ihren Feind erkannte und sich bewußt entschied, gegen sie anzukämpfen. Andernfalls würde sie mich und ihre Familienangehörigen als Feinde sehen, die sie gegen ihren Willen zu etwas zwingen wollten. Sie würde dann gegen uns kämpfen und wahrscheinlich gewinnen.

Wilma stimmte mir zu. »Es ist schlimm mitanzusehen, wie Samantha zum Abendessen nur grünen Salat und ein paar Weintrauben ißt, obwohl ich weiß, daß sie Hunger hat. Doch wir mußten einsehen, daß wir sie nicht zum Essen zwingen konnten. Wir haben es versucht, und es war schrecklich. Samantha nahm um so schneller ab.«

Samantha sagte, sie hätte Angst davor, ohne Waage zu leben. »Es darf nicht passieren, daß ich dick werde. Wenn ich mich nicht wiegen kann, werde ich vor lauter Beunruhigung nicht schlafen können.«

Ich gab ihr eine Liste mit Büchern zum Thema und machte mit ihr einen Termin für die Mittagszeit aus. Ich wollte Samantha allein beim Mittagessen erleben.

Samantha kam im blauen Sweatshirt mit weißen Kätzchen darauf und Bluejeans, die gebügelt aussahen. Ich holte meine Käsebrötchen und einen Apfel heraus und schlug vor, daß wir zusammen aßen, während wir redeten. Samantha zeigte mir ihr Mittagessen – zwei Crackers, ein paar Sellerie- und Karottenstäbchen und eine Handvoll Weintrauben. Sie erklärte, sie hätte ein großes Frühstück gehabt und sei nicht hungrig.

Ich wollte von ihr wissen, wodurch ihre Anorexie ausgelöst worden sei. »Ich hab mit Brad Schluß gemacht«, sagte Samantha. »Wir gingen während der ganzen Mittelstufe miteinander. Ich hatte gedacht, ich könnte ihm vertrauen und wir würden für immer zusammenbleiben.«

Ich legte mein Brötchen aus der Hand. »Warum, meinst du, hat er sich eine andere gesucht?«

»Er zog mich immerzu auf mit meinen massigen Oberschenkeln. Er wollte eine schlankere Freundin.«

Samantha knabberte an einem Karottenstäbchen. »Ich konnte viel besser Diät halten als Mama oder meine Freundinnen. Ich nahm in der ersten Woche fast fünf Pfund ab und in der zweiten nochmal drei. Zweimal bin ich in der Schule ohnmächtig geworden.«

»Wie haben die andern auf deine Schlankheitskur reagiert?«

Samantha lächelte, als sie an die Zeit zurückdachte. »Ich habe viele Komplimente bekommen. Meine Freundinnen waren neidisch, aber ich habe auch neue Freunde gefunden. Jungs, die mich vorher nicht mal ansahen, wollten plötzlich mit mir ausgehen.«

Es war Samanthas Perfektionismus und ihre außerordentliche Selbstdisziplin, die sie anfällig machten für Anorexie. Sie hatte die Willenskraft, sich zum Hungern zu zwingen, doch schon bald wurde die Anorexie zum Selbstläufer. Für Samantha wurden Essen und Körpergewicht geradezu zur fixen

Idee. Das Wichtigste war der allmorgendliche Gang auf die Waage. Wenn sie abgenommen hatte, fühlte sie sich gut, hatte sie zugenommen, war sie tief besorgt. Nichts sonst, weder Noten noch sozialer Erfolg, war für ihr Wohlbefinden so wichtig.

Mit der Zeit gefiel ihr das »High-Gefühl«, das vom Fasten kam, immer besser. Sie fing auch an zu joggen, erst vier Kilometer pro Tag, dann sechs, dann zwölf. Obwohl das Joggen sie sehr erschöpfte und an ihren wenigen Kraftreserven zehrte, verringerte sie die Strecke nicht. Sie stellte sich auch selbst auf die Probe, um ihre Selbstdisziplin in puncto Essen zu testen. Beispielsweise lud sie Freunde zu einer Party ein und, obwohl schwach vor Hunger, sah sie zu, wie diese die Lasagne und die Eisbecher aufaßen. Sie backte Schokoladenplätzchen für ihre Familie und probierte kein einziges, nicht einmal, wenn sie frisch aus dem Ofen kamen. Wenn sie andere mit animalischem Appetit Essen hinunterschlingen sah, fühlte sie sich überlegen. Samantha tat, was viele magersüchtige Mädchen tun: Sie reduzierte ihr kompliziertes Leben auf einen Punkt – ihr Gewicht.

Samantha erinnerte mich an die Opfer von Gehirnwäsche. Sie hatte ihre eigenen rigiden Vorstellungen von sich und der Welt und war völlig unzugänglich für die Beeinflussung durch andere. Sie dachte, daß alle, die sie zum Essen überreden wollten, neidisch auf ihre schlanke Linie seien. Wie die meisten Magersüchtigen hatte sie nicht die Absicht, etwas gegen ihre Krankheit zu tun. Sie hatte sich sozusagen selbst einer Gehirnwäsche unterzogen und sich eingeredet, daß die Anorexie ihr Freund sei. Sie war nur deshalb bei mir, weil ihre Eltern und die Ärzte wollten, daß sie etwas unternahm. Vorerst waren *wir* die Feindinnen, nicht die Anorexie. Sie log, schummelte und aß nur, wenn sie allein war, um sich vor jenen zu schützen, die ihr helfen wollten.

Therapie muß eine Art umgekehrte Gehirnwäsche sein. Ich attackierte die Anorexie, nicht aber Samantha. Während sie ihr kärgliches Mittagessen aß, stellte ich ihr Fragen, die ich von dem Psychologen David Epston übernommen hatte. »Wenn die Anorexie deine Freundin ist, warum macht sie dich dann so müde und schwach? Warum bringt sie dich dann dazu, Dinge zu tun, die deine Periode beenden und dein Haar ausfallen lassen?«

Diese Fragen erstaunten sie, und sie konnte sie nicht so leicht abtun. Sie sagte: »Ich weiß nicht, was Sie meinen.«

Ich bat sie, über diese Fragen zu Hause nachzudenken und darüber zu schreiben. »Wir werden weiterhin die Lügen, die dir die Anorexie eingeflüstert hat und die dich das Leben kosten können, unter die Lupe nehmen.« Ich sagte ihr auch, daß ich nur unter der Bedingung mit ihr weiterarbeiten würde, daß sie vorerst mit ihrem übertriebenen Jogging aufhörte. Ich machte ihr klar, daß sie davon einen Herzanfall bekommen könne. Sie akzeptierte meine Bedingung widerstrebend.

Die Arbeit mit Samantha ging nur mühsam voran. Ich stellte ihr ein paar Aufgaben, um ihr ihre Situation besser bewußtzumachen. Sie sollte sich Models und Filmstars anschauen und sich die Frage stellen, wer wohl solche schlanken, passiven Typen zur Schönheitsnorm erhoben hatte. Dann sollte sie an Frauen denken, für die sie wirkliche Achtung empfand. Machten die sich etwa viele Gedanken über ihre Figur und ihr Aussehen?

Für Samantha, wie für die meisten anorektischen Frauen, bestand der größte Schritt darin, zu erkennen, daß Anorexie nicht ihre Freundin, sondern ihre Feindin war, wenn nicht gar ihre mögliche Scharfrichterin. Erst dann konnte sie ihrer Forderung nach ihrer Seele widerstehen. Eines Tages kam Samantha und sagte, sie hätte erkannt, daß ihre Freundin Anorexie sie angelogen hätte. Sie sagte: »Sie versprach, mich glücklich zu machen, sobald ich schlank sei, doch ich bin unglücklich. Sie versprach mir, ich würde große Dinge vollbringen, doch ich bin selbst für die Dinge zu müde, die ich schon immer mache. Sie versprach mir Gesundheit durch Jogging, doch statt dessen bekomme ich durch die Belastung des Körpers Gliederschmerzen. Sie versprach mir Freunde, doch alle sind böse auf mich. Sie hat mir allen Spaß am Leben genommen.« An dem Tag hatte ich das Gefühl, daß Samantha auf dem Weg der Genesung war.

Zwanghafte Esserinnen

In unserer Gesellschaft werden wir alle so sozialisiert, daß wir das Essen lieben. Gehaltvolle, süße Speisen verbinden wir mit Liebe, Nahrung und Wärme. Großmütter und Partys assoziieren wir mit Plätzchen und Kuchen, nicht mit Karotten. Seelische Nahrung hängt mit der körperlichen Nahrung eng zusammen. Viele englische Kosenamen sind Namen von Speisen: *sweetie, sugar, honey.*

Zu der emotionalen Wirkung von Speisen kommt noch die chemische, die ebenfalls süchtig machen kann. Wir alle kennen die beruhigende Wirkung eines Festessens. Wir fühlen uns schläfrig und leicht euphorisch. Zucker wirkt besonders stark, und viele Frauen essen süße Sachen, um sich zu beruhigen und Schmerz und Angst zu betäuben.

Nach meiner Erfahrung sind es ganz bestimmte Gruppen von Frauen, die am meisten Gefahr laufen, zwanghafte Eßgewohnheiten zu entwickeln. Es sind Frauen in Pflegeberufen, deren Lebensaufgabe praktisch darin besteht, andere zu bemuttern. Krankenschwestern sind zum Beispiel bekannt dafür, daß sie immer Süßigkeiten in ihrem Stationszimmer vorrätig haben, die sie essen, wenn sie überarbeitet oder müde sind. Viele entwickeln sich zu zwanghaften Esserinnen.

Zwanghafte Esserinnen haben sich angewöhnt, Essen als Droge zu benutzen, um ihren seelischen Schmerz zu betäuben. Das hat die äußerst fatale Wirkung, daß sie nicht lernen, mit seelischen Schmerzen umzugehen. Außerdem führt die Tatsache, daß sie durch diese Gewohnheit zunehmen und korpulent werden, dazu, daß sie noch mehr schmerzhafte Ablehnung erfahren. Ein Teufelskreis nimmt seinen Lauf.

Zwanghafte Esserinnen sind häufig junge Frauen, die früher Schlankheitskuren gemacht haben. Sie hungern und fühlen sich elend, daraufhin essen sie wieder und fühlen sich besser. Doch in der Zwischenzeit hat sich durch das Hungern der Stoffwechsel verändert. Irgendwann wird dann Gewichtsverlust mit Selbstkontrolle assoziiert, Gewichtszunahme dagegen mit mangelnder Selbstkontrolle. Kalorien und Gewicht werden immer mehr zur fixen Idee. Bald verlieren solche Frauen dann nicht nur die Kontrolle über ihren Appetit, sondern über ihr ganzes Leben.

Die Autorin Susie Orbach unterscheidet zwischen »magenhungrig«, womit sie den echten, physischen Hunger meint, und »mundhungrig«, was sich auf einen Hunger nach etwas anderem als Nahrung bezieht – nach Aufmerksamkeit, Ausruhen, Anregung, Trost oder Liebe. Essen wird zum Mittel, mit Gefühlen fertig zu werden. Zwanghafte Esserinnen essen, wenn sie müde, ängstlich, wütend, einsam, gelangweilt, gekränkt oder verwirrt sind.

Die Behandlung bei zwanghafter Eßsucht ist ähnlich wie bei Bulimie. Die jungen Frauen müssen erst ihre waren Bedürfnisse erkennen und nicht alles als Hunger identifizieren. Sind sie ruhelos, brauchen sie Anregung; sind sie müde, müssen sie ruhen; wenn sie wütend sind, müssen sie entweder ihre Einstellung ändern oder zusehen, daß sie der ärgerlichen Situation entkommen. Natürlich müssen zwanghafte Esserinnen auch lernen, kontrolliert zu essen. Selbsthilfegruppen können dabei sehr hilfreich sein.

Es ist keineswegs einfach, sich gesund zu ernähren. Ungesundes Essen ist überall, und wir werden zum Konsumieren gedrängt, ohne über dessen Konsequenzen nachzudenken. Selbsthilfegruppen helfen Frauen, ihre langfristigen Ziele zu verfolgen, bringen aber selten schnellen Erfolg. Sie eröffnen Frauen eine neue Möglichkeit, mit schmerzlichen Erfahrungen umzugehen: Sie können dort über sie sprechen.

Violet lebte auf der Straße, als ich sie kennenlernte, zog aber bald danach in ein Haus für obdachlose junge Frauen. Sie hatte ein schwierigeres Leben als die meisten anderen zwanghaften Esserinnen, hatte aber im Kern dieselben Probleme. Zwanghafte Eßsucht ist, anders als Anorexie, nicht vorwiegend ein Mittelschichtsproblem, sondern findet sich in allen Schichten. Violet assoziierte Essen mit Liebe und Fürsorge. Wie viele zwanghafte Esserinnen war sie gutherzig, fleißig und wollte andere immer zufriedenstellen. Violet war immerzu für andere da, brauchte sie aber einmal selbst Hilfe, gab es niemanden. Essen war ihr Schmerzmittel.

Violet (18)

Ich lernte Violet bei meiner ehrenamtlichen Arbeit im Obdachlosenzentrum kennen. Während des Tages kamen sowohl Stammgäste als auch durchziehende Obdachlose, um zu duschen, das Telefon zu benutzen, Post abzuholen, vor schlechtem Wetter zu fliehen oder Karten zu spielen. Meine Aufgabe war es, Kaffee zu machen und Tabletts mit Plätzchen und Brötchen vom Vortag zu verteilen. Auch sollte ich darauf achten, daß die Regeln eingehalten wurden – kein Fluchen, kein Alkohol, keine obszönen Witze, keine Waffen.

Wenn ich nichts zu tun hatte, spielte ich Karten und gab Ratschläge bezüglich Jobs und Sozialeinrichtungen. Die meisten Besucher des Zentrums waren Männer, doch in den letzten paar Jahren kamen auch immer mehr Frauen und Familien. Schon mitten am Vormittag füllte blauer Zigarettenqualm den Raum. Ich war bestürzt, wie viele Obdachlose von Koffein, Zucker, Zigaretten und Alkohol abhängig sind.

Violet fiel mir sofort ins Auge, weil sie für eine Besucherin des Zentrums ungewöhnlich jung war. Sie war vielleicht achtzehn, eventuell auch jünger, mollig und trug Jeans, T-Shirt und Plastiksandalen. Wie die meisten Obdachlosen hatte sie schlechte Zähne. Als ich sie entdeckte, spielte sie gerade Karten an einem Tisch mit Stammgästen. Sie lachte oft, schien gut anzukommen und von der Gruppe akzeptiert zu werden. Sie spaßten mit ihr, boten ihr Zigaretten an und gaben ihr Ratschläge für das Überleben in unserer Stadt.

Als die Männer weg waren, setzte ich mich zu Violet. Sie war gerade von ihrer letzten Pflegestelle ausgerissen. Das war schon die sechste, und es reichte ihr. Sie hatte auch bei ihrer Mutter gelebt, die krank und alkoholabhängig war, sowie in einer Einrichtung für schwererziehbare Jugendliche ohne festes Zuhause. Jetzt wollte sie sich alleine durchschlagen. Sie sagte: »Lieber lebe ich auf der Straße, als mir von jemandem sagen zu lassen, was ich tun soll.«

Ich gab zu bedenken, daß sie dabei vergewaltigt werden könnte. Da sah sie mich befremdet an: »Meinen Sie etwa, das sei mir noch nie passiert?«

Bevor sie ging, zog sie ein Foto aus der Tasche, auf dem das Zuhause ihrer Mutter zu sehen war – ein Wohnwagen, umgeben von Müll und Dreck, alten Reifen und Automotoren, sogar eine Kloschüssel war dabei. Doch Violet schaute das Foto sehnsüchtig an. »Mir fehlt mein eigenes Zuhause, aber mit Mama kann man nicht leben.«

Violet kam mehrere Monate lang ins Zentrum. Wie viele unserer Obdachlosen verdiente sie ein bißchen Geld mit Blutspenden und als Versuchskaninchen bei einem pharmazeutischen Unternehmen. Sie flocht auch Lederarmbänder, die sie auf der Straße verkaufte. Violet verdiente genug Geld, um für sich und ihre Freunde Essen zu kaufen. Den Kindern, die zu uns ins Zentrum kamen, machte sie Geschenke. Schon bald konnte ich mich kaum retten vor der Frage: »Wo ist Violet?«

Violet hatte viele Freunde. Sie war kein Kind von Traurigkeit und hatte eine Art, über Schwierigkeiten zu lachen, die alles leichter machte. Wer traurig war, wurde von ihr einfach in den Arm genommen, und jeder hatte bei ihr sofort seinen Spitznamen weg.

Eines Morgens zeigte sie mir ihre Narben an Armen und Beinen – von einem Streit, den sie per Messer mit dem Ex-Freund ihrer Mutter ausgetragen hatte, von ihrer Mutter, wenn sie betrunken war, von einem Pflegevater, der an körperliche Züchtigung glaubte. Ein andermal sagte sie zu mir:

»Sie sind doch Therapeutin. Was soll ich bloß gegen meine Sucht machen, alles, was nicht niet- und nagelfest ist, aufzuessen.«

Sie erzählte, daß sie Essen schon immer als Trost empfunden hätte. Zu ihren liebsten Kindheitserinnerungen gehörten die Besuche bei ihrer Großmutter. Dort gab es für sie einen ruhigen, sauberen Platz zum Spielen und Schlafen. Ihre Großmutter sei eine gute Köchin gewesen und hätte immer Haferflokkenplätzchen und Biskuitkuchen für sie vorrätig gehabt. »Mama hat nie was zu essen zu Hause, nur Schnaps. Bei Großmama gab's leckere Sachen.«

Sie zündete sich eine Zigarette an. »Pflegestellen hab ich schon allerhand üble erlebt. Das Essen war das einzige, auf das ich mich verlassen konnte. Und wenn ich noch so kaputt war, essen hat mir geholfen, mich wieder aufzurichten. Doch das Essen reichte mir nie. Das macht mir jetzt Sorgen. Ich kann nie genug kriegen. Ich esse, bis mir der Bauch weh tut, und dann kann ich immer noch nicht aufhören.«

Ich sagte: »Das klingt, als wüßtest du genau, was mit dir los ist.«

Sie lächelte. »Ich weiß, was bei mir nicht stimmt, aber wie ändere ich es?«

Essen stillte bei Violet ein tiefes Bedürfnis, von dem sie nicht wußte, wie sie es anders befriedigen konnte. Sie wußte, daß es Besseres für sie gab. Weil sie so fleißig war, war ich sicher, daß sie eine ordentliche Arbeit finden und ein solideres Leben führen könnte. Als ich einen Anlauf nahm, ihr das zu sagen, winkte Violet ab. »Setzen Sie nicht zu große Hoffnungen in mich.«

Ich entschuldigte mich. »Therapeuten neigen dazu.«

Ich kaufte Violet das *Anti-Diätbuch* von Susie Orbach und nannte ihr eine Selbsthilfegruppe in der Nähe des Obdachlosenzentrums. Sie wollte mit Leuten, die Geld hatten (es machte sie unsicher), nichts zu tun haben, aber sie las das Buch.

Eines Tages sagte sie zu mir, sie glaube, daß ihre Eßgier etwas mit ihrer Angst vor Sex zu tun hätte. »Ich denke, daß mich die

Typen eher in Ruhe lassen, wenn ich richtig dick bin. Es ist wie eine Rüstung, eine weiche Rüstung, aber sie funktioniert ganz gut.«

Ein andermal sagte ich zu ihr: »Alle verlassen sich darauf, daß du sie aufmunterst.« Sie freute sich über meine Beobachtung. Ich fuhr fort: »Ich wünsche mir, daß du so bleibst, wie du bist, bis auf eins: daß du dir die guten Ratschläge, die du andern Leuten gibst, gelegentlich selbst zu Herzen nimmst.«

Sie sah mich an. »Welche zum Beispiel?«

Ich antwortete: »Zum Beispiel, daß es besser ist, von der Straße zu verschwinden. Ich helfe dir, wenn du willst.«

Ich würde gerne ein glückliches Ende von Violets Geschichte erzählen. Doch nach ein paar Monaten ging sie mit einem Mann, den sie im Zentrum kennengelernt hatte, weg, um anderswo als Erntehelferin zu arbeiten. Sie schickte mir eine Postkarte, auf der stand: »Das Wetter ist super, und es gibt Arbeit. Aber ich vermisse meine Therapeutin. Ich komme zurück, keine Angst.«

Violet kam zwar aus extremen Verhältnissen, aber was die Eigendynamik ihrer Sucht angeht, unterscheidet sie sich kaum von den meisten zwanghaften Esserinnen. Sie hatte gelernt, Liebe mit Essen gleichzusetzen und Essen als Mittel zu benutzen, um sich zu trösten und sich etwas Gutes zu tun. Sie ist unschlagbar, wenn es darum geht, für andere zu sorgen, doch sie schafft es kaum, ihre eigenen Bedürfnisse zu berücksichtigen. Sie ist gut im Verdrängen von Schmerz.

Ihre sexuellen Ängste sind durchaus typisch für zwanghafte Esserinnen. Viele von ihnen führen den Beginn ihrer Eßsucht auf einen Vorfall zurück, bei dem sexueller Mißbrauch im Spiel war. Andere haben Angst vor Männern oder auch vor ihren eigenen sexuellen Begierden und sehen in ihrer Korpulenz eine Form von Schutz. Viele haben die Erfahrung gemacht, daß Männer ihnen nachstellen, sobald sie schlanker sind. Also nehmen sie wieder zu, um Entscheidungen und Gefahren zu umgehen, die sich aus dieser Tatsache für ihr Leben ergeben könnten.

Wenn ich die Gelegenheit gehabt hätte, Violet zu therapieren, hätte ich ihr zunächst geraten, sich bei Heißhunger jedesmal über ihre Gefühle klarzuwerden. Ohne Zweifel hatte sie bei so vielen Pflegeeltern und Pflegeeinrichtungen ein leidvolles Leben hinter sich. Beispielsweise müßte sie sich damit auseinandersetzen, daß sie verlassen und physisch und sexuell mißbraucht worden war. Sie hatte die Erfahrung gemacht, daß Menschen einen fallenlassen, Essen hingegen stets ein treuer Freund ist.

Ich hätte ihr beigebracht, ihre Gefühle zu respektieren, statt vor ihnen wegzulaufen. Ich hätte ihr geraten, Sport zu treiben gegen Depressionen und Streß, auch um sich wohler in ihrer Haut zu fühlen. Ich hätte ihr beigebracht, sich nicht von andern ausnutzen zu lassen, sondern um Hilfe zu bitten, wenn sie welche brauchte. Ich hätte ihr empfohlen, hier zu bleiben und an ihren Problemen zu arbeiten. Wir hätten für sie Geld auftreiben können, um wieder zur Schule zu gehen oder eine Fachausbildung zu machen, um hinterher eine Arbeit zu finden. Ich hätte mich für sie nach einem guten Zahnarzt umgesehen.

Schönheit ist für viele Frauen das alles entscheidende Kriterium. Es ist die notwendige und häufig ausreichende Voraussetzung für sozialen Erfolg. Schönheit ist für Frauen jeden Alters wichtig, am stärksten ist der Schönheitszwang allerdings zu Beginn der Adoleszenz. Mädchen sorgen sich über Kleidung, Make-up, Haut und Haare, doch am allermeisten über ihre Figur. Unter gleichaltrigen Mädchen geht Schlankheit über alles.

Die Überbewertung des Aussehens war auch schon zu meiner Jugendzeit vorhanden. Für uns war der Weg zur Schule jeden Morgen ein Spießrutenlaufen. Die Jungen lungerten vor der Schule herum und pfiffen oder machten Bemerkungen über unsere Busen und Beine, wenn wir vorbeigingen. Immer wenn ich einen engen Rock anhatte, trug ich einen Hüfthalter aus dickem Elastikmaterial, damit mein Bauch nicht vorstand.

Heute ist das Aussehen noch weitaus wichtiger. Es sind drei Dinge, die den Zwang zur Schlankheit in den neunziger Jahren noch verstärkt haben. Erstens leben wir nicht mehr in Gemeinschaften von Primärbeziehungen, wo alle Menschen sich gegenseitig kennen, sondern in Städten, wo Sekundärbeziehungen vorherrschen. In einer Gemeinschaft mit Primärbeziehungen ist Aussehen nur eine von vielen Dimensionen, die einen Menschen ausmachen. Jeder kennt jeden in verschiedenen Zusammenhängen und über längere Zeit. In einer Stadt mit lauter Fremden wird das Aussehen zur einzigen Richtschnur, wenn es darum geht, jemanden schnell einzuschätzen. Dadurch bekommt das Aussehen eine so unglaublich große Bedeutung.

Zweitens wird uns in den allgegenwärtigen Medien die begehrenswerte Frau ständig als schlanke Frau präsentiert. Und drittens werden Models und Frauen, die als schön gelten, immer dünner, obwohl Durchschnittsfrauen immer dicker werden. In den letzten zwanzig Jahren ist überall ein Schlankheitskult entstanden. Das Schönheitsideal wird immer dünner.

Mädchen vergleichen ihren Körper mit dem Ideal und stellen fest, daß sie diesem nicht entsprechen. Somit werden Schlankheitskuren und die Unzufriedenheit mit der Figur heute zu normalen Erscheinungen der Pubertät. Eßstörungen bei Mädchen fingen an, als unsere Gesellschaft eine Schönheitsnorm aufstellte, der kein Mädchen mit einer gesunden Natur gerecht werden konnte. Als unnatürliche Schlankheit zum Schönheitsideal erhoben wurde, machten Mädchen unnatürliche Dinge, um schlank zu bleiben.

In all den Jahren meiner therapeutischen Tätigkeit ist mir noch kein Mädchen begegnet, das seinen Körper mag, Mädchen, dünn wie Streichhölzer, beklagten sich über ihre zu dicken Oberschenkel und Taillen. Und nicht nur, daß Mädchen ihren Körper nicht mögen, sie ekeln sich oft geradezu vor ihren Fettpolstern. Sie sind so konditioniert worden, daß sie ihren Körper und damit letztlich sich selbst hassen. Bei meinen Seminarvorträgen bitte ich die Frauen im Publikum, die mit ihrem Körper zufrieden sind, sich hinterher bei mir zu melden. Mich interessiert, wie sie das geschafft haben. Bis heute hat sich noch keine gemeldet.

Leider ist es keineswegs irrational, daß junge Mädchen sich Sorgen über ihre Figur machen. Schließlich zählt Aussehen viel. Psychologische Studien, die sich damit befaßten, wer als begehrenswert gilt, bestätigen unsere Vorurteile gegenüber den Unattraktiven, besonders den Dicken, die als die sozialen Aussätzigen unserer Zeit gelten. Lehrer unterschätzen die Intelligenz von dicken und überschätzen die von schlanken Kindern. Beleibte Studenten haben geringere Chancen, ein Stipendium zu bekommen.

Mädchen haben eine panische Angst davor, dick zu werden, und das mit Recht. Dick zu sein heißt ausgegrenzt, verspottet und diffamiert zu werden. Mädchen hören die Bemerkungen über dicke Kinder auf Schulfluren und Schulhöfen. Keine fühlt sich wirklich schlank. Aus Schuldgefühl und Scham über ihren Körper sind junge Frauen ständig in der Defensive. Es gibt nur graduelle Unterschiede zwischen jungen Frauen mit Eßstörungen und solchen ohne. Fast alle heranwachsenden Mädchen fühlen sich zu dick, machen sich Sorgen über ihr Gewicht, halten Diät und haben Schuldgefühle, wenn sie essen. Mädchen mit Eßstörungen sind oft diejenigen, die die Botschaften über Frauen und Schönheit voll und ganz verinnerlicht haben. Um dem Schönheitsideal nahezukommen, sind sie bereit, ihre Gesundheit aufs Spiel zu setzen.

Besonders in den achtziger und neunziger Jahren gab es eine explosionsartige Zunahme von Eßstörungen. Wenn ich in Schulen referiere, werde ich schnell umringt von Mädchen, die mir ihre Eßstörungen beichten, und an den Universitäten heben alle die Hand, wenn ich frage, wer Freundinnen mit Eßstörungen hat.

10. Drogen und Alkohol

Tracy (13)

Während sich ihre Mutter über Tracy ausließ, die so weit weg von ihr saß, wie es mein kleines Sprechzimmer erlaubte, ließ Tracy hin und wieder den Unterkiefer fallen und tat so, als könne sie nicht glauben, was sie hörte. Wendy ignorierte Tracys Faxen und erzählte, daß Tracy die Schule schwänzte, bei Klassenarbeiten mogelte und die Lehrer anschrie. Vor kurzem war sie von der Schule verwiesen worden, weil der Direktor eine Flasche Schnaps in ihrer Büchertasche fand.

»Wir können nicht glauben, was mit unserer Tochter passiert«, sagte Wendy. »Vielleicht liegt es an ihrer liberalen Schule. Wir wissen nicht mehr, was wir tun sollen.«

Tracy sagte: »Halte dich aus meinem Leben heraus.«

»Wir gingen mit Tracy zu unserem Pfarrer, aber er meinte, sie bräuchte professionelle Hilfe. Er hält es für möglich, daß sie Alkoholikerin ist.«

Tracy warf verächtlich ihren Kopf zurück. »Ich hasse unsere Familie, das ist alles.«

»Wir werden nicht mehr fertig mit ihr«, fuhr Wendy fort. »Sie stiehlt sich nachts aus dem Haus. In ihrem Frisiertisch haben wir Zigaretten gefunden. Sie ist derart launisch und reizbar, daß wir uns nicht mehr trauen, etwas zu sagen. Wir machen uns Sorgen um ihre Zukunft.«

»Das ist dein Problem, Mama«, sagte Tracy. »Du redest immer nur über meine Zukunft, ob ich aber jetzt glücklich bin, das ist dir egal.«

Wendy protestierte schwach, und Tracy sagte: »Hör endlich auf damit. Warum könnt ihr nicht wie normale Eltern sein und mich tun lassen, was ich will?«

Ich gab Tracy Geld, um nebenan Limonade kaufen zu gehen. Als sie weg war, wirkte das Zimmer ruhiger und friedlicher. Wendy erzählte, daß es sowohl in ihrer Familie als auch in der ihres Mannes Alkoholiker gab. Sie hatten sich fest vorgenommen, daß ihre Familie anders werden sollte als die, die sie kannten. Sie waren streng gläubig und beteten täglich, auch zu den Mahlzeiten. Einmal im Monat kontrollierten sie die Zimmer der Kinder, und sie überwachten ihre Telefonate und Post. Schlafenszeit war um neun Uhr und wurde genau eingehalten. Tracy durfte nur christliche Rockmusik hören. Sie achteten darauf, was die Kinder im Fernsehen anschauten.

Wendy und Ned hatten eine Menge Bücher über christliche Kindererziehung gelesen. Sie glaubten, daß Kinder ohne körperliche Züchtigung verzogen würden. Doch sie hatten aufgehört, Tracy zu schlagen, als sie zehn war, und seitdem wußten sie nicht mehr, wie sie ihrer Herr werden sollten. »Ned meint, wir sollten sie wieder schlagen«, vertraute sie mir an. »Aber ich finde, sie ist dafür zu alt.«

Ich stimmte ihr aus vollem Herzen zu.

Wendy sagte: »Alles, was ich von meiner Mutter über Kindererziehung gelernt habe, war, wie man's nicht machen soll.« Sie erzählte eine Weile über ihre Kindheit. Ihre Mutter war unverheiratet und alkoholabhängig. Wendy erinnerte sich, daß sie als Kind hungerte und sich ihre Kleider aus den Körben kirchlicher Wohltätigkeitseinrichtungen heraussuchte. Die andern Kinder in der Nachbarschaft durften nicht zum Spielen in ihren Wohnwagen kommen. Wendy und ihre Schwestern wuchsen auf wie Unkraut, ohne Überwachung und Grenzen. »Meistens scherte sich meine Mutter überhaupt nicht darum, was ich machte. Wenn sie es doch mitbekam, gab es Ärger«, fuhr Wendy fort. »Sie schimpfte und fluchte auf mich, was das Zeug hielt. Einmal schlug sie mich mit einem Vierkantholz, ein andermal verbrühte sie mir den Kopf beim Haarewaschen.«

Sie hielt inne. »Mit Gottes Beistand habe ich ihr vergeben, aber ich habe mir geschworen, niemals so zu werden wie sie.«

Ich sprach ihr meine Anerkennung aus, daß sie ihrer Tochter vieles gegeben hatte, was sie selbst nicht hatte – nüchterne Eltern, Liebe und konsequente Verhaltensregeln.

Wendy fragte: »Warum hegt Tracy bloß so einen Groll gegen mich? Ich will doch nur ihr Bestes.«

»Welches ist ihre größte Sorge?« fragte ich.

»Ich habe Angst, daß sie Alkoholikerin wird.«

Wegen des Alkoholismus in der Familie war Tracy tatsächlich gefährdet. Doch ich glaubte, daß ihr Alkoholkonsum im Moment mit einer größeren ungeklärten Frage zusammenhing, nämlich der, wie diese Familie ihre Tochter vor Unheil beschützen konnte, ohne sie an ihrer Entwicklung zu hindern. Tracy war wütend über die massive Einmischung und ständige Überwachung. Wendys und Neds Liebe drückte sich in Disziplinierung und Beaufsichtigung aus, womit sich die Zuneigung eines Teenagers nicht gewinnen läßt. Ihre Erziehungsgrundsätze waren starr und boten wenig Raum für Wachstum und Autonomie. Tracy war eindeutig dabei, die Grenzen auszutesten.

Tracy kam mit der Limonade, und ich bat Wendy, uns allein zu lassen.

Tracy verhielt sich zunächst störrisch und abgebrüht, da sie jedoch noch jung war, gelang ihr das nicht so richtig. Keine zwei Minuten, und ich hatte sie zum Lächeln gebracht. Doch als ich sie fragte, worüber sie reden wolle, wurde sie wieder bedrückt: »Ich hasse meine Mutter. Sie will immer alles wissen und mich bestimmen. Sie hört mit, wenn ich telefoniere, sie liest sogar mein Tagebuch.«

Ich fragte nach ihrem Vater. Sie sagte, er hätte ihren Bruder lieber, mit dem ging er Angeln und Fußballspielen. Obwohl sie nichts gegen deren Ausflüge hatte, denn wenn ihr Vater zu Hause war, war er doch nur böse auf sie. Sie sagte: »Die beiden bringen mich noch zum Wahnsinn. Sie sind die neugierigsten Eltern auf der Welt. Können Sie ihnen nicht einfach sagen, sie sollen mich in Ruhe lassen?«

Ich sagte, ich könnte es nachfühlen, daß sie sich nach mehr

Privatsphäre und Unabhängigkeit sehnte, und ich versprach, daß wir in der Familientherapie über ihre Rechte als Jugendliche reden würden. Ich glaubte aber auch, daß es wichtig war, Tracy zu sagen, daß ich für ihre Mutter Achtung empfand. Ich sagte: »Es hört sich an, als hätte deine Mutter versucht, dir vieles zu geben, was sie als Mädchen nicht hatte.«

»Ich habe Mamas weinerliche Geschichten satt. Großmama ist nicht so schlecht, wie sie tut.« Sie seufzte. »Ich würde lieber mit ihr leben als mit meinen Eltern. Zumindest beobachtet sie mich nicht ständig wie ein Habicht und liest nicht meine Post.«

Wir sprachen über Alkohol und Drogen. Tracy trank nur mit ihren Freunden Alkohol, normalerweise am Wochenende. Ihr gefielen diese Jugendlichen – sie waren aufgedreht und lustig, nicht wie diese »verklemmten Milchbubis und blöden Ziegen«, die ihrer Mutter zusagten. Wenn sie Alkohol trank, lachte sie mehr und war nicht so gehemmt gegenüber Jungens. Sie kannte Jugendliche, die mehr tranken als sie. Sie probierte auch Marihuana, doch es machte sie paranoid. Als sie eine Abmagerungskur machte, nahm sie Koffein und Amphetamine.

Wir sprachen über die Streitigkeiten, die sie in der Schule hatte. »Etwas in mir bringt mich immer dazu, etwas Schlechtes zu tun. Hinterher tut's mir dann leid, aber niemand glaubt mir das. Manchmal könnte ich platzen. Alkohol beruhigt mich.«

Ich fragte mich, wo diese ganze Wut herkam. Entweder war sie eine Reaktion auf die ständige elterliche Überwachung und die für Tracys Alter überzogenen Verhaltensregeln, oder es steckte noch etwas anderes dahinter. Wenn Tracy mir erst vertraute, würde ich versuchen, es herauszubekommen.

Ich rief Wendy wieder herein und schlug ihr eine Familientherapie vor. Ich sagte ihr auch, daß ich nicht glaubte, daß Tracy Alkoholikerin sei. Ihre Trinkgewohnheiten seien ziemlich typisch für Jugendliche ihres Alters. Allerdings sei Tracy aufgrund der erblichen Belastung durchaus alkoholgefährdet.

Ich dachte, Tracy würde schon in Ordnung kommen, wenn Wendy und Ned erst ihren Erziehungsstil änderten. Ihre ganze Fürsorge bestand aus Verhaltensregeln. Doch Regeln allein, ohne liebevolle Beziehung, rufen bei Heranwachsenden nur Aufsässigkeit hervor. Dabei sind Beziehungen im Leben junger Mädchen der wichtigste Halt.

Wendy und Ned hatten als Reaktion auf ihre eigene problematische Herkunft das Leben ihrer Kinder rigide strukturiert. Dafür bekamen sie jetzt die Quittung. Tracy rebellierte nicht nur gegen ihre überzogenen Regeln, sondern auch gegen die, die sinnvoll waren. Die Eltern trieben es mit ihrer Fürsorge so weit, daß sie ihrer Tochter keinerlei Freiraum ließen. Ich würde sie davon überzeugen, nicht mehr Tracys Tagebuch zu lesen und Telefonate abzuhören und für sie eine spätere Schlafenszeit festzusetzen.

Tracy hatte vermutlich Probleme, von denen sie ihren Eltern nichts erzählte. Wenn sie mehr darüber sprechen würde, hätte sie vielleicht weniger Bedarf nach ihren selbstverordneten Beruhigungsmitteln. Im Moment sah Tracy im Alkohol eine Möglichkeit, einige ihrer verständlichen Bedürfnisse zu befriedigen – sich in Gesellschaft von Jungen wohl zu fühlen und zu lachen. Ich wollte ihr erklären, wie man verantwortungsvoll mit Alkohol umgeht und wie er zum Problem werden kann.

Tracy lief Gefahr, die Identität einer Straffälligen zu entwickeln. Sie brauchte dringend etwas, worauf sie stolz sein konnte, abgesehen von ihrer Neigung, Dummheiten zu machen. Ich wollte, daß Tracy ihre rebellische Energie in Aktivitäten investierte, die sie spannend fand, die ihr aber nicht schadeten. Vielleicht würde ihr Theaterspielen gefallen – das kann ziemlich aufregend sein – oder Fechten.

In den letzten Jahrzehnten gibt es immer mehr Teenager, die Alkohol trinken und Drogen nehmen. Die Gründe hierfür sind vielfältig: erbliche Veranlagung, psychische Probleme, sozialer Druck und familiäre Faktoren. Einige dieser Gründe haben mit komplizierten psychologischen Prozessen zu tun, andere einfach mit der leichten Zugänglichkeit von Drogen. Welche Drogen benutzt werden, hängt nicht selten vom Wohnort ab. Ein Mädchen, das umgeben ist von Drogenkonsumenten, wird eher drogenabhängig werden als ein Mädchen, das in einer Kleinstadt aufwächst.

Alkohol ist die bevorzugte Droge der meisten Teenager. Er ist billig, wirkungsvoll und wird überall verkauft. Aber auch an Rauschgift ist viel leichter heranzukommen, als viele Eltern glauben. Den meisten Kindern werden Drogen in der Schule angeboten. Ein Mädchen sagte: »Drogen sind an meiner Schule ein Riesengeschäft.«

Ich möchte betonen, daß nicht jeder Drogen- und Alkoholkonsum pathologisch sein muß. Auch gesunde, relativ wohlgeratene Teenager konsumieren Drogen und Alkohol. Eine gewisse Experimentierlust ist völlig normal. Alkoholkonsum bei Partys ist weit verbreitet und heißt oft nichts weiter, als daß man sich anpaßt und tut, was die andern tun. Es ist wichtig, daß nicht jeder Konsum von Drogen und Alkohol gleich als Sucht bezeichnet wird, da dadurch großer Schaden angerichtet werden kann. Kinder und Erwachsene brauchen vielmehr eine Richtschnur dafür, was normale Experimentierlust und was selbstzerstörerischer Konsum ist.

Laut Untersuchungen über Heranwachsende gibt es drei Gründe für deren Drogenkonsum. Als erstes steht der Wunsch nach Bewußtseinserweiterung oder erhöhter Wahrnehmungsfähigkeit und tieferer Erkenntnis; als zweites Sensationslust und Hunger nach neuen Erlebnissen mit Gleichaltrigen; der dritte Grund liegt in der Wirkung der Droge – d.h. im High-Gefühl. Alle drei Gründe haben eines gemeinsam, den Wunsch nach Bewußtseinsveränderung. Natürlich kann Drogenkonsum aus Sensationslust gefährlich werden, und wer Drogen wegen ihrer berauschenden Wirkung nimmt, wird leicht abhängig.

Drogenkonsum als Bewältigungsstrategie stellt für junge Mädchen, die ja häufig chaotisch, depressiv und ängstlich sind, eine große Versuchung war. Alkohol und Marihuana sind beliebt, weil sie Teenagern eine schnelle, zuverlässige Möglichkeit bieten, sich gut zu fühlen. Koffein und Amphetamine haben den Effekt, daß die Mädchen keinen Hunger spüren und weniger essen. (Abzunehmen ist vermutlich das am weitesten verbreitete Ziel von Mädchen in diesem Alter.) Hinzu kommt noch, daß Drogenkonsum häufig das Prestige im Freundeskreis erhöht.

Wie aber wissen wir, wann Alkohol- und Drogenkonsum zum Problem wird? Die erhebliche Vorbelastung kann nicht genug betont werden. 30 Prozent der Kinder von alkoholabhängigen Eltern werden Alkoholiker. Mädchen aus solchen Familien sind also viel gefährdeter als solche aus nicht vorbelasteten Familien. Dennoch will ich diesen Faktor auch nicht überbewerten. Mädchen aus völlig normalen Familien entwickeln manchmal ernsthafte Drogenprobleme, wobei häufig gleichaltrige Freunde eine Rolle spielen. Sind ihre Freunde starke Drogenkonsumenten, besteht die Wahrscheinlichkeit, daß auch sie es werden, nehmen die Freunde keine Drogen, tun sie das meist auch nicht.

Manche Konsummuster, wie Alkoholgenuß, um der Wirklichkeit zu entfliehen oder sich zu berauschen, sind gefährlicher als andere. Sorgen mache ich mir um Mädchen, die mehr Alkohol als ihre Freunde konsumieren oder die regelmäßig trinken. Auch allein oder heimlich Drogen und Alkohol zu sich zu nehmen ist ein gefährliches Konsummuster. Doch jeder Fall muß für sich beurteilt werden, denn Drogen und Alkohol sind oftmals Symptome für andere Probleme.

Besonders im Falle von jungen Mädchen sollten wir versuchen, den Kontext zu verstehen, in dem sie Drogen konsumieren. Denn in diesem Alter passiert so viel auf einmal. Starker Drogenkonsum kann sozusagen die rote Fahne sein, die auf andere Probleme verweist wie Verzweiflung, soziale Angst, Probleme mit Freunden oder Angehörigen, Leistungsdruck, negative sexuelle Erfahrungen oder auf Schwierigkeiten bei der Suche nach einer positiven Identität. Die Geschichten in diesem Kapitel sollen zeigen, inwiefern Drogenkonsum mit anderen Aspekten der Erfahrungswelt heranwachsender Mädchen verflochten ist. Die Mädchen konsumieren Alkohol und Drogen aus unterschiedlichen Gründen, und folglich muß auch unsere Reaktion darauf der jeweiligen Situation angepaßt sein.

Rita (16)

Rita sah aus, als sei sie einem MTV-Video entstiegen. Ihr braunes Haar war mit Federn und Perlen geschmückt, und sie trug ein seidiges, hautenges Kleid. Doch Ritas Persönlichkeit entsprach eigentlich nicht ihrem pompösen Aufzug. Sie war höflich, fast schüchtern, und bemüht, ihrem Gegenüber zu gefallen. Sie gestand mir zögernd, daß sie vor kurzem wegen Trunkenheit am Steuer festgenommen worden war. Diese Tatsache war ihr peinlich und machte ihr angst. Ihr Vater war Alkoholiker, und das letzte, was sie wollte, war, in seine Fußstapfen zu treten.

Rita sagte: »Ich bin hier, weil ich wieder in Ordnung kommen will, solange ich jung bin. Ich will nicht so ein beschissenes Leben wie meine Eltern führen.«

Rita war das älteste von drei Kindern. Ihr Vater arbeitete als Verkäufer in einem Billigmöbelgeschäft, ihre Mutter war Hausfrau. In der Familie gab es Probleme, seit Rita denken konnte. Ihre Mutter hatte Arthritis und konnte nicht arbeiten. Ihr Vater war ein Schürzenjäger und ein notorischer Spieler. Nach seinem langen Arbeitstag zog er durch Kneipen und Spielsalons. Er war nicht oft zu Hause, doch wenn er da war, war die Hölle los.

»Ich bin oft geschlagen worden.« Sie zeigte mir eine Narbe über dem linken Auge, wo sie von einer Bierflasche getroffen worden war. »Aber das war noch nicht das schlimmste. Papa sagte gemeine Sachen, wenn er betrunken war, wie ›Du wirst nie einen Mann finden, so häßlich, wie du bist‹ oder ›so zickig, wie du bist‹ oder ›so schlampig, wie du bist‹.«

Sie schauderte. »Ich ging Papa aus dem Weg. Ich lag wach und hörte, wie er Mama anbrüllte. Manchmal schlug er sie.«

Sie warf ihr langes Haar zurück. »Als ich vierzehn war, sagte ich zu Papa, daß ich ihn umbringen würde, wenn er Mama nochmals anrührte. Er wußte, daß ich es ernst meinte. Seitdem hat er sie nicht mehr geschlagen.«

Während unseres Gesprächs merkte ich, daß Rita für eine Sechzehnjährige viel zuviel Verantwortung trug. Wie viele Kinder, die für kleinere Geschwister sorgen müssen, ging sie mit anderen sorgsamer um als mit sich selbst. Sie hatte viel zu lange Arbeitszeiten bei einem Rock-and-Roll-Radiosender. Sie mußte ihrer Mutter unter die Arme greifen, und wenn ihr Vater nicht aus dem Bett kam, rief Rita seinen Chef an und entschuldigte ihn. Sie half ihren Brüdern bei den Hausaufgaben, während sie ihre vernachlässigte.

Rita hatte einen festen Freund namens Terry, der mit neunzehn bereits alkohol- und spielsüchtig war. Er hatte einen Teilzeitjob in einem Spielsalon mit Bar. Er lernte Rita auf einem Straßenfest kennen und flog gleich auf sie. An diesem Abend tanzten sie zusammen, und für den Sonntag lud er sie zu einem Grillfest ein. Rita brachte einen Kuchen mit und übernahm das Kochen.

Sie sagte: »Er ist angenehmer als Papa. Ich weiß, daß er Probleme hat, aber er wird nie wütend auf mich.« Sie hielt verlegen inne. »Mir ist schon selbst klar, daß es schwachsinnig ist, sich mit Terry einzulassen, Sie brauchen mir das nicht zu sagen.«

Ich beschloß, über dieses Thema ein andermal zu sprechen. Wie viele Töchter von Alkoholikern, suchte sich auch Rita Männer, die ihrem Vater glichen. Liebe hatte für sie etwas mit Wut, Gewalt, Unberechenbarkeit und Erniedrigung zu tun. Sie ließ sich mit Terry ein in der Hoffnung, daß die Geschichte diesmal ein gutes Ende nehmen würde. Sie ging mit ihm, weil das Vertraute bequem war, selbst wenn es nur die vertraute Hölle einer Beziehung mit einem Alkoholiker war.

Obwohl sich Rita als Erwachsene sah, war sie es in Wirklichkeit nicht. Die einzige Identität, die sie besaß, war die der

Helferin. Über Dinge wie ihre eigene Sexualität oder ihre Berufsperspektiven hatte sie nie nachgedacht. Sie hatte keine persönlichen Ziele, keine Orientierung für die Zukunft. Sie hielt nicht viel von Beziehungen, fühlte sich unter Menschen unwohl und war eine schlechte Schülerin.

Wie die meisten vom Vater emotional oder physisch mißhandelten Mädchen hatte Rita viele der Botschaften, die ihr Vater ihr vermittelte, internalisiert. Sie glaubte nicht, daß ein anständiger Junge sie gernhaben könnte oder sie es wert war, geliebt zu werden. Ihren Wert für Männer sah sie hauptsächlich in ihrer Sexualität. Wie viele Frauen mit gewalttätigen Vätern, war Rita voller Geduld, tolerant und gutherzig, alles Eigenschaften, die ihr halfen, mit einem Alkoholiker zusammenzuleben. Sie war tüchtig und verantwortungsbewußt, aber in ihrem Innern glaubte Rita, daß sie hauptsächlich dafür gut war, anderen zu dienen.

Ich wollte ihr helfen, ein eigenes Selbstwertgefühl zu entwickeln, unabhängig von dieser Familie. Sie sollte eine Vorstellung davon bekommen, wie eine gute Beziehung aussah. Sie war sich auch unsicher, was ein richtiger Mann war. Männer waren für sie wie Jungen; man mußte viel Geduld mit ihnen haben, mußte sie bemuttern und aufmuntern. Frauen waren in ihren Augen entweder wie ihre Mutter – schwach und zu nichts zu gebrauchen – oder wie sie selbst, d. h. Frauen, die sich die ganze Last der Welt aufbürden ließen, ohne zu murren.

Rita hatte eine erblich bedingte Neigung zum Alkoholmißbrauch; auch hatte sie Alkoholmißbrauch oft mitansehen müssen. Sie stand unter großem Druck und hatte wenig Selbstbewußtsein. Alkohol war ihr Mittel, um mit Schmerz fertig zu werden. Ich riet ihr also, mit dem Trinken aufzuhören und sich einer Selbsthilfegruppe anzuschließen.

Rita war willens, ihr Leben zu ändern. Sie mußte allerdings mit einer schwierigen Familiensituation fertig werden und hatte kaum Unterstützung. Sie war jung und überfordert, aber sie besaß Energie, Ehrlichkeit und Offenheit. Ich war zuversichtlich, daß Rita kein so »beschissenes Leben« wie ihre Eltern führen würde. Zum Schluß der Sitzung fragte ich Rita, wann sie wiederkommen wolle. Sie warf ihr wunderschönes Haar zurück und sagte: »Morgen.«

Casey (18)

Casey kam mit ihren Eltern zu mir, nachdem ihr Vater Schlankheitspillen in ihrer Tasche gefunden hatte. Dies allein hätte ihn noch nicht so sehr beunruhigt, aber abgesehen von den Pillen gab es noch Hinweise dafür, daß Casey Drogen nahm. Also wollte er sich über ihren Drogenkonsum Klarheit verschaffen.

Casey saß zwischen ihren Eltern. Sie war eine etwas linkische junge Frau in weißen Shorts, die jünger schien als ihre achtzehn Jahre. Ihre Beine waren von der Kälte draußen ganz rot, und sie hatte eine Gänsehaut. Ihre Mutter zeigte darauf und sagte: »Du hättest dir Hosen anziehen sollen.« Casey wurde rot. »Ich dachte, es wäre wärmer.«

Ich fragte, wie sie es fand hierherzukommen, und sie antwortete mit einem hastigen »Okay«. Ihr Vater widersprach mit einem Kopfschütteln. »Wir mußten sie zwingen mitzukommen.« Er beschrieb kurz Caseys Probleme. Sie war unordentlich, unehrlich, ging verantwortungslos mit Geld um und war sozial unreif. Im letzten Monat war sie verschiedene Male betrunken nach Hause gekommen.

Ich fragte Casey, was sie von der Beschreibung ihres Vaters hielt. Sie sagte ganz vergnügt und munter. »Ich trinke nicht gerade wenig.«

Wir sprachen eine Weile über ihre Familiengeschichte. Casey war das zweite Kind. Ihre ältere Schwester starb als Baby, zwei Jahre, bevor Casey geboren wurde. Der Verlust eines Kindes war schuld daran, daß Caseys Eltern übertrieben besorgt und ängstlich waren, richtige »Schwarzseher«, wie Casey sie nannte. Ihre Eltern sorgten sich um ihre Gesundheit, ihre Freundschaften, ihre Schularbeiten und ihre Veranlagung zur Molligkeit: Sie war schon bei vielen Ärzten und bekam

Nachhilfeunterricht. Ihre Eltern hatten alles getan, um Casey vor den Fallstricken des täglichen Lebens zu bewahren, und nun hatten sie eine Tochter, der das Selbstvertrauen und die Erfahrung fehlten, um den Herausforderungen des Lebens zu begegnen.

Wir sprachen über Caseys bevorstehenden Schulabschluß, ihre Pläne für den Sommer und ihren neuen Teilzeitjob als Bedienung. Ihre Eltern waren froh, daß sie den Job hatte, aber besorgt, ob sie ihn auch antreten oder den Streß aushalten würde.

Ich hatte den Eindruck, daß Casey von zu viel Liebe und Fürsorge erdrückt wurde. Ihre Eltern drängten ihr ihre Hilfe geradezu auf. Ich wollte, daß sie sich zurückhielten und sie um sich selbst kümmern ließen. Sicher würde sie Fehler machen, doch sie würde aus Fehlern lernen und sich auf diese Weise weiterentwickeln. Im Moment gab es bei Casey kaum eine Entwicklung, außer der körperlichen. Ich beschloß, mich mit Casey allein zu treffen. Ansonsten war ich der Meinung, daß sie sich in ihrem Job gut bewähren würde.

Bei unserer ersten Einzelsitzung ließ sich Casey auf die Couch fallen und stöhnte: »Ich habe mich gestern abend wieder betrunken. Sie wollen wohl von mir, daß ich bis an mein Lebensende den Abwasch mache und den Rasen mähe.«

Ich beschloß, das Thema Alkohol auf später zu verschieben, und wollte wissen, was ihr im Moment Sorgen machte. Sie wurde rot und schwieg eine Weile. »Ich find mich zu dick«, sagte sie. »Deshalb habe ich die Pillen genommen. Ich will einen Freund.«

Sie erzählte mir von ihrem ersten Rendezvous. Stan holte sie fürs Kino ab, doch statt ins Stadtzentrum zu fahren, machte er ein Bier auf und fuhr stadtauswärts. Ein erfahreneres oder selbstbewußteres Mädchen hätte ihm gesagt, er solle sie nach Hause bringen, aber Casey war wie gelähmt. Sie wußte nicht, was sie tun sollte. Sie klammerte sich an der Tür fest und sah aus dem Fenster. Stan hielt an einem See an und machte noch ein Bier auf. Dann drehte er das Radio auf und zog Casey zu sich herüber. Sie wurde ganz steif vor Angst, und Stan versuchte, sie mit Küssen und Witzen aufzulockern, doch sie gab nicht nach. Sie hatte Angst, er könnte sie vergewaltigen, und das wäre vielleicht auch passiert, wenn nicht ein anderes Auto mit einem Liebespaar neben ihnen angehalten hätte. Er fluchte und beschimpfte sie als Lesbe. Dann ließ er zu ihrer großen Erleichterung den Motor an und fuhr sie nach Hause.

Hinterher fragte sich Casey, ob sie vielleicht tatsächlich lesbisch sei. Sie wußte sehr wenig über Sex und wollte ihren Eltern nichts von ihrem Erlebnis erzählen. Sie sprach auch nicht mit andern Mädchen darüber, aus Angst, sie könnten sie für naiv halten. Casey nahm sich fest vor, daß der nächste Junge, mit dem sie ausging, in ihr eine versierte und hundertprozentige Heterosexuelle sehen sollte. Zu der Verabredung mit Sam betrank sie sich und eröffnete ihm, sie wolle mit ihm schlafen, noch bevor er selbst dazu kam. Nach Sam kamen andere. Sie betrank sich jedesmal und »machte es« dann. Doch schließlich verabredete sie sich nicht mehr. Sie wußte, daß es nicht gut war, und sie hatte Angst, Aids zu bekommen.

Mit dem Alkohol bekämpfte Casey erst ihre Angst, so daß sie Sex machen konnte, und hinterher betäubte sie damit ihre Schuldgefühle. Wenn sie also lernen würde, anders mit ihrer Sexualität umzugehen, würde sie nicht mehr trinken müssen. Im Lauf unserer Gespräche stellte sich heraus, daß Casey es ganz den Jungen überließ, wie die Beziehung zwischen ihnen aussah. Sie fühlte sich wegen ihres Aussehens so minderwertig, daß sie dankbar war, wenn sie überhaupt einer wollte. Auch war sie so bemüht, den Jungen zu gefallen, daß sie nie überlegte, was mit ihren eigenen Bedürfnissen war. Als Hausaufgabe bat ich sie zu überlegen, welche Art Männer ihr gefielen. Welche Eigenschaften mußten sie haben? Welche Interessen? Wie wollte sie von ihnen behandelt werden?

Zu Beginn der nächsten Sitzung zog Casey eine Liste aus der Tasche und strich sie auf ihren Knien glatt. Sie las vor: »Ich mag Jungen, die gut aussehen, sportlich und fürsorglich sind und die gut zuhören können.« Sie machte eine Pause. »Ich weiß, das ist zuviel verlangt, aber Jungs sollten schon an denselben Dingen Spaß haben wie ich – Reiten und Basketball.«

»Kennst du denn solche Jungen?«

Casey dachte eine Weile nach. »Ich kenne drei, aber die würden nie mit mir ausgehen.«

»Wir leben in den neunziger Jahren«, sagte ich. »Frauen können auch Männer einladen.«

Casey kicherte über meinen Vorschlag, interessierte sich aber dafür, wie sie das genau machen könnte. Ich riet ihr, ihre Erwartungen zunächst nicht zu hoch zu stecken und Alkohol und Sex zu vermeiden. Sie sah mich ungläubig an. »Was soll denn das für eine Verabredung sein?« Doch als ich antworten wollte, winkte sie ab. »Das war nur Spaß. Ich werd's versuchen.«

Zum nächsten Termin kam Casey mit guten Neuigkeiten. Ihr Job gefiel ihr. Ihr Zimmer war zwar immer noch ein einziges Chaos, doch sie hatte es geschafft, 30 Dollar auf ihr Sparkonto einzuzahlen. Aber das Tollste war, sie hatte einen Jungen gefragt, ob er mit ihr ausgehen wolle, und er hatte zugesagt. Sie erzählte: »Wir gingen zu einem Basketballspiel. Ich hatte das Auto meiner Eltern, und wir trafen uns in der Sporthalle. Danach lud er mich zu einem Joghurteis ein, und wir unterhielten uns.«

Casey war erstaunt, daß sie es fertiggebracht hatte, einen Abend nach ihren Vorstellungen zu gestalten. Sie war überrascht und froh, daß ein Mann sie nicht nur wegen ihres Geschlechts mochte. Außerdem wollte sich dieser Junge erneut mit ihr treffen, etwas, was ihr noch niemals passiert war.

Wir probten, bei sexuellen Annäherungsversuchen nein zu sagen. Casey schrieb eine kleine Rede auf, die sie bei Bedarf halten konnte. »Weißt du, ich gehöre zu denen, die es nicht so eilig haben und lieber erst jemanden genauer kennenlernen wollen, bevor sie mit ihm intim werden. Laß uns erst ein paarmal zusammen weggehen, dann können wir immer noch darüber reden, ob wir eine sexuelle Beziehung wollen.«

Mit der Zeit lernte Casey, sich die Jungen genauer anzusehen: »Entspricht dieser Junge meinen Vorstellungen von einem Freund?« Wenn nicht, sagte sie liebenswürdig aber unmißverständlich nein. Sie wollte keinen Sex mehr haben, bevor sie jemanden nicht mindestens ein paar Monate lang kannte und bevor sie darüber gesprochen hatten, was Sex für beide bedeutete. Es mußte ja nicht gleich eine Verlobung sein, aber gegenseitiges Vertrauen mußte da sein.

Mit zunehmendem Selbstvertrauen verbrachte Casey immer weniger Zeit mit ihrer Familie. Sie stritt sich auch seltener mit ihren Eltern, je mehr sie ihr eigenes Leben lebte. Obwohl sich Casey im Umgang mit anderen sicherer fühlte, hatte sie vom Alkohol immer noch nicht lassen können. Alkohol war immer noch ihr Mittel zum Entspannen. Ich empfahl ihr eine Selbsthilfegruppe für alkoholgefährdete Frauen. Casey gefiel die Atmosphäre in der Gruppe. Sie hatte zwei ernsthafte Rückfälle in den zwei Monaten der Therapie, beide ausgelöst durch die Aufregung um Verabredungen mit Jungen. Doch je unabhängiger sie wurde, und je mehr Verantwortung sie für das Zusammensein mit ihren Eltern und ihren gleichaltrigen Freunden übernahm, desto zurückhaltender wurde sie, was Drogen anging.

Kelli (15)

Trotz seiner internationalen Tätigkeit als Agronom wirkte Kevin mit seinen grünen Hosen und seinem gelben Polohemd eher provinziell. Roberta, Krankenschwester beim öffentlichen Gesundheitsdienst, hatte mit ihrem freundlichen Gesicht etwas Matronenhaftes. Sie begann: »Wir haben in Kellis Zimmer Marihuana gefunden.«

»Wir wußten schon seit Monaten, daß Kelli irgend etwas nimmt«, sagte Kevin. »Sie und ihr Freund Brendan benahmen sich manchmal richtig ausgeflippt.«

Ich fragte, wie es mit Alkohol aussehe, und Roberta antworte-

te: »So etwas rührt Kelli nicht an. Sie ist Vegetarierin und ver-
abscheut Alkohol und Tabak. Was sie mag, sind Sechziger-Jah-
re-Drogen. In ihrem Herzen ist sie ein Hippiemädchen.«

Kelli war die jüngste von drei Töchtern. Ihre älteren Schwestern waren klug, erfolgreich und attraktiv. Carolyn hatte nur
Einsen in der Schule und kam in die Endrunde einer Miss-
Wahl. Sie war nun mit einem Rechtsanwalt verheiratet und
erwartete ihr erstes Kind. Christina war in ihrem letzten Jahr
an der Universität, wo sie Studentensprecherin ist. Sie würde
bald ihr Medizinstudium abschließen.

Roberta sagte, sie seien eine ganz normale Familie, die zur
Kirche geht, der Fußballmannschaft die Daumen drückt und
gern an gesellschaftlichen Anlässen in der Stadt teilnimmt.
Mit ihren ersten beiden Töchtern hatten sie keinerlei Erzie-
hungsprobleme. »Wir ließen sie in der Hauptsache machen,
was sie wollten. Ständig waren sie umgeben von anderen Kindern. Alles ging bei ihnen ohne Vorschriften oder Hausarrest
ab. Wir mußten Christina sogar ermahnen, nicht zu viel zu
lernen.

»Kelli ist völlig anders«, sagte sie. »Bei ihr wissen wir einfach
nicht, wo wir dran sind. Ihr schmecken andere Sachen zum
Essen, sie mag andere Filme, andere Musik und andere Leute.
Alles Fremdartige zieht sie an. Was bei den anderen funktioniert hat, geht bei ihr schief.«

»Die beiden Älteren waren von sich aus erfolgsmotiviert,
während Kelli an Erfolg nicht interessiert ist«, sagte Kevin.
»Strafen lassen sich für sie nur schwer finden, weil sie weder
auf Geld noch auf Fernsehen und neue Kleider wert legt. Einmal ließen wir sie nicht zu einer Verabredung mit ihrem
Freund, da drohte sie uns, sich umzubringen. Und sie meinte
es ernst.«

»Wir sind sicher, daß sie mit Brendan schläft«, fügte Roberta
hinzu. »Brendan und sie sind unzertrennlich. Er ist ein ganz
netter Junge, aber wir wissen, daß sie zusammen Drogen nehmen. Ihre Schwestern hatten weder mit Alkohol noch mit
Drogen zu tun.«

»Es klingt, als sei es ganz schön schwierig, mit ihnen mitzuhalten«, sagte ich.

Kelli suchte verzweifelt ihre eigene Nische, die anders war als die ihrer Schwestern. Diese hatten die Nische der Ruhm- und Erfolgreichen besetzt, also blieb Kelli nur die des schwarzen Schafes.

Ich sagte zu Kellis Eltern: »Das Problem mit Ihren früheren Erziehungserfolgen liegt darin, daß es Ihnen nun schwerfällt, etwas anders zu machen. Es war leicht, Christina und Carolyn großzuziehen, für Kelli brauchen Sie vielleicht eine Erziehungsberatung.«

»Kelli ist der Meinung, wir hätten ihre Schwestern lieber als sie, aber das stimmt nicht«, sagte Roberta. »Es ist nur, daß es uns einfach schwerer fällt, Kelli zu verstehen.«

In der folgenden Woche traf ich mich mit Kelli, die groß und schlank war und lange braune Haare hatte. Sie hätte es glatt zur Schönheitskönigin bringen können, wenn sie es versucht hätte, was sie natürlich nicht tat. Sie trug ein orangefarbenes Hemd, zerschlissene Jeans und Springerstiefel, dazu dicke, olivfarbene Socken. Sie war höflich, aber distanziert. Doch ich hatte das Gefühl, daß sie die Sitzung nur widerstrebend über sich ergehen ließ. Also brachte ich das Thema erst einmal auf die sechziger Jahre.

Kelli sagte: »Wie gerne hätte ich damals gelebt. Ich habe mit heutigen Kindern nichts gemein.«

»Was macht dir Spaß?«

»Mit Brendan zusammenzusein. Wir haben dieselbe Wellenlänge. Er mag mich, so wie ich bin.«

Sie sah mich mißtrauisch an. »Hat Mama erzählt, daß wir zusammen schlafen?«

Ich nickte.

»Das ist doch keine große Sache«, sagte Kelli. »Wir lieben uns, und ich nehme die Pille.«

Ich wollte wissen, was sie mit »keine große Sache« meinte und fragte nach.

Sie warf ihr Haar zurück und sagte: »Meine Eltern sind einfach anders als ich. Sie spielen gerne Bridge und lösen Kreuzworträtsel. Sie sehen John-Wayne-Filme und hören Country-Platten. Mir ist manchmal, als hätte das Krankenhaus einen Fehler gemacht und mich den falschen Eltern mitgegeben. Meine Schwestern passen genau zu meinen Eltern. Sie sind richtige bourgeoise Erfolgstypen. Das werde ich nie sein.«

Ich wollte wissen, wie es ihr gehe, wenn sie darüber spreche.

»Es tut weh. Sie versuchen zwar, mich genauso zu lieben wie meine Schwestern, aber sie können nicht. Meinen Eltern gefällt es, wenn wir etwas leisten – das macht für sie unseren Wert aus. Sie wissen nicht, was sie an mir lieben sollen.«

»Wonach strebst du?«

»Nach Erleuchtung – was die Buddhisten ›Nirwana‹ nennen.«

Ich sagte: »Das ist ganz schön ambitioniert.«

»Brendan und ich, wir lesen viel über Buddhismus. Wenn wir erst das Geld haben, gehen wir nach Indien.«

Wir verbrachten die restliche Sitzung damit, über Buddhismus zu reden. Kelli wußte für eine Fünfzehnjährige erstaunlich viel darüber. Sie war richtig begeistert von diesem Thema, und als unsere Zeit um war, schien sie nur ungern zu gehen.

Zur nächsten Sitzung trug Kelli dieselben Stiefel, Jeans und Socken, diesmal allerdings mit einem rosaroten T-Shirt. Sie brachte ein paar selbstgemalte Bilder von Buddha, dem Baum seiner Erleuchtung und dem Elefantengott mit. Sie sagte: »Ich verabscheue Alkohol und Zigaretten. Sie zerstören das Bewußtsein.«

»Was ist mit anderen Drogen?«

»Wir nehmen manchmal Pilze oder LSD.« Sie hielt inne. »Einige meiner schönsten Augenblicke im Leben hatte ich durch LSD.«

Ihr gefiel die Art, wie LSD die Wirklichkeit veränderte – die Musik anders klingen, die Farben leuchtender und die Orangen schmackhafter werden ließ. Sie besaß eine zerfledderte

Ausgabe von *Road Maps to the Mind* von LSD-Papst Timothy Leary. Doch sie meinte: »Mir ist ein natürliches High-Gefühl lieber.«

Wir diskutierten darüber, wie man auch ohne Drogen eine Bewußtseinsveränderung herbeiführen könne. Wir sprachen darüber, wie Meditieren und auch kreative Prozesse das Bewußtsein verändern können. Kelli fragte, ob sie Brendan zur Sitzung mitbringen könne, und ich war einverstanden.

Ich traf mich erneut mit Roberta und Kevin und konnte ihnen nur zustimmen, daß Kelli anders war als ihre Schwestern. Sie müßten sich für sie etwas anderes einfallen lassen. Sie könnten ihr und Brendan beispielsweise behilflich sein, ein Buddhismus-Seminar zu finden. Kelli mußte ein neues Selbstbild finden, nicht als Drogenkonsumentin, sondern als eine empfindsame, idealistische und philosophisch interessierte Person.

Wenn ich mit Teenagern über Drogen spreche, behalte ich immer im Hinterkopf, daß Neugier und Forscherdrang in diesem Alter etwas Normales sind. Gesunde Teenager experimentieren gern, und es wäre unvernünftig, jedes junge Mädchen, das Drogen nimmt, als Süchtige abzustempeln. Mit Ausnahme von extremen Fällen ist es besser, man befaßt sich mit den Problemen, die zum Drogenkonsum führen und die dieser verursacht. Ich vermeide es, jemandem gleich einen Stempel aufzudrücken.

Beziehungen können starke Auslöser für Veränderungen sein. Ich arbeite darauf hin, daß junge Mädchen, die Drogen oder Alkohol mißbrauchen, wieder eine gute Beziehung zu ihren Eltern bekommen. Ich versuche auch, einen Ersatz für die Drogen zu finden – eine neue Gewohnheit mit positiveren Wirkungen und eine neue Identität, die weniger Selbstzerstörung beinhaltet. Und ich beziehe die Freunde in den Prozeß mit ein. Ich bestärke Teenager in ihren Bindungen und ermutige sie, sich gegenseitig zu helfen.

Untersuchungen haben ergeben, daß Mädchen weniger Gefahr laufen, starke Trinkerinnen zu werden, wenn sie zu Hause bereits mit Alkohol bekannt gemacht worden sind. Mädchen, die nur mit Gleichaltrigen Alkohol konsumieren, geraten leichter in Schwierigkeiten. Es ist vermutlich keine schlechte Idee, jungen Mädchen anläßlich von Festessen oder Feiertagen hin und wieder ein Gläschen Wein anzubieten. Dadurch kann man verhindern, daß Alkoholkonsum von Jugendlichen als Rebellion gesehen wird.

Starker Drogenkonsum bei Teenagern kann ein Signal sein, daß sich in der Familie etwas ändern muß. Drogenmißbrauch ist häufig ein Hilfeschrei. Manchmal verlangen Teenager einfach mehr Aufmerksamkeit. Ganz normale Familien benötigen unter Umständen Hilfe, um mit den Belastungen der Adoleszenz fertig zu werden. Oder sie brauchen Unterweisung, wie sie kommunizieren, sich entspannen und gegenseitig schätzenlernen oder miteinander Spaß haben können. Zuweilen haben Eltern ihre eigenen Süchte zu überwinden, oder es ist nötig, einen dunklen Fleck in der Familiengeschichte zu beleuchten. Starker Alkohol- oder Drogenkonsum kann auf Selbsthaß oder Verzweiflung über ungelöste Familienprobleme hindeuten.

Es ist erfreulich, daß Schulen heuzutage schon frühzeitig und recht ausführlich über Drogenkonsum und -mißbrauch aufklären. Jede und jeder sollte die Zeichen kennen, die auf problematischen Konsum oder auf Mißbrauch hindeuten wie etwa die 1-2-4-Regel, die besagt: Trinke nicht mehr als ein Glas in einer Stunde, zwei Gläser am Tag oder insgesamt vier Gläser in der Woche, und du wirst keine Akoholprobleme bekommen. Die meisten Mädchen sind schockiert, wenn ich diese Regel erwähne, und sagen: »Jeder in meinem Bekanntenkreis trinkt mehr als das.«

Teenager sind gerne bereit, Angehörigen und Freunden mit Drogenproblemen zu helfen, und sie sollten dabei Anleitung bekommen. Eine gemeinsame Therapie mit Gleichaltrigen und Unterweisung, wie Drogenkonsum reduziert werden kann, ist äußerst effektiv. Jeder sollte wissen, wo er Hilfe bekommen kann, und sie sollte jedem, unabhängig vom Einkommen, zugänglich sein.

Nicht zuletzt muß sich unsere Gesellschaft ändern. Für viele Heranwachsende stehen Rauchen und Trinken für Rebellion und Mündigkeit. Die Medien tragen zu dieser Illusion bei, indem sie Weltläufigkeit mit selbstzerstörerischem, ungezügeltem Verhalten in Verbindung bringen statt mit Besonnenheit und Überlegtheit. Charaktere mit Selbstbeherrschung werden oft als Langweiler dargestellt.

Wie Zigarettenfirmen festgestellt haben, sind heranwachsende Mädchen eine ideale Zielgruppe für jeden, der mit Weltläufigkeit Geschäfte machen will. Heranwachsende Mädchen und junge Frauen sind sogar die einzige Bevölkerungsgruppe, deren Zigarettenkonsum in den letzten Jahren zugenommen hat.

Die Werbung verheißt, daß Schmerz und Leid durch Kauf und Konsum von Produkten zum Verschwinden gebracht werden kann. Viel Geld wird damit gemacht, Wünsche zu wecken, die dann den Konsumenten als Bedürfnisse, ja Rechte angedient werden. Man fordert uns auf mitzuziehen. Man redet uns ein, daß etwas, das sich gut anfühlt, auch gut ist. Und man ermuntert uns: »Don't worry, spend money.«

Unser verkommenes Wertesystem sozialisiert Mädchen so, daß sie immer nur Glück erwarten und Leid als etwas Unnormales betrachten. Die Werbung suggeriert ihnen, daß mit ihnen etwas nicht stimmt, wenn sie unglücklich sind. Leid wird als etwas dargestellt, das es unbedingt zu vermeiden gilt, und dies wird durch den Kauf der richtigen Produkte erreicht. Leid gilt als Anomalie, nicht als wesentlicher, unausweichlicher Bestandteil des menschlichen Seins. Im Gegensatz dazu steht eine Weltsicht wie die bei Thoreau: »Die meisten Menschen führen ein Leben der stillen Verzweiflung.« Oder die Buddhas: »Leben ist Leiden.«

Sigmund Freud schrieb, daß Glück die Erfahrung von Liebe und Arbeit sei. Er glaubte, daß die Erfüllung aller Wünsche nicht nur unmöglich, sondern für das Individuum und die

Gesellschaft als Ganzes gefährlich sei. Wir haben geradezu eine Mentalität des »Sich-immer-gut-Fühlens« entwickelt. Wir müssen unsere Werte überdenken und den Zusammenhang von negativen Gefühlen und Drogen- und Alkoholkonsum durchbrechen. Im Idealfall werden wir unseren Kindern eine neue Vorstellung vom Erwachsensein offerieren, das mehr bedeutet, als alt genug zu sein, um gefährliche Drogen zu konsumieren, Sex zu haben und Geld auszugeben. Wir werden ihnen neue Wege zeigen, sich zu entspannen, das Leben zu genießen und mit Streß fertig zu werden. Es ist unsere Pflicht und Schuldigkeit, unsere Kinder zu lehren, wie sie Freude an den richtigen Dingen haben können.

11. Sex und Gewalt

Christy (14)

Bei unserer Arbeit im Obdachlosenheim sprach ich mit Christy über ihr Leben. Ihre Mutter war Angestellte im öffentlichen Dienst, ihr Vater Ingenieur. Beide waren strenge, aber liebevolle, stark auf das Kind bezogene Eltern und überdies gläubige Katholiken, die Christy beibrachten, daß Sex nur etwas für Verheiratete sei. Sie wohnten in einer wohlhabenden Gegend, und Christy war Mitglied in einem erstklassigen Leichtathletikverein. Als Kind hatte sie viele Wettkämpfe gewonnen. Da sie ihren Klassenkameraden voraus war, übersprang sie die dritte Klasse. Das hatte aber zur Folge, daß sie bei Eintritt in die Mittelstufe sozial und körperlich unreifer war als ihre Mitschüler.

»Ich war unsicher in der Schule«, sagte Christy. »Ich wollte beweisen, daß ich ebenso cool war wie die anderen. Ich wollte einen festen Freund haben, der mich auf die Partys mitnahm, zu denen die beliebten Mädchen eingeladen wurden. Ich überschlug mich, um dazuzugehören.«

Ich fragte, was sie denn gemacht hätte.

»Ich merkte von Anfang an, daß es nur Ärger brachte, gut in der Schule zu sein. Ich fühlte mich wie eine Intelligenzbestie. Ich wurde oft blöd angemacht, Superhirn und Streberin genannt. Ich gewöhnte mir an, die Bücher zu verstecken, die ich las, und so zu tun, als würde ich fernsehen. Ein Typ in meinem Mathe-Kurs drohte, mich zu verprügeln, wenn ich nicht aufhörte, aus der Reihe zu tanzen. Also schrieb ich nur noch Dreien und Vieren. Meine Eltern waren böse auf mich, aber das war mir egal. Ich wußte, was ich brauchte, um klarzukommen.«

Christy wurde Mitglied in der Geländelauf-Mannschaft ihrer Schule. Einige der besten Läufer luden sie zu Partys ein. Zu ihren Freunden und Freundinnen gehörten viele, die gut im Sport und tonangebend in der Schule waren. Ende des siebten Schuljahrs hatte sie sogar einen Freund.

»Er war toll, richtig süß. Wir küßten uns und hielten Händchen, aber sonst nichts. Wir telefonierten ungefähr zwanzig Stunden in der Woche miteinander. Unsere Eltern erlaubten nicht, daß wir uns außerhalb der Schule trafen.«

Ihr Freund zog nach der siebten Klasse weg. Aber schon bald wollten sich auch andere Jungen mit ihr treffen. Ihr gefiel Adam, der älter und erfahrener war als ihr erster Freund. Sie sagte: »Ich erinnere mich noch an die eine Party. Wir tranken Margaritas und spielten so ein Fragespiel. Irgend jemand stellte Fragen über Sex. Hast du es schon mal zum Äußersten kommen lassen oder es im Auto gemacht oder oralen Sex gehabt oder Sex mit zwei Leuten gleichzeitig – so was. Wenn die Antwort ja war, mußte man seine Margarita trinken. Ich war die einzige, die überhaupt nichts trank, und das war mir schrecklich peinlich.« Christy hielt inne.

Sie erklärte, daß sie Adam mochte und gern mit ihm schmusen würde, vielleicht »bis Stufe zwei«, aber aufhören wollte, bevor es zum Geschlechtsverkehr käme. Sie war neugierig auf Sex und erpicht darauf, Dinge auszuprobieren, wollte jedoch nicht ihren guten Ruf verlieren oder etwas tun, was ihre Eltern nicht guthießen. Sie sagte, das mit dem Schmusen hätte eine Zeitlang geklappt, aber dann hätten sie und Adam angefangen, sich ständig zu streiten, weil er Sex wollte und sie nicht. Zu guter Letzt machte sie Schluß.

Direkt danach luden sie mehrere Jungen zum Ausgehen ein. Sie nahm ein paar Einladungen an, die aber jedesmal in einem Ringkampf endeten. Einige ihrer Freundinnen wurden in dieser Zeit sexuell aktiv und ermutigten sie, ihrem Beispiel zu folgen. Doch sie sagte: »Sie wollen, daß ich es auch mache, damit sie keine Schuldgefühle haben. Aber den Gefallen tue ich ihnen nicht.

Ich wollte mich zwar verabreden, aber keinen Sex haben«, meinte Christy. »Es ist schwierig, ohne Freund akzeptiert zu werden, aber das war mir gleichgültig. Ich wollte zumindest so lange warten, bis ich keine Zahnspange mehr trage. Vielleicht lag das alles auch nur an meinem katholischen Schuldbewußtsein.«

Sie sagte: »Jetzt treffe ich mich meistens in der Gruppe. Ich achte immer darauf, daß ich selbst bezahle, damit ich keinem etwas schuldig bin. Ich passe auf, daß es mit niemandem zu vertraut wird. Ich versuche, nicht zu hübsch oder zu intelligent zu erscheinen. Ich will normal sein, dazugehören.«

Eines Tages stand nach dem Unterricht eine Gruppe von Schülerinnen um mein Pult herum. Ich hatte gerade einen Vortrag über Sexualität in den neunziger Jahren gehalten, und sie wollten mir dazu ihre eigenen Beobachtungen mitteilen. Ginger meinte: »Was Sie da über gesunde Sexualität sagen, klingt ja sehr interessant, aber in der Realität ist es einfach ganz anders. Kein Mensch redet so über Sex! Das wäre zu peinlich.«

Jane fügte hinzu: »Alles ist so verwirrend, daß du dich einfach betrinkst und es machst. Am nächsten Tag versuchst du, nicht mehr daran zu denken.«

»Ich habe Angst vor Verabredungen«, sagte Suzanne. »Ich habe Angst, vergewaltigt zu werden oder Aids zu kriegen.«

Marianne meinte: »Ich habe Glück, daß ich einen festen Freund habe. Wir sind seit Beginn der Oberstufe zusammen. Er ist nicht perfekt, aber es ist besser, als sich ständig mit jemand anderem zu verabreden.«

Einstimmig sagten sie: »Alles ist besser als das.«

Mädchen sind heute vor allem mit zwei Hauptfragen zur Sexualität konfrontiert: Die eine betrifft das alte Problem, mit der eigenen Sexualität zurechtzukommen, sein sexuelles Selbst zu definieren, Entscheidungen zu treffen und zu lernen,

Sex zu genießen. Das andere Problem dreht sich um die Gefahr sexueller Übergriffe, denen Mädchen ausgesetzt sind. Heute sind die meisten am Ende ihrer Adoleszenz dadurch entweder bereits traumatisiert oder kennen Mädchen, bei denen das der Fall ist. Sie fürchten sich vor Männern und wollen doch gleichzeitig intime Beziehungen zu Jungen aufbauen. Natürlich sind beide Probleme irgendwo miteinander verbunden und machen die Entfaltung einer gesunden weiblichen Sexualität äußerst kompliziert. Im ersten Abschnitt dieses Kapitels wird es um die alten Fragen erwachender Sexualität gehen, im zweiten werden sexuelle Traumata und ihre Auswirkungen auf junge Mädchen behandelt.

Wir kennen keine klar umrissenen, allgemeingültigen Regeln hinsichtlich Sexualität. Wir leben in einer pluralistischen Gesellschaft mit widersprüchlichen sexuellen Paradigmen. Wir empfangen unterschiedliche Botschaften von unseren Familien, unseren Kirchen, unseren Schulen und den Medien, und jede von uns muß diese Botschaften miteinander in Einklang bringen und irgendein Wertesystem entwickeln, das für sie sinnvoll ist.

Schon in uns selbst können unterschiedliche Vorstellungen kollidieren, wenn wir Entscheidungen über unsere Sexualität treffen sollen. Ebenso ist es auch im Zwischenmenschlichen. Es gibt keine klaren Regeln über richtiges sexuelles Verhalten, deshalb muß jedes Paar für sich selbst eine Übereinkunft aushandeln. Im besten Fall wird darüber eher unbeholfen und bruchstückhaft kommuniziert, im schlechtesten nicht einmal der Versuch unternommen. Richtige Mißverständnisse kann es geben, wenn Menschen mit radikal unterschiedlichen Ansichten aufeinandertreffen, ohne ihre Vorstellungen zu diskutieren. Ein Beispiel: Zwei Personen verabreden sich, von denen die eine meint, Sex diene der Entspannung, während die andere findet, Sex sei Ausdruck einer Liebesbeziehung. Am nächsten Morgen wachen sie dann mit recht unterschiedlichen Erwartungen an ihre gemeinsame Zukunft auf.

In einem anderen Fall berichtete ein Paar in der Therapie, es hätte kein Liebesleben mehr. Er konsumierte Pornographie und war sexuell eher draufgängerisch, während sie als Sozialarbeiterin täglich Vergewaltigungsopfer beriet. Er wollte häufig Sex und dabei experimentieren und sich entspannen. Sie konnte nach einem langen Arbeitstag viele seiner Vorstellungen über Sex nicht ertragen.

Unsere Gesellschaft ist bezüglich Sexualität zutiefst gespalten. Wir erziehen unsere Töchter dazu, sich als ganze Menschen zu sehen, und die Medien reduzieren sie auf bloße Körper. Film und Fernsehen belehren uns, weltgewandte Menschen seien freizügig und spontan, und gleichzeitig werden wir gewarnt, Gelegenheitssex könne tödlich sein. Wir sind in einer Falle aus Doppelbindungen und unerfüllbaren Erwartungen gefangen.

Eine neuere Studie über Teenager dokumentiert die dadurch ausgelöste Verwirrung. Sie wurden gebeten, Fragen zu beantworten, bei denen es um die Umstände ging, unter denen ein Mann »das Recht hat, ohne Zustimmung der Frau Geschlechtsverkehr mit ihr zu haben«. 80 Prozent meinten, der Mann hätte das Recht, die Frau zu zwingen, wenn er mit ihr verheiratet sei, 70 Prozent, wenn beide vorhätten zu heiraten. 61 Prozent hielten Gewalt für gerechtfertigt, wenn das Paar zuvor schon sexuell miteinander verkehrt hätte. Mehr als die Hälfte fand, Gewalt sei zulässig, wenn die Frau den Mann animiert hätte. 30 Prozent sagten, sie sei zu entschuldigen, wenn er wüßte, sie hätte auch schon mit anderen Männern geschlafen, oder wenn er sexuell so erregt sei, daß er sich nicht unter Kontrolle hätte, oder wenn die Frau betrunken sei. Über die Hälfte der Schüler meinte, »wenn eine Frau sich aufreizend kleidet und nachts allein herumläuft, legt sie es darauf an, vergewaltigt zu werden«. Offenbar wußten mindestens 80 Prozent dieser Teenager nicht, daß ein Mann nie das Recht hat, Sex zu erzwingen.

Unsere kulturellen Vorbilder für die ideale weibliche Sexualität spiegeln unsere Ambivalenz in puncto Frauen und Sex wider. Männer dürfen immer und allezeit sexy und sexuell aktiv auftreten. Frauen sollen manchmal Engel sein, dann wieder sinnlich-animalisch, Damen bei Tage und Huren bei Nacht. Marilyn Monroe erkannte diesen Widerspruch und nutzte ihn für sich aus. Sie war unschuldige Waise und Wildkatze, Kind und heiße Sexbombe. Verständlicherweise wissen Mädchen oft nicht, wie und wann sie nun sexy sein dürfen.

Junge Mädchen erhalten in der Schule zwei verschiedene Arten sexueller Aufklärung; eine im Klassenzimmer, die andere auf dem Schulflur. Bei der Aufklärung im Klassenzimmer geht es überwiegend um Anatomie, Zeugung und Geburt. Die Schülerinnen sehen Filme über Spermien und Eizellen oder über das Wunder des Lebens. (Selbst dieser Unterricht ist umstritten, weil manche Eltern der Meinung sind, Aufklärung solle nur im Elternhaus stattfinden.) An einigen Schulen wird über Sex, Verhütung und Geschlechtskrankheiten informiert, an den meisten jedoch fallen entsprechende Bemühungen beklagenswert dürftig aus. Sehr selten hilft man den Schülerinnen, das zu entwickeln, was sie am dringendsten brauchen – ein Gefühl für die Bedeutung der eigenen Sexualität, Methoden, um all die Botschaften in Einklang zu bringen, die von außen an sie herangetragen werden, und Richtlinien für ein angemessenes Verhalten in Liebesbeziehungen.

In den Fluren der Schulen wird auf die Mädchen Druck ausgeübt, sexuell aktiv zu sein ohne Rücksicht auf die Art der Beziehung. Der Verlust der Jungfräulichkeit gilt als Eintritt in die Erwachsenenwelt. Manche Mädchen werden gedrängt, mit Jungen zu schlafen, die sie kaum kennen. Wenn sie verzweifelt nach Anerkennung streben, geben viele von ihnen diesem Druck nach. Leider aber existiert nach wie vor eine doppelte Moral. Dieselben Mädchen, die am Samstagabend zum Geschlechtsverkehr überredet wurden, müssen sich am Montagmorgen als Flittchen beschimpfen lassen. Die Jungen, die auf den Partys unbedingt Sex mit ihnen wollten, meiden sie in der Schule.

Die Graffiti an den Toilettenwänden der Diskotheken und Jugendcafés zeugen von der herrschenden Verwirrung. Ein Spruch lautet: »Jeder sollte mit jedem schlafen.« Direkt daneben hatte ein anderes Mädchen geschrieben: »So stirbt man an Aids.«

Junge Mädchen gehen mit einer komplizierten Mischung von Gefühlen an ihr erstes sexuelles Erlebnis heran. Sex erscheint ihnen als etwas Verwirrendes, Gefährliches, Peinliches und Verheißungsvolles. Sie sind sich ihrer eigenen Triebe bewußt und neugierig darauf, sie auszukundschaften. Sie haben Interesse am anderen Geschlecht und wollen den Jungen gefallen. Sex wird mit Freiheit, Erwachsensein und Weltläufigkeit assoziiert. In Filmen werden sexuelle Begegnungen als aufregend und amüsant geschildert.

Aber Mädchen haben auch Angst. Sie machen sich Sorgen, sie könnten wegen ihres Körpers oder ihrer mangelnden Erfahrung negativ beurteilt oder von den Eltern erwischt werden oder in die Hölle kommen. Sie fürchten Schwangerschaft und Geschlechtskrankheiten. Sie haben Angst, einen schlechten Ruf zu bekommen, Ablehnung zu erfahren oder ihrem Partner nicht zu gefallen. Sie wissen, daß Sex manchmal mit weiblicher Erniedrigung und Demütigung einhergeht, und sie haben häßliche Wörter zur Bezeichnung des Geschlechtsaktes gehört, Wörter, die mehr mit Aggression als mit Liebe zu tun haben. Deshalb befürchten sie, emotional oder körperlich verletzt zu werden. Meistens behalten Mädchen ihre Ängste für sich. Es ist nicht angesagt, ängstlich zu sein.

Heranwachsende Mädchen sind heute früher sexuell aktiv und haben mehr Sexualpartner. Über die Hälfte aller jungen Mädchen zwischen 15 und 19 Jahren hat bereits Geschlechtsverkehr gehabt, fast doppelt so viele wie 1970. 1990 waren fünfmal so viele Fünfzehnjährige sexuell aktiv wie 1970, und zweimal so viele der sexuell aktiven Mädchen hatten schon mehrere Partner.

Ich selbst bin der Meinung, daß Mädchen in der Mittelstufe noch nicht reif sind für sexuelle Erfahrungen, die übers Küssen und Händchenhalten hinausgehen. Sie sind zu jung, um die Bedeutung und die Folgen dessen, was sie tun, richtig zu verstehen und damit umzugehen. Ihre Fähigkeiten, zu planen und zu verarbeiten, reichen nicht aus, um angemessene Entscheidungen in puncto Geschlechtsverkehr zu treffen. Sie sind zu empfänglich für den Druck Gleichaltriger. Oft bringen sie Liebe, Sex und Beliebtseinwollen völlig durcheinander. Und wenn sie sexuell aktiv sind, geraten sie meist recht schnell in Schwierigkeiten. Sie sind weder emotional noch intellektuell in der Lage, mit der Verantwortung fertig zu werden, die auf sie zukommt. Die Entscheidung, Sex zu haben, sollte eine zentrale Entscheidung sein, die im Einklang steht mit ihrem Selbstgefühl, dem eigenen Wertesystem und den eigenen langfristigen Zielen.

In der Oberstufe mögen einige Mädchen reif genug sein, aber nach meiner Erfahrung sind es gerade die reiferen und stärker entwickelten Mädchen, die damit zögern. Aufgrund meiner Arbeit sehe ich das ganze Elend einer frühen sexuellen Intimität – die Traurigkeit und den Zorn über Zurückweisung, den schmerzlichen Verlust des guten Rufs, die ungewollten Schwangerschaften, die gesundheitlichen Probleme und den Zynismus von Mädchen, die jede nur denkbare sexuelle Erfahrung hinter sich haben, nur keine gute. Ich räume gern ein, daß es Ausnahmen gibt, aber frühe Sexualkontakte sind in den meisten Fällen für Mädchen eher schädlich.

Ich möchte hier einmal zwischen Geschlechtsverkehr und anderen sexuellen Erfahrungen unterscheiden. Es ist natürlich, daß Mädchen ihre aufkeimenden sexuellen Regungen genießen und ihre Sexualität erproben wollen. Es besteht durchaus die Möglichkeit, sexuell aktiv zu sein und trotzdem Jungfrau zu bleiben. Eines der Probleme jedoch, die Mädchen in den neunziger Jahren haben, liegt darin, daß es keine etablierte oder praktikable Methode gibt, eine sexuelle Begegnung abzubrechen. Daher gehen manche Mädchen überhaupt nicht mit Jungen aus oder vermeiden Berührungen, weil sie nicht wissen, wie oder wann sie den Schlußstrich ziehen, »hör auf« sagen sollen. Paradoxerweise hindert gerade die sexuelle Freizügigkeit der neunziger Jahre einige Mädchen daran, die sexuellen Erfahrungen zu sammeln, die sie sich wünschen und die sie brauchen. Sie vermeiden Intimität, weil sie keine Kontrolle über das haben, was passiert, wenn sie mit dem Ausprobieren anfangen.

Nach Beendigung meines Studiums in den siebziger Jahren bestand meine erste praktische Arbeit darin, jungen, straffällig gewordenen Mädchen in einem staatlichen Erziehungsheim Sexualkundeunterricht zu geben. Die Mädchen waren zwischen 13 und 16 und alle sexuell aktiv. Zwei waren schwanger gewesen, eine war von einer ganzen Gang vergewaltigt worden, eine hatte mit Prostitution zu tun gehabt, und eine weitere war im Heim als »Bläserkönigin« bekannt.

Als wir zum ersten Mal zusammen am Tisch saßen, fiel mir auf, wie jung diese Mädchen waren, wie unaufgeklärt, und wie furchtbar wenig sie über Sex wußten. Sie fluchten wie Hafenarbeiter, wußten aber kaum etwas über ihren eigenen Körper, über Verhütung oder Schwangerschaft. Ein Mädchen verkündete: »Ohne oralen Sex kannst du nicht schwanger werden, weil erst dabei das Sperma in deinen Bauch kommt.« Eine andere, die einmal schwanger war, meinte ganz im Ernst: »Ich hatte wirklich nie Sex.« Aufklärung waren für sie Kino und Fernsehen, war das, was sie auf der Straße lernten.

Die mangelnde Informiertheit über körperliche Vorgänge war schlimm genug. Noch schlimmer war, daß diese Mädchen keine Orientierungshilfen für Entscheidungen hinsichtlich Sex besaßen. Sie waren sich kaum bewußt, was sie taten, und »vergaßen« anschließend oft, daß sie Geschlechtsverkehr gehabt hatten. Sie wußten nicht, daß sie das Recht hatten, bewußt über ihr Geschlechtsleben zu entscheiden. Sie wußten nicht, wie sie nein sagen sollten.

Ich entwickelte ein Programm zur Entscheidungshilfe bei Fragen zur Sexualität. Im Rollenspiel stellten wir Verführungsszenen nach. Ich übernahm die Rolle des Verführers und bekam jede Menge anregende Tips von ihnen. Sie spielten sich selbst, waren verlegen und unbeholfen, kicherten, sahen zu Boden, brachten ihre Einwände flüsternd vor und waren schon durch geringen Druck leicht einzuschüchtern. Mit sehr viel Übung lernten sie, ein lautes, entschiedenes Nein von sich zu geben. Sie lernten auch, wenn der Junge hartnäckig blieb, zu schreien, ihn wegzustoßen, ihn zu schlagen oder wegzulaufen.

Danach sprachen wir darüber, was es bedeutet, sexuell aktiv zu werden. Ich erklärte ihnen, daß das erste sexuelle Erlebnis für ein Mädchen wichtig ist. Es ist eine Schablone für spätere Erfahrungen. Wenn das Mädchen Glück hat, findet es mit jemandem statt, den sie liebt und der sie liebt, ist der Geschlechtsverkehr eingebettet in eine emotional engagierte Beziehung. Wenn sie Glück hat, ist der Liebesakt zärtlich und leidenschaftlich und vertieft die Bindung zwischen den beiden.

Fast keines der Mädchen in unserer Gruppe hatte dieses Glück gehabt. Bei ihnen war alles in ziemlicher Verwirrung und Eile und sehr unpersönlich vor sich gegangen. Der Geschlechtsverkehr war ihnen einfach widerfahren. Die meisten von ihnen waren zu sexuellen Kontakten genötigt worden. Bei keiner war der Sex Ergebnis der bewußten Entscheidung, eine liebevolle Beziehung auszuleben.

Ich half ihnen, ihre Phantasie einzusetzen. Bis sie sich ein schönes Erlebnis nicht vorgestellt hätten, so meinte ich, könnten sie auch keines haben. Also sagte ich, sie sollten sich richtige Verabredungen mit Jungen vorstellen, die sie respektierten und sich dafür interessierten, wo sie hingehen und was sie unternehmen wollten. Das Rendezvous sollte sich über den ganzen Abend hinziehen, Komplimente und Gespräche umfassen und ihnen Spaß machen. Zunächst fanden die Mädchen das undenkbar. Sie glaubten nicht, daß sich ein Treffen wirklich so abspielen könnte, aber allmählich bekamen sie eine Vorstellung von einem gelungenen Rendezvous.

Diese Mädchen sehnten sich verzweifelt nach Anerkennung

und hätten sich zu allem bereit erklärt, um sie zu erreichen, auch zum Sex mit einem mehr oder weniger Fremden. Ich brachte ihnen bei, daß sie ihre eigenen Kriterien entwickeln müßten. Zuerst waren diese Kriterien geradezu zum Weinen. Ein Mädchen sagte: »Der Typ sollte Geld für mich ausgeben – mich zu McDonalds oder so einladen.« Eine andere meinte: »Er sollte sagen, daß er mich mag.«

Das war unser Ausgangspunkt. Jedes Kriterium war ein Schritt in Richtung Verantwortung für eine bewußte Entscheidung für oder gegen Sex. Sie lernten, daß sie selbst bestimmen konnten, wer ein geeigneter Sexualpartner für sie war. Nach ein paar Wochen entwickelten manche Mädchen schon etwas strengere Kriterien.

Alle Mädchen brauchen Unterstützung, um Sinn in das sexuelle Chaos zu bringen, das sie umgibt. Im Gegensatz zu dem, was sie aus den Medien erfahren, muß man ihnen vermitteln, daß das, was in einer Beziehung vor sich geht, zum größten Teil nichts Sexuelles ist. Beziehungen bedeuten in erster Linie, zusammenzuarbeiten, miteinander zu reden, zu lachen, zu streiten, gemeinsame Freunde und Spaß an Ausflügen zu haben. Ein Mädchen muß ermutigt werden, sexuelles Subjekt ihres eigenen Lebens und nicht Objekt im Leben anderer zu sein. Es braucht Hilfe, um Zuneigung und Sex voneinander trennen zu können.

Mädchen möchten sexy sein, aber respektiert werden, möchten cool und aufgeklärt wirken, doch nicht vulgär und promiskuitiv. Sie wollen spontan sein und trotzdem nicht an Aids sterben. Lizzie und Angela sind Beispiele für Mädchen mit den typischen sexuellen Problemen von Oberstufenschülerinnen. Lizzie ist eine gute Schülerin, Angela frühzeitig abgegangen. Lizzie kommt aus einer intakten Familie, Angelas Eltern sind geschieden. Lizzie war beliebt und ausgeglichen, Angela unreif und impulsiv und hatte wenige enge Freundschaften. Beide Mädchen sind Opfer unserer Zeit geworden.

Lizzie (17)

Lizzie wurde von ihrer Lehrerin zu mir geschickt, weil sie auf eine andere Schule wechseln wollte. Zu ihrem Nachmittagstermin kam sie mit dem Auto. Sie ging in die letzte Klasse der High-School, ein schlankes Mädchen, das an diesem Tag einen karierten Rock und einen modischen Pullover trug. Sie war freundlich und höflich, hatte jedoch Vorbehalte gegen eine Therapie. Schon gleich zu Beginn der Sitzung sagte sie: »Ich glaube, daß ich psychisch gesund bin. Ich bin mir nicht sicher, ob ich hierhergehöre. Alle meine Probleme spielen sich in der Realität ab, nicht in meinem Kopf.«

Ich fragte sie, was denn das für Probleme seien. »Meine Freunde«, sagte sie, »beziehungsweise die, die ich dafür hielt. Zur Zeit reden die meisten nicht mit mir.«

Sie erzählte mir ihre Geschichte. Lizzie kam aus einem Arbeiterviertel. Als kleines Mädchen war sie mit ihrem Vater angeln gegangen und hatte mit ihrem Onkel Leon Tischtennis gespielt. Sie hatte eine liebevolle Großmutter, die ihr das Kochen beibrachte. Ihre Eltern arbeiteten in einer Reifenfabrik, wie auch die Eltern der meisten ihrer Freunde und Freundinnen. Die Kinder besuchten dieselben Schulen, spielten in denselben Fußball- und Volleyballteams und verbrachten ihre Freizeit in denselben Parks und Cafés. Lizzie war sowohl bei den Mädchen als auch bei den Jungen beliebt. In der Grundschule war sie eine gute Sportlerin.

Im zweiten Oberstufenjahr fing sie an, mit Paul zu gehen. Sie kannte ihn schon seit dem Kindergarten, aber erst nach einem von der Kirche veranstalteten Ausflug mit dem Heuwagen begannen sie, sich regelmäßig zu treffen. Über ein Jahr lang hatten sie eine wunderbare Beziehung. Er war ein gutaussehender Fußballspieler. Lizzies Freundinnen sagten ihr alle, wie sehr sie sie beneideten. Lizzies Eltern mochten Paul, und seine Eltern mochten sie.

Im vorletzten Schuljahr arbeitete Lizzie den ganzen Sommer über in einem Ferienzeltlager als Betreuerin. Es war großartig. Die Kinder machten ihr Spaß, die Landschaft war atemberaubend, und einer der Betreuer gefiel ihr gut. Zunächst waren sie und Myron nur Freunde. Sie machten Bergwanderungen und fuhren auf dem klaren See unter kalten Sternen Kanu.

Myron war aus der Großstadt und hatte vor, ab Herbst zu studieren. Er war all das, was Paul nicht war – welterfahren, gewandt und neu. Lizzie wollte sich eigentlich nicht in ihn verlieben, aber er war jeden Tag um sie, und »in den Bergen verliebt man sich leicht«, wie sie so schön sagte.

Eines Nachts, nachdem sie am Ufer eines Bergsees unter einer Decke stundenlang miteinander geredet hatten, fingen sie an, sich zu küssen. Myron zog ihr erst das Hemd aus und dann die Hose. Er wollte unbedingt Sex, und Lizzie, die zwar nicht ganz so wild darauf war, wollte es ihm unbedingt recht machen. In dieser Nacht wurden sie ein Liebespaar.

Rasend schnell ging der Sommer vorüber. Pauls wöchentliche Briefe beantwortete Lizzie getreulich. Sie schrieb Paul, daß sie ihn vermißte, aber zu beschäftigt sei, um anzurufen oder lange Berichte zu verfassen. Myron erwähnte sie nie.

Ende August verabschiedete sie sich von Myron. Er lud sie ein, ihn zu besuchen, meinte aber, er glaube nicht an Fernbeziehungen und würde sich auch mit anderen Mädchen treffen. Lizzie war verletzt, sagte sich jedoch, daß sie ja schließlich nicht verlobt seien.

Als sie nach Hause kam, fragte Paul: »Hast du mit jemandem geschlafen?«

Lizzie guckte verdutzt, leugnete es aber nicht. Das interpretierte Paul als Eingeständnis ihrer Schuld, und er brach in Tränen aus. Sie redeten bis spät in die Nacht. Paul war verletzt und aufgeregt, doch zum Gespräch bereit. Beim Gehen sagte er, er wolle, daß sie Freunde blieben.

In der Schule lief in den ersten Wochen alles gut. Ihre Freundinnen freuten sich, sie wiederzusehen, und sie hatte viel zu tun. Sie hatte ein paar gemeinsame Kurse mit Paul und seinen Freunden, die zunächst normal verliefen, dann unangenehm und zum Schluß unerträglich für sie waren. Paul sprach nicht mehr mit ihr. Wenn sie den Flur entlangging, riefen Pauls Freunde ihr Schimpfworte hinterher – Nutte oder Miststück. Sie hatte nie gedacht, daß sie solche Schimpfworte benutzen würden, schon gar nicht ihr gegenüber.

Lizzie versuchte, mit Paul zu reden, aber er weigerte sich. Seine Freunde wurden immer aggressiver und warnten sie, ihn bloß in Ruhe zu lassen. Sie versuchte, einfach abzuwarten, aber anscheinend arbeitete die Zeit nicht für sie. Im Gegenteil, nach und nach ergriffen immer mehr Freunde und Freundinnen gegen sie Partei. Die meisten Jungen und etliche Mädchen, die sie ihr Leben lang gekannt hatte, sprachen nicht mehr mit ihr.

Im Oktober wurde sie nicht mehr auf Partys eingeladen. Sie dachte daran, mit ihren Eltern zu reden, wußte aber, daß die sich am meisten darüber aufregen würden, daß sie mit jemandem geschlafen hatte. Also wandte sie sich an die Lehrerin.

Lizzie war traurig und wütend. Sie wußte, daß sie nicht fair behandelt wurde und daß sie das Recht hatte, frei zu entscheiden, mit wem sie befreundet sein wollte. Es empörte sie, als Nutte bezeichnet zu werden.

Zunächst befaßten wir uns mit ihrer aktuellen Situation. Ich ermutigte sie, zu weinen, zu schreien und alles zu tun, was ihr helfen könnte, ihre Gefühle auszudrücken. Wir sprachen über unmittelbare praktische Probleme: Mit wem sollte sie beim Mittagessen zusammensitzen? (Es gab ein paar Freundinnen, die noch zu ihr hielten.) Was sollte sie tun, wenn die Typen ihr auf dem Flur Schimpfworte nachriefen? (Sie beschloß, ihnen direkt in die Augen zu sehen und zu sagen: »Hoffentlich mußt du nie so was durchmachen wie ich jetzt.«) Wie sollte sie ihre Samstagabende verbringen? (Sie beschloß, in einem Frauenhaus zu arbeiten. Das würde ihr helfen, weniger Selbstmitleid zu haben.) Sie beschloß außerdem, auf ihrer alten Schule zu bleiben. Sie wollte Pauls Freunden nicht den Triumph zugestehen, sie im letzten Schuljahr von dort zu vertreiben.

Wir sprachen auch über grundsätzliche Themen. Ich fragte sie:

»Mit wem möchtest du befreundet sein? Was kannst du anderen geben? Was macht dich wirklich glücklich? Wann bist du stolz auf dich? Wie setzt du Prioritäten und teilst dir sinnvoll deine Zeit ein? Wie muß dein Leben aussehen, damit es deinen Wertvorstellungen entspricht?«

Mittlerweile antwortete Myron nicht mehr auf ihre Briefe. Er hatte dreimal geschrieben, nachdem sie sich trennen mußten, aber seine Briefe waren immer kürzer geworden. Lizzie gab zu, daß ihr die Beziehung wohl wichtiger sei als ihm. Daß sie mit ihm geschlafen hatte, bewirkte auch, daß die Trennung sie mehr schmerzte. Außerdem fühlte sie sich irgendwie schuldig. Zum Teil glaubte sie den Jungen, die ihr in den Fluren zuzischten, sie sei eine Nutte. Sex erschien ihr auf einmal als etwas höchst Unheilschwangeres.

Lizzie entwickelte jetzt ihre eigenen sexuellen Strategien. Strategien, die für eine Oberschülerin wohlüberlegt und gut durchdacht waren. Sie beschloß, mit Sex zu warten, bis sie eine langfristige Beziehung mit jemandem hätte, dem mindestens ebensoviel an ihr lag wie ihr an ihm. Sie würde mit ihm über die Auswirkungen von Sex auf ihre Beziehung reden und auch über Verhütung vor Schwangerschaft und Geschlechtskrankheiten. Außerdem würde sie ihre Entscheidung, sexuell aktiv zu werden, bei hellem Tageslicht und nicht in der Hitze der Leidenschaft bei einem Rendezvous fällen.

Bis es soweit war, dachte sich Lizzie alles mögliche aus, um sich nach ihrem langen, schweren Tag in der Schule etwas Gutes zu tun – Spaziergänge im Park, gute Bücher aus der Bibliothek, Ausflüge ins Café mit einer Freundin. Sie sagte sich, daß es auch nach der Schule noch ein Leben geben würde. Lizzie begann, sich nach einem Studienplatz umzusehen.

Allmählich beruhigten sich die Dinge. Paul fing an, mit einem anderen Mädchen auszugehen, und er und seine Freunde verloren das Interesse an Lizzie und ließen von ihr ab. Lizzie war nicht so beliebt wie im vorletzten Schuljahr, aber das war ihr auch nicht mehr so wichtig. Sie hatte nach wie vor eine enge

Beziehung zu zwei ihrer Freundinnen aus der Kindheit und freundete sich im Frauenhaus mit anderen an.

Als ihre Therapie beendet war, ging sie mit einem Studenten. Sie schmusten, hörten jedoch immer kurz vor dem Geschlechtsverkehr auf. Lizzie hatte beschlossen, eine Zeitlang damit zu warten. Sie war noch nicht so weit, daß sie mit dem Schmerz hätte fertig werden können, der auf den Verlust einer Liebe folgt.

Lizzie war eine starke, ausgeglichene Persönlichkeit, steckte aber, wenn es um Sex ging, wie alle jungen Mädchen in der Zwickmühle unterschiedlicher Wertsysteme. Ihre Eltern erwarteten, daß sie als Jungfrau in die Ehe ging. Der Freund, den sie im Sommer hatte, drängte sie zum Geschlechtsverkehr, obwohl klar war, daß die Beziehung kurz sein würde. Ihre Schulfreunde waren empört, nicht, weil sie mit jemandem geschlafen hatte, sondern weil sie den betreffenden Jungen nicht kannten. Lizzie hatte aus ihren Erfahrungen einiges gelernt. Sie lernte, auf sich aufzupassen und sich gegen die Mißbilligung anderer zu wehren. Sie lernte abzuwägen, mit wem sie befreundet sein und mit wem sie Sex haben wollte, und für ihre Entscheidung dann auch die Verantwortung zu übernehmen.

Angela (16)

Als ich Angela kennenlernte, war sie im vierten Monat schwanger, und zwar von Todd, mit dem sie seit mehreren Monaten fest befreundet war. Im schwarzen Lederrock und tief ausgeschnittenem T-Shirt, das mit dem Schriftzug eines billigen Vergnügungsviertels bedruckt war, kam sie in meine Praxis gestürmt. In wenigen Augenblicken hatte sie ihre Lebensgeschichte hervorgesprudelt.

Ihr Vater hatte eine Affäre, als Angela in der achten Klasse war. Ihre Mutter ging mit ihrem jüngeren Bruder weg, und sie hörte selten von ihnen. Angela lebte mit ihrem Vater, seiner neuen Partnerin Marie und deren drei kleinen Kindern zusammen.

Sie beklagte sich darüber, daß sie ihren Vater so selten für sich allein hatte und daß die Kleinen »verwöhnt und überdreht« seien und ihre Sachen wegnähmen. Sie hätte keine Privatsphäre, und ihr Vater und Marie erwarteten, daß sie Babysitter spielte, wenn sie am Wochenende ausgehen wollten.

Ich erkundigte mich nach der Schule, und sie rümpfte die Nase. »Ich mußte in die Berufsschule gehen, bis ich sechzehn wurde, aber es war schrecklich da. Gleich nach meinem Geburtstag habe ich die Fliege gemacht.«

»Was war denn so schrecklich?«

Angela seufzte ausgiebig und reckte ihre weißen Arme hoch über den Kopf mit den roten, hochstehenden Haaren. »Es war langweilig. Ich fand den ganzen Mist schrecklich, den wir lernen mußten. Und die anderen Mädchen waren so was von eingebildet.«

»Erzähl mir etwas über deine Eltern.«

Sie seufzte. »Meine Mutter ist oberreligiös. Als ich ihr erzählte, daß ich schwanger bin, hat sie angefangen zu beten. Jetzt bin ich Luft für sie. Sie mag meinen Bruder lieber. Der ist zu klein, um schon viel gesündigt zu haben.«

Sie lehnte sich in die Couch zurück. »Mit meinem Vater komme ich besser klar. Der ist lockerer. Er ist sauer auf mich, aber er hat mich immer noch lieb. Er will, daß ich bei ihm und Marie wohnenbleibe, bis das Baby geboren ist.«

»Und was dann, wenn das Baby da ist?«

Angela sagte: »Ich möchte mit Todd zusammenleben, aber wenn das nicht geht, ziehe ich in eine Sozialwohnung. Ich habe mich schon beworben.«

»Ist Todd der Vater des Kindes?«

Sie kicherte kleinmädchenhaft. »Todd ist klasse. Er ist richtig süß.«

»Wie lange gehst du schon mit ihm?«

Sie hielt die Hand hoch. »Fünf Monate. Das ist die längste Zeit, die ich je mit einem zusammen war.«

»Wird er dich und das Baby unterstützen?«

»Er würde gern, aber er hat schon zwei Kinder«, antwortete

Angela. »Er muß beiden Müttern Alimente zahlen, und außerdem hat er ein Auto auf Raten gekauft. Er hat aber versprochen, daß er mit mir ins Krankenhaus geht. Er freut sich, daß ich schwanger bin.«

Ich fragte Angela nach weiteren Einzelheiten über ihr Leben nach der Scheidung ihrer Eltern und hörte dann zu, als sie mir ganz selbstverständlich, fast im Plauderton, ihre Geschichte erzählte. Ich fand es bemerkenswert, daß ein Mädchen, das in der achten Klasse in Mathematik durchgefallen war, so viele Probleme zu bewältigen hatte. Am Ende unserer Sitzung fragte ich sie: »Was hättest du für Pläne, wenn du nicht schwanger wärst?«

Angela grinste und sagte: »Dann wäre ich gern ein MTV-Star.«

Unsere Stunde war vorbei. Ich gab Angela ein Kärtchen mit dem nächsten Termin. Sie tadelte mich sanft: »Sie haben gar nicht nach den Namen gefragt.«

Ich lächelte sie an.

»Alexandra oder Alex, wie finden Sie die?«

»Ich finde, das sind sehr schöne Namen.«

Nachdem Angela gegangen war, dachte ich über sie nach. Ihre Munterkeit angesichts ihrer enormen Probleme war ebenso liebenswert wie erschütternd. Mir gefielen ihre Naivität, ihr Optimismus und ihre Energie. Ich hoffte, daß sie genug davon besaß, um die kommenden Monate durchzustehen.

Bei der nächsten Sitzung sprachen wir über Angelas Umgang. Nach der Scheidung ihrer Eltern suchte sie Zuflucht in einer Spielhalle, wo die verwahrlosten Jugendlichen aus den kaputten Familien des Nordteils der Stadt ihre Zeit totschlugen. Ganz in der Nähe fanden häufiger Drogenrazzien, Schießereien und etliche Vergewaltigungen statt. Angela hätte sich keinen schlimmeren Ort aussuchen können. Am dritten Abend, den sie dort verbrachte, lud Noah sie zu einer Fahrt in seinem Lieferwagen ein. Sie fuhren aufs Land, und er drängte sie, mit ihm zu schlafen.

Angela beschrieb mir das Erlebnis. »Ich fand Noah süß, aber auf Sex war ich nicht vorbereitet. Ich hatte eigentlich noch gar nicht darüber nachgedacht, aber Noah ging ziemlich ran, und dann passierte es eben. Mir hat es keinen besonderen Spaß gemacht. Ich dachte: Was soll da groß dran sein?«

Nach Noah hatte sie alle paar Wochen einen neuen Freund. Es lief gewöhnlich so, daß ihr jemand gefiel und sie dann mit ihm ging, aber nicht, um gemeinsam etwas zu unternehmen, sondern zum Herumfahren in seinem Auto oder in seine Wohnung. Manchmal hatte sie Sex mit Männern, die nicht einmal ihren Nachnamen kannten, und umgekehrt. Angela hoffte immer, der jeweilige Junge würde ihr fester Freund werden. Meist trennten sie sich jedoch schon nach kurzer Zeit. Ein paar Tage lang war Angela untröstlich, dann traf sie einen anderen »coolen Typen«. Sie verknallte sich, wie es Mädchen in ihrem Alter eben tun. Der Unterschied zwischen ihr und Mädchen vor zwanzig Jahren bestand darin, daß sie mit all den »coolen Typen« schlief.

Todd kam regelmäßig in die Spielhalle. Er war groß und blond und wie James Dean zurechtgemacht. Die Mädchen schwärmten für ihn. Angela hatte ihn schon in der ersten Woche bemerkt, aber er brachte oft seine kleine Tochter mit, deshalb nahm sie an, er hätte eine feste Freundin.

Vor fünf Monaten, als sie wieder einmal mit einem Schwarm Schluß gemacht hatte, sprach Todd sie am Getränkestand an und lud sie zu einer Cola ein. Angela sagte: »Er war so süß. Ich erzählte ihm, daß ich sitzengelassen worden sei, und er war sehr verständnisvoll. Er machte mich nicht an oder so, er wollte sich bloß unterhalten.«

Am nächsten Abend ging Angela in ihren schicksten Sachen in die Spielhalle. Wieder kam Todd auf sie zu, um mit ihr zu reden. Nach einer Stunde schlug er vor, zu ihm zu gehen, wo sie ungestörter seien. Angela willigte ein, und in der Nacht schlief sie mit ihm. Zwei Wochen später blieb ihre Periode aus.

Wir beendeten diese Sitzung damit, daß Angela versprach,

sich von einem Arzt untersuchen zu lassen. Ich sagte, ich würde mich freuen, Todd kennenzulernen, wenn er sie das nächste Mal begleiten könnte.

Zum nächsten Termin erschien Angela das erste Mal in Umstandskleidung, schwarzen Leggings und einem weißen Sweatshirt. Sie hatte eine Ausgabe einer Elternzeitschrift dabei und erzählte mir sofort, sie sei deprimiert. Todd hatte nicht mitkommen wollen. Er »glaubte nicht an Psychoklempner«.

Sie seufzte und fuhr sich mit der Hand durchs Haar. »Ich war bei einer Familienberatung. Da mußte ich mir diesen ekligen Film über Embryos angucken. Dann war ich beim Sozialamt wegen Mutterschaftsbeihilfe, und alles ist hochkompliziert. Man muß stapelweise Formulare ausfüllen und alles belegen. Die Frau, mit der ich da sprach, war total zickig. Außerdem versuche ich, mit dem Rauchen aufzuhören.«

»Warst du schon beim Arzt?«

»Wir finden keinen Kassenarzt. Die Woche war gräßlich.« Angela seufzte. »Todd ist im Moment ein richtiger Idiot. Ich habe ihn kaum gesehen. Er sagt, er muß soviel arbeiten, aber er war bei Holly. Das ist die Mutter von seiner Tochter.«

Dann erzählte sie mir noch, daß Maries Kinder die Windpokken hätten. Ihr Vater meckerte wegen Geld. Todd brauchte fünfhundert Dollar für eine Autoreparatur; das machte ihn unleidlich. Sie mußte sich morgens übergeben.

Ich fragte, wie sie sich beim Gedanken an das Baby fühle, und zum ersten Mal an diesem Vormittag lächelte sie. »Ich freue mich darauf. Ich bin froh, daß ich dann jemanden zum Liebhaben habe.«

Wir redeten fast die ganze Stunde über ihre Schwangerschaft. Angela hatte etwas vor, das sie interessierte – Mutter zu werden. Besonders gern sah sie sich Babykleidung in den Geschäften an und unterhielt sich mit ihren Freundinnen übers Schwangersein. Sie fühlte sich den Mädchen, die noch zur Schule gingen, nicht mehr unterlegen. Jetzt hatte sie etwas, das diese nicht hatten. Ich freute mich, daß unsere Sitzung so fröhlich verlief, denn als Angela das nächste Mal zu mir kam, hatte Todd mit ihr Schluß gemacht.

Angelas Augen und Nase waren noch rot vom Weinen, als sie mir die Neuigkeit mitteilte. Inzwischen war sie allerdings hauptsächlich wütend. »Wie kann er nur so ein Schwein sein? Er hat mir versprochen, daß er bei mir bleibt.

Gestern abend hat er mich angerufen und gesagt, er zieht bei Holly ein.« Sie wackelte sarkastisch mit dem Kopf. »Sie brauchen ihn.«

Sie fuhr fort: »Ich hasse Männer. Alle Typen, mit denen ich gegangen bin, haben sich als Arschlöcher entpuppt.«

Gegen Ende der Sitzung hatte sie auch noch gute Nachrichten. »Ich habe einen Arzt gefunden und seit sechs Tagen nicht geraucht.«

In späteren Sitzungen redeten wir über Beziehungen. Angela erkannte, daß sie nach der Scheidung ihrer Eltern nach Liebe gesucht hatte. Sie verliebte sich in jeden Jungen, der ihr sagte, daß sie hübsch sei. Weil sie sich so impulsiv und leichtherzig verschenkte, wurde sie häufig verletzt. Allmählich erwartete sie geradezu, abgelehnt zu werden, und war deshalb gar nicht so überrascht, als Todd sie verließ.

»Wenn du dir etwas Zeit läßt, findest du vielleicht jemanden, der bei dir bleibt und dich glücklich macht«, sagte ich.

»Könnten wir nicht zumindest ein paar Kriterien festlegen, die erfüllt sein müssen, bevor du mit einem Jungen schläfst?«

»Zum Beispiel?«

»Das mußt du selbst entscheiden.«

Angela schaute skeptisch drein.

Ich fuhr fort: »Es dauert eine Weile, bis du weißt, ob jemand es ehrlich und gut mit dir meint. Auch Idioten können dir eine Zeitlang etwas vormachen. Wie lange, glaubst du, müßtest du mit jemandem zusammensein, bis du seine Persönlichkeit wirklich kennst?«

Angela überlegte eine Weile, bevor sie sagte: »Wahrscheinlich mindestens einen Monat.«

»Das ist dann schon ein Kriterium. Hast du noch andere?«

»Daß er einen Job hat und ein Auto. Daß es lustig ist mit ihm.«

»Laß uns das aufschreiben«, schlug ich vor.

Ich sah Angela fast ihre ganze Schwangerschaft hindurch. Wir sprachen auch über ihre langfristigen Ziele. Wir diskutierten die Gefahren, die sich auftun, wenn man bei anderen und nicht bei sich selbst nach Rettung aus irgendwelchen Schwierigkeiten sucht. Ich wies sie darauf hin, daß Mutterschaft als Lebensziel nicht ausreichte. Sie mußte eine Möglichkeit finden, sich und ihr Baby zu ernähren, und sie mußte Beziehungen zu Menschen beiderlei Geschlechts knüpfen, die dauerhaft wären.

Angela rief mich aus der Klinik an, um mir zu erzählen, daß Alex geboren war. Er wog 2700 Gramm und hatte blondes Haar wie Todd. Marie war bei der Geburt dabeigewesen. Angela klang stolz und glücklich und sagte: »Wenn Sie mich besuchen kommen, bringen Sie Schokolade mit. Ich bin hier am Verhungern.«

Das letzte Mal sah ich Angela vor ein paar Monaten. Ich war einkaufen im Supermarkt, und sie kam mit dem kleinen Alex auf mich zu. Sie sah ganz aus wie früher – ein fröhliches Lächeln, knallrote Haare und schwarzer Eyeliner. Sie gab mir Alex, ein pausbäckiges Baby mit Punkerfrisur und einer schwarzen Kunstlederjacke. Ich nahm ihn auf den Arm, und er gurrte. Ich gurrte ebenfalls. An seinem gesunden und fröhlichen Aussehen erkannte ich, daß gut für ihn gesorgt wurde. Während er in meinen Armen strampelte, schilderte Angela mir ihre gegenwärtige Situation. Sie hatte jetzt einen neuen Freund, Carey, der die Bedingungen, die sie an eine Beziehung stellte, tatsächlich erfüllte. Er arbeitete als Fernsehmechaniker, hatte einen Jeep und mochte Babys.

Angela bereitete sich auf ihren externen Schulabschluß vor. Ihre Mutter hatte Alex noch nicht gesehen und rief Angela selten an, aber Angela konnte mit Marie über ihre Probleme reden.

Sie lachte, als Alex die Hände nach ihr ausstreckte, und nahm ihn schnell entgegen. »Ist er nicht super?« meinte sie, während sie sein Kinn kraulte.

Ich schob meinen Einkaufswagen weiter, froh, daß ich sie getroffen hatte und alles besser lief, als ich angenommen hatte.

Sexuelle Gewalt

Am Sonntagmorgen wache ich immer früh auf. Der Rest der Familie schläft aus, und ich nutze die Zeit, die ich für mich allein habe, gern zum Lesen der örtlichen Tageszeitung. Eines Sonntags las ich: DER ALPTRAUM BEGANN MIT EINEM ›AUF WIEDERSEHEN‹. Unter dieser Schlagzeile wurde von Candi Harms berichtet, einer Universitätsstudentin im ersten Jahr. Candi wohnte anderthalb Kilometer vom Apartment ihres Freundes entfernt bei ihren Eltern. Zwischen 23.40 Uhr, als der Freund sie zu ihrem Auto begleitete, und Mitternacht, als sie zu Hause erwartet wurde, mußte etwas vorgefallen sein. Ihr Auto, in dem sich noch ihre Schlüssel und ihre Handtasche befanden, wurde in einer entlegenen Gegend nördlich der Stadt entdeckt, sie selbst nicht.

Dann gab es noch einen Artikel über Kenyatta Bush, eine sehr gute Schülerin und Kandidatin für die Wahl der örtlichen Schönheitskönigin. Kenyatta verschwand eines Morgens aus ihrer Schule. Ihr Rucksack und ihre Bücher wurden neben ihrem Auto gefunden; ihre Leiche fand man am Tage später in einem Graben.

Eine weitere Schlagzeile lautete, häusliche Gewalt sei auf dem höchsten Stand aller Zeiten. Jede zweite Frau kann damit rechnen, irgendwann in ihrem Leben mißbraucht zu werden. In jeder dritten längeren Beziehung prügeln Männer ihre Partnerinnen.

Auf einer Innenseite der Sonntagszeitung wurde die neue Mode präsentiert. Das Photo zeigte spärlich kostümierte

Mannequins mit hochhackigen Schuhen bei einer Modenschau. Auf ihre enge, kurze Kleidung waren über Brust und Gesäß schwarze Kreise gedruckt. Unter dem Photo stand: »Wandelnde Ziele.«

Ähnliche Geschichten über Frauen und Mädchen stehen in jeder Tageszeitung. Sie wirken auf alle jungen Mädchen abschreckend. Viele berichten, sie hätten Angst, allein zu Hause zu sein, im Auto zu fahren und ins Schwimmbad oder Theater zu gehen. Ihr Vertrauen in die eigene Fähigkeit, sich die Welt zu erschließen, wird immer geringer. Damit ist eine Kernfrage angesprochen: Wie stellt sich unsere Umwelt für Mädchen dar?

Vor kurzem sah ich am Auto eines jungen Mannes einen Aufkleber, auf dem stand: »Wenn ich nicht bald bumsen kann, gibt es Verletzte.« Er steht mit seiner Philosophie nicht allein da.

Je neuer die Studie, desto schlimmer die Zahlen. Vergewaltigung ist eine »Jugendtragödie«, denn 32 Prozent aller Vergewaltigungen finden statt, wenn das Opfer zwischen 11 und 17 ist. Über 15 Prozent aller Studentinnen sind nach ihrem 18. Geburtstag vergewaltigt worden. Es gibt alarmierende Hinweise darauf, daß sich Vergewaltigungen immer mehr häufen – je niedriger das Alter der Befragten, desto höher ist die Zahl der angegebenen Vergewaltigungen.

Hinter den Statistiken verbergen sich traurige Geschichten. Dieses Jahr versäumte eine meiner Schülerinnen oft den Unterricht, weil sie von ihrem Freund verprügelt worden war. Eine andere Schülergruppe veranstaltete eine Podiumsdiskussion, bei der die Ergebnisse eines Fragebogens über Mißbrauch präsentiert wurden, den die ganze Klasse beantwortet hatte. Keiner von den Schülern, aber mehr als die Hälfte der Schülerinnen gab an, sie sei in einer Beziehung mißbraucht worden. Bei den letzten drei Vorträgen, die ich in einer Schule hielt, kam hinterher jedesmal ein Mädchen zu mir und erzählte, es sei vergewaltigt worden.

Selbstverteidigungskurse sind voller Frauen und Mädchen,

die in jüngerer Zeit belästigt oder Opfer von Gewalt wurden. Ich frage meine Studenten, was Männer tun, um sich dagegen zu schützen, und sie sagen, sie täten nichts. Ich erkundige mich bei den Frauen, und wir schreiben die ganze Tafel voll damit, wie sie versuchen, vorsichtig zu sein. Angst verändert das Verhalten auf tausenderlei Weise – sie hat Einfluß darauf, wann junge Frauen wohin gehen, mit wem sie reden und wo sie spazierengehen, studieren und wohnen.

Ich habe sehr viele Opfer sexueller Übergriffe gesehen, manche ganz kurz danach, noch wundgeschlagen und unter Schock, und andere, die versuchen, mit Mißhandlungen fertig zu werden, die vor Jahren geschehen sind, als sie Kinder waren. Die jüngsten Mädchen, mit denen ich bisher gearbeitet habe, waren zwei Schwestern, drei und fünf, die von ihrem Stiefvater brutal mißbraucht worden waren. Meine älteste Klientin war eine Frau in den Siebzigern, die von einer Vergewaltigung berichtete, die sie als Teenager erlebte. Fünfzig Jahre später hatte sie immer noch Alpträume. An manchen Tagen habe ich nach der Arbeit das Gefühl, jede Frau sei sexuell angegriffen worden oder werde es noch.

Noch lange nach den körperlichen Folgen eines solchen Angriffs müssen sich die Opfer mit ihren psychischen Verletzungen auseinandersetzen. Die Schwere des Traumas, das aus sexueller Gewalt entsteht, hängt von vielen Faktoren ab. Im allgemeinen ist das Trauma besonders schwer, wenn das Opfer sehr jung ist, wenn die Übergriffe häufig und über einen langen Zeitraum vorkommen, wenn der Täter mit dem Opfer verwandt und wenn der Übergriff gewalttätig ist. Die Übergriffe, die den meisten Schaden anrichten, sind gewalttätige, von einem Familienmitglied ausgehende.

Weitere wichtige Faktoren sind unter anderem die Reaktionen des Opfers. Je schneller Mädchen jemandem erzählen, was passiert ist, und Hilfe suchen, desto besser. Je mehr Unterstützung sie durch ihre Familie erfahren, desto besser. Schließlich muß noch gesagt werden, daß Flexibilität und die

Fähigkeit, mit Belastungen fertig zu werden, bei allen Mädchen variieren. Manche erholen sich schneller und vollständiger als andere. Bei allen Opfern bekanntgewordener sexueller Übergriffe wird der posttraumatische Streß mit Familie, Freunden oder Therapeuten zusammen bearbeitet.

Ellie (15)

Der erste Termin mit Ellie und ihren Eltern war für alle Beteiligten qualvoll. Ellie ließ sich in meinen großen Sessel fallen und rollte sich zusammen wie ein kleines Kind. Ihre dunklen Augen waren voller Tränen. Ihr Vater Dick war von dem Geschehenen so überwältigt, daß er fast nicht sprechen konnte. Ronette, klein und dunkelhaarig wie ihre Tochter, bestritt den Großteil des Gesprächs. Sie eröffnete unsere Sitzung, indem sie sagte: »Ich bin so erschüttert, daß ich kaum reden kann.«

Dick war Schweißer, und Ronette betrieb einen Frisiersalon. Beide arbeiteten hart, und ihre Töchter kamen für sie an erster Stelle. Dick hatte eine Flagge im Vorgarten aufgestellt und Flaggenabziehbilder auf allen Fahrzeugen angebracht.

Ronette mochte Country-Musik, und sie war stolz darauf, daß sie und Dick so gute Tänzer waren. Sie hatten an der Volkshochschule Tanzunterricht genommen. Sie war eine gutherzige, schwer arbeitende Frau, die bisher auf wenige Probleme gestoßen war, die sie nicht hatte lösen können. Beide waren sehr besorgt um Ellie, die älteste ihrer drei Töchter.

Ronette holte ein paarmal tief Atem und schilderte mir dann die Ereignisse in Umrissen. »In der achten Klasse wurde Ellie etwas schwierig. Sie fing wegen allem möglichen Streit an – ihren Haushaltspflichten, dem Telefonieren, ihren Aufgaben –, aber wir machten uns keine großen Gedanken deswegen. Wir wußten, daß alle Jugendlichen so eine Phase haben. Ihre Noten waren ziemlich gut, meist Zweien und Dreien. Sie war in der Schwimmannschaft. Wir mochten ihre Freunde und Freundinnen.«

Ronette seufzte. »Was uns am meisten beunruhigte, war ihr Ungehorsam. Sie schwänzte mehrmals die Schule und traf sich spätabends heimlich mit ihren Freundinnen. Wir hatten Angst, daß ihr was passiert.«

Ellie begann zu schluchzen, als ihre Mutter sprach, und Dick ballte seine Fäuste wie ein kampfbereiter Boxer. Ronettes Gesicht war naß von Tränen und sehr angespannt, aber sie fuhr fort: »Im letzten Monat hat sie uns wahnsinnig gemacht. Sie war uns gegenüber frech und vorlaut in der Schule. Gestern wurde sie zur Schuldirektorin bestellt, weil sie auf dem Flur jemanden hingeschubst hatte. Das ist einfach nicht unsere Ellie. Ihre Noten wurden schlechter, und sie hörte auf, sich mit ihren Freundinnen zu treffen. Wir wußten, irgendwas mußte vorgefallen sein, aber wir konnten uns nicht denken, was.«

Dick meinte: »Wir fragten sie, was los wäre, und sie wollte es uns nicht sagen.«

»Gott sei Dank hat Ellie es der Direktorin erzählt«, sagte Ronette. »Es ging ziemlich schnell bergab mit ihr.«

Ich fragte: »Ich weiß, das ist jetzt schwierig, aber was genau ist passiert?«

Wir blickten alle auf Ellie, die ihr Gesicht im Sessel vergrub.

Dick meinte: »Wir wissen auch keine besonderen Einzelheiten. Es ist furchtbar schwer, darüber zu reden.«

Ronette sagte mit tonloser Stimme: »Ellie hat sich aus dem Haus geschlichen, zur Bowlingbahn. Sie dachte, ihre Freundinnen seien auch da, aber das waren sie nicht. Als sie über den Parkplatz nach Hause gehen wollte, zerrten vier Jungen sie in ihr Auto und vergewaltigten sie.«

»Ich wünschte, wir hätten davon gewußt«, fuhr sie fort. »Daß Ellie uns nichts erzählt hat, hat uns fast ebenso wehgetan wie die Vergewaltigung selbst. Wir dachten, sie hätte mehr Vertrauen zu uns. Wir dachten, wir wären gute Eltern.«

Ich sagte: »Es ist oft so, daß Mädchen diese Dinge für sich behalten. Das bedeutet nicht, daß Sie keine guten Eltern sind.« Ich fragte alle drei, wie sie sich bei unserem Gespräch fühlten.

Ronette meinte: »Ich kann es nicht fassen, daß Ellie so was passiert ist. Ich habe Schuldgefühle, daß ich das nicht irgendwie verhindert habe.«

Ellie sagte: »Ich möchte am liebsten tot sein.«

Dick sagte: »Ich könnte die Kerle umbringen.«

»Was sollen wir jetzt tun?« fragte Ronette. »Keiner von uns kann mehr schlafen. Wir mögen nichts essen. Dick ist die letzten vier Tage nicht arbeiten gegangen.«

Die ganze Familie stand unter Schock und würde therapiert werden müssen. Zweifellos ging es auch den beiden jüngeren Töchtern sehr schlecht. Ich plante eine Familientherapie, aber zuerst wollte ich Ellie allein sprechen.

Bei unserem nächsten Termin sah sie schon etwas besser aus – die dunklen Haare waren aus dem Gesicht gestrichen, ihre Augen trocken. Wir unterhielten uns ein paar Minuten über die Schule und ihr letztes Schwimmertreffen. Dann brachte ich das Gespräch auf die Vergewaltigung.

Sie drückte ein Sofakissen an ihre Brust und schwieg. Ihre Fingernägel und Fingerspitzen waren stark abgekaut. Sie war noch nicht so weit, daß sie hätte reden können, also las ich ihr Geschichten über andere Jugendliche vor, denen weh getan worden war, und wie sie damit fertig geworden waren.

Ich sprach darüber, was es mit einem Trauma auf sich hat. »Wenn du dich in den Finger schneidest, blutet es; du magst vielleicht kein Blut, weil es dir angst macht und eklig ist, aber ein Schnitt in den Finger muß nun einmal bluten. Das ist normal. Wenn er nicht blutet, stimmt etwas nicht. Was dir passiert ist, ist schrecklich, und du wirst sehr viel Schmerz verspüren. Das wirst du nicht mögen, weil es dir angst macht und eklig ist, aber es ist Teil des Heilungsprozesses. Gefühle in sich zu vergraben tut auf lange Sicht sehr viel mehr weh.«

Halb von ihrem Kissen verdeckt, starrte Ellie mich an; ihre dunklen Augen waren schmerzerfüllt. Ich erklärte ihr, daß mit einem Trauma bestimmte Dinge einhergehen. Es sei gut möglich, daß sie Alpträume und Schlafstörungen bekäme, daß sie Angst hätte, aus dem Haus zu gehen oder allein in der Wohnung zu sein, daß sie das Gefühl haben könnte, sie sei verrückt, und es würde ihr nie wieder bessergehen, daß alles ihre Schuld gewesen sei und daß sie hätte klüger sein und verhindern müssen, was geschah.

Ellie nickte zustimmend und sagte leise: »Ich sehe die Typen ständig.«

Ich saß bei ihr, während sie weinte.

Die nächsten vier Sitzungen verliefen ähnlich wie die zweite. Ich las Ellie vor oder erzählte ihr Geschichten über andere Mädchen, die ich kannte und die es geschafft hatten, über Erfahrungen wie die ihrige hinwegzukommen. Ellies Finger waren nach wie vor rot und zerkaut. Ohne Vater oder Mutter ging sie nicht aus dem Haus. Sie hatte keine Lust, etwas mit ihren Freundinnen zu unternehmen.

In unserer sechsten Sitzung schließlich sagte Ellie: »Heute erzähle ich Ihnen, was passiert ist. Es geht einem besser, wenn man darüber redet, oder?«

Ich nickte. Ellie sagte: »Ich will, daß es mir bessergeht.«

Sie griff sich das Sofakissen und erzählte mir die Geschichte. Sie und ihre Freundin hatten in der Schule abgemacht, sich abends aus dem Haus zu schleichen und auf eine Cola zu treffen, aber der Vater ihrer Freundin blieb zu lange auf, so daß diese Angst hatte, das Haus zu verlassen oder auch nur anzurufen. So war dann, als Ellie bei der Bowlingbahn ankam, ihre Freundin nicht da.

Sie sagte: »Ich wartete eine Stunde. Ich fühlte mich nicht besonders; ich hatte Kopfschmerzen, und ein paar Jungs von der Schule starrten mich dauernd an. Ich hatte keine Angst vor ihnen, aber es war mir unangenehm, ganz allein da rumzustehen.«

Ihre Stimme wurde belegt. »Ich verließ die Bowlingbahn gegen zwölf. Ich sah, daß die Jungs auch gingen, aber besondere Angst hatte ich deshalb nicht. Sie hielten mit dem Auto neben mir und boten mir an, mich mitzunehmen. Ich kannte sie nicht, daher sagte ich nein. Sie umkreisten den Parkplatz und kamen zurück. Dann hielten sie an, und zwei von ihnen stiegen aus und zerrten mich rein.«

Ihre Stimme war jetzt ganz tonlos. »Sie waren zu viert. Ich konnte ihre Gesichter in dem dunklen Auto nicht sehr gut sehen. Zwei von ihnen drückten mich auf den Rücksitz, und sie fuhren in die kleine Gasse hinter der Bowlingbahn. Ich fing an zu weinen, und einer von ihnen sagte: ›Laßt uns damit aufhören.‹ Aber seine Freunde nannten ihn Schlappschwanz, und da hielt er den Mund. Ich glaube aber nicht, daß er mich vergewaltigt hat. Nur drei Typen haben mich vergewaltigt.«

Ellie schwieg und sah aus dem Fenster. Sie hielt den Atem an und fuhr dann fort: »Der Fahrer vergewaltigte mich als erster. Seine Kumpel zogen mir die Jeans runter, und er sprang auf mich drauf. Er hat mich nicht einmal geküßt oder so.»

Ihre Stimme brach, aber sie redete weiter. »Ich hatte nie zuvor mit jemandem geschlafen und hatte das Gefühl, ich würde auseinandergerissen. Als er fertig war, redete er den anderen zu, es auch zu machen. Dann waren die beiden auf dem Rücksitz an der Reihe. Ich übergab mich. Das wischten sie später mit meinem Hemd auf.«

Ellies Stimme zitterte jetzt, als ob ihr kalt wäre, sie klang flach und leblos. »Die ganze Zeit über, als sie dabei waren, lachten sie und machten Witze. Der Fahrer sagte, ich müßte es drauf angelegt haben, sonst wäre ich nicht allein da draußen gewesen. Sie drohten nicht, mir weh zu tun oder so. Sie haben mich nur nicht losgelassen. Sie behandelten mich, als ob ich ein Tier wäre, als ob ich keine Gefühle hätte.

Danach warfen sie mich aus dem Auto und das Hemd hinterher. Ich zog es an, damit ich obenrum nicht nackt war, und ging nach Hause. Ich habe so geweint, daß ich dachte, ich kriege einen Schlaganfall oder etwas Ähnliches, aber ich ging erst ins Haus, als ich nicht mehr schluchzte. Ich kletterte durch mein Zimmerfenster rein und legte mich bis morgens ins Bett. Dann habe ich ein Bad genommen und mein Hemd ausgewaschen.«

Ellie sah mich an. »Ich war ganz erstaunt, daß meinen Eltern am nächsten Morgen nichts auffiel. Beim Frühstück redeten sie über den Zahnarzttermin von meiner kleinen Schwester.«

Im Laufe der folgenden Monate hörte ich diese Geschichte viele Male. Zuerst erzählte Ellie sie ohne große Emotionen, aber allmählich brachte sie ihre Worte und ihre Gefühle immer stärker miteinander in Einklang und schluchzte beim Erzählen.

Ich trug ihr auf, an die Jungen, die sie vergewaltigt hatten, Briefe zu schrieben, aber nicht abzuschicken, Briefe, in denen sie ihre ganze Wut ausdrücken sollte. Ihre hingekritzelten Briefanfänge lauteten: »Ich hasse euch für das, was ihr aus meinem Leben gemacht habt. Ihr habt für mich und meine Familie alles kaputtgemacht. Wir werden uns nie wieder normal fühlen.«

Dick kaufte ihr einen Sandsack, den er im Keller aufhängte. Jeden Abend ging sie hinunter und schlug auf ihn ein. Zunächst hatte sie Probleme, ihre Wut mit dem Boxen zu verknüpfen, doch ich ermutigte sie, es weiter zu probieren. Ich sagte ihr, sie solle sich beim Zuschlagen ganz bildlich die Jungen, das Auto, die Vergewaltigung vorstellen. Sobald ihr das gelang, schlug sie wie rasend zu und schrie. Anschließend brach sie völlig fertig zusammen, fühlte sich aber ruhiger. Alle Wut war von ihr abgefallen und auf den Sandsack übergegangen.

In der Zwischenzeit war das Gerichtsverfahren gegen die Jungen in Gang gekommen. Das traumatisierte Ellie in gewisser Weise erneut. Die Polizei kam mit weiteren Fragen zu ihr nach Hause, und sie mußte unter Eid aussagen. In der Zeitung standen Artikel darüber. Ihr Name wurde zwar nicht erwähnt, doch die Geschichte gedruckt zu sehen war jedesmal eine Qual für sie. Der Prozeß hing als öffentliche Enthüllung ihrer Schande wie ein Damoklesschwert über ihr.

Dick und Ronette kamen einmal monatlich zu mir, um über

ihre Reaktionen auf die Vergewaltigung zu sprechen. »Eine Zeitlang«, sagte Dick, »hatte unser Leben keinen Sinn mehr.« Beide hatten Angst, ihre Töchter aus dem Haus gehen zu lassen. Beide konnten es nicht ertragen, etwas über Vergewaltigung oder Gewalt gegen Frauen zu lesen. Dick hatte Rachephantasien, die sich störend auf seine Arbeit auswirkten. Nachts wachte er schweißgebadet auf. Ronette brach manchmal in Tränen aus, während sie ihre Kunden bediente. Sie wickelte ihnen dann ein Handtuch um den Kopf und lief aus dem Zimmer.

Später kamen die jüngeren Schwestern hinzu und sprachen darüber, wie Ellies Erlebnis sich auf sie ausgewirkt hatte. Die mittlere Tochter schwor, sie würde abends nie allein aus dem Haus gehen oder sich mit Jungen herumtreiben, die ihre Eltern nicht billigten. Die jüngere Schwester wollte Rache. Seit der Vergewaltigung hatte sie wegen schlechten Betragens Probleme in der Schule. Alle waren sich einig, daß ihr Familienleben sich verändert hatte. Andere Familien redeten über Geld, die Schule oder alltägliche Verrichtungen. Sie waren fixiert auf die Vergewaltigung. Wie viele Opfer fühlten sie sich als Außenseiter. Auch sie brauchten, wie Ellie, einen Ort, wo sie sich aussprechen und ausweinen konnten.

Allmählich ging es Ellie besser. Ihre Finger heilten, und ihre Nägel wurden länger. Sie gewann ihre Begeisterung fürs Schwimmen und die Schule zurück. Sie traf sich wieder mit ihren Freundinnen. Sie meldete sich und ihre Schwestern für einen Selbstverteidigungskurs an, denn sie meinte: »Ich will, daß sie wissen, wie sie sich wehren können.«

Wir redeten über die Folgen der Vergewaltigung für ihre Zukunft. Ellie sagte, sie fühle sich verwundbar. Jetzt, da sie vergewaltigt worden sei, wisse sie, daß ihr so etwas eben auch geschehen könne. Sie würde immer vorsichtiger und ängstlicher sein als ihre Freundinnen. Im Moment interessierte sie sich nicht für Jungen. Vom Sex wollte sie sich noch lange fernhalten. Sie sagte rundheraus: »Ich habe meine ganze Neugier verloren.«

Schätzungsweise ein Viertel aller Frauen wird vergewaltigt. Ellie hatte insofern noch relatives Glück, als sie weder ernsthaft verletzt wurde noch eine Geschlechtskrankheit bekam oder schwanger wurde. Außerdem hatte sie Glück, daß ihre Eltern so viel Anteil nahmen und sich so loyal verhielten. Sie wurde lange therapiert. Trotzdem ist Ellie ein anderes Mädchen als vor der Vergewaltigung. Sie ist vorsichtiger und abhängiger von ihrer Familie. Gerade als sie begann, die Welt auszukundschaften, wurden ihr die Flügel gestutzt. Jetzt geht sie auf Zehenspitzen durch ihre Adoleszenz.

Eine andere weitverbreitete Erfahrung für Mädchen ist die Form des sexuellen Übergriffs durch einen Freund oder Bekannten. Sie richtet besonders viel Schaden an, weil sie das Vertrauen der Mädchen in ihre Umwelt erschüttert und alle Beziehungen als potentiell gefährlich erscheinen läßt. Da der Täter jemand ist, den das Opfer kennt, wird es oft anschließend noch schwerer mit dem Vorfall fertig. Häufig fühlt das Mädchen sich selbst für das Geschehen verantwortlich und erzählt nichts davon. Und wenn sie es doch tut, ist die Wahrscheinlichkeit größer, daß der Täter behauptet, die sexuelle Handlung sei einvernehmlich gewesen.

Eine meiner Studentinnen ging eines Abends nach der Orchesterprobe über den Sportplatz, als ein Fußballspieler, den sie aus dem Hörsaal kannte, sie auf den Rasen warf und begann, sie zu küssen. Sie schrie und trat um sich und schaffte es zu entkommen. Sie meldete den Vorfall nie, geht aber nach dem Unterricht nicht mehr allein zu ihrem Auto.

Eine Klientin wurde während eines Ausflugs mit ihrem Biologiekurs vergewaltigt. Ein Mitschüler, der in ihr Zelt kam, um sich ein Schmetterlingsnetz auszuleihen, drückte sie zu Boden, würgte und mißbrauchte sie. Am nächsten Morgen tat sie, als sei nichts geschehen. Sie verdrängte das Erlebnis, bis sie ein Jahr später mit ihrer Familie zum Zelten fuhr. Sie kroch in ihr Zelt, und die Luft blieb ihr weg, als die Erinnerung sie plötzlich überflutete. Sie erzählte ihrer Mutter, was passiert war, und ihre Eltern zeigten das Verbrechen an. Der fragliche Junge sagte, der Sex sei einvernehmlich gewesen. Nach einem Jahr war es schwierig, das Gegenteil zu beweisen, und meine Klientin zog die Anzeige zurück. Sie begann eine Therapie bei mir, weil sie wieder in der Lage sein wollte, ein Leben ohne Atembeschwerden zu führen. Sie wollte Jungen wieder vertrauen können.

Eine andere Klientin, die den Sommer über als Freiwillige in einem Flüchtlingszentrum arbeitete, wurde von dem Geistlichen, der das Projekt betreute, in die Enge getrieben und sexuell attackiert. Sie zeigte ihn nicht an, weil sie sicher war, daß niemand den Geistlichen eines solchen Übergriffs für fähig halten würde.

Anna Lisa wohnte in einem der sichersten Viertel der Stadt. Ihre Mutter war Lehrerin, ihr Vater Trainer, der auch Anna Lisas Handballmannschaft in der Nachwuchsliga betreute. Sie war eine weißblonde Elfjährige, die stets Kaugummi im Mund hatte. Ihre Beine waren mit blauen Flecken von Sportunfällen übersät, ihre Arme mager und sehnig. Anna Lisa wirkte etwas jünger, als sie war. Ihr Lieblingsthema waren Pferde. Sie las Bücher über Pferde, besuchte Reitkurse und sammelte Pferdefiguren. Sie war ganz versessen darauf, einmal ein eigenes Pferd zu haben. Es sollte weiß sein, und sie wollte es Gardenia nennen.

Anna Lisa kam zu mir, weil sie im vergangenen Sommer zweimal sexuell belästigt worden war. Im Juli geschah es zu Hause, wo sie sich mit ihrem älteren Bruder und dessen Freund aufhielt, während die Eltern einkaufen waren. Ihr Bruder fuhr mit dem Fahrrad in die Videothek, um einen Film auszuleihen, sein Freund Kyle blieb da. In den zwanzig Minuten seiner Abwesenheit verging sich Kyle sexuell an ihr. Anna Lisa erzählte ihren Eltern nichts davon, weil sie Angst hatte, ihr Bruder würde Ärger bekommen.

Einen Monat später ging sie zum Spielen zu einer Freundin, die auf der anderen Straßenseite wohnte. Der Vater der Freundin, ein Versicherungsangestellter, kam an die Tür und ließ Anna Lisa ins Haus. Sie konnte riechen, daß er Bier getrunken hatte, aber das beunruhigte sie nicht, denn sie nahm an, ihre Freundin sei ganz in der Nähe. Der Vater schloß die Tür ab und griff ihr unters Hemd. Sie riß sich los und rannte zur Hintertür. Er jagte sie im Wohnzimmer umher und nannte sie dabei »hübsche Kleine« und »süße Maus«. Zum Glück fuhr in dem Moment die Mutter ihrer Freundin vor.

Mit rotem Gesicht und nervös fluchend schob der Vater Anna Lisa zur Hintertür hinaus und sagte, sie solle nach Hause gehen. Er habe sie nur geneckt und versucht, ihr Geld zuzustecken. Diesmal behielt Anna Lisa die Sache zum Glück nicht für sich. Sie lief schluchzend nach Hause und erzählte ihrer Mutter, was passiert war, auch den Vorfall mit Kyle. Ihre Mutter rief die Polizei an und verabredete einen Termin mit mir.

Terra (15)

Terra wurde von ihrer Lehrerin zu mir geschickt, die sich seit einiger Zeit Sorgen um sie machte. Terra war in einigen Fächern sehr schlecht und wirkte deprimiert. Letzte Woche war sie dann mit einem blauen Auge zur Schule gekommen. Die Lehrerin dachte an Kindesmißhandlung, aber es stellte sich heraus, daß das blaue Auge nicht von Terras Mutter stammte, sondern von ihrem Freund, der sie »aus Versehen geschlagen hatte«.

Heute nun saß sie schweigsam in meiner Praxis, ein kleines Mädchen mit dunklen Haaren und Augen. Nur ihre unruhigen Hände verrieten, wie nervös sie war.

Terra sagte: »Ich weiß nicht, was ich hier soll. Mama und meine Lehrerin machen einen großen Wirbel um nichts.«

»Ein blaues Auge ist nichts?«

»Court hätte mich nie geschlagen, wenn er nicht was getrunken hätte. Er hat sich entschuldigt und mir eine Rose gekauft. Es wird nicht wieder vorkommen.«

Ich fragte sie nach Court. Terra berichtete, er sei siebzehn und frühzeitig von der Schule abgegangen. Wochentags arbeitete er in einer Autoreparaturwerkstatt. Am Wochenende baute er Transporter um. Sie sagte, er hätte ein hartes Leben gehabt.

Sein Vater war Alkoholiker, und seine Mutter trieb sich mit anderen Männern herum. Als er klein war, mußte Court auf seine jüngeren Brüder aufpassen. Auch jetzt noch steckte er ihnen immer wieder Geld zu.

Sie gingen seit einem Jahr miteinander, und Terra wollte ihn heiraten, aber sie mußte zugeben, daß sie Probleme in ihrer Beziehung hatten. Court war eifersüchtig und kontrollierte sie. Er erwartete, daß sie entweder in der Schule war oder zu Hause, um auf ihn zu warten. Er wurde wütend, wenn sie mit anderen Jungen auch nur sprach, und er wollte nicht, daß sie etwas mit ihren Freundinnen unternahm.

Ich fragte Terra nach der Schule, und sie warf verzweifelt die Arme in die Luft. »Ich hasse die Schule. Ich schlage da nur die Zeit tot, bis ich von Gesetzes wegen abgehen darf.«

Terra erzählte mir, ihre Mutter sei mit sechzehn von der Schule abgegangen, und bei ihr sei es prima gelaufen. Nicht in der Ehe, die hatte mit einer Scheidung geendet, als Terra zwei war, aber in puncto Geld. Sie war Putzfrau und verdiente mehr Geld als viele Frauen mit einem Schulabschluß.

Ich fragte Terra nach Depressionen, aber sie leugnete jegliche Probleme. Sie sagte: »Alles wäre okay, wenn die Leute mich in Ruhe lassen würden.«

Ich fragte sie nach ihrer Familiengeschichte. Sie sprach über die Scheidung ihrer Eltern und darüber, daß ihr Vater wieder geheiratet hatte und weggezogen war. Sie sah ihn nie und hörte nur an ihrem Geburtstag und zu Weihnachten von ihm. Lange Zeit hatte er keine Alimente für sie gezahlt, aber das tat er jetzt. Terra meinte: »Mama und ich haben massenhaft Geld.«

Trotz der Streitigkeiten mit ihrer Mutter wegen der Schule und wegen Court beschrieb Terra sie sehr positiv. Sie sagte: »Mama arbeitet schwer und würde alles für mich tun.«

Ich erkundigte mich nach sonstigen Angehörigen, und sie meinte: »Früher war ich öfter bei meinen Großeltern, aber jetzt nicht mehr. Als ich klein war, hat mein Stiefgroßvater schmutzige Sachen mit mir gemacht. Ich erzählte Mama davon, als ich sieben war, und sie machte der Sache ein Ende. Er ist jetzt im Gefängnis.«

Terra wirkte in diesem Moment noch kleiner und jünger als bei ihrer Ankunft. Sie gähnte dramatisch und sagte: »Für einen Tag reicht es mir. Ich rede nicht gern darüber.«

Ich fragte sie, ob ich mit ihrer Mutter sprechen dürfe, und sie willigte sein. »Sie kann Ihnen die Einzelheiten erzählen. Ich habe sie vergessen.«

Mona kam in der nächsten Woche zu mir. Sie war eine kleine, drahtige Frau, die Terra sehr ähnlich sah. Im Gegensatz zu Terra war sie aber energisch und gesprächig. Sie sagte: »Ich mache mir Sorgen um Terra. Nicht so sehr wegen der Schule – mir geht es gut auch ohne Schulabschluß –, aber Court gefällt mir nicht. Der ist ein schlimmer Finger.«

Ich erkundigte mich nach dem Mißbrauch, der Terra widerfahren war. Sie seufzte. »Also, Irwin war nicht mein richtiger Vater. Er hat meine Mutter nach dem Tod meines Vaters geheiratet, aber für Terra war er von vornherein Opa. Er war ein dicker, schmusiger Typ, der Overalls trug und in seinen Taschen immer Süßigkeiten für Kinder dabei hatte. Ich mochte ihn sehr, und er schien Terra liebzuhaben.«

Sie hielt inne. »Ich habe damals enorm viel gearbeitet. Ich war dabei, meine Reinigungsfirma aufzubauen, und Irwin und meine Mutter paßten derweilen auf Terra auf. Als Terra ungefähr fünf war, ging sie nicht mehr so gern zu ihnen, aber ich dachte mir nicht viel dabei. Vielleicht vermißte sie ihre Freunde aus unserer Nachbarschaft. Dann, als sie sieben war, wollte sie überhaupt nicht mehr hingehen. Sie packte meine Beine und heulte, wenn ich sie dalassen wollte. Da führten wir dann ein Gespräch, und Terra erzählte mir, was los war.«

»Was war denn los?«

»Terra sagte, Irwin ließe sie zusammen mit ihm Filme ansehen und hätte Sex mit ihr. Später erzählte sie der Polizei noch von anderen Sachen – oralem Sex, Fesselungen. Es war grauenhaft.«

»Sie zogen also die Polizei hinzu?«

»Ja, und meine Mutter reichte sofort die Scheidung ein. *Gott sei Dank* haben wir Terra gleich geglaubt.«

Die Stimme versagte ihr, doch sie fuhr fort. »Terra ging es schlimm. Sie hatte nicht mehr am Daumen gelutscht, seit sie zwei war, und fing nun wieder damit an. Sie ließ mich nicht aus den Augen. Ich bekam sie kaum in die Schule. Sie weinte, wenn ich morgens wegging. Die Anwälte kamen zu dem Schluß, daß sie nicht aussagen konnte, und verwendeten die Aussage ihrer Psychologin. Aber die reichte, um Irwin hinter Schloß und Riegel zu bringen. Der soll in der Hölle schmoren.«

Ich fragte nach der Therapie, und Mona meinte, sie sei gut für Terra gewesen. Eigentlich hätte Terra bis zur Pubertät keine Schwierigkeiten gehabt. Dann schien sie wieder aus dem Gleichgewicht zu geraten. Mona drückte es so aus: »Sie fühlt sich von jedem Stinktier in der Gegend angezogen.«

Ich sagte ihr, daß Terras Reaktionen bei Inzestopfern weit verbreitet seien. Oft lassen bestimmte Fragen, die sich in der Adoleszenz stellen, frühere Traumata wieder akut werden. Ich warnte sie, daß es eine ganze Weile dauern könne, bis sich die Dinge eingerenkt hätten, und daß ein sexueller Übergriff durch einen Angehörigen die Familie im Kern verletze. Jeder trage dabei seine Wunden davon. Mona würde Hilfe brauchen, um sich verzeihen zu können, daß sie Terra nicht beschützt hatte, und um mit ihrer eigenen Wut fertig zu werden. Ich vermutete, die anderen Familienmitglieder ebenfalls. Wir sollten uns zusammensetzen und erörtern, wie dieser Vorfall jeden einzelnen betroffen hatte. Und wir sollten erörtern, wie die Familie dazu beitragen könne, daß es Terra wieder besserginge.

Mona sagte: »Nehmen Sie sich so viel Zeit, wie Sie wollen. Terras Wohlergehen ist das einzig Wichtige.«

Als Terra das nächste Mal kam, brachte ich das Gespräch auf den Mißbrauch. Sie rümpfte die Nase und meinte: »Müssen wir darüber reden? Es ist vorbei. Jetzt geht es mir gut.«

Ich fragte: »Siehst du einen Zusammenhang zwischen dem Mißbrauch durch Irwin und deiner Beziehung zu Court?«

»Welchen denn?«

»Er tut dir weh, er will dich ganz für sich, und er versucht, dein Verhalten zu kontrollieren.« Terras Augen weiteten sich, aber sie sagte nichts.

Terra erinnerte mich an viele junge Mädchen, die als Kinder mißbraucht wurden. Oft müssen sie diesen Mißbrauch als Teenager noch einmal verarbeiten. Sie werfen Liebe, Sex, Strafe und Zuneigung völlig durcheinander. Sie müssen die Erinnerung an schlechte Beziehungen auslöschen und Vorstellungen über gute entwickeln. Sonst gehen sie das Risiko ein, sich Freunde zuzulegen, die der Person ähneln, die sie mißbraucht hat.

Wenn sie anfangen, sich mit Jungen zu treffen, treten zahlreiche Probleme auf. Mädchen, die mißbraucht wurden, lernen zum Beispiel oft die Erfahrung, ein sexuelles Wesen zu sein, abzublocken. Wenn sie emotional präsent sein wollen, gelingt ihnen das oft nicht. Sexuelle Berührungen können getrennte Reaktionen hervorrufen. Mit einer Therapie läßt sich so etwas verändern.

Terra fragte, ob ich andere Mädchen mit denselben Problemen kennengelernt hätte.

»Nicht genau dieselben wie bei dir, aber ich kenne viele Mädchen, die Inzestopfer waren und als Jugendliche Schwierigkeiten bekamen.«

Sie fragte: »Wie viele von denen haben Sie geheilt?«

Ich seufzte. »Ich hoffe, ich habe etlichen helfen können. Ich kann es dir aber nicht verdenken, daß du deine Zweifel hast. Nach dem, was du durchgemacht hast, ist es schwer, Menschen wieder zu vertrauen.«

Terra sagte: »Das sehen Sie ganz richtig.«

Vergewaltigung ist ein persönliches Problem, das dringend nach einer politischen Lösung verlangt. Die Lösung des gesellschaftlichen Problems sexuelle Gewalt darf nicht nur in der Behandlung der einzelnen Opfer und Täter bestehen, sondern muß auch auf eine Veränderung unserer Gesellschaft hinzielen. Heranwachsende Jungen müssen so sozialisiert werden, daß Vergewaltigung für sie ebenso undenkbar ist wie Kannibalismus. Gegenwärtig wird Sex mit Gewalt, Macht, Dominanz und Status assoziiert. Vergewaltigungen nehmen zu, weil in unserer Kultur die destruktiven Botschaften über Sexualität zunehmen.

Vergewaltigungen verletzen uns alle, nicht nur die Opfer. Vergewaltigungen bewirken, daß alle Frauen gegenüber allen Männern eine ganz bestimmte Angst empfinden. Wir müssen ständig auf der Hut sein. Im letzten Winter lief ich einmal auf Skiern einen Joggingpfad entlang. Ein großer Mann mit einer Skimaske und schwarzem Jogginganzug kam auf mich zugelaufen. Es war früher Abend in einer belebten Wohngegend, aber seine Größe und sein Aussehen machten mir angst. Als er näher kam, sagte er meinen Namen, und ich erkannte, daß es mein eigener Mann war.

Männer haben Angst um weibliche Freunde und Familienangehörige und sind sich bewußt, daß Frauen Angst vor ihnen haben. Ein Student sagte mir, wie schlimm er Vergewaltigungen fände. »Wenn ich nach dem Dunkelwerden über den Campus gehe, merke ich, wie Frauen ganz angespannt werden. Ich möchte sie am liebsten beruhigen, daß ich kein Vergewaltiger bin.« Ein anderer meinte: »Ich bin bis jetzt noch mit keinem Mädchen ausgegangen, das Männern voll vertraut hätte. Jedes Mädchen, das mich interessiert, ist schon mal von einem Typen verletzt worden. Sie haben Angst vor Nähe. Es macht unheimlich viel Mühe zu beweisen, daß ich kein Schwein bin.«

Den größten Schaden richten Vergewaltigungen aber bei jungen Mädchen an. Sie werden Opfer von posttraumatischem Streß, durchleben sämtliche Symptome – Depressionen, Wut, Angst, wiederkehrende Träume und Erinnerungsfetzen. Die anfängliche Reaktion ist gewöhnlich Schock, Leugnung und Dissoziation. Später kommt es zu Wut und Selbstvorwürfen, nicht vorsichtiger gewesen zu sein oder sich nicht gewehrt zu haben. Junge Mädchen, die vergewaltigt wurden, sind ängstlicher als andere. Die Illusion der Unverletzlichkeit ist bei ihnen zerstört. 41 Prozent aller Vergewaltigungsopfer gehen davon aus, daß sie noch einmal vergewaltigt werden; 30 Prozent haben Selbstmordgedanken, 31 Prozent beginnen eine Therapie, 22 Prozent machen Selbstverteidigungskurse, und 82 Prozent sagen, sie seien für immer verändert.

Unsere Töchter brauchen Zeit und geschützte Freiräume, in denen sie sozial, emotional, intellektuell und körperlich wachsen und heranreifen können. Sie brauchen Zeiten der Ruhe, Zeit zum Reden, zum Lesen und zum Lachen. Sie brauchen sichere Orte, wo sie etwas über sich selbst und andere lernen können, Orte, wo sie Risiken eingehen und Fehler machen können, ohne um ihr Leben fürchten zu müssen. Sie brauchen das Gefühl, um ihrer Person und nicht ihres Körpers willen geschätzt zu werden.

Mädchen sind heutzutage von sexueller Gewalt umgeben. Wir haben Einrichtungen für die Opfer dieser Gewalt – therapeutische Praxen, Krankenhäuser, Frauenhäuser und Selbsthilfegruppen. Wir müssen aber auch vorbeugende Maßnahmen entwickeln. Wir müssen Formen des sexuellen Umgangs schaffen, die vernünftig, ehrlich und lustvoll sind.

12. Damals und heute

Cassie erinnerte mich an mich selbst als junges Mädchen. Mit ihren langen braunen Haaren, den blauen Augen und dem schlaksigen, flachbrüstigen Körper sah sie mir sogar ähnlich. Wie ich ging sie gern im Wald spazieren und weinte, wenn sie Gedichte las. Sie wollte das Holocaust-Museum besuchen und einer Friedensinitiative beitreten. Bücher waren ihr wichtiger als Kleidung, und aus Geld machte sie sich nichts. Wie ich war sie die älteste Tochter einer Ärztin. Sie liebte beide Eltern, obgleich die jetzt in Scheidung lebten und wenig Energie hatten, sich um sie zu kümmern. In der Schule war sie zurückhaltend und fleißig. Mitschüler mit Problemen konnten sich an sie wenden.

Cassie war aber auch ganz anders als ich. Ich war 1963 fünfzehn, sie 1993. Ich war mit fünfzehn noch nie geküßt worden. Sie kam in diesem Alter zu mir in die Therapie, weil sie sexuell mißbraucht worden war. Die Hände im Schoß gefaltet, erzählte sie mir flüsternd ihre Geschichte.

Sie war von einem Mädchen in ihrem Algebra-Kurs, deren Eltern verreist waren, zu einer Party eingeladen worden. Das Mädchen sollte eigentlich bei einer Freundin übernachten, aber irgendwie hatte sie es so eingerichtet, daß sie jetzt doch allein zu Hause war. Ihre Gäste würden den Swimmingpool und die Stereoanlage der Eltern benutzen können.

Cassie wurde nicht oft zu Partys eingeladen, deshalb nahm sie an. Sie nahm sich vor, wieder zu gehen, falls die Dinge aus dem Ruder liefen. Sie erzählte ihrer Mutter, was sie vorhatte, nur nicht, daß die Eltern nicht da waren. Da die Mutter ganz vom Scheidungsverfahren in Anspruch genommen war, fragte sie nicht nach weiteren Einzelheiten.

Zunächst war die Party okay – viel laute Musik und schmutzige Witze, doch Cassie war froh, daß sie gekommen war. Ein Junge, den sie öfter in der Mittagspause sah, forderte sie zum Tanzen auf. Ein Mädchen, das sie kaum kannte, fragte sie, ob sie am Wochenende mit ins Kino gehen wolle. Trotzdem wollte sie gegen elf Uhr nach Hause. Die Wohnung war voller ungeladener Gäste, und alle tranken Alkohol. Manche übergaben sich, andere wurden aufdringlich oder fingen an zu pöbeln. Ein Junge hatte eine Lampe vom Schreibtisch geworfen, ein anderer ein Loch in eine Wand getreten.

Cassie ging hinauf in das Schlafzimmer, wo ihr Mantel lag. Sie merkte nicht, daß ein Typ ihr folgte. Er kannte ihren Namen und wollte einen Kuß von ihr. Sie verneinte mit einem Kopfschütteln und suchte in dem Haufen auf dem Bett nach ihrem Mantel. Er schlich sich von hinten an sie heran und griff ihr unter die Bluse. Sie sagte ihm, er solle aufhören, und versuchte, ihn wegzustoßen. Dann ging alles sehr schnell. Er packte sie und nannte sie Miststück. Sie wollte sich losreißen, aber er drückte sie aufs Bett und hielt ihr den Mund zu. Sie versuchte, sich zu wehren, war jedoch nicht stark oder aggressiv genug. Er war muskulös und zu betrunken, um Schmerzen zu verspüren, als sie auf ihn einschlug. Bei der lauten Musik hörte unten keiner etwas. In zehn Minuten war es vorbei.

Cassie rief ihre Mutter an und bat sie, sie abzuholen. Zitternd wartete sie draußen, bis ihre Mutter kam. Sie erzählte ihr, was passiert war, und beide weinten. Sie riefen ihren Vater und die Polizei an und fuhren dann in ein nahe gelegenes Krankenhaus. Cassie wurde untersucht und einer Psychologin vorgestellt.

Zwei Wochen später war Cassie bei mir in der Praxis, teils wegen der Vergewaltigung, teils wegen der Mißbilligung, die sie in der Schule erfuhr. Der Typ, der sie überfallen hatte, war bis zum Ausgang des Verfahrens vom Leichtathletik-Team suspendiert worden. Seine Freunde waren wütend darüber, daß sie ihn in Schwierigkeiten gebracht hatte. Andere Jugendliche meinten, sie hätte ihn animiert, hätte es selbst darauf angelegt, indem sie überhaupt auf die Party gegangen war.

Cassie konfrontierte mich mit einer entscheidenden Tatsache: Die Erfahrungen, die Mädchen 1993 machen, unterscheiden sich wesentlich von meinen und denen meiner Freundinnen in den sechziger Jahren. Solange ich versuchte, sie vor dem Hintergrund meiner eigenen Erfahrungen zu verstehen, mußte ich scheitern. Es gab zwar Gemeinsamkeiten, sogar genug, um mich glauben zu lassen, es gäbe sie in allen Bereichen, aber da war doch noch viel Neuland für mich zu entdecken. Um in den neunziger Jahren mit Mädchen arbeiten zu können, mußte ich eine andere Welt verstehen lernen. Ich mußte mich von meinen Vorstellungen lösen und die Mädchen mit neuen Augen sehen. Ich mußte von ihnen lernen, bevor ich ihnen helfen konnte.

Als Teenager lebte ich in einem Ort mit 400 Einwohnern, wo meine Mutter als Ärztin praktizierte und mein Vater Saatgetreide verkaufte und Schweine züchtete. Ich verbrachte meine Tage mit Radfahren, Schwimmen, Lesen, Klavierspielen und trank Limonade mit meinen Freundinnen. Ich zog alle möglichen Tiere groß – Schildkröten, die wir auf der Landstraße fanden, Vögel, die bei schwerem Frühjahrsregen von den Bäumen gespült wurden, Mäuse, die Hunde aus ihrem Bau gezerrt hatten, und Igel und Kaninchen, die wir auf den Feldern am Ortsrand fingen.

Ich kannte alle Leute im Ort und die meisten Katzen und Hunde mit Namen. Jeder ließ sich von meiner Mutter »verarzten« und kaufte Getreide bei meinem Vater. Wir Kinder hielten uns in unserer Freizeit alle an denselben Orten auf – im Schwimmbad, auf dem Schulhof, bei der Schaukel am Fluß und auf dem Rummelplatz. Jeder wußte, wer mit wem verwandt war. Wenn Leute sich auf der Straße begegneten, stellten sie unwillkürlich sofort diese Verbindung her. Sie sagten jemandem Guten Tag, zu dem sie schon ihr Leben lang eine vielfältige und komplexe Beziehung hatten. Mrs. Van

Cleave, bei der ich töpfern lernte, war die Großmutter meiner guten Freundin Patti und die Mutter unserer Nachbarin. Sie war Patientin bei meiner Mutter, und ihr Mann ging mit meinem Vater angeln. Ihr Sohn war der Fußballtrainer des Ortes, und dessen Kinder waren wie ich in der Jugendgruppe der Kirche.

Ich hatte elf Tanten und Onkel und dreißig Cousins und Cousinen, die uns gelegentlich für längere Zeit besuchten. Die Frauen kochten und paßten auf die Babys auf, die Männer spielten Hufeisenwerfen und angelten. Abends machten wir alle zusammen Kartenspiele. Mein Großvater gab Schüttelreime zum besten und zeigte uns Kartentricks. Hauptsächlich aber unterhielten wir uns. Wir Kinder erzählten uns gegenseitig Geschichten über unsere Wohnorte und Familien. Die älteren beeindruckten die jüngeren mit ihrer Welterfahrenheit, oder wir saßen da und hörten zu, wenn die Erwachsenen von ihren Erlebnissen berichteten oder über Politik sprachen. Meine schönste Erinnerung ist die, beim Klang von Gelächter und Gesprächen im Nebenzimmer einzuschlafen.

Das Wort »Medien« kam in unserer Sprache nicht vor. Meinen ersten Fernseher sah ich mit sechs, und ich versteckte mich hinter dem Sofa, weil mir die Pistolen der Cowboys angst machten. Ich war acht, als wir einen Schwarzweiß-Fernseher mit einem einzigen Sender bekamen, der den Großteil des Tages ein grobkörniges Testbild zeigte.

Als junger Teenager sah ich den »Mickey Mouse Club«. »Perry Mason« oder »Rauchende Colts« durfte ich mir nicht angucken, weil meine Eltern fanden, daß es in diesen Serien zu gewalttätig zuging. Wir hatten ein Kino, das jede Woche einen neuen Film zeigte. Der Besitzer war ein Familienvater, der die Filme für unseren Ort sorgfältig aussuchte. Seine Frau verkaufte uns gesalzenes Popcorn, Gummibärchen und Cola. Wir Jugendlichen gingen Samstag nachmittags ins Kino, verbrachten dort aber die meiste Zeit damit, andere Jugendliche zu beobachten und mit unseren Freundinnen herumzualbern.

Von den Filmen gefielen mir *Tammy, Eine Braut für sieben Brüder, The Chartroose Caboose* und *South Pacific* besonders gut. Eifrig forschte ich sie nach Informationen über Sex aus. Rock Hudson, Doris Day, Debbie Reynolds und Frank Sinatra stritten und flirteten bis zum Ende des Films, dann küßten sie sich vor einem Sonnenuntergang zum süß anschwellenden Klang von Geigen. Auch biblische Epen waren in Mode. In *Das Buch Ruth* legt sich eine scheue junge Ruth zur Nacht auf Boas' Strohlager nieder, und die Kamera zoomt zu den Sternen hoch. Und ich fragte mich: Was machten sie da auf dem Strohlager?

Fünfundvierziger Singles waren in den fünfziger Jahren ganz groß. Ich lauschte den gefühlsseligen Schlagern von den Everly Brothers, Roy Orbison und Elvis. Mein Lieblingssong war Elvis' »Surrender«, von dessen Text ich eine Gänsehaut bekam und der mich mit einer Sehnsucht nach etwas erfüllte, das ich nicht benennen konnte. Meine Eltern verboten mir, Bobby Darins Hit »Multiplication« zu hören, weil er zu anzüglich war. Ich lernte den Twist, einen Tanz, der als gewagt galt.

Garrison Keillor sagte einmal: »In einer Kleinstadt wird niemand reich, weil jeder zusieht.« Geld und luxuriöse Konsumgüter wurden in meinem Heimatort nicht auffällig zur Schau gestellt. Manche Leute waren wohlhabender als andere, aber man hielt es für geschmacklos, mit einem hohen Einkommen anzugeben. Für den Alltagsbedarf kauften wir alle im gleichen Gemischtwarenladen, unsere Kleidung bestellten wir alle nach den gleichen Katalogen. Der Bankier leistete sich jedes Jahr ein neues Auto, und wir fuhren zu Weihnachten nach Mexiko. Eine Witwe mit Asthma hatte die einzige private Klimaanlage des Ortes. Unnütz Geld ausgeben konnte man nur in der Milchbar und im Billardsalon.

Insbesondere Kinder standen nahezu außerhalb der Geldzirkulation. Die meisten unserer Vergnügungen waren gratis. Fast alle hatten wir dieselben Sachen zum Spielen – Fahrräder, Hula-Hoop-Reifen, Basketbälle, Monopoly-Spiele und Puppen oder Spielzeugsoldaten. Geleebonbons oder Lakritze konnten wir im Schwimmbad kaufen, Make-up, Comics und die Zeitschrift *Mad* im Drugstore.

Nach der Schule arbeitete ich für meine Mutter in der Praxis. Ich sterilisierte Spritzen und Gummihandschuhe und zählte Pillen. Das Geld, das ich damit verdiente, ging auf ein Konto fürs Studium. Ab der Mittelstufe wanderten bestimmte Geschenke – gutes Porzellan, Gepäckstücke, ein Wörterbuch und spitzenverzierte Kopfkissenbezüge – in meine Aussteuerkiste.

Anderswo hatten gezielte Marktstrategien bereits eingesetzt. Frauen wurden ermuntert, ihre Wohnungen zu verschönern und sich und die Kinder schick zu kleiden. Über Reklamesendungen und Anzeigen wurde ihnen ein verzerrtes Bild von sich und ihrem Platz in der Gesellschaft nahegebracht. Dieses Bild betraf weniger ihre Sexualität als ihre Fraulichkeit. Da wir aber weit von einer Großstadt entfernt waren, berührten diese Marktstrategien uns kaum.

Unser Ort war »trocken«, und es gab keine Alkoholwerbung. Selbst im Billardsalon wurde nichts Stärkeres ausgeschenkt als Bier. Jungen im Teenageralter hatten es schwer, sich Alkohol zu beschaffen. Mein Cousin Roy fuhr einmal 80 Kilometer weit, überredete einen Fremden, ihm einen Sechserpack zu kaufen, kehrte nach Hause zurück und versteckte das Bier in einem Abflußkanal.

Das Gesundheitsministerium hatte seinen Bericht über das Rauchen noch nicht veröffentlicht, und so waren Zigaretten allgegenwärtig, Marihuana und sonstige Drogen hingegen völlig unbekannt. Mein Vater erzählte mir, daß ihm im Zweiten Weltkrieg ein Soldat einmal eine Marihuana-Zigarette angeboten hätte. Er sagte: »Ich habe sie abgelehnt, und das ist auch gut so. Wenn ich ja gesagt hätte, wäre ich jetzt wohl nicht mehr am Leben.«

Bei den Jugendtreffen der Kirche sahen wir Filme über den Verfall von Menschen, die tranken oder Marihuana konsumierten. Insbesondere Frauen wurden durch den Kontakt mit Drogen als erniedrigt und zerstört dargestellt. Nach diesen

Filmen unterschrieben wir Gelübde, nie zu rauchen oder zu trinken. Ich brach meines erst im College.

Wie Tolstoi so richtig wußte, hat es jederzeit und überall glückliche und unglückliche Familien gegeben. In den Fünfzigern behielt man das Unglück meist für sich. Scheidung war unüblich und galt als Schande. In meinem Freundeskreis gab es keine geschiedenen Eltern. Jede Art Leid wurde geheimgehalten. Körperliche und sexuelle Mißhandlungen kamen vor, wurden aber nicht angezeigt. Die Kinder und Frauen der betroffenen Familien litten schweigend. Diejenigen, deren Leben unglücklich verlief, hatten niemanden, an den sie sich wenden konnten. Der Vater meiner Freundin Sue erhängte sich in ihrem Keller. Sie fehlte eine Woche in der Schule, und als sie wieder da war, behandelten wir sie so, als ob nichts passiert wäre. Über den Tod ihres Vaters sprachen Sue und ich zum ersten Mal bei unserem fünfundzwanzigjährigen Klassentreffen.

Es gab auch Grausamkeit. Über den Säufer des Ortes entrüstete man sich eher, als daß man ihm half. Geistig Zurückgebliebene und Behinderte wurden gehänselt. Unerwünschte – das heißt fremde – Personen wurden mit Nachdruck aus dem Ort ferngehalten.

Ich war ein behütetes Kind in einem behüteten Gemeinwesen. Die meisten Mütter waren Hausfrauen, die ihren Kindern nach der Schule Plätzchen und Milch auftischten. Viele von ihnen mögen sehr unzufrieden und unerfüllt von ihrem Leben im Dienste von Männern, Kindern und Gemeinde gewesen sein, aber als Kind fiel mir das nicht auf.

Die meisten Väter besaßen Geschäfte im Ortszentrum und gingen zum Mittagessen zu Fuß nach Hause. Babysitter waren eine Seltenheit. Jeder ging zu denselben Grillpartys und Volksfesten. Immer waren Erwachsene dabei und paßten auf die Kinder auf. Einmal pflückte ich im Garten einer alten Dame Flieder vom Strauch. Sie hatte meine Eltern schon angerufen, bevor ich mit meinem Strauß zu Hause war.

Die Teenager meiner Jugendzeit stritten sich weniger mit ihren Eltern, hauptsächlich deshalb, weil es weniger gab, um das sie streiten konnten – Designer-Jeans und Filme ab 18 existierten für uns nicht. Über ordentliches Betragen bestand allgemeiner Konsens. Die Erwachsenen stellten entsprechende Regeln auf und setzten sie durch. Ein alternatives Wertesystem kannten Jugendliche nicht, und so rebellierten sie in gemilderter Form – mit Elvis-Presley-Frisuren, engen Röcken und Rock 'n' Roll. Die Erwachsenen beklagten sich scherzhaft darüber, wieviel Ärger Heranwachsende machten, aber die meisten Eltern waren stolz auf ihre Kinder. Sie hatten nicht die angestrengten Gesichter und führten nicht die besorgten Gespräche, die bei Eltern von Halbwüchsigen in den neunziger Jahren üblich sind.

Die öffentliche Macht lag zum größten Teil bei den Männern, der Bürgermeister und die Mitglieder des Gemeinderats waren Männer, und Männern gehörten auch die Geschäfte im Zentrum. Meine Mutter war die erste Ärztin des Ortes und hatte deshalb einiges auszuhalten. Sie galt als weniger feminin und damenhaft als die anderen Frauen und in ihrem Beruf als nicht ganz so gut wie der männliche Arzt im Nachbarort.

In den fünfziger Jahren wurden Frauen gezwungen, die Unabhängigkeit, die sie während des Zweiten Weltkriegs erlangt hatten, aufzugeben und zur Hausarbeit zurückzukehren, um nicht zu einer Bedrohung für die Männer zu werden. Jetzt arbeiteten sie wieder isoliert und nicht gleichberechtigt. Viele von ihnen hatten keinen Zugang zu Geld oder Transportmitteln. Die Bankkonten und Autos gehörten ihren Männern. Ihr Beitrag zum öffentlichen Leben, der darin bestand, daß sie nähten, Kranke versorgten und Kirchenveranstaltungen organisierten, wurde geringgeschätzt. Zur Hundertjahrfeier unseres Ortes erschien ein Buch über die Geschichte dieser hundert Jahre. Auf fünfundsiebzig Seiten wurde keine einzige Frau erwähnt.

Auch die Sprache war unbewußt ausschließend – Führerpersönlichkeiten waren automatisch »er«, Büroangestellte »Vorzimmerdamen«, und die ganze Menschheit hieß einfach

»man«. Männer machten Geschichte, schrieben Bücher, gewannen Kriege, dirigierten Symphonien und schufen Kunstwerke für die Ewigkeit. Die Bücher, die wir in der Schule lasen, waren von Männern für Männer verfaßt. Wir lernten daraus mit Lehrerinnen, die sich zu ihrer eigenen Ausschließung nicht äußerten.

Schulen und Kirchen präsentierten Macht als männlich. Männer waren Rektoren, Priester und Pfarrer; Frauen bekleideten das Lehramt. In der Bibel lasen wir die Geschichte von Lots Weib, die zu einer Salzsäule erstarrte, weil sie Gottes Geboten nicht gehorchte. Meine Cousinen schworen bei ihrer Heirat ihren Männern Gehorsam.

Kent, Sam und ich waren die besten Schüler. Die Lehrer lobten ihre Brillanz und Kreativität, während ich dafür gelobt wurde, daß ich so fleißig arbeitete. Kent und Sam wurden ermuntert, auf einer großen Universität Jura oder Medizin zu studieren, mir sagte man, ich solle auf die hiesige Uni gehen und Lehrerin werden.

Überall herrschte eine unterschwellige Frauenfeindlichkeit. Schwiegermütter, Autofahrerinnen und häßliche Frauen waren Zielscheibe höhnischer Witze. Männer mußten »zu Hause die Hosen anhaben«. Anmaßende Frauen wurden schnell zur Räson gebracht, ebenso ihre Ehemänner, von denen es hieß, daß sie »unter dem Pantoffel standen« oder »am Schürzenzipfel hingen«. Frauengespräche galten als minderwertig gegenüber den bedeutsamen Gesprächen der Männer.

Uns Mädchen wurde mit großem Nachdruck »Weiblichkeit« antrainiert. Wir lernten, wenn wir nichts Nettes über jemanden sagen könnten, sollten wir gar nichts sagen. (Ich entsinne mich, wie entzückt ich war, als ich von Alice Longworth Roosevelts Ausspruch »Wenn du nichts Gutes über jemanden sagen kannst, setz dich direkt neben mich« hörte.) Wir wurden ermahnt, daß »es nicht klug ist, zu klug zu sein« und »die Jungen uns solange jagen sollten, bis wir sie fingen«.

Bereits in der Mittelstufe unterschieden sich die Aktivitäten der Mädchen von denen der Jungen. Die Jungen trieben

Sport, während wir in der Turnhalle mit Büchern auf dem Kopf herumliefen, um eine gute Haltung zu bekommen.

Die hübschesten Mädchen waren am beliebtesten. Ich las die Zeitschrift *Teen* mit ihren Mode- und Schminktips, wickelte nachts mein Haar auf und kämmte es morgens wieder aus. Ich fühle heute noch den Druck der riesigen, stacheligen Lockenwickler auf meiner Kopfhaut. Ich machte Übungen, um einen größeren Busen und einen flachen Bauch zu kriegen.

Die Jungen gingen am liebsten mit Mädchen, denen sie in jeder Hinsicht überlegen waren. Gute Leistungen wurden bei Mädchen nur so lange gewürdigt, wie sie ihre gesellschaftliche Attraktivität nicht beeinträchtigten. Zuviel Bildung oder Ehrgeiz galten als unweiblich.

Sexualität wurde als eine gewaltige Macht angesehen, die Gott höchstpersönlich lenkte. Für alles gab es Vorschriften und Euphemismen. »Berühre deine Geschlechtsteile nicht, außer beim Waschen.« »Küsse einen Jungen nicht bei der ersten Verabredung.« »Laß einen Typen nie bis zum Äußersten gehen, sonst hat er am nächsten Tag keinen Respekt mehr vor dir.«

Für mich war Sex wohl das verwirrendste Problem. Ich war mir immer noch nicht sicher, wie viele Körperöffnungen Frauen nun haben. Ich wußte zwar, daß irgend etwas, das Mädchen mit Jungen taten, zum Kinderkriegen führte, doch was genau das sein sollte, konnte ich mir nicht vorstellen. Ich mißverstand schmutzige Witze und hatte keine Ahnung, daß manche Schlager mit sexuellen Anzüglichkeiten gespickt waren. Auch als ich schon länger in die Mittelstufe ging, dachte ich, das Wort »nymphoman« hieße, wie eine Nymphe auszusehen.

Eine meiner Freundinnen hatte eine ältere Cousine, die Groschenromane unter ihrem Bett versteckte. Eines Tages schlichen wir uns in ihr Zimmer, um sie zu lesen. Wunderschöne junge Frauen wurden von Wollust überwältigt und von gutaussehenden Helden genommen. Die Einzelheiten waren vage. Das Paar sank aufs Bett, und die Bluse der Frau wurde aufgeknöpft. Meist flatterte dann ihr Herz, und sie erbleichte. Der Autor beschrieb einen Sturm oder Blütenblätter, die ganz in der Nähe aus einer Vase zu Boden fielen. Als wir das Haus verließen, wußten wir immer noch nicht, was sich nun genau zwischen den beiden abgespielt hatte. Jahre später, als ich schließlich erfuhr, was beim Geschlechtsakt wirklich vor sich geht, versetzte mich das in Angst und Schrecken.

Ich wurde leicht verlegen. Tony, der örtliche Rowdy, war mein besonderer Fluch. Tony trug enge Jeans und eine schwarze Lederjacke und verströmte sexuelles Unheil. Er zeichnete eine nackte Frau, kritzelte meinen Namen daneben und ließ die Zeichnung im ganzen Klassenzimmer herumgehen.

Die Sexualität hatte ihre beängstigenden Seiten. Der Vater einer Freundin sagte zu ihr: »Werde bloß nicht schwanger, und wenn, dann komm zu mir, und ich lade mein Gewehr.« Eine Cousine zweiten Grades mußte heiraten, weil sie ein Kind erwartete. Flüsternd teilte sie mir mit, ihr Freund hätte sie zum Geschlechtsverkehr gezwungen.

Die Regeln, die für die Jungen in unserem Ort galten, waren klar. Sie mußten geradezu wild auf Sex sein und sich darum bemühen, wo es nur ging. Von lockeren Mädchen konnten sie Entgegenkommen erwarten, von anständigen Mädchen aber nicht oder zumindest erst dann, wenn sie lange mit ihnen gegangen waren. Das größte Problem für Jungen lag darin, die Erfahrung zu erlangen, die sie brauchten, um ihre Männlichkeit zu beweisen.

Die Regeln für uns Mädchen waren komplizierter. Uns sagte man, daß Sex unser Leben und unseren Ruf ruinieren würde. Wir sollten sexy sein, doch nicht sexuell aktiv. Große Verachtung wurde »Scharfmacherinnen« und »kalten Fischen« entgegengebracht. Es war schwierig, die richtige Mitte zwischen aufreizend und prüde zu finden.

Aufgrund dieser Unterschiedlichkeiten wurden die beiden Geschlechter bei ihren samstäglichen Verabredungen zu regelrechten Feinden. Die Jungen versuchten zu bekommen, was sie konnten, die Mädchen versuchten, sie aufzuhalten. Das resultierte häufig in schwitzigem Handgemenge und ruinierten Festnächten. Die größte Gefahr beim Übertreten der Regeln war eine Schwangerschaft, da es noch keine Anti-Baby-Pillen oder legalen Schwangerschaftsabbrüche gab. Syphilis und Gonorrhöe waren die meistverbreiteten Geschlechtskrankheiten, und beide waren dank der neuen Wunderdroge Penicillin heilbar.

Offenheit und Toleranz in Sachen Sexualität waren nicht allgemein üblich. Schwangere Lehrerinnen durften nicht mehr unterrichten, wenn »es« zu sehen war. Keine von meinen Freundinnen hätte zugegeben, sexuell aktiv zu sein. Inzest und Vergewaltigung wurden geleugnet, obwohl sie bei uns zweifellos ebenso vorkamen wie überall.

Daß Pornographie überhaupt existierte, erfuhr ich erst im letzten Jahr auf der Schule, als ich im Schaufenster eines Buchladens neben Klassikern, Bestsellern und Zeitungen aus aller Welt ein pornographisches Sortiment fand, von dem mir die Augen überquollen.

Homosexualität wurde in meinem Heimatort gnadenlos verachtet. Der einzige uns bekannte Homosexuelle war der verkrüppelte Sohn eines Laienpredigers. Er machte den großen Fehler, einen anderen Jungen um einen Kuß zu bitten, und lebte danach für alle Zeiten in einem Alptraum der Isolation und des Spotts. Weibliche Homosexualität wurde nicht einmal für denkbar gehalten.

Erwachsene erzählten rassistische Witze und hatten rassistische Ansichten sogar über ethnische Gruppen, denen sie noch nie begegnet waren. Mein Vater warnte mich, jemals mit »Negern« zu tanzen oder zu reden, als ich zur Universität ging, sonst würden die Leute denken, ich käme aus schlechten Verhältnissen.

Die örtliche Zeitung war voller Artikel darüber, wer zu wessen Geburtstagsparty oder Goldener Hochzeit gegangen war. Unter Kriminalität verstand man das Umkippen von Mülltonnen oder Toilettenhäuschen. Niemand schloß die Haustür ab. Unser Ortssheriff war überwiegend damit beschäftigt, entlaufene Haustiere zu suchen oder Schnellfahrern aufzulauern. Ich konnte vor oder nach Einbruch der Dunkelheit überall hingehen, ohne daß meine Eltern sich ängstigen mußten. Mein erschütterndstes Erlebnis war die Lektüre vom *Tagebuch der Anne Frank* und die Erkenntnis, daß es irgendwo Menschen gab, die unglaublich böse waren.

Cassie besucht ein Gymnasium mit 2300 Schülern und Schülerinnen. Die Kinder ihrer Lehrer oder die Cousinen ihrer Nachbarin kennt sie nicht. Wenn sie Leute trifft, versucht sie nicht, sich deren Platz in einem komplizierten Netzwerk von Verwandtschaften ins Gedächtnis zu rufen. Wenn sie sich Jeans kauft, erwartet sie nicht, daß die Angestellte sich nach ihrer Familie erkundigt.

Ihre entfernteren Angehörigen sieht Cassie selten, besonders seit ihre Eltern in Scheidung leben. Sie sind über das ganze Land verstreut. Die meisten Erwachsenen in ihrer Nachbarschaft sind berufstätig. Abends sitzen die Leute nicht mehr auf den Veranden. Cassie kennt die Familie Cosby aus dem Fernsehen besser als irgend jemanden in ihrer Straße.

Cassie streitet sich mit ihren Eltern weitaus aggressiver als die Teenager in meiner Jugend. Sie schreit, flucht, beschuldigt sie und droht wegzulaufen. Ihre Eltern tolerieren diese offene Wut viel bereitwilliger, als frühere Generationen es getan hätten. Ich weiß wirklich nicht, ob ich als Kind unterdrückter war oder einfach zufriedener. Manchmal denke ich, all das Ausleben der Gefühle ist gut, und manchmal, besonders wenn ich überlastete Mütter sehe, frage ich mich, ob wir tatsächlich Fortschritte gemacht haben.

Cassie hat viel mehr politisches Bewußtsein, als ich es hatte. Mit zehn war sie schon auf einem Protestmarsch gewesen. Sie schreibt Briefe an ihre Abgeordneten und an Zeitungen. Sie schreibt Briefe für *amnesty international*, gegen die Folter auf der Welt. Sie ist Teil einer größeren Welt als der meiner Jugend und nimmt ihre Rolle als Mitwirkende ernst.

Cassie hat wie alle ihre Freunde und Freundinnen schon das

Rauchen ausprobiert. Wie den meisten Teenagern heutzutage wurden auch Cassie bereits Drogen angeboten. Dem Namen nach kennt sie mehr illegale Substanzen als ein Durchschnittsjunkie in den Fünfzigern. Sie weiß über Morde im Zusammenhang mit Drogen und über Crackdealer-Ringe Bescheid. Bei den Rock-Konzerten und mitternächtlichen Filmvorführungen, die sie besucht, zieht der Duft von Marihuana, das mein Vater einmal in seinem Leben zu Gesicht bekam, durch die Luft.

Alkohol ist allgegenwärtig – auf Bowlingbahnen, in Tankstellen, Lebensmittelläden, auf der Schlittschuhbahn und im Waschsalon. Die Werbung dafür, in der das Trinken mit Reichtum, Reisen, Romantik und Vergnügen in Verbindung gebracht wird, greift stetig um sich. Mit 16 hat Cassie Freunde, die wegen Drogen oder Alkohol schon in Behandlung waren. Die Schulen versuchen aufzuklären, aber dem Druck der Gemeinschaft zum Konsum sind sie nicht gewachsen. Cassie kennt Wortführer von »Keine Macht den Drogen«, die sich jedes Wochenende betrinken. Jugendliche, die in der achten Klasse noch keinen Alkohol trinken, werden als Deppen abgestempelt und geschnitten.

Geldausgeben ist heute eine Freizeitbeschäftigung. Cassie wünscht sich teure Sachen – einen Computer, ein Rennrad, Sprachreisen nach Costa Rica mit ihrem Spanisch-Kurs und Skiurlaube. Sie nimmt Geigen- und Gesangsunterricht bei Universitätsprofessoren.

Seit ihrer Geburt ist Cassie von Medien umgeben. Bei ihr zu Hause gibt es einen Videorecorder, eine Stereoanlage, zwei Farbfernseher und sechs Radios. Sie läßt sich vom Radio wekken, hört auf dem Weg zur Schule Musikkassetten, sieht in der Schule Videofilme und kehrt dann nach Hause zurück, wo sie die Auswahl zwischen Stereoanlage, Radio, Fernseher und Videokassetten hat. Sie kann 24 Stunden am Tag zwischen 40 Sendern wählen. Wenn sie Schularbeiten macht, hört sie dabei Musik, und in ihrer Freizeit kommuniziert sie via Modem mit Computerfreaks im ganzen Land.

Cassie und ihre Freunde werden seit ihrer Geburt von Werbung überflutet und kennen alle Markenartikel und Reklamesendungen. Das Reklameschild für eine bestimmte Getränkemarke identifizieren sie aus hundert Metern Entfernung, unzählige Erkennungsmelodien von Werbesendungen können sie mitsingen.

Cassie ist seit Jahren einer raffinierten Werbung ausgesetzt, die ihr beigebracht hat, daß der Konsum der richtigen Produkte glücklich macht. Die kleinen Lügen entgehen ihr nicht, und sie weiß auch, daß Erwachsene lügen, um Geld zu verdienen – sie nennen es Marktstrategie. Aber ich bin mir nicht sicher, ob sie die große Lüge mitbekommt, die nämlich, Konsumgüter seien wesentlich für persönliches Glück.

Cassie hat mehr Zugang zu Büchern als ich in ihrem Alter. Ich mußte mich mit der örtlichen Bibliothek von der Größe eines kleinen Ladens und einem Buchmobil einmal wöchentlich zufriedengeben. Ihr stehen eine öffentliche Bibliothek mit sechs Zweigstellen, eine Schulbibliothek, so groß wie eine Turnhalle, und drei Universitätsbibliotheken zur Verfügung. Dabei liest sie viel weniger als ich früher. Besonders die Klassiker, die ich liebte, *Jane Eyre, Moby Dick* und Thomas Hardys *Die Rückkehr* langweilen sie mit ihrer gedrechselten, ornamentalen Prosa. Sie hat mehr Auswahl, wie sie ihre Freizeit verbringen will, und wie die meisten Teenager, die in einer mediengesättigten Kultur aufwachsen, entscheidet sich Cassie nicht oft fürs Bücherlesen.

Es gibt heute mehr Mädchenzeitschriften als früher, aber sie sind in den dreißig Jahren, seit ich mir die ersten Ausgaben von *Teen* kaufte, relativ unverändert geblieben. Es geht um Make-up, Mittel gegen Akne, Mode, Schlanksein und die Frage, wie man als Mädchen anziehend auf Jungen wirkt.

Cassie hört Musik von den Dead Milkmen, den 10 000 Maniacs, Nirvana und They Might Be Giants. Sie tanzt nach Madonnas Song »Erotica« mit seinem sadomasochistischen Text. Die Rock-Lyrik regt sie überhaupt nicht auf. Sexistische Texte und die Vermarktung von Produkten mit Hilfe junger, nackter Frauenkörper sind Teil der Kulissen, vor denen sich ihr Leben abspielt.

Cassies Lieblingsfilme sind *The Crying Game, Harold and Maude* und *My Own Private Idaho*. Keinen davon hätte der Kinobesitzer in meinem Heimatort in sein Programm aufgenommen.

Unsere Gesellschaft hat sich gewandelt von einer, in der es schwierig war, Informationen über Sexualität zu erhalten, in eine, in der es unmöglich ist, Informationen über Sexualität zu entkommen. Hemmungen sind nicht mehr gefragt. In den fünfziger Jahren mußte ein verheiratetes Paar im Film in zwei Einzelbetten schlafen, weil ein Doppelbett zu anzüglich gewesen wäre. Heute wird im Fernsehen über alles – Inzest, Menstruation, Filzläuse oder Vaginalgeruch – diskutiert. In manchen Sendungen werden Paare aufgefordert, im Gegenwert für eine Geschirrspülmaschine ihre intimsten Momente zu enthüllen.

Die Handlung von Liebesfilmen ist heute ganz anders als früher. In den fünfziger Jahren begegneten sich zwei Menschen, stritten sich, verliebten sich und küßten sich dann. In den Siebzigern begegneten sie sich, stritten sich, verliebten sich und schliefen dann miteinander. In den Neunzigern begegnen sie sich, haben Sex, streiten sich, und erst dann verlieben sie sich vielleicht. Die Liebespaare Hollywoods sprechen weder über Verhütung oder frühere sexuelle Erfahrungen noch über die Auswirkungen, die der Geschlechtsverkehr für die Beteiligten haben könnte; sie legen einfach los. Mit diesem Modell für sexuelles Verhalten könnte die Filmindustrie nicht mehr Schaden anrichten oder irreführender sein, als wenn sie es darauf anlegte. *Playboy*- und *Penthouse*-Hefte stehen in allen Zeitschriftenregalen. Es gibt Pornokinos und -Buchläden. In Hotelzimmern kann Cassie sich von einem »Vibrator«-Bett aus Pornofilme ansehen. Anzeigen, die mich wegen ihres sexuellen Gehalts aufregen, machen ihr gar nichts aus. Als ich ihr erzählte, das Wort »Orgasmus« hätte ich das erste Mal mit zwanzig gehört, schaute sie mich ungläubig an.

Cassies Welt ist in Sachen Sex toleranter und offener. Freunde von ihr haben ein kitschig-vulgäres Stück mit dem Titel *Vampirlesben in Sodom* inszeniert. In ihrem Zimmer hat sie als Gag Kondome mit Pfefferminzgeschmack liegen. Sie ist Mitglied der FLAG-Gruppe – Friends of Lesbians and Gays – an ihrer Schule, der sie beitrat, nachdem einer ihrer Freunde bei ihr sein »coming out« hatte. Sie ist vorurteilslos in bezug auf sexuelle Orientierung und tritt vehement für die Rechte von Homosexuellen ein. Ihre Welt geht freundlicher und sanfter mit Mädchen um, die Babys bekommen. Ein Fünftel aller Babys hat heutzutage ledige Mütter. Einige ihrer Klassenkameradinnen bringen ihre Babys mit zur Schule.

In mancher Hinsicht ist Cassie besser über Sex informiert, als ich es war. Sie hat Bücher über Pubertät und Sexualität gelesen und in der Schule Aufklärungsfilme zu sehen bekommen. Sie hat freizügige Kinofilme gesehen und stundenlang Musik mit sehr freizügigen Texten gehört. Aber trotzdem weiß Cassie auf die Fragen, die sie am meisten interessieren, immer noch keine Antworten. Niemand hat ihr erklärt, wann sie nun Geschlechtsverkehr haben, wie sie nein sagen soll oder was eine positive sexuelle Erfahrung beinhalten müßte.

Cassie ist Jungen gegenüber ebenso auf den Mund gefallen, wie ich es war, aber was das richtige Verhalten wäre, weiß sie erst recht nicht. Die Werte, die ihr zu Hause und in der Kirche nahegebracht wurden, unterscheiden sich völlig von den durch die Medien vermittelten Werten. In einer Gesellschaft, in der eine gewaltige Porno-Industrie Frauen auf Körperteile reduziert, ist sie dazu erzogen worden, sich als Person zu lieben und zu schätzen. Aus Film und Fernsehen hat sie gelernt, daß aufgeklärte Menschen sexuell freizügig und spontan sind; gleichzeitig hat man sie gewarnt, daß Gelegenheitssex ihr Tod sein könne. Und sie ist vergewaltigt worden.

Gegenüber Gewalt ist Cassie nicht mehr sensibel. Sie hat Fernsehberichte über Inzest und sexuelle Übergriffe und Tausende von Morden auf der Kinoleinwand gesehen. Sie kennt

331

Eine verhängnisvolle Affäre und *Halloween II*. Seit Jeffrey Dahmer weiß sie, was Nekrophilie ist. *Das Tagebuch der Anne Frank* hat sie nicht traumatisiert.

Nach Einbruch der Dunkelheit darf Cassie nicht allein aus dem Haus. Türen und Fenster werden verriegelt. In ihrer Handtasche hat sie Tränengas, an ihrem Schlüsselbund eine Trillerpfeife. Sie spricht nicht mit Männern, die sie nicht kennt. Wenn sie nicht rechtzeitig nach Hause kommt, sind ihre Eltern sofort alarmiert. Natürlich gab es auch in den fünfziger Jahren Mädchen, die schreckliche Erfahrungen machten, und es gibt in den Neunzigern Mädchen, die ein behütetes Leben führen, aber die Verhältnisse haben sich erheblich verändert. Wir spüren es mit jeder Faser unseres Körpers.

Ich möchte nicht behaupten, daß ich in der guten alten Zeit aufgewachsen bin und Cassie in der bösen Gegenwart lebt. Ich möchte hier nur aufzeigen, daß unsere Biographien etwas darüber aussagen, wie sehr die Welt für heranwachsende Mädchen dieselbe geblieben ist und wie sehr sie sich verändert hat. Gemeinsam ist uns, daß sich in der Pubertät unsere Körper veränderten und uns das angst machte. Wir beide begannen in der Zeit, uns mühsam neue Beziehungen zu Mädchen und Jungen aufzubauen. Wir wollten attraktiv sein und unsere sexuellen Triebe verstehen lernen. Jungen gegenüber waren wir unbeholfen, Mädchen kränkten uns. Mit dem Älterwerden versuchten wir, uns als Erwachsene zu definieren, und distanzierten uns von unseren Eltern, fühlten uns dadurch aber gelegentlich auch einsam. Auf der Suche nach unserer Identität gerieten wir oft in Verwirrung und Traurigkeit. Beide machten wir Phasen durch, in denen wir launisch, verschlossen und in uns gekehrt waren.

13. Was ich beim Zuhören gelernt habe

Die vierzehnjährige Brandi wurde von ihrer Mutter, einer müde aussehenden Fabrikarbeiterin aus einem nahe gelegenen Ort, die darauf bestanden hatte, daß sie für mindestens eine Sitzung zu mir kommen sollte, in meine Praxis begleitet. Während Brandi mit den Augen rollte und stöhnte, erklärte die Mutter, Brandi sei von einem Alkoholiker aus der Nachbarschaft sexuell belästigt worden.

Brandi unterbrach ihre Mutter mit den Worten, der Vorfall sei »nicht so schlimm« gewesen, und andere Dinge ärgerten sie viel mehr als der blöde Nachbar. Sie beschwerte sich darüber, daß ihre Mutter sie ständig zur Hausarbeit anhielt und ihr Vater darauf bestand, daß sie an Wochentagen abends früh nach Hause kam. Sie sagte, ihr größtes Problem sei, daß ihre Eltern sie wie ein kleines Kind behandelten, das hätte sie einfach satt.

Ich meinte, es könne womöglich doch hilfreich sein, über die Belästigung zu sprechen. Sie erwiderte: »Manche Mädchen quatschen sich vielleicht gern bei Fremden aus, aber ich bin nicht der Typ dafür.«

Zu meiner Überraschung machte Brandi nach dieser ersten Sitzung einen neuen Termin mit mir aus. Das nächste Mal kam sie allein mit ihrem Stoffpanda. Sie rollte sich auf meiner Couch zusammen und erzählte mir, was wirklich passiert war.

Shana saß zwischen ihren Eltern, die beide Psychologen waren, bei mir auf der Couch. Sie trug Jeans und ein *Jurassic-Park*-T-Shirt und wirkte wesentlich jünger als 13. Ihr Vater, massig wie ein Bär, der ein Tweedjackett anhatte, erklärte,

Shana wolle nicht mehr in die Schule gehen. Zuerst spielte sie krank, aber später blieb sie einfach so zu Hause. Sie verstanden nicht, warum – sie hatte gute Noten, einen Freundeskreis, und soweit sie wußten, war nichts Besonderes vorgefallen.

Shanas Mutter, eine große, selbstbewußte Frau, deren Arbeiten über Suchtkrankheiten ich verfolgt hatte, wollte wissen, ob es eine Depression sein könnte. Ihr eigener Vater hatte sich umgebracht, und einer ihrer Brüder war als manisch-depressiv diagnostiziert worden. Sie hatte bemerkt, daß Shana nachts aufblieb, den ganzen Tag schlief und keinen Appetit hatte.

Ich fragte Shana, warum sie nicht in die Schule ging.

Shana dachte einen Moment nach und sagte dann: »Ich habe das Gefühl, ich ersticke oder höre auf zu atmen, wenn ich in das Gebäude reingehe.«

Jana lutschte an einem Wassereis, während sie mir von ihren häuslichen Schwierigkeiten berichtete.

»Ich hasse meine Mutter. Sie ist eine richtige Hexe. Wenn ich daran denke, daß ich die nächsten vier Jahre bis zum Schulabschluß noch mit ihr zusammenwohnen muß, glaube ich manchmal, ich werde verrückt.«

Ich fragte sie, was ihre Mutter denn täte, das sie so wahnsinnig machte.

»Sie versucht, mein Leben zu kontrollieren. Sie will, daß ich mein Zimmer aufräume und sonntags in die Kirche gehe. Sie zwingt mich, regelmäßig zu essen.«

Jana hielt inne und sah leicht verdrießlich drein. »Wenn ich Ihnen das so erzähle, hört es sich gar nicht so schlimm an. Aber ehrlich, wenn Sie mit meiner Mutter zusammenleben müßten, wäre Ihnen auch zum Kotzen zumute.«

Meine anthropologischen Seminare an der Universität haben mich bei meiner Arbeit mit Menschen immer begleitet. Damals lernte ich, Menschen im Kontext ihrer Kultur zu begreifen. Ich gewöhnte mir an zu fragen: »Was erwartet ihre Gesellschaft von ihnen? Welche Rolle ist ihnen zugedacht?« Später dann, im Fach Psychologie, wurde ich in Psychodynamik ausgebildet und während meiner Assistenzzeit mit der Systemtheorie bekannt gemacht.

Ich habe bei vielen großartigen Leuten und aus eigener Erfahrung gelernt. Menschen können dreierlei Dinge tun – denken, fühlen und handeln –, und ich versuche, auf alle drei Bereiche einzuwirken. Ich würde mich selbst als beziehungsorientierte, kognitive Behavioristin bezeichnen. Ich bin von der humanistischen Psychologie und auch von Theorien über soziales Lernen beeinflußt.

Ich glaube, daß es wohltuend ist, wenn man jemandem im Gespräch aufmerksam, teilnehmend und vorurteilslos gegenübertritt. Wenn ich einer Klientin zum ersten Mal begegne, suche ich nach Eigenschaften an ihr, die ich respektieren kann, und nach Möglichkeiten, mich in ihre Situation einzufühlen. Meiner Ansicht nach kann ich ihr nicht helfen, wenn ich diese Eigenschaften nicht finde. Ich glaube nicht, daß immer eine Analyse der Vergangenheit notwendig ist. Ich mag Alltagssprache. Zu Opferverhalten, Selbstmitleid oder Vorwürfen ermutige ich im allgemeinen nicht. Ich finde, eine Psychotherapie sollte Menschen befähigen helfen, ihr eigenes Leben besser in den Griff zu bekommen und ihre Beziehungen zu anderen auszubauen.

Ich versuche, das zu sein, was der Psychologe Don Meichenbaum einen »Hoffnungsspender« nennt. Ich bin pragmatisch, vorurteilsfrei und kooperativ. Negative Etiketten und Diagnosen oder das medizinische Modell lehne ich ab. Ich fühle mich Therapeuten verwandt, die Familien auf eher positive Weise sehen. Mir gefallen die Arbeiten von Jay Haley, Harriet Lerner, Claudia Bepko und Jo-Ann Krestan. Respekt habe ich auch vor Michael White und David Epston, die der Meinung sind, Klienten kämen mit »problemgetränkten« Geschichten zu ihren Therapeuten und es sei Aufgabe des Therapeuten, ihnen zu helfen, spannendere und optimistischere Geschichten zu erzählen. White und Epston betonen, daß nicht der Klient, sondern das Problem das Problem ist, und ziehen deshalb sogenannte »Lösungsgespräche« »Problemgesprächen« vor.

Sie glauben, daß viele Familien Schwierigkeiten haben, weil sie problemgetränkte Geschichten über sich erzählen, und weisen darauf hin, daß Psychologen diese Erzählweise oft noch verstärken, indem sie Fragen über Fehlschläge und Konflikte stellen und die Bereiche ignorieren, in denen die Familie stabil und intakt ist. White und Epston unterstützen Familien, indem sie sie ermutigen, neue Geschichten zu erzählen, die davon handeln, wie gut sie funktionieren. Mir gefallen ihre Ansätze, weil sie der Therapie ihren pathologisierenden und tadelnden Anstrich nehmen. So wie sie vorgehen, werden Alternativen sichtbar, entstehen Optimismus, Vertrauen und Solidarität.

Ganz allgemein ist es bei allen Klienten mein Ziel, ihre Authentizität, ihre Offenheit für Erfahrungen, ihre Kompetenz, ihre gedankliche Flexibilität und ihre realistische Einschätzung der Umwelt zu verstärken. Ich möchte ihnen helfen, die Dinge in neuem Licht zu sehen und erfülltere, erfreulichere Beziehungen aufzubauen. Die Psychotherapie ist eine von vielen Methoden, mit denen Menschen Einsichten über ihr Leben gewinnen. Sie ist eine Methode, bei der jemand bei der Lösung menschlicher Probleme berät. Sie kann für alle gut sein, denn sie hilft Menschen, ihr Leben zu steuern, anstatt sich treiben zu lassen. Ein solches Leben wird tatsächlich lebenswerter. Das ideale Leben verläuft friedlich, ist verantwortungsvoll und macht Spaß. Wie Sigmund Freud glaube ich an den Wert von Liebe und Arbeit.

Meine Beschäftigung mit heranwachsenden Mädchen und ihren Eltern zwang mich, meine Ausbildung in puncto Familie neu zu überdenken. Vieles, was auf diesem Gebiet geschrieben wird, behandelt die Familie als eine Hauptquelle von Krankheit und Leiden. Die Sprache der Psychologie spiegelt diese Voreingenommenheit wider – distanzierende Worte sind positiv besetzt (Unabhängigkeit, Individuation und Autonomie), Worte, die Nähe bezeichnen, dagegen negativ (Abhängigkeit und Verstrickung). Tatsächlich ist bei Psychologen der Hang, Familien zu pathologisieren, so weit verbreitet, daß eine Definition für eine normale Familie »eine Familie, die noch nicht von einem Psychologen untersucht wurde« lautet.

Es ist schon Jahre her, daß Miranda und ihre Eltern in meine Praxis kamen. Drei Monate zuvor war bei ihr Bulimie diagnostiziert worden, und man hatte sie zur Behandlung in eine Klinik überwiesen, die mehrere Stunden von ihrem Heimatort entfernt war. Um Mirandas Behandlung bezahlen zu können, nahmen ihre Eltern eine zweite Hypothek auf ihr Haus auf. Sie riefen sie täglich an und fuhren jedes Wochenende zur Familientherapie zu ihr. Nachdem drei Monate vergangen und Tausende von Dollars ausgegeben waren, hatte Miranda immer noch Eßstörungen, und ihre Eltern waren als co-abhängig diagnostiziert worden.

Meine erste Frage an Miranda war: »Was hast du bei deinem Aufenthalt im Krankenhaus gelernt?«

Stolz antwortete sie: »Daß ich aus einer dysfunktionalen Familie komme.«

Ich mußte an ihre Eltern denken – ihr Vater war Physiotherapeut, ihre Mutter Bibliothekarin in einer kleinen Gemeinde. Sie waren weder Alkoholiker, noch nahmen sie Drogen. Sie fuhren jeden Sommer mit der ganzen Familie in die Ferien und sparten für Mirandas Studium. Sie spielten Brettspiele mit ihr, lasen ihr Gute-Nacht-Geschichten vor und besuchten ihre Schulveranstaltungen. Jetzt, da Miranda Schwierigkeiten hatte, hatten sie enorme Schulden gemacht, um ihre Behandlung zu bezahlen. Und für all ihre Mühe und all das Geld wurden sie nun als pathologisch bezeichnet.

Miranda war wie fast alle Teenager schnell bereit, dieser Bezeichnung zuzustimmen. Es ist einfach, Mädchen in ihrem Alter davon zu überzeugen, daß ihre Eltern sie nicht verstehen und ihre Familien dysfunktional sind. Seit alters her haben Teenager das Gefühl, ihre Eltern seien einmalig beschränkt. Wenn ein Experte sie in ihrer Meinung bestärkt, fühlen sie sich bestätigt, zumindest für den Augenblick.

Auf lange Sicht schadet es den meisten Jugendlichen jedoch, ihre Eltern herabzusetzen. Deshalb wollte ich erreichen, daß Miranda wieder ein ausgewogeneres Bild ihrer Familie bekam. Als ich andeutete, es sei ihren Eltern doch wohl zugute zu halten, daß sie sich so bemüht hatten, ihr zu helfen, schien sie zunächst verwirrt, dann aber sichtlich erleichtert.

Die negative Sicht der Familie in der Psychologie fing mit Freud an. Er glaubte, der menschliche Charakter bilde sich bereits in der frühen Kindheit innerhalb der Familie voll aus, und die Charakterstruktur der meisten Kinder sei aufgrund der Pathologie der Eltern nicht intakt. Ziel der Analyse war es, den Klienten von den durch die Familie angerichteten Schäden zu heilen. Viele populäre Psychologiebücher legen nahe, wenn der Leser nicht glücklich sei, läge das an seiner dysfunktionalen Familie. Diese Bücher ignorieren die Kriminalitätsrate, die Armut und die fadenscheinigen Werte unserer Massenkultur und unsere von Drogen und Alkohol beeinflußte Lebensweise.

Natürlich spiegeln sich die Probleme einer dysfunktionalen Kultur im Leben der einzelnen Familien wider. Viele Männer, die in einer frauenfeindlichen Gesellschaft aufgewachsen sind, mißhandeln ihre Frauen und Töchter. Viele Mütter liefern ihren Töchtern das Vorbild einer passiven, schwachen Weiblichkeit. Manche Eltern fungieren als Werkzeuge des Systems, indem sie verzweifelt danach streben, daß ihre Töchter beliebt sind. Wenn aber so viele Familien Schwierigkeiten haben, ist es wichtig, sich den kulturellen Kontext anzusehen. Statt die Familien dafür zu tadeln, daß ihre Töchter unglücklich sind, müssen wir herausfinden, was an unserer Gesellschaft das Glück so vieler halbwüchsiger Mädchen beeinträchtigt.

Die Psychologie hat sich in ihrem Umgang mit Familien einiges zuschulden kommen lassen. Wir haben Eltern widersprüchliche und stets wechselnde Ratschläge gegeben. Wir haben sie heftig davor gewarnt, welchen Schaden sie anrichten können, wenn sie als Eltern Fehler machen, und ihnen klargemacht, daß sie ihrer Aufgabe nicht gewachsen sind. Unsere Tendenz, die Eltern, vor allem die Mütter, für die Probleme ihrer Kinder verantwortlich zu machen, hat viele Eltern geradezu gelähmt. Sie haben solche Angst davor, ihre Kinder zu traumatisieren, daß sie keine klaren und festen Grenzen setzen. Sie haben solche Angst, dysfunktional zu sein, daß sie gar nicht mehr funktionieren.

Meine Arbeit mit heranwachsenden Mädchen hat dazu beigetragen, daß ich Familien jetzt in einem anderen Licht sehe. Die meisten Eltern, denen ich begegne, lieben ihre Töchter offensichtlich und wollen nur das Beste für sie. Sie bieten ihren Töchtern Zuflucht und sind ihr wertvollster Beistand in Zeiten der Not. Ich respektiere ihre Bereitwilligkeit, Unterstützung zu suchen, wenn ihnen etwas über den Kopf wächst, und fühle mich geehrt, daß sie mir vorübergehend erlauben, an ihrem Leben teilzunehmen.

Gute Therapeuten bemühen sich, die Familienbande zu stärken. Wir versuchen, Harmonie und gute Laune, Toleranz und Verständnis der Familienmitglieder füreinander zu fördern. Statt nach pathologischen Etikettierungen Ausschau zu halten, ermutigen wir zum Ausbau dessen, was John DeFrain in allen intakten Familien festgestellt hat: Anerkennung und Zuneigung, Engagement, positive Kommunikation, Zeit für Gemeinsamkeit, seelisches Wohlbefinden und die Fähigkeit, mit Belastungen und Krisen fertig zu werden.

Wir sind als Therapeuten dann am hilfreichsten, wenn wir die elterlichen Bemühungen, ihre heranwachsenden Kinder zu behüten, und zugleich die Bedürfnisse der Teenager, zu wachsen und die Welt zu erobern, unterstützen. Wir können helfen, indem wir Jugendlichen beibringen, wie sie sich von ihren Eltern ablösen, ohne sich von ihnen loszusagen. Wir können Mädchen helfen, positive Formen der Unabhängigkeit zu entwickeln. Wir können helfen, indem wir die Auswirkungen der Massenkultur auf Familien diskutieren. Wir sollten Familien politisieren, nicht pathologisieren.

Wir müssen die Gesellschaft verändern, wenn sie gesunde junge Frauen hervorbringen soll. Weder kann ich das alleine vollbringen, noch können das die Familien, die ich kennenlerne. Ich versuche, dazu beizutragen, daß diese Familien manches am Verhalten ihrer Töchter als Reaktion auf eine frauenfeindliche Kultur und deren Ausprägungen zu Hause, im Freundeskreis, in der Schule und in ihrem weiteren Umfeld begreifen. Zusammen arbeiten wir heraus, welchen Einfluß diese Kultur auf das Leben der Familie hat, und entwickeln Pläne zur Schadenskontrolle. Das sind Notstandsmaßnahmen.

Natürlich hat jede Familie ihre eigene Geschichte, ihre spezifischen Probleme und blinden Flecken. Und jede Familie hat ihre spezifischen Stärken und Bewältigungsmechanismen. Ich versuche, Familien zu stabilisieren und den Töchtern die Kraft und Freiheit zu geben, so zu sein, wie sie wirklich sind.

Töchter können lernen, die Einflüsse zu erkennen, die sie formen, und bewußt zu entscheiden, welche sie akzeptieren wollen und welche nicht. Sie brauchen eine »Bewußtwerdungs-Therapie«; das ist meine Bezeichnung für Selbsterfahrung. Diese Therapie hilft Mädchen, in einer Gesellschaft, die sie dazu ermutigt, auf ewig Objekt des Blicks eines anderen zu bleiben, ganze Persönlichkeiten zu werden. Sie bedeutet das Erlernen einer neuen Form von Selbstverteidigung.

Trotz dieser generellen Einsichten über Therapie empfinde ich junge Mädchen als schwierig. Es ist schwerer, eine Beziehung zu ihnen herzustellen als zu Erwachsenen, und sie neigen eher dazu, eine Therapie ohne Ankündigung abzubrechen. Fehler, die mir bei ihnen unterlaufen, nehmen sie viel ernster. Sie sind wesentlich unnachsichtiger. Mit ihrem Verhalten wollen sie oft tiefliegende Nöte überdecken, so daß es nicht einfach ist festzustellen, welche Probleme sie wirklich haben. Selbst eine genaue Einfühlung ist schwierig. Ihre Erfahrungen unterscheiden sich von meinen jetzigen und auch von denen, die ich in ihrem Alter hatte. Wenn ich versuche, auf der Basis gemeinsamer Erfahrungen anzuknüpfen, scheitere ich häufig.

Gewöhnlich spielt es sich so ab: Beim ersten Besuch strahlen die Mädchen Verwirrung und wenig Selbstvertrauen aus. Sie fühlen sich in ihrem Körper nicht wohl. Sie lassen ein Kaleidoskop an Emotionen aufblitzen – Angst, Gleichgültigkeit, Schwermut, Selbstgefälligkeit, Resignation und Hoffnung. Sie signalisieren Verzweiflung über ihre Sexualität und Haß auf ihr Aussehen. Sie sind auf Ablehnung und Spott gefaßt. In ihren Augen scheinen immer wieder neue Fragen auf: Sollen sie es wagen, über schlechte Noten, Eßgier, Alkohol, Sex, Selbstverstümmelung oder Selbstmordgedanken zu sprechen? Bin ich dann böse? Ablehnend? Unfähig, sie zu verstehen? Oder, am allerschlimmsten, speise ich sie mit glatten Antworten ab? Sie gucken sehnsüchtig zur Tür und lächeln mich auf eine Weise an, die besagt: »Ich will, daß du mich magst, aber glaube bloß nicht, daß ich das zugebe.«

Bei Mädchen in diesem Alter ist es besonders wichtig, daß ich eine positive Beziehung zu ihnen aufbaue. Ohne gegenseitige Zuneigung und Achtung ist es unmöglich, mit ihnen zu arbeiten. Dazu muß ich ihnen zunächst helfen, Vertrauen zu fassen – zu mir, zu unserer Beziehung, zu sich selbst.

Mädchen versuchen auf vielerlei Art, den Therapeuten auf die Probe zu stellen. Am besten besteht man diese Tests, indem man zuhört. Daß uns jemand ernsthaft, uneingeschränkt und vorurteilsfrei zuhört, erleben wir alle viel zu selten. Ich frage ständig nach. Welches Gefühl hast du dabei? Was denkst du? Was ist dir an dieser Erfahrung wichtig? Was hast du aus dieser Erfahrung gelernt? Kannst du mehr darüber erzählen?

Ich widerstehe dem Drang, Ratschläge oder zuviel Sympathie zu äußern. Ich helfe dem Mädchen beim Sortieren – was kann sie selbst kontrollieren, was nicht? Welche Ansichten sind die ihrigen, welche die anderer Leute? Was ist an einer bestimmten Geschichte am wichtigsten? Was könnte ein kleiner Schritt in die richtige Richtung sein?

Die entscheidende Frage an jede Klientin ist: »Wer bist du?« Die Antwort darauf interessiert mich selbst nicht; ich will ihr einen Prozeß erschließen, den sie ihr Leben lang immer wieder in Gang setzen kann. Zu diesem Prozeß gehört, daß sie in sich nach dem wahren Kern ihres Selbst sucht, ihre ganz spezifischen Gaben entdeckt, all ihre Gefühle akzeptiert, nicht nur die gesellschaftlich anerkannten, und gründliche, feste Entscheidungen über Werte und deren Bedeutung trifft. Es gehört weiterhin dazu, daß sie den Unterschied zwischen Denken und Fühlen erkennt, zwischen unmittelbarer Befriedigung und langfristigen Zielen, zwischen ihrer eigenen Stimme und der Stimme anderer, daß sie herausfindet, wie sich die Rollenerwartungen, die unsere Kultur an Frauen hat, auf sie persönlich auswirken. Sie muß mit sich ausmachen, welche dieser Rollen sie ablehnt und wie sie neue, für sie selbst geeignete Richtlinien entwickelt. Der Prozeß lehrt Mädchen, sich einen Weg vorzuzeichnen, der auf den Geboten ihres wahren Selbst basiert. Er verläuft nicht geradlinig, ist mühsam und entmutigend, aber auch erfreulich, kreativ und voller Überraschungen.

Oft benutze ich als Metapher den Polarstern. Ich sage meinen Klientinnen: »Du sitzt in einem Boot, das von den Stürmen des Lebens herumgewirbelt wird. Die Stimmen deiner Eltern, deiner Lehrer, deiner Freunde und der Medien können dich erst nach Osten, dann nach Westen und dann wieder zurücktreiben lassen. Um auf Kurs zu bleiben, mußt du deinem eigenen Polarstern folgen, deinem Gefühl für dein wahres Selbst. Nur wenn du dich daran orientierst, kannst du dir einen Weg vorzeichnen und auf ihm bleiben, nur dadurch kannst du verhindern, daß du kreuz und quer übers Meer getrieben wirst.

Wahre Freiheit hat mehr damit zu tun, diesem Polarstern zu folgen, als der jeweiligen Windrichtung. Manchmal erscheint es wie Freiheit, dem Wind, der gerade bläst, nachzugeben, aber diese Art Freiheit ist in Wirklichkeit eine Illusion. Sie läßt dein Boot im Kreis trudeln. Wahre Freiheit heißt, daß du deinen Träumen nachsegelst.«

Sogar hier, wo wir keine großen Seen haben, sind viele Mädchen schon gesegelt. Und besonders hier lieben Mädchen das Bild vom Meer. Ihnen gefällt die Vorstellung von Sternen, Himmel, tosenden Wellen und sich selbst in einem kleinen, wunderhübschen Boot. Die meisten Mädchen sind aber zugleich unsicher, wie sie diese Metapher auf ihr eigenes Leben anwenden sollen. Kläglich fragen sie: »Woher soll ich denn wissen, wer ich wirklich bin und was ich wirklich will?«

Dann fordere ich sie auf, sich ein ruhiges Plätzchen zu suchen und sich folgende Fragen zu stellen:

Wie fühle ich mich in diesem Augenblick?
Was denke ich?
Welches sind meine Wertvorstellungen?
Wie würde ich mich selbst beschreiben?
Wie sehe ich mich in der Zukunft?
Welche Arbeit mache ich gern?
Wie verbringe ich gern meine Freizeit?
Wann fühle ich mich am meisten wie ich selbst?
Wie habe ich mich seit Beginn der Pubertät verändert?
Welche Menschen respektiere ich?
Worin bin ich meiner Mutter ähnlich und worin nicht?
Worin bin ich meinem Vater ähnlich und worin nicht?
Welche Ziele habe ich für mich als Person?
Was sind meine Stärken und Schwächen?
Worauf wäre ich auf meinem Sterbebett stolz?

Ich ermutige Mädchen dazu, Tagebuch zu führen und Gedichte und Autobiographien zu schreiben. Mädchen in diesem Alter schreiben sehr gern. In ihren Tagebüchern können sie ehrlich und ganz sie selbst sein. Beim Schreiben können sie ihre Erfahrungen klären, auf den Begriff bringen und einschätzen. Ihre Gedanken und Gefühle niederzuschreiben stärkt ihr Selbstgefühl. Ihre Tagebücher sind Orte, wo es auf ihre Sicht der Welt ankommt.

Wir reden über die Enttäuschungen in der frühen Adoleszenz – wenn Mädchen von ihren Freundinnen verraten werden, entdecken, daß sie nach den gesellschaftlich gültigen Normen nicht schön sind, das Gefühl haben, ihre Intelligenz sei etwas Negatives, den Druck verspüren, beliebt zu sein statt aufrichtig und feminin statt eine eigenständige Person.

Ich rege Mädchen dazu an, in sich selbst nach ihren tiefsten Wertvorstellungen und Glaubensgrundsätzen zu suchen. Sobald sie ihr eigenes, wahres Selbst gefunden haben, ermutige ich sie, diesem als Quelle von Sinngebung und Richtung für ihr Leben zu vertrauen. Dieses Selbstgefühl wird dann ihr Polarstern, der ihnen hilft, auf Kurs zu bleiben. Ich ermutige sie, konzentriert auf ihre Ziele hin zu leben, sich nach dem von ihnen definierten Selbstgefühl leiten zu lassen.

Ein reifer Mensch zu sein bedeutet, sich selbst gegenüber aufrichtig und wahrhaftig zu sein, Entscheidungen zu fällen, denen ein bewußter innerer Prozeß zugrunde liegt, Verantwortung für diese Entscheidungen zu übernehmen, intakte Beziehungen zu anderen aufzubauen und die eigenen Gaben zu entfalten. Es bedeutet, über die Umwelt nachzudenken und zu beschließen, welche ihrer Einflüsse man akzeptieren will und welche nicht.

Ich rege die Mädchen dazu an, sich unsere Gesellschaft mit den Augen eines Anthropologen anzusehen, der eine fremde, neue Kultur kennenlernt. Welche Bräuche und Rituale stellen sie fest? Welche Art von Frauen und Männern werden in dieser Gesellschaft respektiert? Welche Körperformen gelten als ideal? Wie sind die Geschlechterrollen zugeordnet? Welche Sanktionen existieren für die Übertretung bestimmter Regeln? Erst nachdem Mädchen diese Regeln durchschaut haben, können sie sich ihnen sinnvoll widersetzen.

Ich bringe Mädchen gewisse Fähigkeiten bei. Die erste und grundlegendste ist die Konzentration auf sich selbst. Ich empfehle ihnen, sich einen ruhigen Ort zu suchen, wo sie sich täglich 10 bis 15 Minuten allein hinsetzen sollten. Ich fordere sie auf, dort zu sitzen, ihre Muskeln zu entspannen und tief ein- und auszuatmen. Dann sollten sie sich auf ihre eigenen Gedanken und Gefühle über den jeweiligen Tag konzentrieren. Sie dürfen diese Gedanken und Gefühle nicht beurteilen oder gar steuern, sondern nur beobachten und für sich annehmen. Aus ihren innersten Reaktionen auf ihr Leben können sie eine Menge lernen.

Eine weitere grundlegende Fähigkeit ist die, Denken und Fühlen voneinander zu trennen. Dazu muß jeder gesunde Erwachsene in der Lage sein. Für Teenager ist das besonders schwer, weil ihre Gefühle so intensiv sind. Sie neigen zu emotionalen Argumenten, da sie glauben, so wie sich etwas anfühlt, müsse es auch sein. Wenn wir in unseren Sitzungen über Ereignisse reden, frage ich immer: »Welches Gefühl hast du dabei? Was denkst du darüber?« Mit der Zeit lernen die Mädchen, daß das zwei unterschiedliche Vorgänge sind und daß beide berücksichtigt werden sollten, wenn eine Entscheidung getroffen werden muß.

Bewußte Entscheidungen zu fällen ist ebenfalls Teil der Selbstdefinition. Ich ermutige Mädchen, Verantwortung für ihr eigenes Leben zu übernehmen. Entscheidungen brauchen Zeit und müssen gründlich durchdacht werden. Die Eltern, der Freund und andere Gleichaltrige mögen sie zwar beeinflussen, aber die endgültige Entscheidung liegt bei jedem einzelnen Mädchen. Am wichtigsten ist dabei die Frage: »Bestärkt dich diese Entscheidung in dem Kurs, den du einschlagen willst?« Zunächst erscheinen diese Entscheidungen geringfügig. Mit wem soll ich dieses Wochenende ausgehen? Soll ich einer Freundin verzeihen, die meine Gefühle verletzt hat? Später kommen Entscheidungen in puncto Familie, Schule, Karriere, Sexualität und intime Beziehungen hinzu.

Eng verknüpft mit einer bewußten Entscheidungsfindung ist das Festlegen und Einhalten von Grenzen. Auch das müssen Mädchen lernen. Auf der untersten Ebene bedeutet das, daß sie entscheiden, wer sie anfassen darf. Es bedeutet außerdem, daß sie Grenzen bezüglich ihrer Zeit, ihrer Aktivitäten und ihrer Mitmenschen setzen. Sie können sagen: »Nein, das mache ich nicht.« Sie können ihren Standpunkt so äußern, daß deutlich wird, was sie tun wollen und was nicht.

Mit dem Setzen von Grenzen verbunden ist wiederum die Fähigkeit, Beziehungen zu definieren. Viele Mädchen sind »empathiesüchtig«, das heißt, sie kennen die Gefühle anderer besser als ihre eigenen. Jedes Mädchen muß überlegen, welche Art von Beziehung in ihrem Interesse ist, und ihre Beziehungen diesen Vorstellungen gemäß gestalten.

Das ist schwierig, weil Mädchen dazu sozialisiert sind, anderen das Definieren zu überlassen. Es ist ihnen unangenehm, ihre Bedürfnisse zu identifizieren und zu benennen, vor allem gegenüber Jungen und Erwachsenen. Sie haben Angst, unfreundlich oder egoistisch zu wirken. Erfolge auf diesem Gebiet sind jedoch sehr aufbauend. Die Mädchen werden damit wieder zu Objekten ihres eigenen Lebens. Sobald sie erlebt haben, wie befriedigend es ist, wenn sie ihre Beziehungen selbst definieren, sind sie ganz begierig darauf, diese Kunst weiterzuentwickeln.

Eine weitere, lebenswichtige Fähigkeit ist die, mit Schmerz umzugehen. Aller Wahnsinn auf dieser Welt kommt daher, daß Menschen versuchen, ihrem Leiden zu entfliehen. Inadäquates Verhalten entsteht aus unverarbeitetem Schmerz. Menschen trinken, schlagen ihre Partner und Kinder, suchen Zuflucht im Glücksspiel, schneiden sich mit Rasierklingen und bringen sich sogar um, nur, um ihrem Leiden zu entkommen. Ich lehre Mädchen, sich mit ihrem Schmerz auseinanderzusetzen, zu horchen, was er ihnen über ihr Leben mitteilt, ihn anzunehmen und sich zu verdeutlichen, statt vor ihm wegzulaufen. Sie lernen, über Schmerz zu schreiben, über ihn zu reden, ihn mittels Kunst, Tanz oder Musik auszudrücken. Das Leben in den neunziger Jahren ist so belastend und hektisch, daß alle Mädchen zuverlässige Methoden brauchen, mit denen sie zur Ruhe kommen können. Wenn dies keine positiven Methoden sind, wie Sport, Lesen, andere Hobbys oder Meditation, werden sie zu negativen greifen, also übermäßigem Essen, Alkohol, Drogen oder Selbstverstümmelung.

Die meisten Mädchen benötigen Hilfe bei der Mäßigung ihrer emotionalen Reaktionen. Ich fordere sie auf, ihren Streß auf einer Skala von eins bis zehn zu bewerten. Extreme Äußerungen zweifle ich an. Ein Mädchen, das zu mir kommt und sagt: »Dies ist der schlimmste Tag meines Lebens«, muß lernen, ihre Erfahrungen umzudeuten. Eine meiner Lieblingsfragen, die auf eine solche Umdeutung zielen, ist: »Was hast du aus dieser Erfahrung gelernt?«

Mädchen werden dazu sozialisiert, in ihrem Umfeld Lob und Belohnung zu suchen; dadurch bleiben sie auf andere Menschen hin orientiert und reaktiv. Außerdem sind sie anfällig für Depressionen, falls das Umfeld ihnen keine Bestätigung gibt. Ich bringe ihnen bei, in sich selbst nach Bestätigung zu suchen. Ich trage ihnen auf, ihre Siege zu dokumentieren und mir mitzuteilen. Als Siege gelten Handlungen, die mit den langfristigen Zielen des Mädchens in Einklang stehen. Wenn es lernt, sich selbst zu bestätigen, ist es weniger verletzlich durch die Meinung der Außenwelt. Es kann sich an seinem Leitstern orientieren.

Ein anderes Überlebenstraining ist die Zeitreise. Wir alle haben unsere schlechten Tage, vergeudete Tage. Manchmal hilft es, sich an diesen Tagen in die Vergangenheit zu versetzen und sich an glückliche Zeiten oder Zeiten, wo alles noch viel schlimmer war, zu entsinnen. Manchmal hilft auch eine Reise in die Zukunft. Sie erinnert das Mädchen daran, daß sie auf ihrem Kurs langfristige Ziele ansteuert und bestimmte Phasen nicht ewig dauern. Eine Zeitreise ist dasselbe wie eine wirkliche Reise. Durch sie können Mädchen ihre Alltagserlebnisse aus einer anderen Perspektive sehen.

Schließlich bringe ich ihnen noch die Freuden des Altruismus nahe. Viele heranwachsende Mädchen sind nur mit sich selbst beschäftigt. Das ist kein Charakterfehler, sondern eine Entwicklungsstufe. Trotzdem macht es sie unglücklich und beschränkt ihre Weltsicht. Ich ermutige Mädchen, Möglichkeiten zu finden, wie sie anderen Menschen auf regelmäßiger Basis helfen können. Ehrenamtliche Tätigkeiten, Besorgungen für Nachbarn und politische Aktivitäten unterstützen sie bei der allmählichen Eroberung der Welt. Sie bekommen ein gutes Gefühl, wenn sie ihren Beitrag leisten, und sind bald weniger auf sich selbst bezogen.

Als Therapeutin und Lehrerin habe ich festgestellt, daß junge Mädchen unausgeglichen, schwach und launisch sind. Ich habe sie aber auch als stark, gutherzig und einsichtsvoll kennengelernt. Ich muß an die Teenager denken, die diese Woche bei mir waren: Veal mit ihren zitronengelben Haaren, die in einer Rockband spielt und in der Schule nicht mehr mitkommt; das Mädchen in den waldgrünen Doc Martens und mit Ringen in Nase und Lippen; die Sportlerin, die sich mit ihren 40 Kilogramm zu dick findet, und das taube Mädchen, das unbedingt sexuell aktiv sein muß, um seine Normalität zu beweisen.

Alle diese Mädchen befinden sich aber im selben Entwicklungsstadium und sind Teil derselben Kultur. Sie müssen Möglichkeiten finden, wie sie von ihren Eltern unabhängig werden und ihnen doch verbunden bleiben können. Sie müssen herausfinden, wie sie etwas leisten können und doch geliebt werden. Sie müssen lernen, in einer Welt, die sie mit armseligen Plastikmodellen von Sexualität bombardiert, moralisch vertretbare und sinnvolle Möglichkeiten finden, ihre Sexualität auszuleben. Sie müssen lernen, sich in einer Kultur, die Frauen weitgehend über ihre Attraktivität definiert, als Person zu respektieren. Sie müssen Erwachsene werden in einer Gesellschaft, in der Weiblichkeit mit Unterwürfigkeit, Schwäche und Fixierung auf andere gleichgesetzt wird.

Viele Symptome bei Mädchen spiegeln ihren Kummer über den Verlust ihres wahren Selbst wider, die Verwirrung darüber, Mensch und Frau sein zu sollen. Die fundamentalen Probleme werden in den unterschiedlichsten Formen sichtbar. Mädchen müssen ihr Selbst finden, abgrenzen und bewahren. Sie müssen ein Gleichgewicht herstellen zwischen der Wahrhaftigkeit gegen sich selbst und einem freundlichen, höflichen Auftreten anderen gegenüber. Zu pathologischem Verhalten kommt es bei Mädchen oft dann, wenn sie ihre wahren Existenzmöglichkeiten nicht erkennen. Man behandelt es am besten damit, daß man zum Wachstum ermutigt und Widerstand trainiert.

Die Arbeit mit heranwachsenden Mädchen hat mich verändert. Ich bin jetzt bescheidener und geduldiger, weniger erfolgssicher als bei Erwachsenen. Ich respektiere Familien mehr und bin mir der Schwierigkeiten bewußter, mit denen sie es aufnehmen müssen, wenn Mädchen in die Pubertät kommen. Ich konzentriere mich stärker auf unsere Massenkultur und den Schaden, den sie bei jungen Mädchen anrichtet. Ich bin wütender und entschlossener, Mädchen dabei zu helfen, sich zu wehren, und etwas für die Veränderung der Gesellschaft zu tun.

Nach fast lebenslanger Arbeit meinte Freud, er wüßte nicht, was Frauen wollten. Ich glaube, seine Unkenntnis rührte daher, daß er den kulturellen Kontext, in dem Frauen lebten, nicht richtig analysierte. Margaret Fuller dagegen war imstande, das, was Frauen wollen, auf zeitlose Weise zu formulieren: »Was eine Frau will, ist nicht, als Frau zu handeln oder zu herrschen, sondern als Wesen zu wachsen, als Intellekt zu erkennen, als Seele zu leben, und das alles frei und ungehindert, damit sie die Kräfte entfalten kann, die ihr mitgegeben sind.«

14. Laßt tausend Blumen blühen

Margaret

Margaret wuchs im Nordwesten auf, wo ihr Vater in einem Stahlwerk arbeitete und ihre Mutter Hausfrau war. Sie und ihr Bruder Neal gingen zusammen in die nahe gelegene Schule und kundschafteten mit den Nachbarkindern die umliegenden Wälder aus. Bei ihrem Eintritt in die Pubertät geschahen mehrere Dinge gleichzeitig. Neal distanzierte sich von Margaret, ihre Mutter verbrachte etliche Abende in der Woche bei einem Gebetskreis, und ihr Vater wurde immer unzufriedener mit seiner Ehe.

Zuvor hatte Margaret sich nie darum gekümmert, wer beliebt oder attraktiv war, aber die Pubertät veränderte alles. Ihr Körper entwickelte sich rapide, und schon bald war sie groß und vollbusig. »Ich hatte die größten Brüste der ganzen Schule«, wie sie sagte. Plötzlich spielte ihr Aussehen eine Rolle. Neal und die Jungen, mit denen sie gespielt hatte, guckten ihr auf einmal auf den Busen und machten anzügliche Bemerkungen.

Früher hatte sie zwei gute Freundinnen gehabt und war auch mit anderen Mädchen gut zurechtgekommen. Jetzt hatte sich die Situation dank Kim und Marsha verändert. Die beiden suchten sich schwarze Schafe aus und forderten die anderen auf, die Unglücklichen mit Verachtung zu strafen. Die Mädchen machten mit, weil sie befürchteten, daß sie sonst die nächsten wären.

Zuerst schloß Margaret sich diesen Mädchen an. »Ich wußte, daß es falsch war«, sagte sie, »aber ich hatte Angst davor, ihr nächstes Opfer zu werden.« Bald jedoch wurde sie trotzdem zum schwarzen Schaf erklärt, angeblich, weil sie soviel flirtete, in Wirklichkeit aber wohl eher, weil sie bei den Jungen beliebt war und damit die anderen Mädchen eifersüchtig machte. Außerdem war sie eine gute Schülerin.

Nun wurde sie von den Mädchen in der Klasse gemieden, auch von ihren ehemals guten Freundinnen. Keine wollte neben ihr gehen oder sitzen oder mit ihr sprechen. Wenn ein Mädchen zufällig mit Margaret in Berührung kam, rannte es sofort zu einem anderen Mädchen und »wischte sich die Bazillen ab«. Das Mädchen lief dann mit den Bazillen wieder zu einem anderen Mädchen, und so ging es immer weiter.

Margaret wollte mit ihrer Familie darüber reden, aber Neal hatte keine Zeit mehr für sie. Er war mit seinen Freunden unterwegs oder telefonierte mit seiner Freundin. Ihre Eltern waren anderweitig beschäftigt – die Mutter mit ihrer Gebetsgruppe, der Vater mit seiner Arbeit. Sie hatte auch Zweifel, ob sie sie verstehen würden. Sie hatte ihre Eltern nie angelogen, aber jetzt schützte sie Krankheit vor, damit sie nicht in die Schule mußte. Sie behauptete, sie hätte Magenschmerzen und keinen Appetit.

In einem Monat nahm Margaret neun Pfund ab. Die ganze Zeit über saß die Mutter an ihrem Bett, las ihr vor und flehte sie an, etwas Tee zu trinken. Margaret liebte es, derartig beachtet zu werden. Sie gab sich selbst das Versprechen, nie wieder in die Schule zu gehen und so krank zu werden wie nötig, um dieses Versprechen halten zu können. Als ihre Mutter meinte, sie sollte wieder am Unterricht teilnehmen, täuschte sie Schmerzen vor und wand sich auf dem Fußboden.

Ihre Mutter brachte sie zum Arzt, der Margaret ins Krankenhaus überwies. Drei Tage lang wurde sie untersucht und beobachtet, danach ohne Diagnose entlassen. Als ihre Mutter wieder vorschlug, sie solle zur Schule gehen, behauptete Margaret, sie sehe doppelt und hätte das Gefühl, sie würde blind.

Die Mutter ging mit ihr zu einem Neurologen, um sie auf einen Gehirntumor untersuchen zu lassen. Der Neurologe überwies sie zu einem Augenarzt, der sie als einziger eine

Schwindlerin nannte. Nach den Augenuntersuchungen sagte er: »Junge Dame, ich weiß nicht, warum du es tust, aber du lügst. Das werde ich auch deinen Eltern und Ärzten erzählen.« Er tat es auch, aber Margaret schien so krank, daß ihm niemand glaubte.

Margarets Mutter nahm sie zu ihrem Gebetskreis mit, wo ein Exorzismus durchgeführt wurde. Eine Frau meinte: »In dir ist ein böser Geist, ein Geist voller Furcht.« Die Gruppe umringte sie, sprach in Zungen und sang, bis Margaret in Tränen ausbrach.

Schluchzend sagte sie, sie hasse das Böse in sich. Die Frauen versicherten ihr, die Gebete hätten das Böse aus ihr entfernt, ebenso wirkungsvoll wie eine Operation. Margaret glaubte ihnen nicht.

Inzwischen war Weihnachten, und Margaret war seit Anfang Oktober nicht in der Schule gewesen. Sie beschloß, den Mädchen in ihrer Klasse Weihnachtsgeschenke zu kaufen. In der Hoffnung, sich einzuschmeicheln, suchte sie für Kim und Marsha ausgewählt teure Badesalze aus.

Sie hatte es satt, krank zu sein und ihre Eltern zu belügen; auch Arztpraxen konnte sie nicht mehr sehen. Nach den Ferien und nachdem sie ihre Geschenke überreicht hatte, versuchte Margaret es wieder mit der Schule. Doch die Jungen mit ihren sexuellen Anzüglichkeiten und die Mädchen, die sie mieden, waren immer noch da. Zwei Tage der Verachtung hielt sie aus, dann sagte sie zu ihren Eltern: »Ich gehe da nicht wieder hin. Ich sterbe, wenn ihr mich wieder hinschickt.«

Ihre Eltern versuchten alles – Einschüchterungen, Bestechung, vernünftiges Argumentieren und Bitten –, aber vergeblich. Schließlich gingen sie mit ihr zu einem Psychiater, den Margaret nicht ausstehen konnte. Sie beschrieb ihn als Mann mittleren Alters mit Anzug und Krawatte, der hinter seinem massigen Schreibtisch saß und ihr Vorträge über Verantwortung hielt. Anschließend teilte er ihren Eltern mit, sie sei verwöhnt, und bestand darauf, daß sie wieder in die Schule ging.

Ihre Mutter hatte die schreckliche Aufgabe, seine Anordnung durchzusetzen. Jeden Tag mußte sie Margaret aus dem Bett zerren und ankleiden. Meistens hing Margaret schlaff auf der Bettkante, während die Mutter ihr Rock und Pullover überzog. Manchmal wehrte sie sich auch und stieß kreischend Obszönitäten hervor. Dann gab ihr die Mutter eine Ohrfeige und weinte. Sie trug sie nach unten und zum Auto. Margaret schluchzte auf dem ganzen Weg zur Schule. Dort angekommen, warf sie ihrer Mutter einen haßerfüllten Blick zu und ging hinein.

Margaret drohte sogar mit Selbstmord. Eines Tages sprang sie aus dem fahrenden Auto. Ein andermal schluckte sie eine ganze Schachtel Abführmittel. Schließlich, an einem Samstag, rannte sie von zu Hause weg. Es schneite, und sie lief tief in den Wald hinein. Sie setzte sich unter einen Baum, der weit vom Wanderpfad entfernt war, und wartete auf den Tod. Um sie herum war Schneetreiben. Sie sah ein Kaninchen, das in ihre Richtung blickte. Als es dunkel wurde, kamen Leute, die nach ihr suchten, und sie mußte sich in die Hand beißen, damit sie nicht um Hilfe rief. Sie war schon ganz steif vor Kälte und konnte Arme und Beine nicht mehr bewegen. Zum sternenübersäten Winterhimmel aufschauend, schlief sie ein. Um Mitternacht fand ein Nachbar sie und trug sie nach Hause. Am Montag mußte sie auf Geheiß ihrer Eltern und des Psychiaters wieder zur Schule gehen.

Zu guter Letzt griff die Schule ein und empfahl einen neuen Therapeuten. Der Mathematiklehrer wußte über die Cliquenwirtschaft in Margarets Klasse Bescheid und konnte sich so denken, warum Margaret nicht mehr in die Schule wollte. Er rief Kim und Marsha zu sich und sagte, wenn sie sich nicht zusammenrissen, würde er sie von der Schule verweisen lassen. Die beiden waren ganz entsetzt, daß sie Margaret mit ihrem Verhalten so weh getan hatten. Sie meinten, sie hätten nicht beabsichtigt, wirklichen Schaden anzurichten. Noch am selben Nachmittag gingen sie zu ihr und sagten, es täte ihnen leid, sie hätten sie nicht so tief verletzen wollen. Margaret nahm ihre Entschuldigungen verblüfft entgegen. Für den Rest des Schuljahres ließen die beiden sie in Ruhe.

Als Margaret zu mir kam, redeten wir über die Schule. Mit den Jungen hatte sie nach wie vor Probleme. Wir sprachen darüber, wie sie negative Begegnungen vermeiden oder sich, falls sie doch in die Ecke gedrängt würde, dagegen wehren könnte. Ich empfahl ihr einen Selbstverteidigungskurs, damit sie solche Situationen besser im Griff hätte. Außerdem rief ich die Schule und ihre Eltern wegen der Belästigungen an.

Margaret wünschte, sie hätte den Eltern schon von ihren Schwierigkeiten berichtet, als sie auftraten. Allerdings war sie sich nicht sicher, ob sie das Ausmaß ihrer Verzweiflung erkannt hätten. »Erwachsene nehmen Jugendliche nicht ernst«, sagte sie. Sie wünschte auch, die Schule hätte früher interveniert, und sie selbst hätte einen Therapeuten gehabt, der ihr zugehört und nicht nur formal die Ordnung wiederhergestellt hätte. Trotzdem war sie stolz, daß sie sich geweigert hatte, etwas zu tun, was so schmerzlich für sie war. Sie war froh, daß sie sich weder von den Mädchen in ihrer Klasse noch ihren Eltern oder den Ärzten hatte einschüchtern lassen.

»Ich werde nicht mehr zulassen, daß Angst mein Leben regiert«, meinte sie. »Ich bleibe, wo ich bin, und kämpfe, statt wegzulaufen. Beim nächsten Mal sage ich nicht mehr, daß mir der Magen weh tut, wenn es in Wirklichkeit mein Leben ist, das schmerzt.«

Ich sagte: »Als du mir von der Schule erzählt hast, kam mir dieses Bild vom Platz des Himmlischen Friedens in Peking in den Sinn. Erinnerst du dich an den jungen Chinesen, der da ganz allein vor den Panzern der Roten Armee stand? Er sah so verletzlich aus, aber er war genau da, wo er sein mußte. Er war mutig, und das warst du auch.«

»Ich habe mich überhaupt nicht mutig gefühlt, sondern böse, unehrlich und schwach. Erst jetzt erkenne ich, daß ich um mein Leben gekämpft habe.«

Margarets Erlebnisse waren zwar besonders dramatisch, sind jedoch in vielerlei Hinsicht typisch. Bis zur Pubertät stand es ihr relativ frei, die zu sein, die sie war. Als sich dann ihr Körper veränderte, wurde ihre Umgebung zu einem emotionalen Hindernisparcours, den sie nicht meistern konnte. Ungewöhnlich war ihr Widerstand gegen eine Umwelt, die sie herabwürdigte und zum Objekt machte. Sie weigerte sich, die Demütigungen durch ihre Mitschülerinnen zu ertragen. Schon zu der Zeit erkannte sie instinktiv, daß es »um Leben und Tod« ging. Paradoxerweise wirkte das, was Margarets Stärke war – ihr Widerstand gegen Druck von außen – auf die Erwachsenen in ihrer Umgebung wie Schwäche. Sie sahen nur die Symptome an der Oberfläche; die dahinter verborgene Stärke entging ihnen. Bei heranwachsenden Mädchen geschieht das oft. Die jeweiligen Probleme sind so komplex, daß Stärke als Schwäche bezeichnet wird und umgekehrt.

Viele junge Mädchen sind weniger eins mit sich, weniger androgyn, als sie es mit zehn waren. Sie werden sich ihres Aussehens und ihrer Sexualität bewußter. Sie sind stiller, haben mehr Angst, deutlich Stellung zu beziehen, sind vorsichtiger mit dem, was sie sagen, und weniger aufrichtig. Sie tendieren mehr zu Selbstzweifeln und Selbstkritik. Sie machen sich mehr Gedanken im Umgang mit anderen Menschen und bemühen sich stärker, ihnen zu gefallen. Oft verlieren sie ihr Interesse an Sport, Mathematik und Naturwissenschaften oder dem Plan, eine bedeutende Politikerin zu werden. Sie verstecken ihre Intelligenz. Viele müssen jahrelang darum kämpfen, um das verlorene Terrain zurückzugewinnen.
Vor der Adoleszenz war ich selbstsicher, neugierig und laut. Ich wußte, daß ich gescheit war, und wollte etwas aus mir machen. Ich hatte vor niemandem Angst. Dann veränderte ich mich. Als ich von der Schule abging, war ich schüchtern und zurückhaltend, höflicher als nötig, voller Sorge über mein Gewicht und mein Aussehen überhaupt und verzweifelt darauf aus zu gefallen. Ein Großteil meines Lebens als Erwachsene war eine langsame Rückkehr zu meiner präpubertären androgynen Persönlichkeit.

Die frühe Adoleszenz ist die Zeit, in der viele Schlachten für das Selbst gewonnen und verloren werden. Es sind harte Kämpfe, und die Niederlagen und Siege entscheiden in hohem Maße über die Qualität des Lebens der zukünftigen Frauen. Wenn junge Mädchen mitten in diesen Kämpfen stecken, wirken sie alle nicht sehr stark. Ihr Verhalten an der Oberfläche läßt wenig von den Schlachten ahnen, die sie im Innersten um ihr wahres Selbst austragen.

Alice Miller würde sagen, Stärke in der Adoleszenz erfordere eine Anerkennung aller Teile des Selbst, nicht nur der gesellschaftlich akzeptierten. Simone de Beauvoir würde meinen, ein junges Mädchen sei stark, wenn sie das Subjekt ihres Lebens bliebe und dem kulturell vorherrschenden Druck widerstände, Objekt männlicher Erfahrung zu werden. Betty Friedan würde es einen Kampf gegen »das Problem ohne Namen« nennen. Toni McNaron bezeichnet es als »radikalen Subjektivismus«, Gloria Steinem als »gesunde Rebellion«. Carol Gilligan nennt es »Sprechen mit der eigenen Stimme« und Bell Hooks »Widerrede«. Widerstand bedeutet, das eigene Wesen vor den Kräften zu schützen, die es zerbrechen würden.

Auch Margaret Mead definiert Stärke als Wertschätzung aller Teile des Selbst, ob sie nun von der Gesellschaft gewürdigt werden oder nicht. Sie wäre dafür, daß das androgyne Selbst der Zehnjährigen überlebt, welches kompetent und mit der Welt verbunden ist, und sie würde betonen, wie wichtig es ist, das eigene Potential zu entwickeln und Versuche, dessen Wert zu mindern, zu bekämpfen.

Die Anforderungen unserer Zeit sind so überwältigend, daß selbst die stärksten Mädchen in der Adoleszenz davor in die Knie gehen. Die Lernschritte sind zu schwierig, die Stufen zu steil, um gleich glatt genommen zu werden. Starke Mädchen schaffen es, sich auch in bewegten Zeiten irgendein Gefühl für sich selbst zu bewahren. Oft ist es ein stark entwickelter Sinn für ihr Umfeld, in dem sie wurzeln. Vielleicht verleiht ihnen die Identifikation mit einer ethnischen Gruppe Stolz und eine feste Basis, oder sie begreifen sich als wichtigen Bestandteil einer Gemeinschaft. Dann erhält dieses Zugehörigkeitsgefühl ihnen ihre Identität, wenn ihnen die Stürme der Pubertät zusetzen.

Starke Mädchen wissen, wer sie sind, und akzeptieren sich als Personen mit vielen Facetten. Womöglich sehen sie sich als Tänzerin, Musikerin, Sportlerin oder politische Aktivistin. Derartige Persönlichkeiten halten Druck gut stand. Talent erlaubt Mädchen eine gewisse Kontinuität zwischen ihrer früheren Kindheit und der jetzigen Adoleszenz. Gebraucht zu werden gibt Mädchen ebenfalls etwas, an das sie sich halten können. Mädchen, die sich um kranke Eltern kümmern oder benachteiligten Menschen helfen, sind besser gegen die Leiden der Pubertät gefeit.

Starke Mädchen schaffen es im allgemeinen, ihren Familien nahe zu bleiben und ihnen gegenüber eine gewisse Loyalität zu bewahren. Selbst wenn sie aus Problemfamilien kommen, gibt es gewöhnlich einen Angehörigen, den sie lieben und dem sie vertrauen. Auch im Chaos der Adoleszenz erhalten sie das Vertrauen zu dieser Person aufrecht.

Fast alle Mädchen haben Schwierigkeiten mit ihrer Familie. Sogar die stärksten unter ihnen bedrängen ihre Eltern, sie als Erwachsene zu bestätigen, bevor die Eltern soweit sind, dies als neue Situation zu akzeptieren. Alle Mädchen distanzieren sich als Teil des Individuationsprozesses. Lebenstüchtige Mädchen wissen aber, daß ihre Eltern sie lieben, und bleiben in Verbindung mit ihnen. Sie bleiben gesprächsbereit und suchen nach wie vor den Kontakt. Auch wenn sie nach außen hin gegen ihre Eltern wüten, ist ein Teil von ihnen weiterhin loyal und ihnen verbunden.

Zwar wirkt oder fühlt sich in dieser Zeit kein Mädchen stark, aber oft gibt es Anzeichen dafür, daß es darum kämpft, sein Selbst zu retten. Es ist immer ein gutes Zeichen, wenn es sich noch an sein Kindheits-Selbst erinnert und die Interessen und Beziehungen seiner Grundschuljahre beibehält. Es ist gut, wenn es dem Druck widersteht, super-feminin zu werden.

Häufig können starke Mädchen das Gefühl artikulieren, daß alles viel schwieriger geworden ist und mit ihrer Umwelt etwas nicht stimmt. Sie merken, daß sie gedrängt werden, auf eine Weise zu agieren, die nicht gut für sie ist. Die vorzeitige Sexualisierung ihres Lebens macht sie nervös. Sie mögen zwar Cliquen angehören, doch ein Teil von ihnen haßt deren Snobismus und weigert sich aktiv, anderen Mädchen weh zu tun.

Wie alle ihre Geschlechtsgenossinnen haben auch lebenstüchtige Mädchen vor vielen Dingen Angst. Sie haben keinen Blick mehr für Relationen und tendieren stärker zum Konformismus als zu jeder anderen Zeit in ihrem Leben. Sie machen eher ihre Eltern für die eigenen Schwierigkeiten verantwortlich und tun Dinge, hinter denen sie gar nicht stehen. Sie wollen hübsch sein und gemocht werden, aber nicht um jeden Preis. Sie würden nie ihre Seele verkaufen, um beliebt zu sein. Wenn es darauf ankommt, behaupten sie sich. Es gibt bestimmte Grenzen, die sie nicht überschreiten.

Ein positives Zeichen ist auch der Glaube an eine Sache oder das Interesse für etwas, das über ihr eigenes Leben hinausgeht. Mädchen, die sich derartig engagieren, können sich auf etwas beziehen, das bedeutsamer ist als ihre Erfahrungen auf den Fluren der Schule. Oft bekommen sie dadurch eine Perspektive, die ihnen hilft, auch in den schwersten Zeiten durchzuhalten. Starke Mädchen schaffen es, kaum Medikamente zu nehmen und mit Schmerzen auf gesündere Weise umzugehen. Zur Entlastung von Streß greifen sie oft auf Gewohnheiten wie Lesen, Joggen oder Klavierspielen zurück.

In *Smart Girls, Gifted Women* untersucht Barbara Kerr die Gemeinsamkeiten von Mädchen, aus denen später starke Frauen wurden. Sie befaßte sich mit den Jugendjahren von Marie Curie, Gertrude Stein, Eleanor Roosevelt, Margaret Mead, Georgia O'Keeffe, Maya Angelou und Beverly Sills und stellte fest, daß sie alle Zeit für sich selbst gehabt hatten sowie die Fähigkeit, sich in eine Idee zu verlieben, daß sich alle weigerten, Geschlechtsgrenzen anzuerkennen, und eine, wie Barbara Kerr es nennt, »schützende Hülle« besaßen. Keine von ihnen war als junges Mädchen besonders beliebt, und die meisten blieben in ihrer Altersgruppe relativ isoliert, nicht weil sie es wollten, sondern weil sie abgelehnt wurden. Ironischerweise erhielten sie genau durch diese Ablehnung einen Freiraum, in dem sie ihre Einzigartigkeit entfalten konnten.

Viele starke Mädchen haben dieselbe Geschichte: Sie waren in der Adoleszenz sozial isoliert und einsam. Oft sind es intelligente Mädchen, die von Gleichaltrigen am heftigsten abgelehnt werden. Ihre Stärke ist eine Bedrohung, und sie werden dafür bestraft, daß sie anders sind. Mädchen, die unattraktiv sind oder sich nicht darum kümmern, wie sie aussehen, werden verachtet. Die daraus entstehende Vereinzelung ist oft ein Segen für die Mädchen, weil sie ihnen erlaubt, ein starkes Selbstgefühl zu entwickeln. Sie gehen unabhängiger und autarker aus der Adoleszenz hervor als jene, die allgemein akzeptiert werden.

Manchmal schützen sich starke Mädchen, indem sie still und vorsichtig sind und nur ein paar vertraute Menschen von ihrer Rebellion wissen lassen. Vielleicht sind sie auch launisch und jähzornig und halten sich so Kritik vom Leibe, so daß nur Personen, die sie lieben, wissen, was mit ihnen los ist. Oder sie haben die Fähigkeit, mit einem Achselzucken über die Meinungen anderer hinwegzugehen oder mit Humor die Feindseligkeit abzuwehren, die ihnen entgegenschlägt.

Viele starke Mädchen haben sich geschützte Freiräume geschaffen, in denen sie wachsen können. Sport kann zum Beispiel ein solcher Freiraum sein. Mädchen, die Sport treiben, sind emotional oft intakt. Sie betrachten ihren Körper als funktional, nicht als dekorativ. Wenn sie besondere Leistungen erbringen wollen, müssen sie Disziplin entwickeln. Sie lernen, zu gewinnen und zu verlieren, zu kooperieren, mit Streß und Druck umzugehen. Sie sind Teil einer Gruppe, die sich über sportliche Fähigkeiten definiert statt über Popularität, Drogen- oder Alkoholkonsum, Reichtum oder Aussehen.

Freiräume können durch Bücher, besondere Interessen, die Familie, die Kirche sowie physische oder soziale Isolation entstehen. Sie sind ein Segen. Mädchen, die ohne sie aufwachsen, sich relativ ungeschützt und ohne ihr ureigenes Terrain der Massenkultur aussetzen, sind anfällig für zahlreiche Probleme.

Mit dem Schützen ist es allerdings so eine Sache. Zuviel Schutz führt zum »Prinzessin-auf-der-Erbse-Syndrom«, produziert empfindliche Pflänzchen, die nicht in der Lage sind, Belastungen auszuhalten. Zuwenig Schutz endet oft in Sucht und selbstzerstörerischem Verhalten. Dieselben Belastungen, an denen manche Mädchen wachsen, lähmen andere.

Jedes Leben hat seine Hochs und Tiefs. Für die meisten Frauen ist die frühe Adoleszenz ein deutliches Tief. Wie alle Gleichaltrigen stellen auch starke Mädchen in der Mittelstufe verrückte Dinge an. Sie fühlen sich instabil und ohne Kontrolle über das, was passiert. Es ist wichtig, hinter ihre Fassade zu blicken und zu verstehen, was wirklich vorgeht. Zum Beispiel kann ein Mädchen in dieser Zeit depressiv wirken, weil es so intelligent ist, das Mädchenvergiftende in unserer Gesellschaft zu erkennen und sich davon betroffen zu fühlen. Ein Mädchen, das sich zurückzieht, verhält sich in Wahrheit vielleicht angemessen. Es weiß, daß es noch nicht soweit ist, Alkohol zu trinken oder sexuell aktiv zu sein, und hält sich deshalb von dem sozialen Rahmen, in dem ihre Freundinnen aufwachsen, eine Weile fern. Häufig sind die Dinge anders, als sie aussehen.

Starke Mädchen streben danach, sich als Frauen und Erwachsene zu definieren. Sie versuchen, sich von ihrer Familie zu lösen und ihr gleichzeitig verbunden zu bleiben. Sie versuchen, Freundschaften zu schließen, ohne sich selbst dafür aufzugeben, für sich zu bestimmen, was moralisch ist, und Verantwortung für ihre Entscheidungen zu übernehmen. Sie versuchen, richtige Entscheidungen zu treffen, oft fast ohne Hilfe. All dies ist so schwierig, daß Schwäche oft wie Stärke und Stärke wie Schwäche wirkt. Die Mädchen, die in der

Schule am ausgeglichensten scheinen, sind nicht immer auch als Erwachsene am lebenstüchtigsten. Vielleicht haben sie weniger Antennen, mit denen sie die Signale der Realität empfangen können. Das mag zwar ein Schutz sein, wenn diese Signale schnell und heftig auf sie eintrommeln, aber später entgeht ihnen womöglich manches. Oder es sind Mädchen, die nicht einmal versuchen, Widersprüche zu lösen oder sich die Realität zu erklären. Sie haben es zwar relativ bequem, aber sie wachsen nicht.

June

An dem Vormittag, an dem wir uns kennenlernten, hatte June bereits eine Doppelschicht hinter sich, war frühstücken gewesen und dann quer durch die Stadt zu meiner Praxis gefahren. Sie war grobknochig und hatte ein rundes, pockennarbiges Gesicht. Ihr Haar war kurz, und sie trug einen grauen Jogginganzug, als sie in meine Praxis gepoltert kam und sich auf die Couch sinken ließ. June wirkte körperlich so imposant, daß ich von ihrem Feingefühl überrascht war.

Ihre Ausdrucksweise war persönlich, präzise und bodenständig. Sie sprach so leise und vorsichtig über sich, als ob Psychotherapie weh tun könne wie eine Zahnbehandlung. Gott sei Dank redete sie nicht wie jemand, der zu viele Selbsthilfebücher gelesen hat.

June sagte: »Ich bin hier, weil ich das erste Mal in meinem Leben mit jemandem ausgehe. Ich bin 27 und noch nie geküßt worden. Ich dachte, ich könnte etwas Nachhilfeunterricht gebrauchen.«

Sie war jetzt seit zehn Jahren bei der gleichen Firma beschäftigt. Ihre beste Freundin arbeitete neben ihr am Fließband. Dixie war alleinerziehende Mutter, und June half ihr mit den Kindern. Sie zeigte mir ihre Schulphotos und erzählte, sie würden sie Tante June nennen. »Sie sind wirklich nett«, meinte sie, »wenn man sie erst mal näher kennt.«

Auch ihrem Freund Marty war June bei der Arbeit begegnet. Er war der Gewerkschaftsvertreter für ihre Gruppe. Die letzten drei Samstagabende war er mit einer Pizza und einem Videofilm bei ihr zu Hause vorbeigekommen. Am vorigen Samstag hatte er den Arm um sie gelegt. Das war der Moment, in dem sie beschloß, mich anzurufen.

Ich erkundigte mich nach ihrer Familie, und June seufzte. »Ich habe schon befürchtet, daß Sie darauf zu sprechen kommen.«

»Wir können auch damit warten«, sagte ich sanft.

»Ich kann es ebensogut hinter mich bringen«, meinte sie. »Wenn Sie über meine Teenagerjahre Bescheid wissen, werden Sie verstehen, warum ich nicht viel mit Männern ausgegangen bin.«

Junes Vater war ein Landarbeiter, der »nie viel mit mir zu tun hatte«. Ihre Mutter war Köchin in einem Pflegeheim. »Sie schuftete schwer und war immer gut drauf. Oft brachte sie mir etwas mit – Plätzchen und Handarbeiten, die die Leute im Pflegeheim für mich gemacht hatten. Sie zeigte ihnen Photos von mir und hielt sie über meine Aktivitäten auf dem laufenden. Jeder im Heim liebte sie.«

June hielt inne und sah mich an. »Meine Mutter starb zu Beginn meines ersten Oberstufen-Jahres. Es war schrecklich, sie gerade in dieser Zeit zu verlieren. Ich hatte eben meine Periode gekriegt. Ich war tolpatschig und hatte schlimme Akne. Ich war vorher schon mollig gewesen, jetzt wurde ich dick. Ich war total allein.«

Sie putzte sich die Nase, bevor sie fortfuhr. »In dem Jahr, als meine Mutter starb, sah ich mir ganz allein die Miss-Wahlen an. Ich starrte auf diese dünnen, graziösen Mädchen und wußte genau, so würde ich nie sein. Ich sah weder gut aus, noch hatte ich irgendwelche Talente. Nur meine Mutter hatte mich so geliebt, wie ich war. Ich dachte daran aufzugeben.«

Sie rieb sich die Stirn, als wollte sie Erinnerungen auslöschen, die zu schmerzlich für sie waren. »Ich weiß nicht, wie ich das Jahr hinter mich gebracht habe. Mein Vater war nie zu Hause. Ich hatte kaum etwas zum Anziehen. Ich erledigte die Haus-

arbeit und kochte Essen, aber das war ziemlich dürftig. Mein
Vater gab mir fast nie Geld für Lebensmittel. Ich war dick und
hungrig zugleich.«

Ich fragte sie nach ihren Mitschülern. »Die waren furchtbar.
Nicht mal besonders gemein, aber total gleichgültig. Ich existierte nicht für sie. Ich war zu häßlich und zu trübsinnig, um
dazuzugehören. Bei Experimenten in Chemie oder Physik
wollte niemand mein Partner sein.«

Sie wischte sich über das breite Gesicht und fuhr fort. »Einmal kam in der Cafeteria ein Junge auf mich zu und fragte
mich vor allen anderen, ob ich mit ihm zu einem Fußball-
Spiel gehen wolle. Ich war so ein Trottel, daß ich dachte, er
meinte es ernst. Ich dachte, vielleicht sieht er ja über mein
Äußeres hinweg und mag mich wirklich. Also sagte ich, klar,
wenn mein Vater es mir erlaubt. Dann fing er an zu lachen.
Seine Freunde hielten sich grölend die Seiten. Er hatte mit
ihnen gewettet, daß er mich zum Spaß einlädt. Er kriegte zehn
Dollar dafür.«

June seufzte. »Danach hielt ich mich von Jungen fern.«

Ein Jahr nach dem Tod von Junes Mutter heiratete ihr Vater
Mercene. Die beiden machten eine Hochzeitsreise und brachten June Salz- und Pfefferstreuer für ihre Aussteuer mit.

»Dabei hatte ich überhaupt nicht die Hoffnung zu heiraten«,
sagte sie mit trauriger Stimme.

»Meine Stiefmutter war geizig. Ich durfte mir das Haar nur
einmal in der Woche waschen. Eigentlich hätte ich es jeden
Tag waschen müssen, weil es so fettig war, aber sie wollte
Geld für Wasser sparen. Meine Zähne waren schief, und der
Zahnarzt empfahl eine Spange. Mercene meinte: ›Ich habe ge-
hört, die kann 1000 Dollar kosten. Soviel Geld gebe ich auf
keinen Fall für gerade Zähne aus.‹ Einmal habe ich mir beim
Unkrautjäten auf dem Feld ziemlich schlimm den Fuß zer-
schnitten. Sie wollte aber kein Geld für einen Arzt ausgeben.
Ich habe deswegen etwas gehinkt.«

Ich mußte mich sehr bemühen, neutral zu bleiben, als June
darüber sprach, wie sehr sie vernachlässigt worden war. Sie

selbst ließ keine Wut erkennen, sondern fuhr ganz sachlich fort. »Ich war das schwarze Schaf der Familie. Mein Stiefbruder fragte mich mal, warum ich bei seinen Eltern wohnte.«

Ich fragte, wie sie diese Jahre überstand, in denen sie zu Hause und in der Schule nur Ablehnung erfuhr. »Ich dachte an meine Mutter und daran, was für ein Betragen sie von mir erwartet hätte, und kam zu dem Schluß, daß ich mich nicht mies verhalten könne, nur weil andere Leute das taten. Ich wollte mein Bestes versuchen. Nachts im Bett redete ich mit meiner Mutter. Ich war immer darauf aus, etwas zu haben, auf das ich stolz war, so daß ich es ihr berichten konnte. Ich wußte, daß sie mich liebgehabt hatte, und das half mir über vieles hinweg. Ich wußte, daß ich liebenswert war und daß die Menschen um mich herum nur zu blind waren, um das zu sehen.«

Sie wischte sich mit einem Taschentuch über das Gesicht. »Damals wünschte ich mir verzweifelt Freunde. Heute glaube ich, daß ich in den Jahren eine Menge gelernt habe. Ich habe gelernt, für mich selbst zu sorgen. Ich schaffte es, daß es mich nicht mehr störte, wenn andere Leute mich ablehnten. Ich hatte meine eigenen Vorstellungen darüber, was richtig und was falsch war.

Nach der Schule ging es für mich bergauf. Ich fing an zu arbeiten und fühlte mich gleich mehr akzeptiert. Ich war fleißig, und das fiel den anderen auf. Meine Kolleginnen forderten mich auf, mit ihnen zum Mittagessen zu gehen. Die Männer alberten mit mir rum. Mein Meister hatte Interesse an mir und ermutigte mich, mir die Zähne richten und meinen Fuß untersuchen zu lassen. Ich trage jetzt eine Beinschiene und hinke nicht mehr.«

June lächelte, als sie von der Arbeit sprach. »Ich gebe jedes Jahr eine Party für alle Kollegen aus meiner Abteilung. Freitags gehe ich mit den Gewerkschaftlern zum Bowling. Seit ich da arbeite, habe ich jedes Jahr eine Gehaltserhöhung gekriegt. Ich verdiene gut.

Meinem Vater und Mercene trage ich nichts nach. Mir geht es gut, worüber sollte ich also böse sein? Es geht mir besser als ihnen. Am Wochenende versuche ich immer, irgendwas für sie zu tun. Ich bringe ihnen einen Kuchen oder mähe den Rasen.«

Ich erkundigte mich, wie sie jetzt mit ihrem Vater auskäme. »Er kann mir nicht verzeihen, daß ich so dick bin. Er hat sich eben immer eine schöne Tochter gewünscht.«

Ich dachte über Junes Leben nach. Sie ist zartfühlend und stark zugleich und besitzt die Gabe, verzeihen und lieben zu können. Weil sie nach den Maßstäben, die in unserer Gesellschaft gelten, unattraktiv ist, wird sie von vielen, sogar ihrem eigenen Vater, abschätzig behandelt. Aber irgendwie hat sie es geschafft, zu überleben und sich trotz aller Widrigkeiten positiv zu entfalten. Sie erinnert mich an bestimmte Wüstenpflanzen, die über lange Zeit anscheinend Winterschlaf halten und dann, wenn nur ein bißchen Regen fällt, üppig aufblühen.

Deshalb sagte ich zu ihr: »Ihr Vater hat die Gelegenheit verpaßt, eine wunderbare Person zu lieben.«

Dann redeten wir über Marty. Er ist massig, und die Haare gehen ihm vorzeitig aus. June meinte: »Sein Äußeres ist mir egal. Ich weiß, wie schwer er arbeitet und daß er nie jemanden fertigmacht. Außerdem beklagt er sich nicht ständig.«

Ich schlug vor, sie solle sich jeden Tag einmal ausmalen, wie es wäre, ihn zu küssen. »Es ist schwierig, etwas zu tun, was Sie sich nicht einmal vorstellen können. Aber wenn Sie sich das Bild immer vor Augen halten, wird es in der Realität einfacher.« Ich empfahl ihr, ihre Erwartungen an den ersten Kuß nicht zu hoch zu schrauben. »Es kann sein, daß keine Glocken läuten und sich der Himmel nicht auftut.« Etwas aus dem Zusammenhang gerissen, zitierte ich Georgia O'Keeffe: »Niemand ist von vornherein perfekt.«

Ich machte ihr klar, daß die Beziehung doch sehr gut liefe. Körperliche Anziehung mache schließlich nur einen Teil einer Beziehung aus. Sie verstehe bereits zu lieben und zu verzeihen, und das seien viel wichtigere Gaben. Ich prophezeite ihr, daß das Küssen ganz leicht ginge, wenn sie erst einmal soweit wäre.

Als ich June das nächste Mal sah, berichtete sie, Küssen fände sie großartig. Sie fragte, ob ich der Meinung sei, sie bräuchte auch weiterhin Therapie. »Nein«, sagte ich. »Ich glaube, im Gegenteil, Sie könnten mir noch etwas beibringen über Stärke im Unglück und die Bedeutung des Vergebens.«

June ist ein gutes Beispiel für eine Frau, die, fast ohne Chancen, ihr Leben positiv gestaltet hat. Die meisten psychologischen Theorien würden voraussagen, daß sie auf die schiefe Bahn gerät. Wie es aber häufiger der Fall ist, als wir Psychologen im allgemeinen zugeben, stärkten die widrigen Umstände ihren Charakter. Was sie rettete, war das tiefe Bewußtsein, daß ihre Mutter sie geliebt hatte. Auch als diese tot war, fühlte June sich ihr im Geiste nahe. Deshalb konnte sie sich auch dann wertschätzen, als alle anderen sie ablehnten. Junes Glauben an die Liebe der Mutter verlieh ihr Zielstrebigkeit. Sie war entschlossen, so zu leben, daß ihre Mutter stolz auf sie gewesen wäre.

June besitzt die Gabe, das zu würdigen, was gut an ihrem Leben ist. Einmal sagte sie zu mir: »Ich kriege immer das, was ich mir wünsche.« Dann zwinkerte sie und meinte: »Ich weiß aber auch, was ich mir wünschen muß.« Ihr Leben, das manchen Menschen vielleicht schwierig oder langweilig vorkommt, ist erfüllt und lebenswert. Sie hat einen Freundeskreis, genügend Geld, einen Freund und wird geachtet. Sie ist stolz auf ihr Leben, wie so viele Leute, die selbst etwas aus sich gemacht haben. Sie kennt keine Verbitterung oder Wut, weil sie grundsätzlich glücklich ist. Sie ist eine Wüstenpflanze, die im Regen aufgeblüht ist.

Caroline (17)

Caroline bat mich für ihren Psychologiekurs an der Schule um ein Interview. Ich willigte ein, wenn auch ich sie interviewen dürfte. Caroline war erst kürzlich in unsere Stadt gezogen. Wir trafen uns bei mir zu Hause, und Caroline war als erste mit ihren Fragen dran. Ich war beeindruckt von ihrem Auftreten und ihrer Sensibilität. In ihrer dunkelblauen Rock-Pullover-Kombination wirkte sie älter als 17. Sie hätte eine Journalismusstudentin sein können.

Nachdem sie mich befragt hatte, tauschten wir die Sitzgelegenheiten und damit auch die Rollen. Ich erkundigte mich nach ihrer Familie. Ihr Vater, ein Offizier, hatte Alkoholprobleme und war ein Schürzenjäger. Caroline hielt er für häßlich und faul. Als Kind peitschte er sie bei den geringsten Anlässen aus. Einmal beschimpfte er sie vor seinen Kumpanen so wüst, daß einer von ihnen meinte, er solle damit aufhören. Normalerweise waren seine Freunde jedoch zu betrunken oder zu dickfellig, um sich darüber aufzuregen, daß er seine Tochter herabwürdigte. Caroline sagte über ihren Vater: »Er wäre ein guter Pferdedresseur geworden. Er kannte eine Menge Methoden, den Willen eines anderen zu brechen.

Zum Glück war er nicht allzuoft da«, fuhr sie fort. »Wenn er nach Hause kam, griff ich mir ein Buch und ging auf mein Zimmer. Meine Mutter kam nicht von ihm los, obwohl er sie kaputtmachte.«

Ich fragte, was denn genau geschehen sei. »Es passierte immer nachts, wenn er trinken gewesen war. Er stolperte in die Wohnung, knallte mit den Türen und fluchte. Meine Mutter schrie ihn an, und er beschimpfte sie. Dann schlug er sie, und sie weinte. Später kam sie zu mir und schlief mit in meinem Bett. Als ich zwölf war, machte ich der Sache ein Ende. Ich habe die Polizei gerufen.«

Caroline muß mir meine Gefühle vom Gesicht abgelesen haben, denn sie sagte: »Es war nicht so schlimm, wie Sie denken. Ich ging zum Beispiel sehr gern zur Schule. Wir zogen oft um, und deshalb lernte ich alle möglichen Schulen kennen – und ich war überall die Beste.

Bei den Lehrern war ich der Liebling. Meine Mitschüler mochten mich auch. Ich sang, tanzte, machte Sport und war gut in Kunst. Mit meiner lustigen Art kam ich in jede Clique.

Obwohl mein Zuhause die Hölle war, hatte ich wegen der Bestätigung, die ich in der Schule bekam, viel Selbstbewußtsein.«

Sie sagte: »In der Schule wußte niemand, was bei mir zu Hause los war. Ich tat so, als ob meine Eltern sich um mich kümmerten, Geburtstagsfeiern für mich organisierten und mich regelmäßig zum Zahnarzt schickten. Wenn wir Schulveranstaltungen hatten, erklärte ich, meine Eltern seien beruflich unterwegs. Ich war so gut in der Schule, daß es kein Problem war, die Lehrer zu täuschen.«

Sie machte es sich auf der Couch bequem. »Mein sechstes Schuljahr war eines der besten Jahre meines Lebens. Mein Vater brachte in der Zeit eine Freundin mit nach Hause, und daraufhin versuchte meine Mutter, sich umzubringen. Ich mußte ihr die Pistole wegreißen. Aber erstaunlicherweise war ich trotzdem glücklich. Ich ging auf eine gute Schule, und meine Lehrerin liebte ich geradezu. Sie vermittelte mir speziellen Kunstunterricht und ließ mich in dem Musical, das die Schule aufführte, die Hauptrolle singen. Vielleicht hätte es mir wegen meiner Familie schlechtergehen müssen, aber das tat es nicht. Ich lebte mein eigenes Leben.«

Caroline hielt inne, und als sie fortfuhr, hatte ihre Stimme den glücklichen Klang verloren. »Im nächsten Jahr ließen sich meine Eltern scheiden, und meine Mutter zog mit mir zu ihren Eltern. Alles Gute in meinem Leben war damit vorbei.

Die Schulen waren grauenhaft. Wer Eltern mit Geld hatte, ging auf eine Privatschule, und die öffentlichen Schulen waren pleite. Mein Gemeinschaftskundebuch stammte noch aus der Zeit vor dem Vietnam-Krieg, und in den Labors gab es keine Mikroskope. Einmal mußte ich nach Hause gehen und mich umziehen, weil ich auf dem Schulhof in Kot gefallen war. Ein andermal schnitt ich mich an einer zerbrochenen Bierflasche.

In dieser Schule wurde uns vermittelt, daß wir nichts waren, ein Dreck. Die meisten meiner Mitschüler zogen sich das rein.

Sie ließen ihre Träume fallen und wollten nur noch einen Job in der Fabrik, sobald sie von der Schule abgehen konnten.

Ich war dort ein Niemand inmitten von Niemanden und überdies eine Außenseiterin, weil ich aus dem Norden kam. Ich wurde tatsächlich damit aufgezogen, daß meine Haut zu hell und meine Manieren zu gut waren. Nach ein paar Wochen legte ich mir einen regelrechten Sprachfehler zu, weil ich wie die anderen klingen wollte, und fing an zu nuscheln. Jetzt verstand mich kein Mensch mehr. Da habe ich eine Weile praktisch gar nicht mehr geredet.

Zu Hause lief es in der Zeit ziemlich traurig. Meine Mutter war ständig krank, und meine Großeltern meinten es zwar gut mit mir, aber sie hatten keine Ahnung.«

»Was hat dich gerettet?« fragte ich.

Sie zog ihre Brieftasche heraus und zeigte mir ein Photo. »Sandra rettete mich, oder genauer gesagt, retteten wir uns gegenseitig. Ich lernte sie zu Beginn der achten Klasse kennen. Sie saß in Englisch neben mir. Mir fiel auf, daß sie die Fragen der Lehrerin beantworten konnte. Eines Tages fragte ich sie, ob wir uns nicht nach der Schule auf ein Eis treffen wollten.

Wir verstanden uns auf Anhieb. Sandras Vater war auch Alkoholiker. Ihre Mutter arbeitete in der Büchsenfabrik, und wir wollten beide etwas Besseres aus unserem Leben machen.

Schon am Ende dieses ersten Treffens einigten wir uns, gemeinsam gegen das anzukämpfen, was auf uns zukommen würde. Wir gaben uns das Versprechen, keine Drogen zu nehmen oder schwanger zu werden. Ich war mit meinen Eltern viel gereist und wußte, daß es bessere Orte gab, an denen man leben konnte. Sandra hatte es unheimlich gern, wenn ich davon erzählte.«

Sie lachte und fuhr fort. »Wir erfanden ein bestimmtes Spiel. Ich legte meinen Finger auf einen Globus und drehte ihn. Wenn er stillstand, waren wir an dem Tag dort, wo mein Finger gelandet war. War das zum Beispiel Bombay, dann sprachen wir über das Essen, die Musik, die Straßen, das Wetter, die Gerüche und Geräusche in Bombay. Wir schworen uns, all diese Orte zu besuchen, wenn wir erwachsen wären.«

Sie steckte Sandras Photo weg. »Wir trieben uns gegenseitig zu guten Leistungen an. Wir wußten, daß Bildung für uns der einzige Ausweg war. Wir lernten zusammen Vokabeln. Von einer Bibliothekarin ließen wir uns eine Liste mit den Klassikern geben und lasen sie. Wir gingen, wenn möglich, zu jedem Vortrag, der keinen Eintritt kostete. Wir waren sehr zielstrebig.

In der zehnten Klasse hatten Sandra und ich nur noch Einsen. Wir waren die Besten. Wir sangen und waren im Schülerparlament. Wir schrieben alle unsere Aktivitäten auf, um einander zu zeigen, wie vielseitig wir waren. Im letzten Jahr sind wir dann hierher gezogen.«

»Wie kam es denn dazu?«

»Sandras Onkel und Tante sagten, sie könne bei ihnen wohnen, damit sie wenigstens das letzte Jahr auf eine gute Schule ginge. Ohne mich wollte sie aber nicht zu ihnen. Jetzt teilen wir uns ein Zimmer. Wir sind vertrauter als Schwestern. Wir haben uns das Versprechen gegeben, nicht zu heiraten, bevor wir mit dem Studium fertig sind. Wir werden uns auch in der College-Zeit nahebleiben. Wir gehören einfach zusammen.«

Schon als junges Mädchen war Caroline entschlossen, in allem, was sie tat, ihr Bestes zu leisten. Sie besaß ein bemerkenswertes Talent zu überleben. In der Sprache der landläufigen Psychologie war sie ein »parentifiziertes Kind«, das heißt ein Kind, das früh für sich selbst sorgen muß. Wie jedoch ihr Leben beweist, ist das nicht immer schlecht. Ihre Erfahrungen haben sie verantwortungsbewußt, leistungsorientiert und fähig gemacht, in jeder Situation auf sich aufzupassen.

Oft sind in den Berichten weiblicher Teenager die Beziehungen zwischen Mädchen häßlich und destruktiv. Margarets Geschichte hat gezeigt, wie Mädchen einander schaden können. Bei Caroline war es anders. Sie und Sandra halfen sich gegenseitig, zu überleben und ihrer widrigen Umgebung schließlich zu entkommen. Sie unterstützten einander darin, ihre Träume nicht aus den Augen zu verlieren und optimistisch in die Zukunft zu schauen.

Sowohl June als auch Caroline fehlte das, was wir heutzutage als »emotional verfügbare« Eltern bezeichnen. Junes Mutter war tot, der Vater ihr gegenüber gleichgültig. Carolines Vater war abwesend und ihre Mutter psychisch und körperlich krank. Dieses Fehlen der Eltern machte beiden von vornherein klar, daß sie, um glücklich zu sein, ausschließlich auf sich selbst angewiesen waren. Das ist eine Lektion, die jedes Mädchen lernen muß. Ironischerweise ist sie schwieriger zu lernen, wenn Eltern sich allzu verantwortlich für das Glück ihrer Töchter fühlen.

Beide Mädchen konzentrierten sich auf etwas, das sie über ihre qualvollsten Zeiten hinwegrettete. June war bestrebt, sich so zu verhalten, daß ihre Mutter stolz auf sie gewesen wäre, und Caroline wollte schulisch etwas aus sich machen. Selbst an ihren dunkelsten Tagen bereiteten sie sich, jede auf ihre Weise, auf eine freundlichere Zukunft vor.

Im Gegensatz zu Ophelia erholen sich die meisten Mädchen von den Erfahrungen ihrer frühen Adoleszenz. Sie ist keine tödliche Krankheit, sondern ein akuter Zustand, der mit der Zeit vorübergeht. Solange er dauert, wirkt kein Mädchen stark. Selbst die Mädchen in diesem Kapitel fühlten sich in der Mittelstufe miserabel. Aus der viel günstigeren Position der Oberstufen-Schülerin können sie jetzt ihre Geschichten erzählen, aber vorher hatten sie keinerlei Perspektive. Es ist ja auch unmöglich, inmitten eines Orkans Perspektiven zu haben.

Kein Mädchen entgeht diesem Orkan. Der Sturm bläst einfach zu heftig. Zum Glück dauert er nicht ewig. Bis zum Ende der Schulzeit hat er sich beruhigt, und die Bäume richten sich langsam wieder auf. Auch die Mädchen kommen allmählich zur Ruhe. Sie werden reifer im Denken und beständiger im

Fühlen. Ihre Freunde und Freundinnen sind wohlmeinender und zuverlässiger. Sie schließen Frieden mit ihren Eltern. Ihr Urteilsvermögen hat sich verbessert, und sie sind nicht mehr so sehr mit sich selbst beschäftigt. Die Mädchen, die sich widersetzen und kämpfen, überleben. Wenn es stürmt, haben sie das Gefühl, der Sturm würde nie enden, aber dann hört er doch auf, und die Sonne zeigt sich wieder.

15. Ein Zaun am Rande des Abgrunds

An einem nebligen Montagabend sitzen Sara und ich auf dem Boden des ehemaligen Salons eines hochherrschaftlichen Hauses. Es ist ein wunderhübscher Raum mit hohen Wänden, pfirsichfarbener Auslegware und einem Flügel. Körbe mit getrockneten Blumen und eine antike Uhr schmücken den Marmorkamin. Eigentlich sollten in diesem Raum vornehme Damen in Hut und Handschuhen Tee trinken, aber heute abend sind hier zwanzig von uns in Jogginganzügen und Turnschuhen versammelt, um Selbstverteidigung zu lernen.

Unter uns sind mehrere Mutter-Tochter-Paare, drei halbwüchsige Schwestern, ein paar Studentinnen und einzelne Frauen mittleren Alters. Unsere Trainerin Kit alias Kitty Kung Fu fragt, wer von uns schon einmal jemanden geschlagen habe, und zwei der Teenager heben die Hand.

Kit merkt, wie ängstlich wir sind, und bemüht sich um einen lustigen, entspannten Ton. Sie verteilt Material zur Vorbeugung von Überfällen, zeigt uns Trillerpfeifen und Tränengassprays und ermahnt uns, die Instruktionen zu lesen, bevor wir in eine gefährliche Situation geraten. Sie bringt uns bei, welches die empfindlichsten Stellen des menschlichen Körpers sind und wie man zuschlägt, sich aus einer Umklammerung befreit und entkommt, wenn man von hinten gepackt wird.

Zu zweit üben wir das Gelernte. Unter Kristallüstern greifen wir einander an und wehren uns. Zuerst sind wir richtige Memmen. Wir kichern und boxen mit vorsichtigen, fraulichen Bewegungen ins Leere; wir entschuldigen uns für unsere gelegentliche Aggressivität. Kit muß uns daran erinnern, daß wir schreien, auf den Unterleib und die Augen zielen sollen.

Allmählich geht es besser. Wir geben unsere Damenhaftigkeit auf und lernen ein paar Powergriffe – das »Eiserne Kreuz« und die »Windmühle«. Wir staunen lauthals darüber, wie wirksam diese Griffe in der Praxis sein können. Während wir üben, geht Kit von einem Pärchen zum anderen, korrigiert, redet uns gut zu, gibt uns etwas, daß wir noch nie bekommen haben – Anweisungen, wie wir uns wehren können.

Nach unserem Selbstverteidigungstraining strecken wir uns auf dem Fußboden aus und sehen uns einen Film über Vergewaltigungen an, die bei ganz normalen Verabredungen mit Männern passieren. Ich habe graue Haare, bin seit zwanzig Jahren verheiratet, und es ist eher unwahrscheinlich, daß ich je wieder eine solche Verabredung haben werde. Der Film fesselt mich nicht, deshalb betrachte ich die frischen Gesichter, auf denen sich das Licht des Bildschirms widerspiegelt. Diese jungen Frauen sind die Enkelinnen der Damen, die in diesem Raum ihre manikürten Finger zierlich um Porzellantäßchen schlangen. Ihre Großmütter erhielten nie Unterricht im Beißen, Treten, Schreien und Kratzen. Vielleicht hätten manche ihn benötigt, aber die meisten führten ein gewaltfreies Leben. Die Mädchen hier wachsen dagegen in einer Welt auf, wo eine von vier Frauen irgendwann in ihrem Leben vergewaltigt wird. Ich habe die Hoffnung, daß dieser Kurs ihre Chancen verbessert.

Es hat etwas Unheimliches, den eigenen Töchtern beizubringen, wie man sich gegen Vergewaltiger und Kidnapper wehrt. Wir brauchen Kurse, in denen Männern beigebracht wird, Frauen nicht zu vergewaltigen und zu verletzen. Wir brauchen Workshops, in denen Männer das lernen, was einige von ihnen nicht können: sanft und liebevoll sein.

Letzte Woche hörte meine Freundin Randy, wie eine Gruppe von Sechstkläßlern darüber redete, welches andere Lebewesen sie gern wären. Die Jungen wollten alle Raubtiere sein: Wölfe, Löwen, Grizzlybären und Pumas. Die Mädchen wählten weiche, kuschelige Tiere: Pandas, Koalabären, Häschen und Eichhörnchen. Ein Mädchen sagte leise, sie wäre am liebsten eine Rose. Als ich das hörte, dachte ich, wieviel Schaden doch in dem Alter schon angerichtet ist. Rosen können sich nicht einmal bewegen; sie sind zwar schön, aber sie erleben nichts.

Um sich ihr wahres Selbst zu erhalten und tatkräftige Erwachsene zu werden, brauchen Mädchen die Liebe ihrer Eltern, die Zuneigung von Freunden und Freundinnen, eine sinnvolle Tätigkeit, den Respekt anderer, Herausforderungen sowie körperliche und psychische Sicherheit. Sie brauchen eine Identität, die auf ihren Talenten oder Interessen basiert und nicht auf ihrem Aussehen, ihrer Beliebtheit oder ihrer Sexualität. Sie müssen wissen, wie sie mit Streß fertig werden können, lernen, sich selbst etwas Gutes zu tun, Zielstrebigkeit zu entwickeln, und eine Perspektive haben. Sie brauchen Freiräume und Zeit für sich selbst. Sie müssen das Gefühl haben, daß sie Teil von etwas sind, das mehr umfaßt als ihr eigenes Leben, und daß sie diesem Ganzen emotional verbunden sind.

Viele Frauen erzählen, was sie in ihrer Jugend vor dem Absturz gerettet hat. Bei der einen war es ihre Liebe zu Büchern, das stundenlange Lesen an Sommernachmittagen, bei einer anderen die Gedanken an ferne Länder und Menschen. Einer half ihre Liebe zur Musik, einer anderen wieder ihre Liebe zu Pferden. Eine gute Schule, ein guter Lehrer, eine sinnvolle Tätigkeit, all das kann für Mädchen zur Rettung werden.

Früher fanden viele junge Mädchen Halt und Unterstützung in Gesprächen mit einer freundlichen Nachbarin, einer wohlmeinenden Tante oder einer Großmutter, die in der Nähe wohnte. Frauen berichten häufig, daß sie in ihrer Adoleszenz jemanden hatten, mit dem sie wirklich reden konnten, der sie ermutigte, ihrem wahren Ich treu zu bleiben. Heute, in unserer chaotischen, stärker fragmentierten Welt, haben immer weniger Mädchen diese Zuflucht. In den neunziger Jahren spielen diese Rollen oft Therapeuten. Sie sind die neutralen Außenseiter, denen die Mädchen ihre tatsächlichen Erfahrungen anvertrauen können.

Auch die Familie selbst kann einem Mädchen helfen, ihrem wahren Selbst treu zu bleiben, wenn sie ihr sowohl Schutz als auch Herausforderung bietet, ihr mit Zuneigung, aber auch Bestimmtheit begegnet. Sie vermittelt Mädchen die Botschaft »Wir lieben dich, doch wir erwarten auch etwas von dir.« In einem solchen Zuhause geben die Eltern feste Richtlinien vor und lassen erkennen, daß sie große Hoffnungen auf ihre Tochter setzen. Bei kleineren Kindern sind Regeln angemessen, bei Mädchen im Teenageralter dagegen Richtlinien sinnvoller, die man mit ihnen aushandelt. Es ist wichtig, daran zu denken, daß dort, wo keine liebevolle Beziehung besteht, Regeln nicht viel wert sind. Fast jeder findet eine Möglichkeit, sie zu übertreten. Was das Leben junger Mädchen in festen Bahnen hält, sind die Liebe und der Respekt gegenüber den Eltern.

Eltern können ihren Töchtern helfen, indem sie ihnen zuhören. Heranwachsende brauchen genausoviel elterliche Aufmerksamkeit wie Kleinkinder. Sie brauchen Eltern, die verfügbar sind, wenn sie sich mitteilen möchten. Meist wollen sie dann reden, wenn es den Eltern am wenigsten paßt. Das ist kein Zufall. Ich habe festgestellt, daß meine beiden halbwüchsigen Kinder mich am liebsten dann ansprachen, wenn ich gerade in ein Buch vertieft war. Wenn ich jedoch von mir aus Interesse an ihrem Leben zeigte und mit ihnen reden wollte, zogen sie sich zurück.

Es ist gut, Fragen zu stellen, die Töchter dazu ermutigen, sich offen ihre eigenen Gedanken zu machen. Wenn Eltern zuhören, sollten sie auf das achten, was sie an den Äußerungen der Tochter respektieren und loben können. Wann immer möglich, sollten sie ihr zu ihrer Reife, Einsicht oder Urteilskraft gratulieren, denn es ist wichtig, das Eigenständige und Erwachsene an ihrem Verhalten hervorzuheben und sie in ihrem Reifeprozeß zu unterstützen. Dagegen hilft es fast nie, ein Mädchen als zu jung oder unreif zu bezeichnen. Das klingt für sie verächtlich. Es erzeugt Ärger und Widerstand und leugnet ihr eigenes Gefühl, erwachsen zu werden.

Wenn Teenager vorübergehend den Kopf verlieren, was bei den meisten einmal der Fall ist, brauchen sie einen Erwachsenen, der ihnen hilft, sich wieder zu fangen. Wenn Töchter Probleme haben, ist es wichtig, nicht in Panik zu geraten. Die Welt ist hart für sie. Ab und zu kommen auch Mädchen aus stabilen, intakten Familien ernsthaft in Schwierigkeiten. Panisch reagierende Eltern machen die Sache nur schlimmer.

Es kommt darauf an, daß Eltern auf Schwierigkeiten gefaßt sind und ihren Töchtern vermitteln, daß sie, falls sie auftreten, stark genug sind, um damit fertig zu werden. Eltern, die ihren Töchtern das Gefühl geben, sie würden von etwaigen Problemen überwältigt, erfahren wahrscheinlich nicht, was wirklich vor sich geht.

Gute Eltern schaffen es, auch in stürmischen Zeiten einigermaßen ruhig zu bleiben. Sie haben in ihrem Universum eine bestimmte Orientierung und Ordnung. Dadurch wirken sie beschwichtigend. Ich ermutige sie, wie Mr. Rogers in der Fernsehsendung für Kinder, Dinge zu sagen wie »Morgen sieht alles ganz anders aus«, »Niemand ist vollkommen«, »Jeder macht mal einen Fehler«, »Die meisten Menschen fühlen sich auf Partys unbeholfen«. Solche besänftigenden Worte tragen dazu bei, daß sich die Mädchen kurzfristig wieder beruhigen. Und langfristig verinnerlichen sie diese Worte und sagen sie sich selbst, wenn sie durcheinander sind.

Es ist außerdem wichtig, daß Eltern gewisse Dinge nicht zu persönlich nehmen oder sich durch die Zurückweisung ihrer heranwachsenden Töchter nicht allzusehr verletzt fühlen. Deren oft launische oder reizbare Stimmung rührt gewöhnlich von außerhäuslichen Problemen her, Problemen in der Schule oder im Freundeskreis. Es ist angebracht, auf respektloses Betragen konsequent zu reagieren, aber es empfiehlt sich auch, manches mit Humor zu sehen und aus übellaunigen Bemerkungen nicht gleich eine »Staatsaktion« zu machen. Gute Eltern fragen ihre Töchter, was los ist, wenn sie besonders reizbar sind. Es kann sein, daß sie Hilfe brauchen.

Janet Reno meinte kürzlich: »Heutzutage als Kind aufzuwachsen ist noch schwieriger, als Kinder großzuziehen.« Diese Aussage erleichtert es Eltern vielleicht, geduldig zu bleiben. Es hilft auch, »heiße« Situationen rechtzeitig zu erkennen. Eltern können lernen, sich zu fangen, bevor sie reagieren. Der Gedanke, daß ihre Tochter egoistisch ist, kann zum Beispiel abgebogen werden in: Alle Heranwachsenden sind nur mit sich selbst beschäftigt. Weiterhin ist es nützlich, sich immer wieder an den Unterschied zwischen dem Verhalten, das die Tochter nach außen zeigt, und den tiefer liegenden Strukturen zu erinnern. Wenn ein Mädchen sagt: »Ich hasse Mama«, so meint sie das nicht unbedingt wörtlich, sondern will damit womöglich ausdrücken: »Ich versuche herauszufinden, wer ich bin.«

Ein wichtiger Grund, die Ruhe zu bewahren, ist der, daß ruhige Eltern mehr zu hören bekommen. Mit gelassenen und aufmerksamen Eltern reden Kinder eher. Anschließend können diese dann reagieren, indem sie z. B. sagen: »Was mir gefiel an dem, was du gesagt hast, ist . . .« Ich empfehle in diesem Fall die »Sandwich-Technik«: positiv beginnen, eventuelle Kritik oder Sorge formulieren und positiv aufhören. Zum Beispiel: »Ich finde es gut, daß du so ehrlich zugibst, daß du mit Freunden was getrunken hast. Ich mache mir aber Sorgen, daß das in mehrfacher Hinsicht gefährlich werden könnte. Ich bin froh darüber, daß du genug Vertrauen hast, mir davon zu erzählen. Ich habe dich lieb.«

Eine gute Kommunikation mit Töchtern im Teenageralter ermutigt zu rationalem Denken, wohlbegründeten und bewußten Entscheidungen. Sie umfaßt das Erörtern verschiedener Möglichkeiten, Risiken, Begleiterscheinungen und Konsequenzen. Eltern können ihren Töchtern beibringen, Entschlüsse zu fassen. Sie können ihnen helfen zu bestimmen, wann sie verhandeln, auf ihrem Standpunkt verharren oder sich zurückziehen wollen. Sie können ihnen helfen zu lernen, was sie selbst kontrollieren können und was nicht, welche Kämpfe sie ausfechten und wie sie sich wehren sollten. Sie können ihnen beibringen, sinnvoll Widerstand zu leisten.

Gute Eltern sind Vorbilder in puncto Respekt und Gleichberechtigung, die sie ihrer Tochter in der Außenwelt entgegengebracht sehen möchten. Das ist harte Arbeit. Wir alle sind dazu sozialisiert, uns geschlechtsstereotyp zu verhalten, aber als Eltern müssen wir überlegen, wie unser Verhalten auf unsere Töchter wirkt. Eine Familie mit völliger Gleichberechtigung zwischen den Geschlechtern ist zwar ein unerreichbares Ideal, aber es hilft Mädchen, wenn sie merken, daß ihre Eltern darauf hinarbeiten. Sie wissen derartige Bemühungen durchaus zu schätzen.

Viele Eltern achten schon bei ihren kleinen Töchtern darauf, daß sie ihnen keine starren Geschlechterrollen zuweisen. Sie kleiden sie nicht anders als Jungen und kaufen ihnen Spielzeugautos. Das ist auch richtig so, aber die Zeit, in der es wirklich darauf ankommt, ist die frühe Adoleszenz. Jetzt nämlich werden die Rollen regelrecht zementiert, und die Mädchen brauchen sehr viel Unterstützung, um sich den gesellschaftlichen Definitionen von Weiblichkeit zu widersetzen.

Eltern können ihren Töchtern helfen, ganze Persönlichkeiten zu werden, indem sie ihnen Ganzheit vorleben. Am besten sind Eltern, die Eigenschaften beider Geschlechter haben. Gute Väter sind fürsorglich, zärtlich und am Leben ihrer Töchter interessiert. Gute Mütter zeigen Eigenständigkeit und Selbstachtung und sind zugänglich, aber nicht verantwortlich für die anderen Familienmitglieder.

Mütter haben es mit heranwachsenden Mädchen wahrscheinlich am schwersten. Ihre Töchter provozieren Streitigkeiten, um Kontakt herzustellen und sich gleichzeitig zu distanzieren. Sie wollen, daß die Mutter kleinste Veränderungen wahrnimmt, und sind wütend, wenn sie nicht jeden Schritt richtig zu würdigen weiß. Sie sind im Widerstreit zwischen der Liebe zur Mutter und dem Wunsch, anders zu sein als sie. Sie vertrauen darauf, daß die Mutter ihre Wut auffängt und auch dann zu ihnen steht, wenn sie unvernünftig sind. Das ist zwar ein Riesenkompliment, für die meisten Mütter aber schwer zu akzeptieren, weil es in so feindseliger Form ausgedrückt wird.

Viele feministische Mütter sind entsetzt über die Bereitwilligkeit, mit der sich ihre Töchter von der Gesellschaft sexualisieren und zum Weibchen machen lassen. Sie unterstützen die Entwicklung ganzheitlicher, authentischer Persönlichkeiten und ermutigen ihre Töchter, sich zu wehren. Statt dessen kämpfen die Töchter bei ihren Müttern um das Recht, sich die wertlosen Ideale der Massenkultur aneignen zu dürfen. Ich bestärke Mütter darin, auch weiterhin ihre Gedanken und Wertvorstellungen zu vertreten. Die Saat, die sie jetzt säen, wird später einmal aufgehen.

Eltern sollten lernen, die komplizierte Welt der Schule zu verstehen. Es ist gut, wenn sie die Lehrer kennen und gelegentlich in den Unterricht hineinschauen, besonders in Mathematik oder Naturwissenschaften. Ich empfehle ihnen außerdem, Zeitschriften und Bücher für Teenager zu lesen, sich ihre Musik anzuhören und die für sie gemachten Filme anzusehen, bestimmte Tätigkeiten zu beaufsichtigen und mit anderen Eltern zu reden. Es ist wichtig, daß sie mit ihren Töchtern über Alkohol, Drogen, Gewalt, sozialen Druck und Aussehen diskutieren. Wenn diese Themen nicht zur Sprache kommen, entgeht ihnen, was für ihre Kinder bedeutsam ist.

Wenn Mädchen über den Konsum von Drogen oder Alkohol berichten, sollten die Eltern sich erkundigen, wie oft, in welcher Menge und wann und wo er stattgefunden hat. Handelt es sich um ein Experiment, steckt der Druck Gleichaltriger, Langeweile, Neugier oder das Bedürfnis, der Realität zu entfliehen, dahinter? Dann können sie darüber sprechen, welches Bedürfnis im Leben ihrer Tochter dieser Konsum stillt. Wie sonst könnte sie dieses tiefsitzende Bedürfnis befriedigen?

Auch ein Gespräch über Sexualität umfaßt viele Themen: Romantik, Verhütung, Wertvorstellungen, Gefühle, Entscheidungen im sexuellen Bereich, das Verhalten anderer Teenager, den Umgang der Medien mit Sexualität, Geschlechtsunterschiede, Doppelmoral, Abtreibung, jugendliche Mütter und Geschlechtskrankheiten. Eltern sollten ihre eigenen Wertvorstellungen dazu deutlich machen. Oft haben sie in dieser

Hinsicht Hemmungen, doch lassen Sie sich gesagt sein: Sie müssen darüber reden. Die Jeans-Firmen, Madonna und Hollywood sind auch nicht zu schüchtern, um herauszuposaunen, wie sie über Sex denken. Sie müssen Ihrer Tochter Ihre eigene Botschaft vermitteln.

Eltern können ihre Töchter dazu ermuntern, Freunde beiderlei Geschlechts zu haben und in der Mittelstufe keine sexuell gefärbten Beziehungen einzugehen. Sie sollten die Beziehungen der Mädchen zu Jungen als reine Freundschaften sehen. Es ist nicht gut, die Töchter mit ihren Kontakten zu Jungen aufzuziehen. Wenn sie deren Jungenfreundschaften ganz sachlich behandeln, wird ein entspanntes, offenes Verhältnis zwischen den Geschlechtern gefördert. Wenn Eltern mich fragen, ob sie ihren Töchtern in der Mittelstufe schon erlauben sollten, mit Jungen auszugehen, empfehle ich ihnen zu sagen: »Wir möchten, daß du Freunde und Freundinnen hast. Du kannst sie gern jederzeit einladen, mit uns zu Hause zu spielen oder Filme zu sehen.« Das nimmt der Sache den sexuellen Anstrich und macht Jungen für Mädchen zu etwas Normalem, Alltäglichem.

Ralph Nader meinte: »Was Jugendlichen in erster Linie über das Fernsehen nahegebracht wird, sind Sucht, Gewalt und vulgäre Sexualität.« Außerdem lernen sie »*lookism*« und Sexismus. Der Durchschnittsteenager sitzt täglich mehrere Stunden vor dem Fernseher. Deshalb sollten Eltern ihren Töchtern helfen, die Medien zu interpretieren. Es empfiehlt sich, Sendungen gemeinsam anzuschauen und laut aus Zeitungen und Zeitschriften vorzulesen. Die Medien bieten Eltern viele Möglichkeiten, ihr eigenes Bewußtsein zu schulen.

Die Bedeutung des Aussehens sollte heruntergespielt werden. Es ist besser, wenn Mädchen auf alles mögliche stolz sind, nicht aber auf ihr Äußeres. Auch dafür können Eltern etwas tun. Nehmen Sie Abschied von der Waage im Haus, und raten Sie Ihren Töchtern von einer Diät ab – vorteilhafter sind gesundes Essen und Bewegung für die ganze Familie. Eltern sollten zwar Mitgefühl dafür zeigen, daß das Aussehen unter Schülern so wichtig ist, zugleich aber den festen Standpunkt vertreten, daß es in einem vernünftigen Wertesystem keine so große Rolle spielt.

Positive Beziehungen zu Gleichaltrigen müssen Eltern unterstützen. Das kann gar nicht genug betont werden. Es gehört zu den besten Dingen, die einem Mädchen passieren können, wenn sie nette Freunde und Freundinnen hat. Eltern können das beeinflussen, indem sie entscheiden, wen sie auf einen Ausflug mitnehmen, wo sie wohnen oder welche Aktivitäten sie fördern. Es ist wahrscheinlicher, daß ihre Töchter im Schwimmverein passende Gleichaltrige kennenlernen als in einer Spielhalle. Wenn sie den Freunden der Tochter Pizza und Limonade spendieren, so ist das sinnvoll angelegtes Geld.

Oft tut es Mädchen gut, wenn sie in den Jahren ihrer Adoleszenz reisen dürfen. Jugendreisen, Schüleraustausch oder ein längerer Aufenthalt bei weit entfernt lebenden Verwandten sind großartige Möglichkeiten, ihren Horizont zu erweitern. Sie geben den Mädchen eine Ruhepause von der Familie. Sie helfen ihnen, eine Perspektive für ihr Leben zu entwickeln, etwas, das fast alle Heranwachsenden brauchen. Auch Jobs können nützlich sein. Natürlich muß sich die Arbeitszeit im Rahmen halten und der Arbeitsplatz sicher sein, aber Mädchen erfahren dabei etwas über die Realität außerhalb ihrer eigenen Welt.

Es ist überhaupt sinnvoll, Mädchen immer wieder daran zu erinnern, daß die Schule nicht das ganze Leben ist. Es gibt andere Orte – das Gebirge und den Strand oder das Ferienhaus der Familie am See. Es gibt auch andere Menschen – Nachbarn, Verwandte, Freunde der Familie, alte Leute und Babys. Und es wird andere Zeiten geben. Teenager bleiben nicht ewig Teenager; sie werden wirklich einmal erwachsen. Außer an diese Tatsachen zu erinnern, sollten Eltern auch Aktivitäten fördern, an denen keine Mitschüler teilnehmen: die Arbeit in einem Altenheim oder bei »Essen auf Rädern«, Wandern oder den Beitritt zu einem Computerclub. Diese Aktivitäten helfen

Mädchen, mit dem nicht-jugendlichen Teil der Menschheit in Kontakt zu bleiben.

Platon sagte, Erziehung bestünde darin, daß wir unseren Kindern beibrächten, an den richtigen Dingen Gefallen zu finden. So können Eltern zum Beispiel auch ihre eigene Freizeit mit ihren Töchtern teilen, indem sie sie in die Welt der Natur und die Welt der Bücher, der Kunst oder der Musik einführen. Sie können Rucksackwanderungen mit ihnen machen, ihnen zeigen, wie man angelt, ein Motorrad wartet, Sammlungen anlegt, Cello spielt, Wolldecken strickt oder mit dem Drachen fliegt. In dieser für die Mädchen so turbulenten Zeit ist es besonders wichtig, daß die ganze Familie regelmäßig gemeinsam etwas unternimmt, was allen Spaß macht.

Zwar ermutige ich Eltern, ihren Töchtern zu helfen, aber ich ermahne sie auch, nachsichtig mit sich selbst zu sein. Ihr Einfluß ist begrenzt. Sie können nur bis zu einem bestimmten Grad Unterstützung geben, und sie sind nicht für alles verantwortlich. Eltern sind weder allwissend noch allmächtig. Sie können nur dann etwas für ihre Töchter tun, wenn diese es zulassen. Nicht alle sind dazu bereit. Die Töchter selbst haben ebenfalls Entscheidungsmöglichkeiten und Verantwortung. Auch ihr Freundeskreis wirkt auf sie ein. Unsere Gesellschaft wirkt auf sie ein.

Eltern können zwar einen gewissen Schutz bieten, doch wir müssen unbedingt unsere Institutionen verändern. Schulen zum Beispiel sind nicht »benutzerfreundlich« für heranwachsende Mädchen. Das meiste, was sie hier zu lesen bekommen, ist von Männern über Männer geschrieben. Wir brauchen mehr Texte über starke Frauen, mehr Beispiele für Frauen in den unterschiedlichsten Rollen. Geschichte muß künftig auch die Geschichte von Frauen sein, Psychologie auch die Psychologie von Frauen und Literatur auch die Literatur von Frauen.

Junge Mädchen brauchen mehr Öffentlichkeit, nicht als Sexualobjekte, sondern als interessante und eigenständige menschliche Wesen. Chelsea Clinton ist für viele gleichaltrige

Mädchen in Amerika regelrecht zur Heldin geworden. Sechstkläßlerinnen fangen an zu strahlen, wenn ihr Name erwähnt wird. Sie ist weder Sexualobjekt noch Opfer von Gewalt, sondern einfach eine Person und wird von anderen Mädchen sehr respektiert. Abgesehen von einigen Sportlerinnen, für die Mädchen ebenfalls schwärmen, fallen mir keine weiblichen Teenager ein, die positive öffentliche Figuren sind.

Mädchen blühen auf, wenn sie im Mittelpunkt stehen. In Mädchenschulen, -vereinen und -gruppen können sie endlich einmal führende Rollen übernehmen. Kunstausstellungen, Literaturfestivals und Sportveranstaltungen von und für Mädchen verschaffen ihnen Ansehen und öffentliche Bedeutung. Es ist wichtig, daß Mädchen sich in all ihrer Vielfalt widergespiegelt sehen – als Arbeiterinnen, Künstlerinnen und Forscherinnen.

Es ist wichtig, daß Mädchen sich und ihr Geschlecht auch sprachlich eingeschlossen fühlen. Das ist ein Problem. Viele Berufsbezeichnungen z. B. kennen nur eine männliche Form, so wird unter »Bäcker« im allgemeinen ein männlicher Bäcker verstanden. »Weibliche Bäcker« klingt so, als wären sie keine richtigen Bäcker.

Auch Lehrer müssen Gleichberechtigung erst lernen. Die meisten sind wohlmeinend und denken, ihre Einstellung sei geschlechtsneutral, aber das ist sie nicht. Unabsichtlich diskriminieren sie doch. Der Lehrer, der die naturwissenschaftlichen Projekte seiner Schülerinnen trivial fand, hielt sich vermutlich nicht für herabsetzend. Bis ich eine Studie darüber gelesen hatte, wie unterschiedlich Lehrer die Geschlechter behandeln, war mir nicht klar, auf welch subtile Weise ich selbst im Klassenzimmer diskriminierte. Schulen müssen so strukturiert sein, daß die Schülerinnen in ihren Stärken bestätigt und gefördert werden. Mädchen schneiden in einer kooperativen Umgebung und in nur von Mädchen belegten Mathematik- und Naturwissenschaftskursen besser ab.

An den Schulen wird oft ignoriert, was bei den Jugendlichen

zwischen den Unterrichtsstunden vor sich geht. Alle Themen, die Jungen und Mädchen dieses Alters interessieren, drehen sich um Beziehungen, ihre Probleme sind persönliche und soziale. Schulische Angelegenheiten stehen hinter dringenden entwicklungsbedingten Fragen zurück. Die Schule könnte zur Bildung von Gruppen anregen, die nach Talenten, Interessen und Bedürfnissen und nicht nach Cliquen gegliedert sind. Sie könnte ihren Schülern und Schülerinnen die Klarheit bieten, die sie so verzweifelt benötigen – beaufsichtigte Zusammenkünfte, bei denen Heranwachsende miteinander arbeiten und sich entspannen, ein Konfliktlösungstraining und Seminare, in denen Richtlinien für den Konsum von Alkohol und Drogen und Entscheidungen auf sexuellem Gebiet diskutiert werden. Sie könnte die Jugendlichen zur Bewußtwerdung in Sachen »*lookism*«, Rassismus und Sexismus anleiten. Sie könnte die Verantwortung dafür übernehmen, den Halbwüchsigen beim Ordnen des sozialen und emotionalen Durcheinanders zu helfen, das sie gerade erleben.

Außerdem wäre es sinnvoll, wenn die Schule klare Regeln hinsichtlich sexueller und sonstiger körperlicher Belästigungen aufstellen, angemessenes Verhalten gegenüber dem anderen Geschlecht einüben und Mädchen beibringen würde, wie sie nein sagen können. Dadurch würden eventuell manche Partys und Verabredungen, bei der es dann zur Vergewaltigung kommt, im späteren Schulalter verhindert.

Der Begriff »Männlichkeit« müßte neu definiert werden, und zwar so, daß er Frauen Gleichberechtigung und Männern ihren Stolz zugesteht. Unsere Gesellschaft benötigt dringend neue Methoden, mit denen sie Jungen dazu erzieht, Männer zu werden. Über Medien und Werbung lernen unsere Söhne die falschen Lektionen. Sie sollten sich an Männern orientieren, die liebevoll und kühn, abenteuerlustig und sanft sind. Sie brauchen Möglichkeiten, Männer zu werden, die nichts mit Gewalt, Frauenfeindlichkeit und der Objektifizierung von Frauen zu tun haben. Statt Gewalt als Mittel zur Lösung menschlicher Probleme zu befürworten, müßten wir stärkere

Tabus gegen Gewalt entwickeln. Einige Kulturen haben in ihrer Sprache kein Wort für das Verletzen anderer Menschen. Was Angehörige dieser Kulturen wohl von uns denken?

Wir brauchen Treffpunkte für Jugendliche, Fußballplätze, Sporthallen, Gemeindezentren, Säle, wo Bands spielen und junge Bühnentalente Stücke inszenieren können. Außer Kinos und Spielhallen haben Teenager wenige Orte, an denen sie willkommen sind. Sie brauchen beaufsichtigte Stätten, wo der Aufenthalt sie nichts kostet und sie zusammenkommen können, um miteinander zu reden, zu tanzen und zu spielen.

Vieles von dem Fürchterlichen, was heute zwischen Jungen und Mädchen passiert, rührt davon her, daß sie nicht wissen, wie sie sich richtig verhalten sollen, und daher keine positiven Erfahrungen mit dem anderen Geschlecht haben. Dazu können wir Erwachsene ihnen verhelfen. In der Stadt, in der ich lebe, gründeten Erwachsene, die sich für ihre Jugendlichen einen sicheren, preiswerten Treffpunkt wünschten, zum Beispiel ein Café. Örtliche Bands treten dort auf, und es hat abends lange geöffnet. Die Teenager lieben es. Eine andere Möglichkeit wäre die, daß Jungen und Mädchen gemeinsam irgendwo ehrenamtlich arbeiten. Dadurch lernen sie, sich als Menschen zu sehen, die einander respektieren.

Wir brauchen für unsere Kinder einige Rituale für das Erwachsenwerden, die förderlicher sind als die heute üblichen. Gegenwärtig spielen bei diesen Ritualen Sex, Drogen, Alkohol und Rebellion eine zu große Rolle. Wir brauchen mehr Gelegenheiten, mit denen wir ihre Entwicklung positiv anerkennen, mehr Zeremonien und Feiern. Es ist gut, bestimmte Tage für Teenager festlich zu begehen und ihnen damit zu sagen: Du wirst erwachsen, und wir sind stolz auf dich.

Junge Mädchen wachsen in einer Gesellschaft auf, in der es überwiegend um Geld, Sex und Gewalt geht, einer Gesellschaft mit enormen Problemen – Armut, Umweltverschmutzung, Süchten und tödlichen Geschlechtskrankheiten. Und es ist eine Gesellschaft, in der mehr als die Hälfte aller Kinder zumindest für einen Teil ihrer Kindheit von nur einem Elternteil aufgezogen wird.

Die Art und Weise, in der die Medien Sexualität entmenschlichen und Gewalt fördern, sollte Thema einer landesweiten Debatte sein. Untersuchungen stellten fest, daß Fernsehen zu antisozialem Verhalten, stereotypen Vorstellungen über Männer und Frauen und schlechten Schulnoten führen kann. Sie wiesen darauf hin, daß das Fernsehen zu einem beherrschenden und schädlichen Einfluß auf die Psyche geworden ist.

Obwohl ich glaube, daß das Recht auf freie Meinungsäußerung mißbraucht wird, bin ich nicht für Zensur. Ich denke, die beste Verteidigung gegen schlechte Ideen sind gute Ideen. Allerdings liegt das Problem in unserer Gesellschaft mittlerweile darin, daß immer mehr Leute ihren Lebensunterhalt damit verdienen, daß sie Lügen erzählen und schlechte Ideen verbreiten. Der Wahrheit wird nicht die gleiche Zeit eingeräumt. Wir brauchen mehr öffentliche Medien, die dazu da sind, zu unterhalten und zu informieren statt zu verkaufen.

Unsere Gesellschaft lehrt, daß Sex, Alkohol und Machtstreben zu einem glücklichen Leben führen. Eigentlich wissen wir es doch besser. Es ist an der Zeit, daß die durch die Medien vermittelten Werte nicht länger völlig im Widerstreit liegen mit denen, die wir uns zu eigen machen müssen, um zu überleben und ins 21. Jahrhundert eintreten zu können. Diese Veränderungen werden nicht über Nacht geschehen. Aber wir können zusammen auf ein neues Jahrhundert hinarbeiten, in dem Männer und Frauen bei uns wirklich dieselbe Macht haben.

In den letzten Jahren ist Gewalt Teil des täglichen Lebens geworden. Eine Studie stellt fest, daß Teenager um 250 Prozent wahrscheinlicher Opfer von Verbrechen werden als Erwachsene. Die meisten Frauen werden durch häusliche Gewalt verletzt. Die Anzahl Frauen, die entführt und ermordet wird, war in den fünfziger Jahren undenkbar. Es ist schwer für Mädchen, zu unabhängigen, eigenständigen Menschen heranzuwachsen, wenn sie Angst um ihre körperliche Unversehrtheit haben müssen.

Diese Verletzlichkeit beschneidet die Freiheit jeder jungen Frau. Interessant ist, daß die Antwort auf Fragen der Sicherheit gegenwärtig darin besteht, die Freiheit von Frauen einzuschränken. Zuerst wird Frauen gesagt, sie sollten nicht allein herumlaufen, dann, sie sollten nicht allein wohnen, und schließlich, sie sollten nicht allein Auto fahren.

Von meinem Großvater kenne ich ein Gedicht über eine Stadt, in der immer wieder Menschen von einer Klippe fallen. Die Stadtältesten versammeln sich, um zu diskutieren, ob sie oben auf der Klippe einen Zaun aufstellen oder unten im Tal eine Unfallstation einrichten sollen. Dieses Gedicht faßt die wesentlichen Unterschiede zwischen der Therapierung sozialer Probleme und ihrer Vorbeugung zusammen. Meine Arbeit als Psychologin ist Unfallhilfe, und nach jahrelanger Tätigkeit als Sanitäterin bin ich mir der Grenzen bewußt, die der therapeutische Ansatz für schwerwiegende gesellschaftliche Probleme hat. Wir müssen nicht nur diejenigen kurieren, die Opfer der vermittelten Botschaften geworden sind, sondern einen Wandel der Gesellschaft selbst herbeiführen.

Ich glaube, wie es auch Miller, Mead und de Beauvoir taten, daß pathologisches Verhalten dann entsteht, wenn wir nicht unser ganzes Potential realisieren können. Ophelia starb, weil sie sich nicht entfalten konnte. Sie wurde das Objekt im Leben anderer und verlor ihr wahres subjektives Selbst. Viele Mädchen, die ich in diesem Buch beschrieben habe, leiden daran, daß sie in ihrer Entwicklung gehemmt, in ihren Möglichkeiten beschnitten werden. Wie eine Klientin so schön sagte – sie sind prima Karotten, die zu Rosen zurechtgestutzt werden.

Die Adoleszenz ist der Übergang von der Kindheit ins Erwachsenenalter. Wie alle Übergangsphasen verlangt sie besondere Energie und steckt voller Gefahren. Damit sie konstruktiv verläuft, muß jede einzelne Mut aufbringen und harte Arbeit leisten, und die Umgebung muß ihr Schutz und

Zuwendung bieten. Manche Mädchen entwickeln sich unter den widrigsten Umständen, aber für mich ist die interessante Frage: Unter welchen Bedingungen entfalten sich die meisten Mädchen am besten?

Carol Bly prägte für die Elemente einer Gesellschaft, die Wachstum und Entwicklung blockieren, den Ausdruck »gesellschaftlicher Mißbrauch« und schrieb: »In hundert Jahren wird es lächerlich erscheinen, daß wir keine Listen darüber angelegt haben, was Menschen dazu bewegt, aus ganzem Herzen, voller Seele und unabhängigem Geist heraus zu leben.«

Langfristig müssen wir, um heranwachsenden Mädchen zu helfen, Veränderungen unseres gesellschaftlichen Umfelds vornehmen – den Sinn für Gemeinschaft in unseren Wohnvierteln neu entwickeln, Süchte bekämpfen, unsere Schulen umgestalten, die Gleichberechtigung zwischen den Geschlechtern fördern und Gewalt eindämmen. Der beste »Zaun am Rande des Abgrunds« wäre eine Gesellschaft, die soviel Struktur und Sicherheit wie in den fünfziger Jahren böte und die Toleranz für Abweichung und Autonomie besäße, die in den neunziger Jahren herrscht. Dann könnten unsere Töchter in Ruhe und Frieden erwachsen werden und sich zu ganzen, authentischen Persönlichkeiten entfalten.

Im ersten Kapitel habe ich Stendhal zitiert: »Alle Genies, die als Frauen geboren werden, sind fürs öffentliche Wohl verloren.« Seither ist einiges an Terrain hinzugewonnen und einiges verloren worden. Arbeiten wir auf eine Gesellschaft hin, in der jedes Talent seinen Platz findet, in der Kinder sicher und behütet aufwachsen, Frauen respektiert werden und Männer und Frauen einander als ganze Menschen lieben können. Arbeiten wir für eine Gesellschaft, die den scharfen Verstand, die willige Hand und das zufriedene Herz schätzt. Dann werden unsere Töchter einen Ort haben, wo alle ihre Begabungen gewürdigt werden und sie wie grüne Bäume unter freiem Himmel wachsen und gedeihen können.

Bibliographie

Apter, Terri: *Altered Loves*. New York 1990

de Beauvoir, Simone: *Das andere Geschlecht. Sitte und Sexus der Frau*. Reinbek 1992

Bepko, Claudia, Jo-Ann Krestan: *Das Superfrauen-Syndrom*. Frankfurt 1994

Bliers, Ruth: *Science and Gender*. New York 1984

Brown, Lyn Mikel und Carol Gilligan: *Die verlorene Stimme. Wendepunkte in der Entwicklung von Mädchen und Frauen*. Frankfurt 1994

Chodorrow, Nancy: *Das Erbe der Mütter. Psychoanalyse und Soziologie der Mütterlichkeit*. München 1985

Cline, Sally and Dale Spender: *Reflecting men at Twice Their Natural Size*. New York 1978

Faludi, Susan: *Backlash*. New York 1991

Friedan, Betty: *Der Weiblichkeitswahn oder Die Selbstbefreiung der Frau. Ein Emanzipationskonzept*. Reinbek 1970

Gilligan, Carol: *Die andere Stimme. Lebenskonflikte und Moral der Frau*. München 1984

Gilligan, Carol, A. G. Rogers and Deborah Tolman: *Women, Girls and Psychotherapy*. Binghampton 1991

Griffin, Susan: *Pornography and Silence*. New York 1981

Hancock, Emily: *Tief unter unserer Haut*. Düsseldorf 1989

Hare-Mustin, R. T. and J. Maracek: *Making a Difference: Psychology and the Construction of Gender*. New Haven 1990

Kerr, Barbara: *Smart Girls, Gifted Women*. Columbus 1985

Lerner, Harriet: *Wohin mit meiner Wut*. Frankfurt 1995

Marone, Nicky: *Gute Väter – Selbstbewußte Töchter*. Frankfurt 1995

Mead, Margaret: *Coming of Age in Samoa*. New York 1971

Mead, Margaret: *Mann und Weib*. Berlin 1992

Miller, Alice: *Das Drama des begabten Kindes und die Suche nach dem wahren Selbst*. Frankfurt 1979

Orbach, Susie: *Anti – Diätbuch. Über die Psychologie der Dickleibigkeit, die Ursachen von Eßsucht*. München 1994

Pipher, Mary: *Hunger Pains: The American Women's Tragic Quest for Thinness*. Lincoln 1985

Rich, Adrienne: *Um die Freiheit schreiben. Beiträge zur Frauenbewegung*. Frankfurt 1989

Schurr, Edwin: *The Americanization of Sex*. Philadelphia 1984

Skolnick, Joan, Carol Langbort and Lucille Day: *How to Encourage Girls in Math and Science*. Englewood Cliffs 1982

Tavris, Carol: *Wut: Das mißverständliche Gefühl*. Hamburg 1992

White, Michael und David Epston: *Die Zähmung der Monster. Literarische Mittel zu therapeutischen Zwecken*. Heidelberg 1994

Bernard Asbell

Die Pille

und wie sie die Welt veränderte

Aus dem Englischen von Thomas Lindquist

Band 13662

Von über 60 Millionen Frauen gekauft und täglich eingenommen, ist die Pille das erfolgreichste »Medikament« der Welt – und dennoch bis heute Gegenstand heftiger Kontroversen. Kein pharmazeutisches Produkt hat den Wandel unserer Gesellschaft so entscheidend beeinflußt, über kaum eines ist so viel geschrieben worden und letztlich doch so wenig bekannt. Fünf Wissenschaftler werden als »Väter der Pille« gehandelt. Ihre Entstehung verdankt sie jedoch vor allem zwei »Müttern«: Margaret Sanger und der Milliardärin Katherine McCormick, die dem Forscher Dr. Gregory Pincus 1951 den Auftrag gaben, ein Kontrazeptivum zu entwickeln, das man »schlucken kann wie Aspirin«. Asbell zeichnet die Debatten nach, die in die offizielle Zulassung der Pille 1961 mündeten und die katholische Kirche in eine tiefe Krise stürzten. Wissenschafts- und Sozialgeschichte zugleich, erzählt diese erste Biographie der Pille von Visionen und Irrtümern, genialen Ideen und folgenreichen Fehlentscheidungen.

Fischer Taschenbuch Verlag

fi 2168 / 3

Marianne Grabrucker

»Typisch Mädchen...«

Prägung in den ersten drei Lebensjahren

Ein Tagebuch

Band 3770

Die Autorin erzählt von ihren Bemühungen, ihre Tochter so
aufwachsen zu lassen, daß sie keinen Rollenfixierungen unter-
worfen, nicht für die Mädchenrolle zugerichtet wird. Marianne
Grabrucker hat als engagierte Feministin die besten Vorsätze
und ist sich sicher, daß es nicht bei den Vorsätzen bleiben wird.
Manchmal allerdings beginnt sie an ihrer Prämisse zu zweifeln
und ist drauf und dran, die These vom anerzogenen Verhalten
aufzugeben und zu akzeptieren, daß es angeborenes geschlechts-
spezifisches Verhalten gibt. Weshalb sonst verhielte sich das Kind
oft so ›mädchenhaft‹, so rollenkonform?

Das Tagebuch zeigt, wie es dazu kommt: Scheinbar harmlos
reihen sich die Ereignisse aneinander. Es häufen sich die bewußten wie unbewußten Versuche der Umwelt, das Kind auf
die Mädchenrolle festzulegen. Aus der Summe solch alltägli-
cher Erfahrungen ergibt sich für das Kind ein Muster, nach dem
es sein Verhalten ausrichtet. So fügt sich eines zum anderen,
setzt sich fort in Kindergarten, Schule, Ausbildung, und statt
der neuen Frau steht schließlich wieder eine Frau vor uns, die
die alten Verhaltensmuster eingeübt hat.

Fischer Taschenbuch Verlag

fi 2170 / 3

Karin Kraus / Gudrun Reinke

Von der Pubertät bis zu den Wechseljahren

Erfahrungen mit der Menstruation

Band 12536

Frauen verschiedener Generationen kommen in diesem Buch zu ihrem privat-intimen Thema zu Wort: Sie erzählen die Geschichte ihrer Menstruation. Junge Mädchen schildern ihre Erfahrungen mit dem ersten Einsetzen der Regel und sprechen über Sexualität, über ihr Körpergefühl, ihre Ängste und ihre Lust. Fruchtbarkeit und Kinderwunsch, Verhütung und die Frage nach dem eigenen Lebensentwurf stehen für Frauen der nächsten Generation im Mittelpunkt.

Der Zyklus, sein Einfluß auf den Lebensrhythmus und die Auseinandersetzung mit der bald endenden Fruchtbarkeit haben für Frauen mittleren Alters eine ganz andere Bedeutung als für diejenigen, die in den Wechseljahren oder schon darüber hinaus sind. Verblüffende Gemeinsamkeiten, aber auch individuelle Unterschiede werden in diesem Buch behutsam zutage gefördert und von den Autorinnen interpretiert.

Fischer Taschenbuch Verlag

fi 2164 / 3

Verena Stefan

Rauh, wild & frei

Mädchengestalten in der Literatur

Band 13116

Verena Stefan stellt literarische Texte vor, in denen die Protagonistin ein heranwachsendes Mädchen ist. Im Gegensatz zu den
meisten erwachsenen Heldinnen ist die Mädchengestalt eine
eigenmächtige Figur. Man hat ihr in der patriarchalen Ordnung
noch keinen endgültigen Platz zugewiesen. Die jungen Heldinnen können sich wild und frei bewegen und sprühen vor
Lebenslust. Die Mädchen wissen, was weibliche Freiheit ist. Sie
müssen sie noch nicht zurückerobern. Spätestens in der Pubertät aber setzen systematische Einschüchterungen durch die
Erwachsenen ein. Die Angriffe zielen auf Kleidung, Körper-
sprache, Sexualität, innere Haltung, Bewegungsradius. Stefan
untersucht, wie Autorinnen die Eigenheit der Mädchengestalt
kreieren, wie sie Disziplinierung darstellen, ob sie Mittel und
Wege finden, mit denen die Protagonistin ihr ursprüngliches
Wissen und ihre Fähigkeiten ins Erwachsenenalter hinüber-
transportieren kann. Hier kommen Mädchengestalten zu Wort,
die aus der versuchten Zähmung nicht nur Schäden davontra-
gen, sondern Wege finden, ihren Lebensentwurf draufgängerisch
und im eigenen Sinn weiterzugestalten.

Fischer Taschenbuch Verlag

Maria Frisé

Wie du und ganz anders

Mutter-Tochter-Geschichten

Band 11826

Um die spannungsreichen Beziehungen zwischen Müttern und
Töchtern geht es in diesen Geschichten, um große Nähe und
tiefe Verbundenheit, aber auch um Rivalität und Abgrenzung,
um Loslassen, Entfremdung und Wieder-Zueinanderfinden, um
Liebe, Haß und Mitleid. Zwei Generationen kommen in diesen
Erzählungen zu Wort, zwei unterschiedliche Erfahrungswelten,
die sich oft weit voneinander entfernt haben. Brüche und Verletzungen sind umso schmerzlicher, je enger die Verbindung,
je stärker die Sehnsucht nach unbedingtem Vertrauen und Ge-
borgenheit ist. Das unerschöpfliche Thema Mutter und Tochter ist hier in psychologisch schlüssigen Szenen verdichtet. Die
doppelte weibliche Perspektive macht einen besonderen Reiz
dieser Geschichten aus. Es sind Variationen von bestürzender
Wirklichkeitsnähe und innerer Dramatik.

Fischer Taschenbuch Verlag

Harriet G. Lerner

Wohin mit meiner Wut?

Neue Beziehungsmuster für Frauen

*Aus dem Amerikanischen
von Olga Rinne*

Band 4735

Die gesellschaftliche Tradition hält vor allem Frauen – die schon als kleine Mädchen zur Nachgiebigkeit, Freundlichkeit und Ausgeglichenheit erzogen worden sind – davon ab, sich der eigenen Wut auch nur bewußt zu werden, geschweige denn, ihr offen Ausdruck zu geben. Frauen sind fähig, Beziehungen aufrechtzuerhalten, als ob ihr Leben davon abhinge. Entsprechend meisterhaft sind sie darin, Frieden zu bewahren, auch wenn sie die eigenen Aggressionen dabei unterdrücken müssen. Doch ist andererseits ein Wutausbruch noch keine Problemlösung. Im Gegenteil, er kann dazu dienen, alte Verhaltensmuster und Beziehungsregeln aufs beste zu erhalten. Mit großer Sachkenntnis begleitet die Autorin uns auf dem schwierigen Weg, Aggressionen in der Beziehung zu erkennen, ihren Gründen auf die Spur zu kommen und die Wut zur fruchtbaren Veränderung des eigenen Verhaltens einzusetzen. Der Lohn für die Auseinandersetzung mit unserer Wut kann ein klares Bewußtsein unserer selbst und eine neue, zufriedenstellendere Form von Beziehung sein.

Fischer Taschenbuch Verlag

Signe Hammer
Töchter und Mütter
Über die Schwierigkeiten einer Beziehung

Aus dem Amerikanischen
von Monika Zapf

Band 3705

»Nicht alle Frauen werden Mütter, aber alle sind Töchter, und Töchter haben Mütter.« Während die Beziehung von Vater und Sohn und Mutter und Sohn schon seit der Antike bevorzugtes Objekt der Literatur und später auch der Wissenschaft ist, wurde die Beziehung Mutter und Tochter vernachlässigt. Dabei ist diese Beziehung für das Leben jeder Frau von vitaler und grundlegender Bedeutung, für die Entwicklung ihrer Persönlichkeit ebenso wie für alle anderen Beziehungen, die sie eingehen wird, und für ihre gesellschaftlichen Erwartungen.

Signe Hammer hat Gespräche und Interviews mit mehr als 75 Töchtern, Frauen, Müttern und Großmüttern geführt und deren Erfahrungen mit Ärzten, Psychologen und Feministinnen diskutiert. Ihr engagierter Bericht eröffnet eine Fülle neuer Perspektiven und rechnet ab mit der altvertrauten Anweisung an Töchter: »Sei du selbst, aber du bist nichts, wenn du nicht heiratest.«

Fischer Taschenbuch Verlag

fi 2166 / 3

Ingeborg Mues (Hg.)

Was Frauen bewegt und was sie bewegen

Band 13946

Seit 20 Jahren setzt sich die Reihe ›*Die Frau in der Gesellschaft*‹ für eine offene Diskussion innerhalb der Frauenbewegung ein. Sie bietet engagierten Autorinnen hierfür ein Forum, von dem Impulse ausgegangen sind. Die Beiträge dieser Anthologie erzählen davon, wie alles begann, was erreicht wurde und was es – trotz allem – noch immer zu tun gibt. Wohin geht die Frauenbewegung? Vom Weiberrat bis zur Frauenpartei, vom Marsch durch die Institutionen bis zur ersten Kanzlerin im Jahr 2002? Eine spannende Bestandsaufnahme und ein aufschlußreicher Ausblick in die Zukunft.

Fischer Taschenbuch Verlag

fi 706 / 8